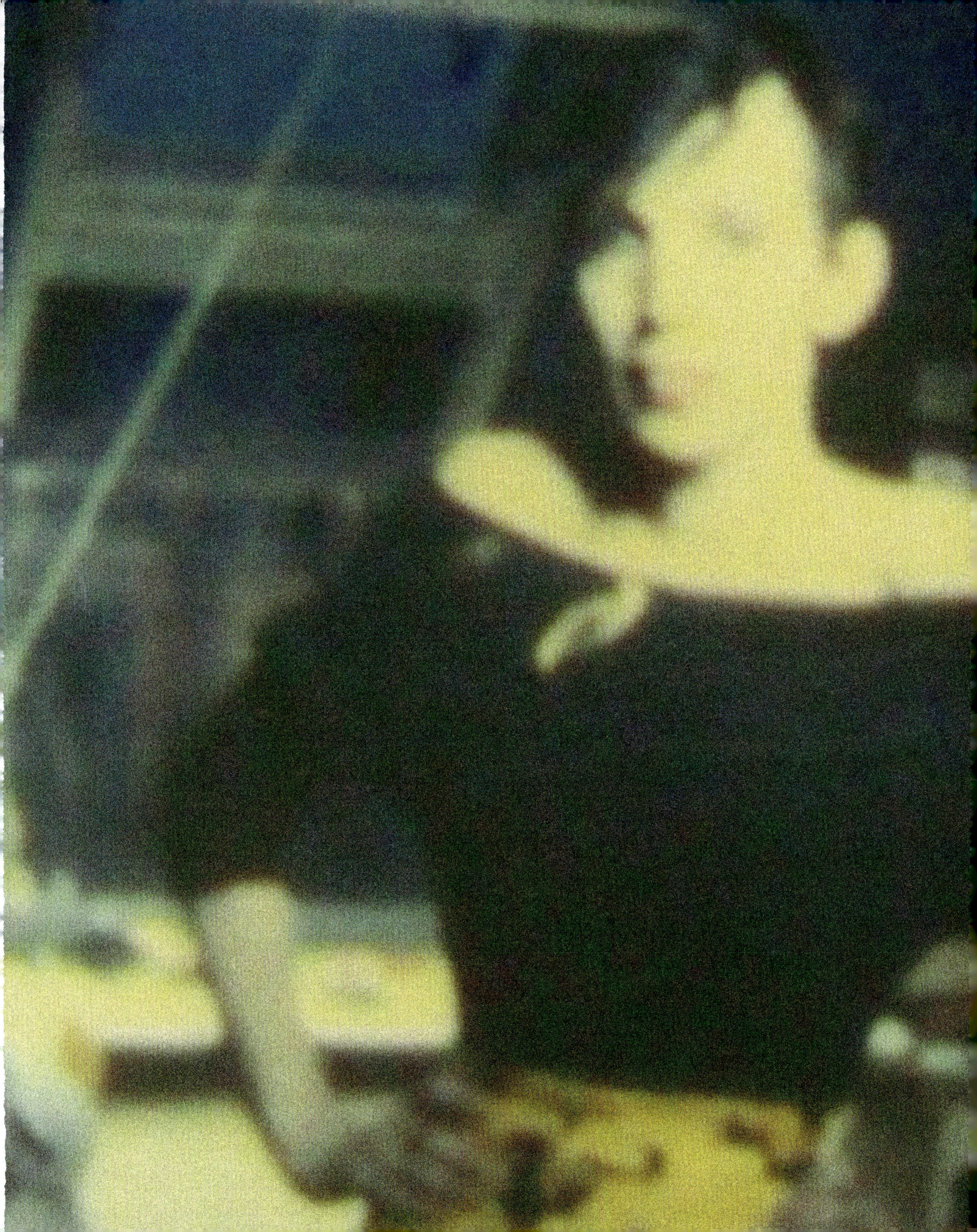

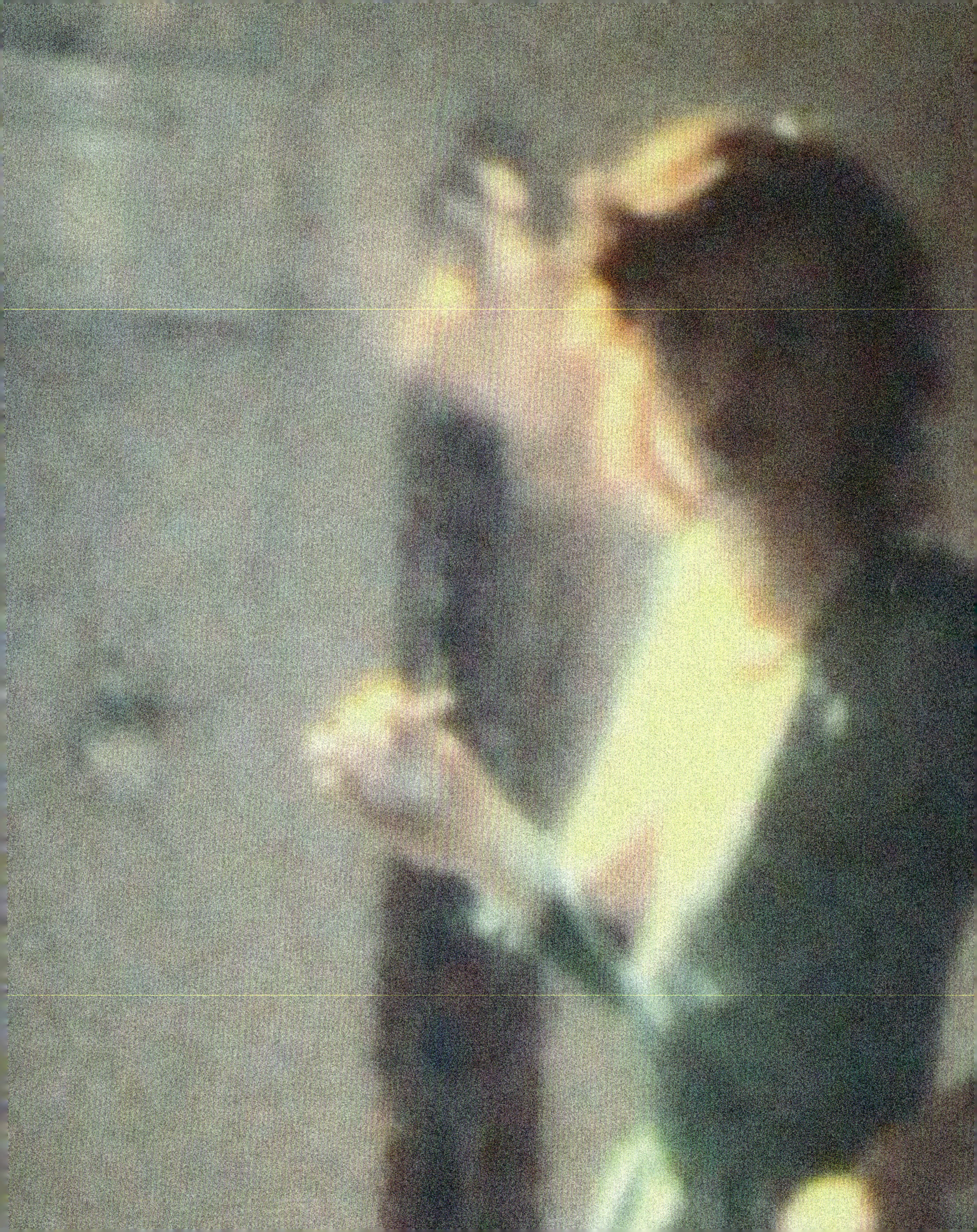

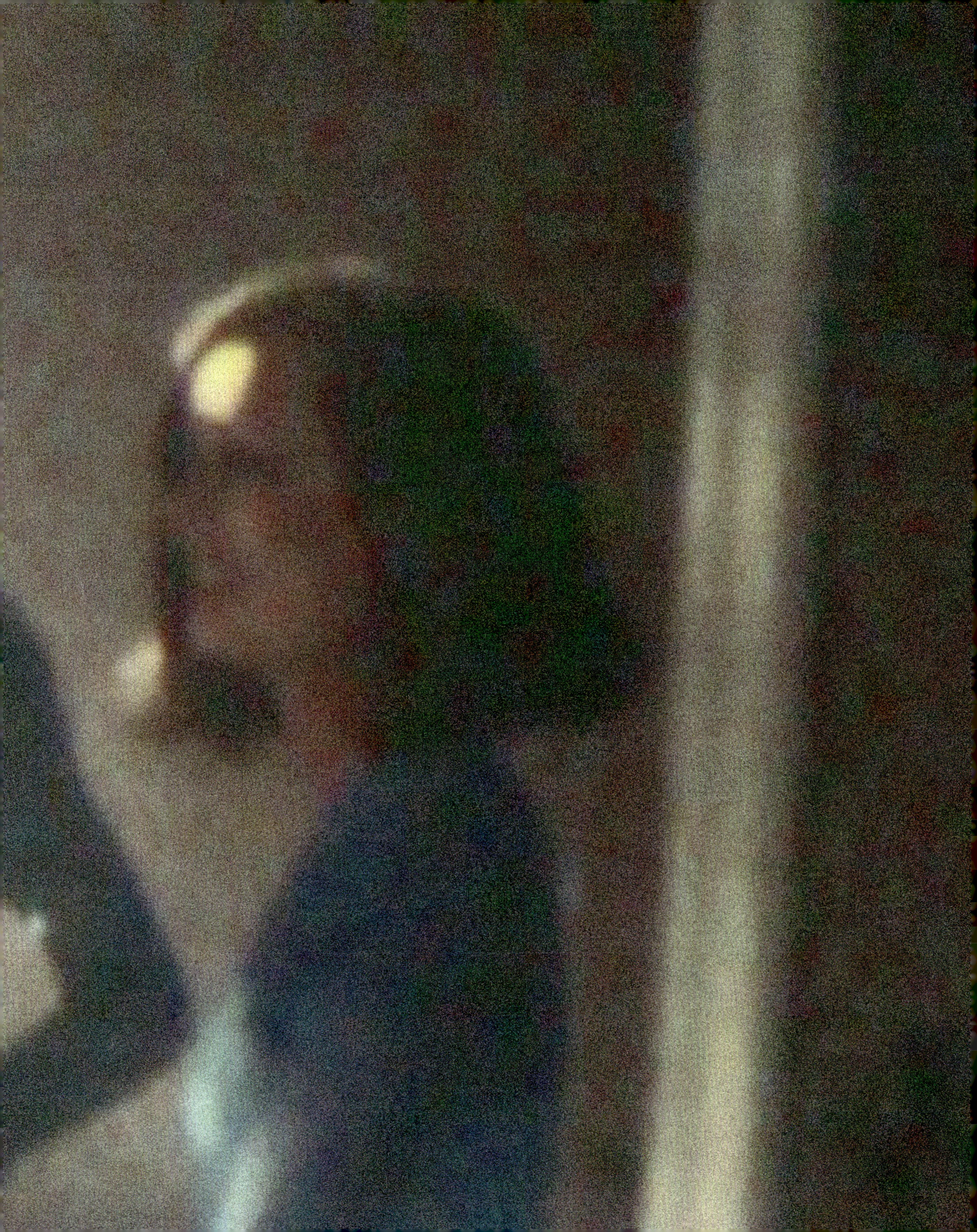

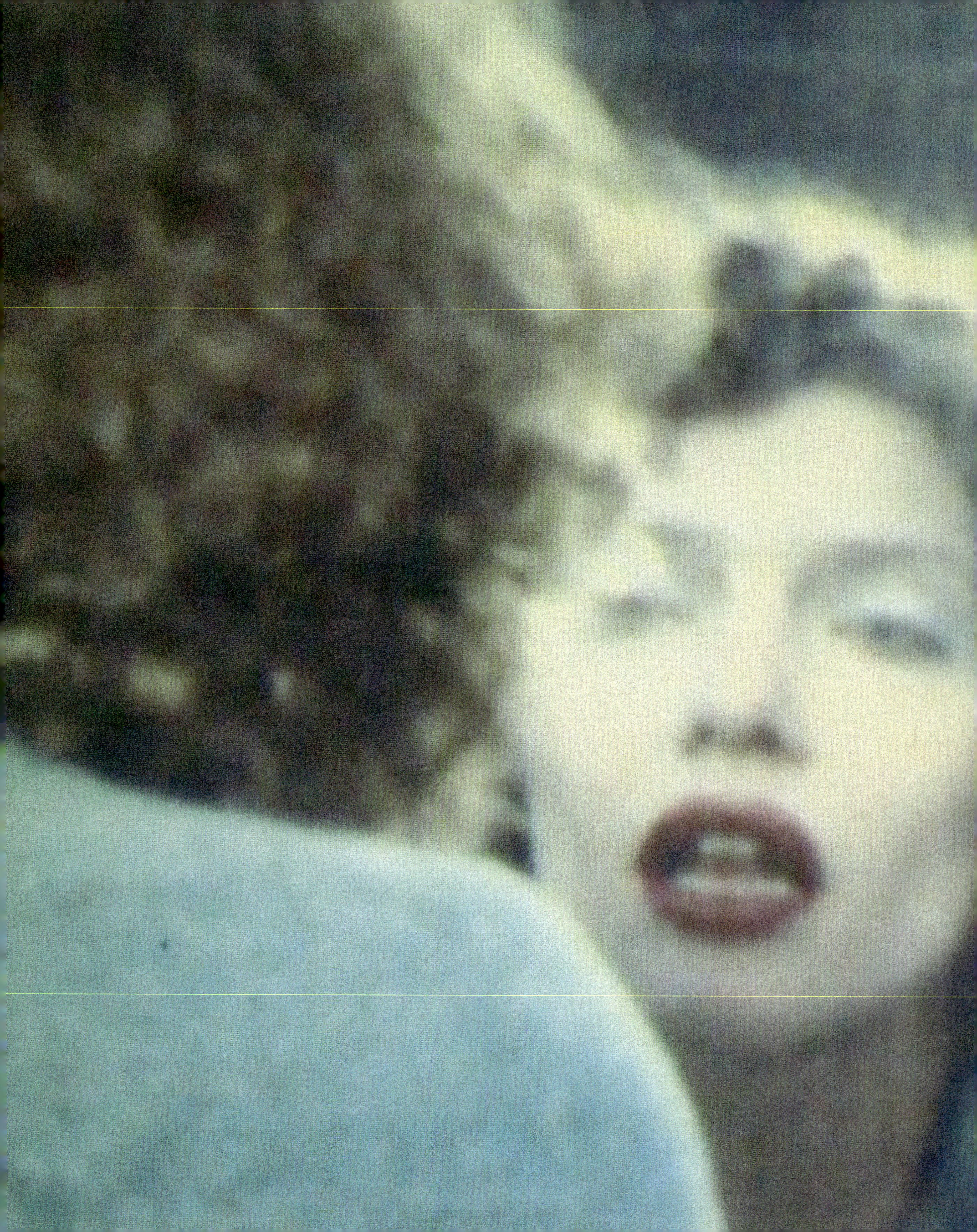

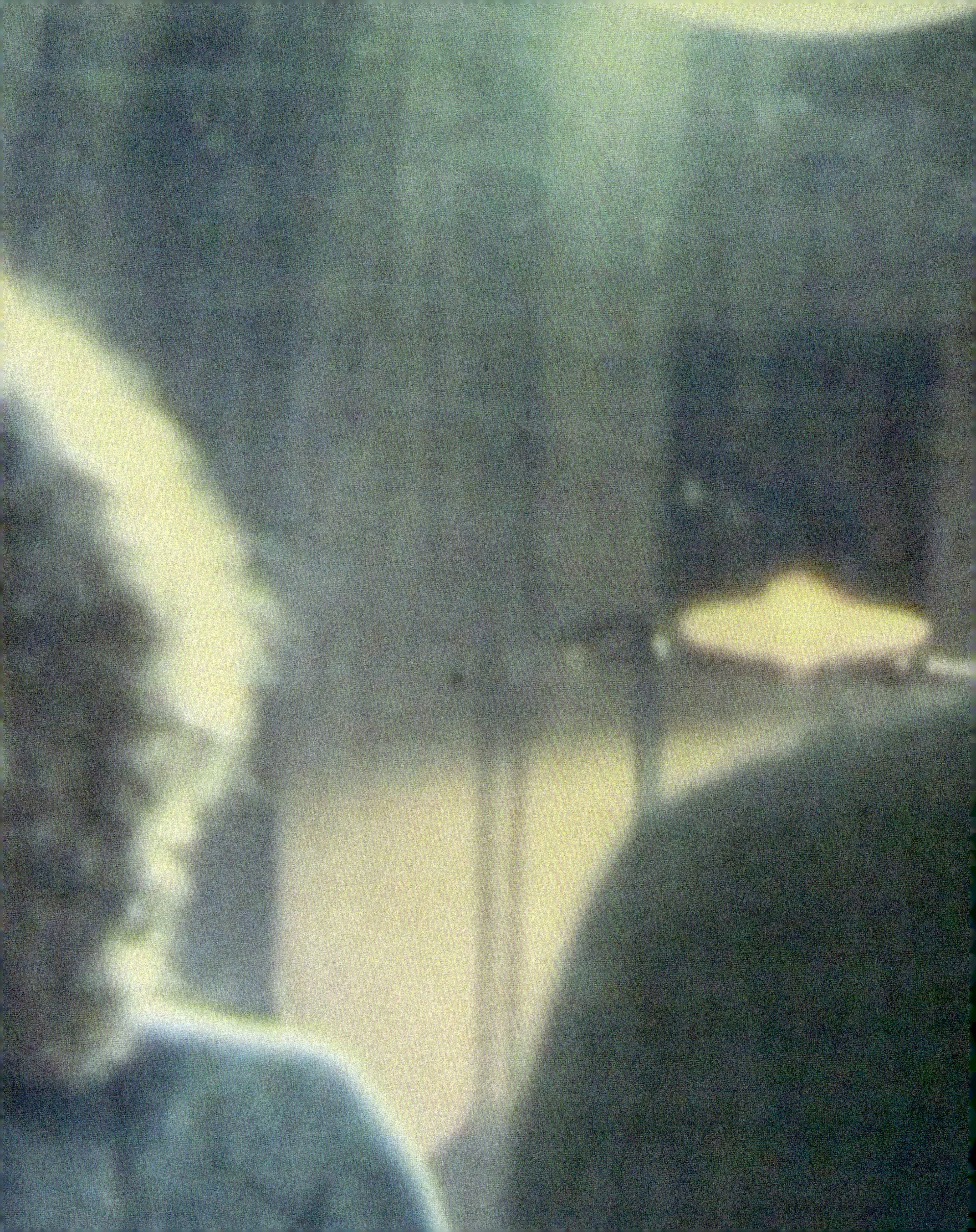

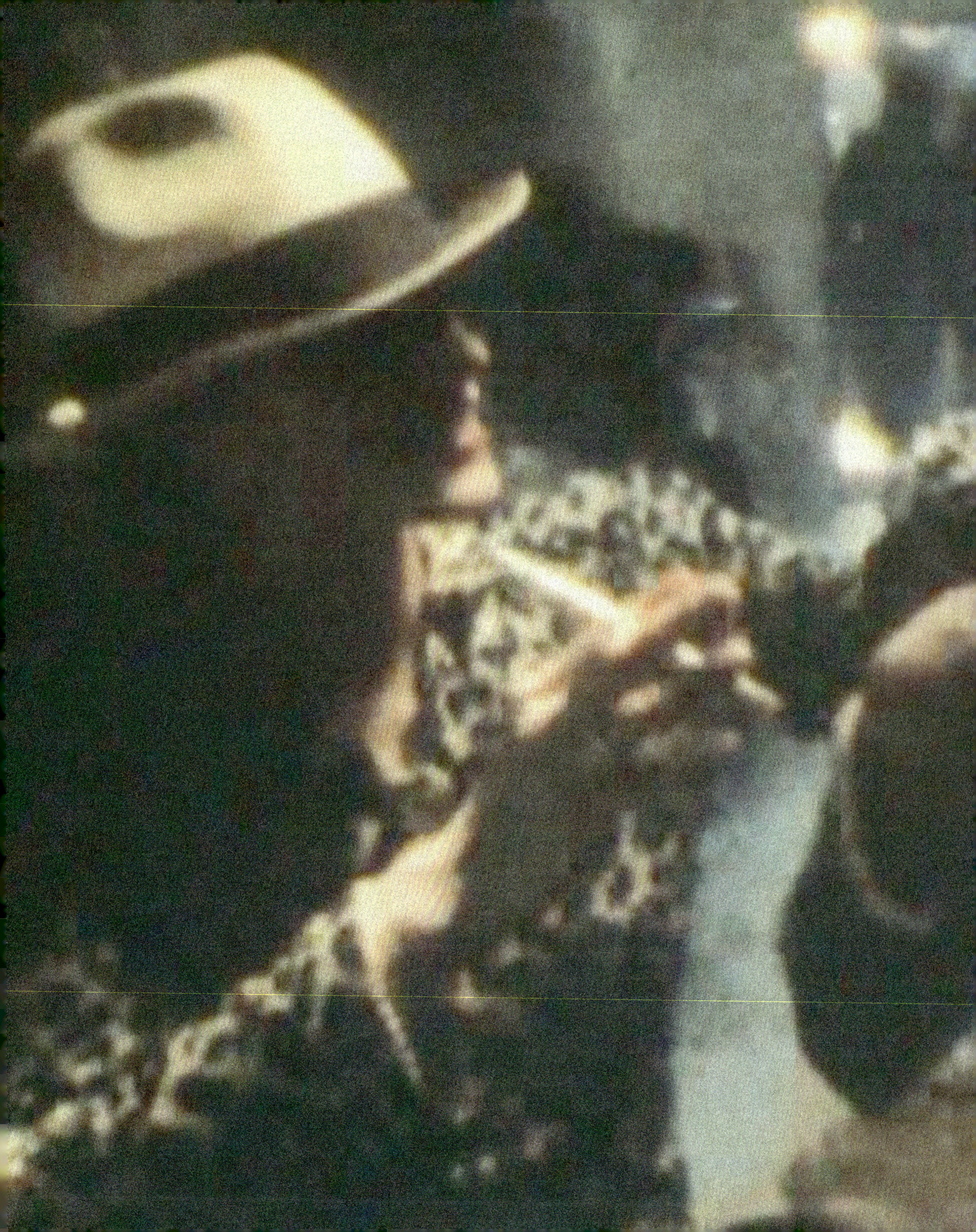

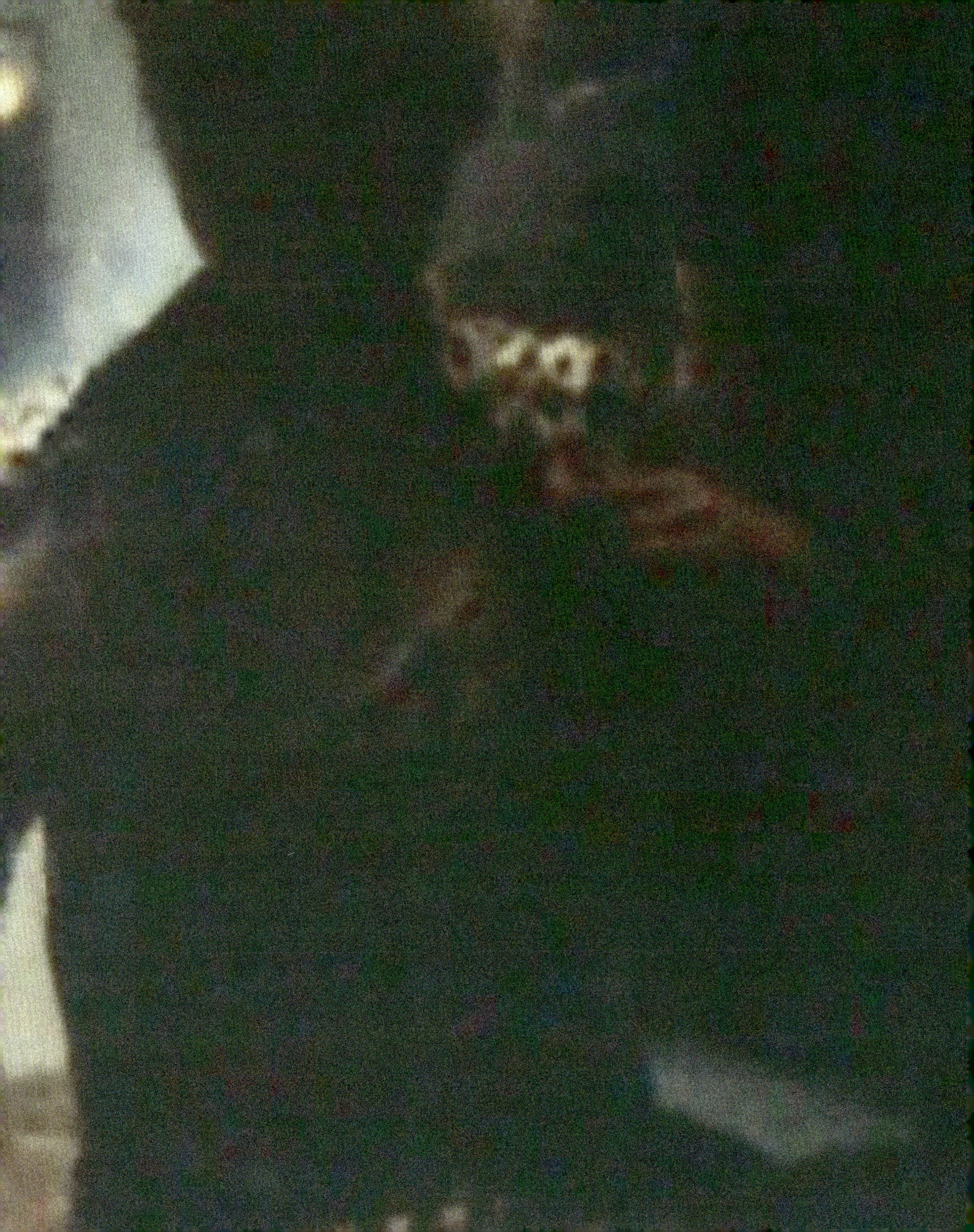

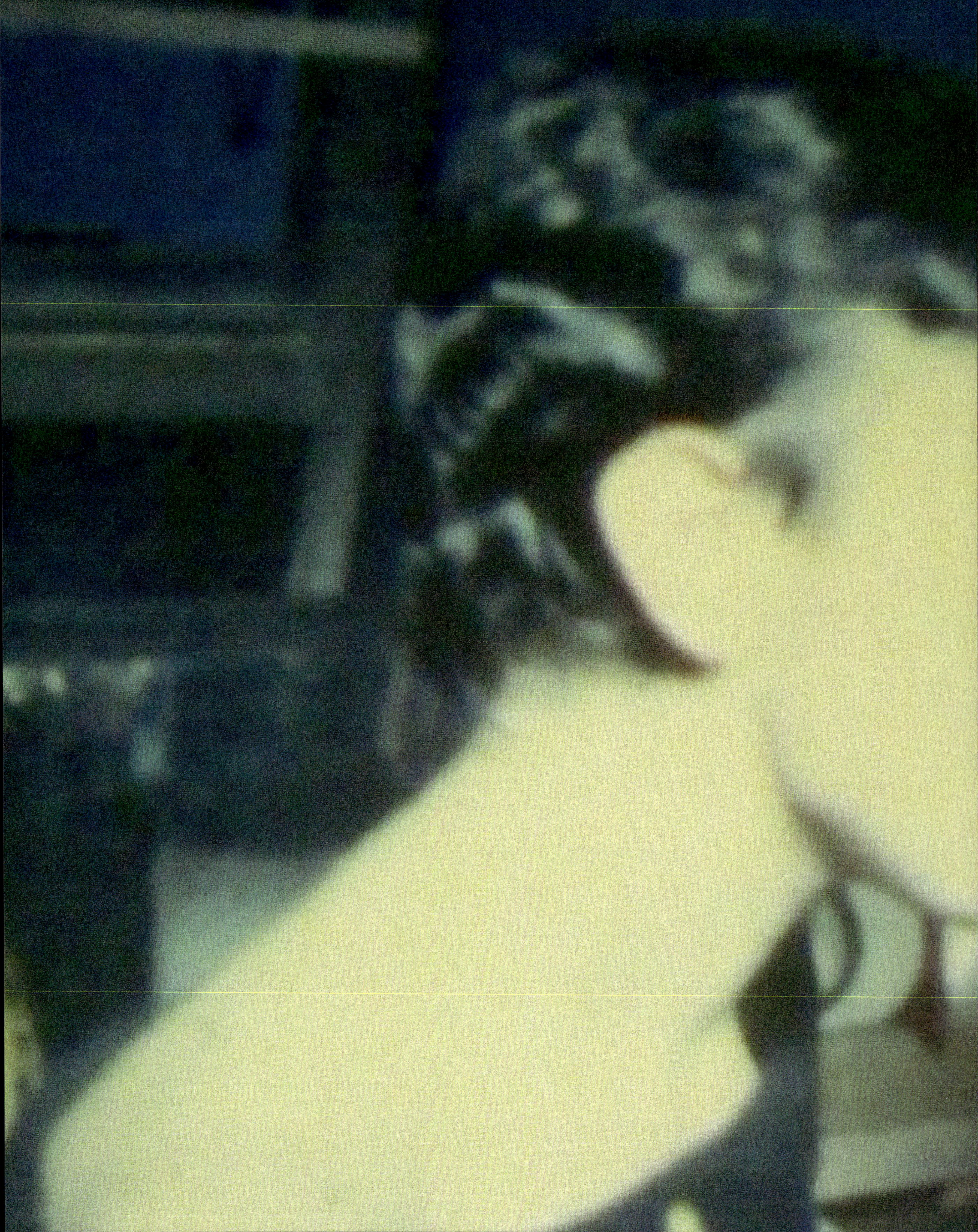

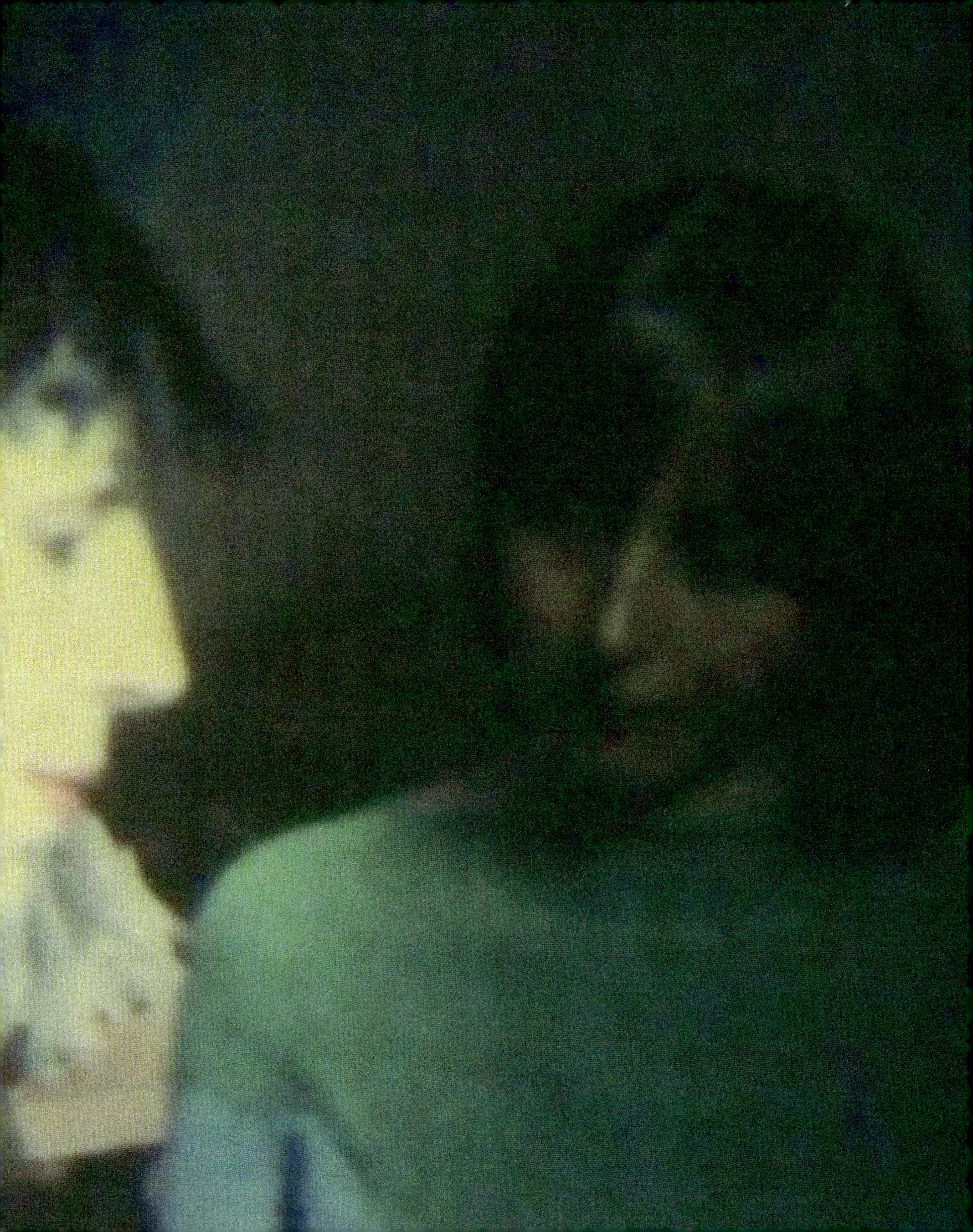

Kunstbibliothek | Staatliche Museen zu Berlin

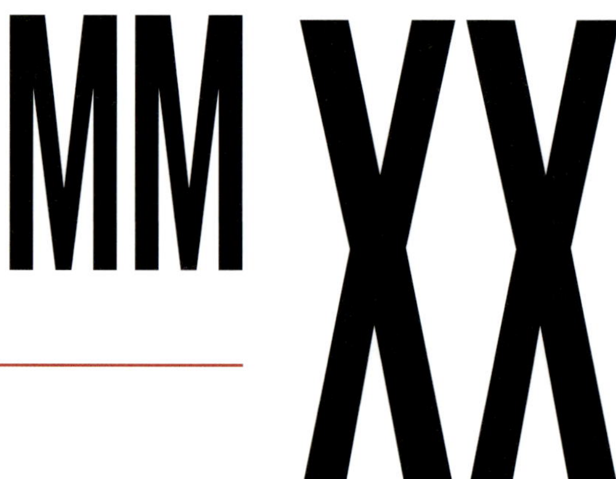

2020

Für die Kunstbibliothek, Staatliche Museen zu Berlin, herausgegeben von Britta Bommert

kettler

claudia

skoda

dressed to thrill

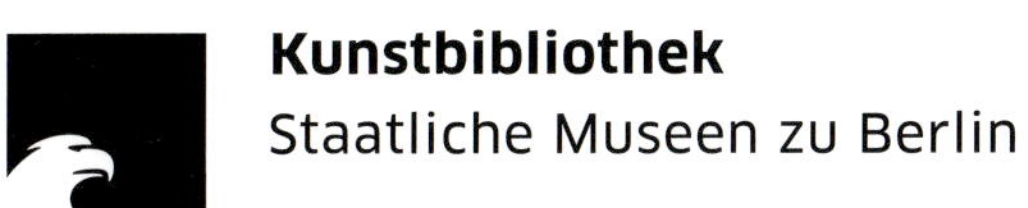
Kunstbibliothek
Staatliche Museen zu Berlin

INHALT

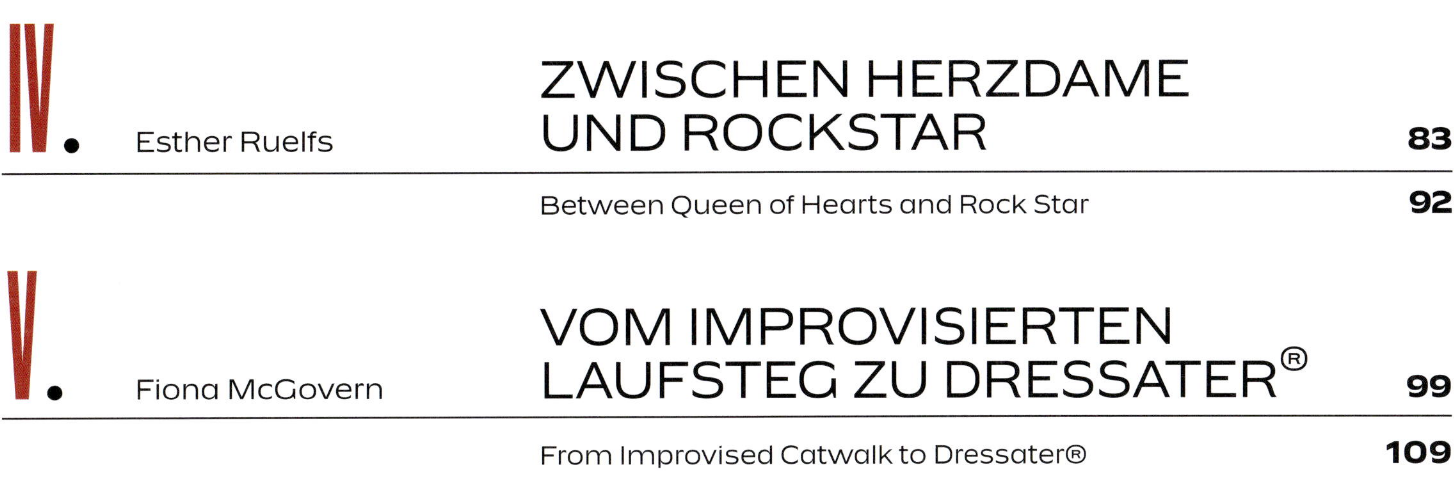

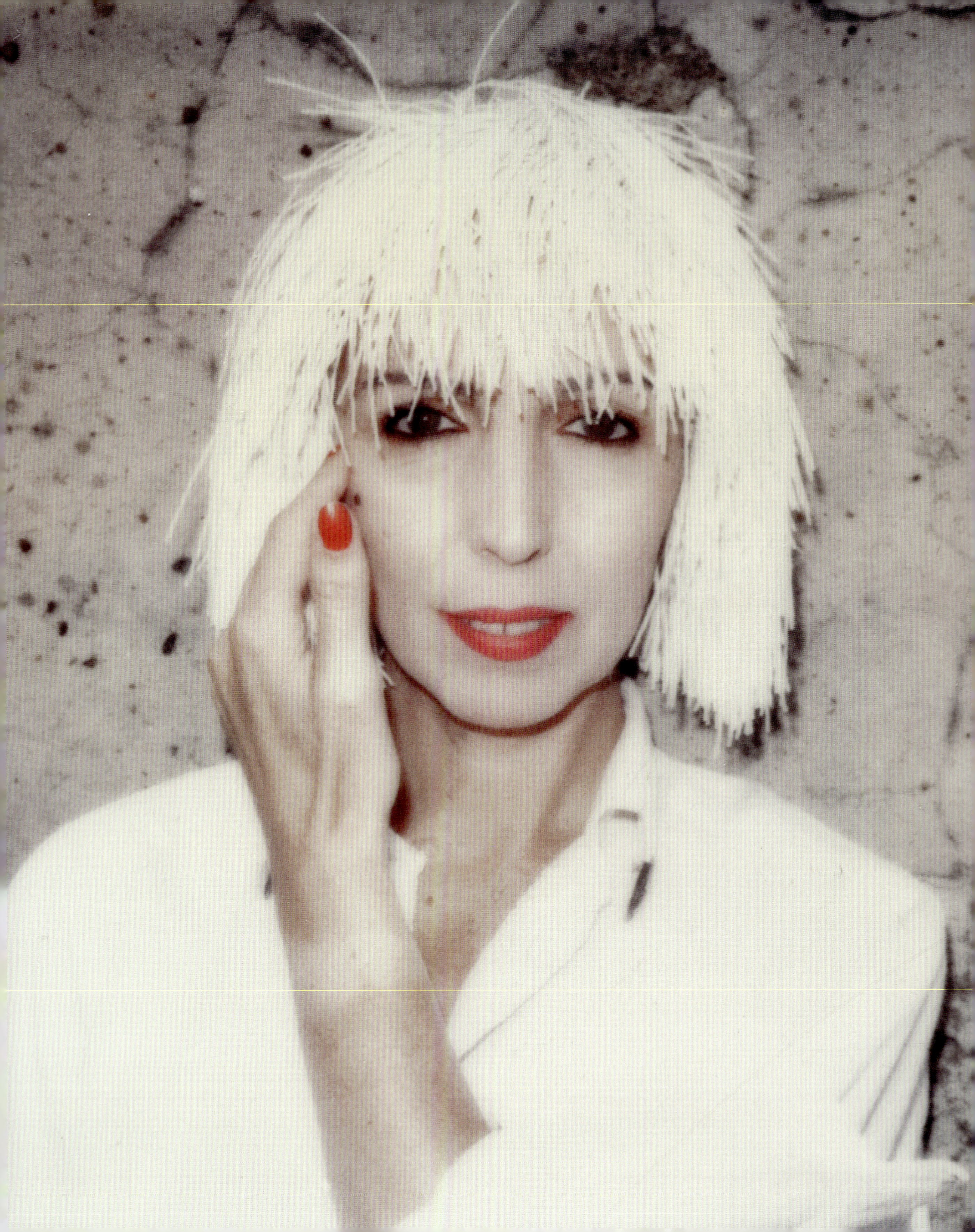

SABINE THÜMMLER
Direktorin des Kunstgewerbemuseums
Staatliche Museen zu Berlin

MORITZ WULLEN
Direktor der Kunstbibliothek
Staatliche Museen zu Berlin

VORWORT

Die Kunstbibliothek mit ihrer berühmten Lipperheideschen Kostümbibliothek und das Kunstgewerbemuseum mit seiner einzigartigen Modesammlung repräsentieren die Historie der textilen Kultur in der ganzen Vernetzungsvielfalt ihrer Sozial-, Stil-, Produktions- und Migrationsgeschichten. Ein Terrain, das für beide Museen immer spannender wird, sind dabei die schillernden Mode-Geschichten der 1970er- und 1980er-Jahre. Damals wurden die Netzwerke der Mode noch ganz ohne digitale Plattformen individuell mit der Nadel gestrickt.

Claudia Skoda ist eine herausragende Modemacherin und Netzwerkerin jener Zeit. Mode, Musik, bildende Kunst und performative Künste, Fotografie und Film, ›Sub‹- und ›Hoch‹-Kulturen gehen in ihrem Schaffen immer wieder neue, überraschende Bindungen ein. Seit Jahrzehnten macht und lebt Skoda ihre Mode in Berlin: in ihrer Kreuzberger Wohn- und Arbeitsgemeinschaft fabrikneu, an Kultur- und Museumsorten wie dem damaligen Ägyptischen Museum in Charlottenburg, in der Kongresshalle und dem Martin-Gropius-Bau, in ihren Läden am Ku'damm, in der Linienstraße, in der Alten Schönhauser und der Mulackstraße sowie inzwischen in einem privaten Studio in Berlin-Mitte.

Sowohl die Ausstellung als auch die zugehörige Publikation *Claudia Skoda. Dressed to Thrill*, die durch die finanzielle Förderung des Hauptstadtkulturfonds überhaupt erst möglich wurden, stehen prototypisch für die immer mehr in Schwung kommende Erforschung dieser miteinander verwobenen Mode-Geschichten Berlins im ›Fin de Siècle‹ des 20. Jahrhunderts. Umso großartiger ist es, dass Claudia Skoda durch das mit ihr realisierte Projekt dazu bewogen werden konnte, den überwiegenden Teil ihres Archivs als Schenkung an die Kunstbibliothek zu geben – ein großes Geschenk für alle Forscher*innen, Kunst-, Mode- und Musikbegeisterten. Herzlichen Dank, Claudia Skoda!

Ebenso herzlich sei gedankt: Uwe Trierweiler, der zusammen mit Claudia Skoda die Sichtung des Quellenmaterials eng begleitet hat und für Fragen stets auskunftsfreudig zur Verfügung stand, sodann der Kuratorin Britta Bommert und ihrer Co-Kuratorin Marie Arleth Skov, die für diese erste umfangreiche Retrospektive grundlegende Recherchen geleistet haben, der großartigen Ausstellungsgestalterin Marion Stenzel und ganz besonders den Verantwortlichen des Hauptstadtkulturfonds. Dem Publikum unserer Ausstellung sowie den Leser*innen dieses Buches wünschen wir ein spannendes Mode-Erlebnis. Für den richtigen »Thrill« sorgen das Leben und die Mode von Claudia Skoda.

Esther Friedman: Claudia Skoda, 1984

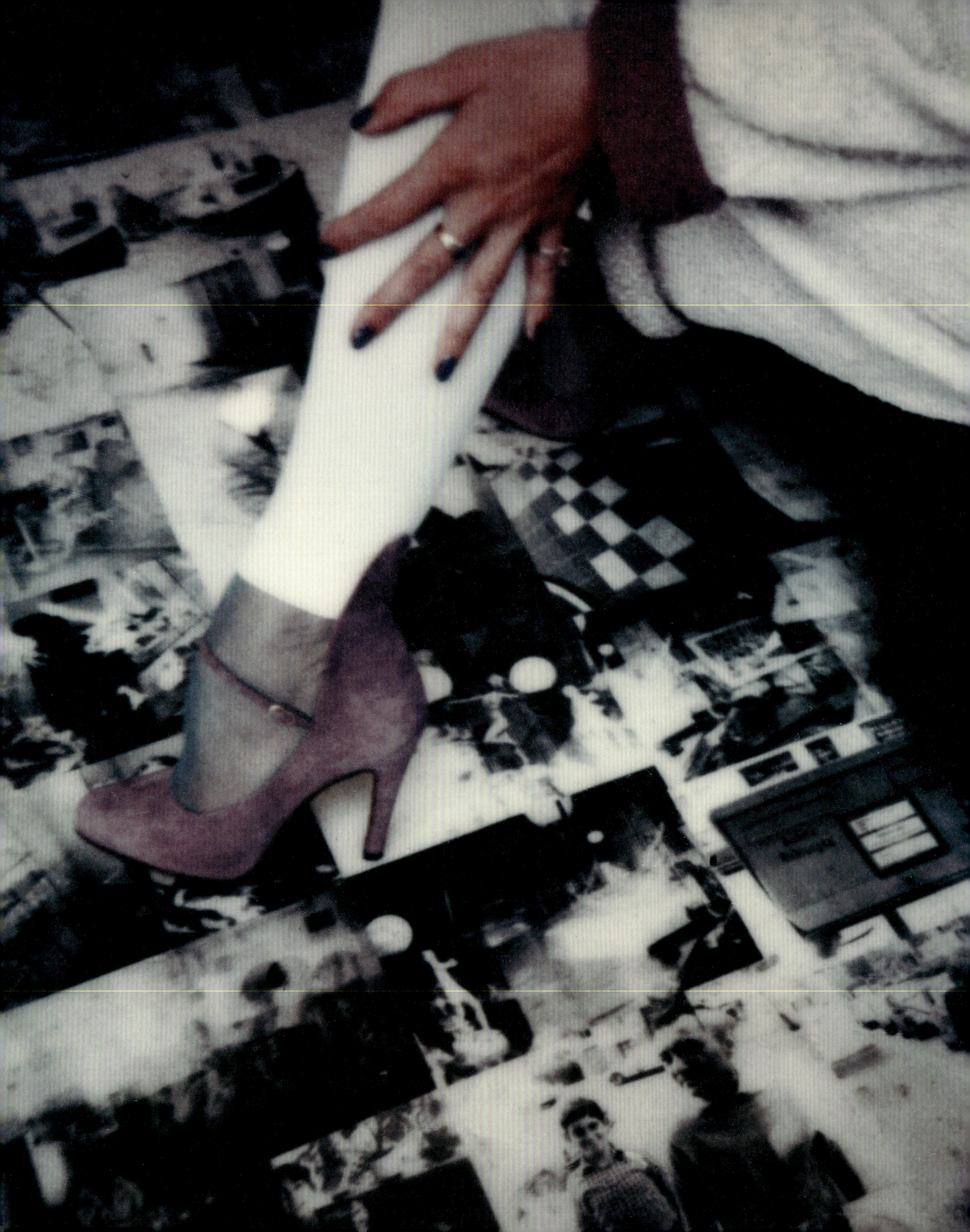

SABINE THÜMMLER
Director of the Kunstgewerbemuseum (Museum of Decorative Arts) – Staatliche Museen zu Berlin

MORITZ WULLEN
Director of the Kunstbibliothek (Art Library) – Staatliche Museen zu Berlin

PREFACE

The Kunstbibliothek (Art Library), with its famous Lipperheide Costume Library, and the Kunstgewerbemuseum (Museum of Decorative Arts), with its singular fashion collection, represent the history of textile culture in all of its interrelated historical facets, whether social or stylistic, involving patterns of production or of migration. One source of growing excitement for both museums is the history of fashion during the dazzling 1970s and 1980s. Back then, fashion networks were stitched together individually, with thread and needle, and still entirely without the involvement of digital platforms.

Claudia Skoda is one of the most outstanding fashion designers and networkers of her time. In her creative production, fashion, music, the fine and performative arts, photography and film, 'low' and 'high' cultures, enter into perpetually new and astonishing relationships. For decades now, Skoda has created and lived her fashions and life in Berlin: in her Kreuzberg living and working community fabrikneu, in cultural and museum venues, such as the former Egyptian Museum in Charlottenburg, the Kongresshalle (conference hall, today home of the cultural institution Haus der Kulturen der Welt), and the Martin-Gropius-Bau, in her shops on Ku'damm, Linienstraße, Alte Schönhauser, and Mulackstraße, as well as, meanwhile, in a private studio in Berlin-Mitte.

The exhibition *Claudia Skoda: Dressed to Thrill* and its accompanying publication, both made possible through financial support from the Capital Cultural Fund, are prototypical of a continuing upswing in research into the interwoven narrative threads of Berlin fashion history during the 'fin de siècle' of the 20th century. We are enormously gratified that in the context of this project, which benefitted from Claudia Skoda's personal involvement from start to finish, she has decided to donate the greater part of her archive to the Kunstbibliothek – a wonderful gift that will greatly benefit researchers and lovers of art, fashion, and music. Many thanks, Claudia Skoda!

An emphatic thanks as well to Uwe Trierweiler, who closely supervised the sifting of the source materials together with Claudia Skoda, and consistently made himself available to provide information; to the exhibition's curator Britta Bommert and to her co-curator Marie Arleth Skov, who conducted essential research for this first comprehensive retrospective; to the marvelous exhibition designer Marion Stenzel; and especially to the responsible individuals at the Capital Cultural Fund. We sincerely hope that visitors to the exhibition, as well as readers of this publication, will enjoy an enthralling fashion experience. No question about it: the life and fashion of Claudia Skoda are a genuine "thrill."

In der fabrikneu, Bodencollage von / *floor collage by* Martin Kippenberger, ca. 1980

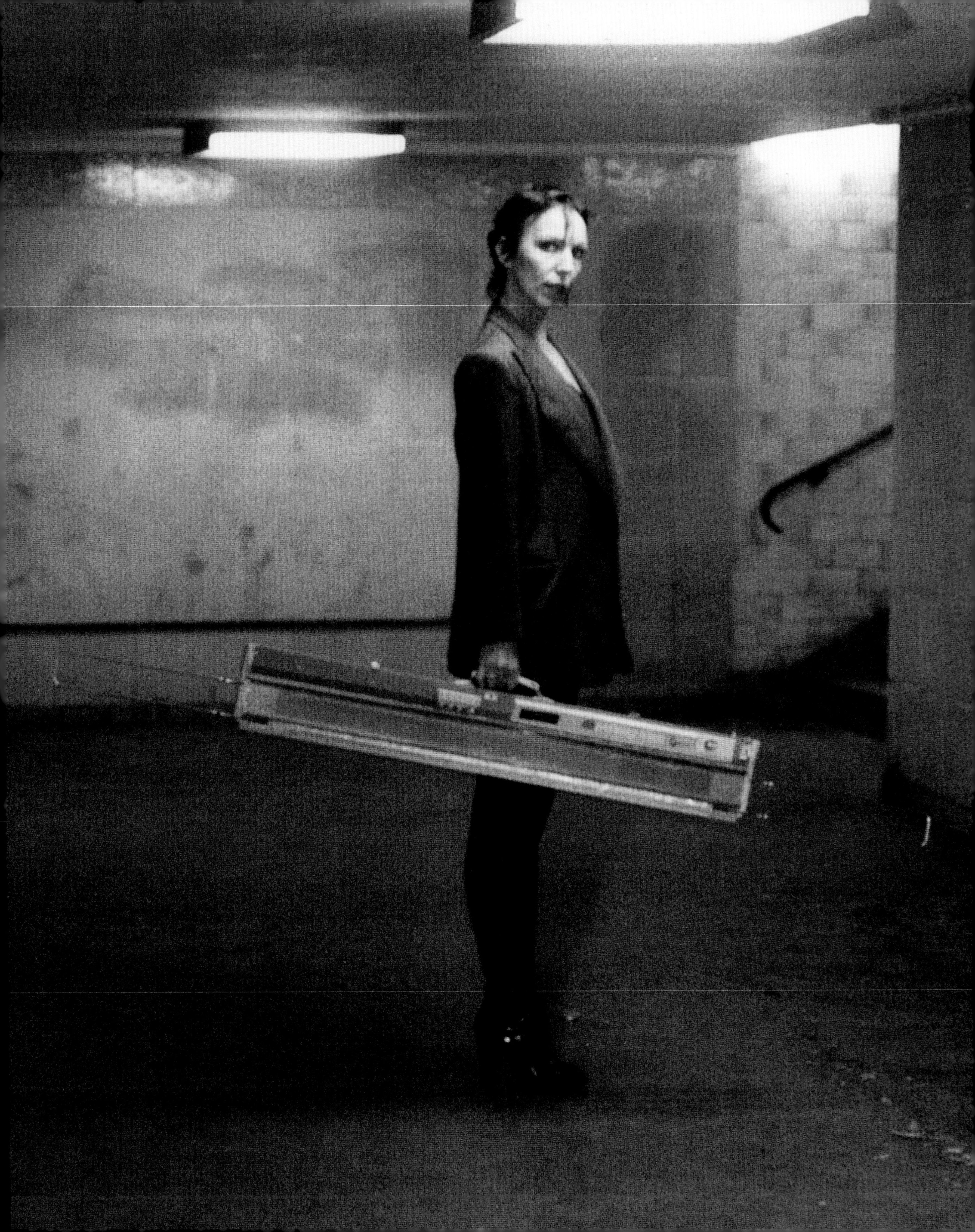

Eine Einleitung

KLEIDUNG IST LEBENSHALTUNG

Britta Bommert

Wir produzieren mit einem ziemlich hohen Idealismus. Was verdient wird, geht drauf, um den Zustand der Kreativität zu erhalten.[1]

Claudia Skoda – da steht sie als Mittdreißigerin im Durchgang zum Untergrund, Haltestelle Kottbusser Tor, mitten in Kreuzberg. Sie trägt eine unprätentiös nach hinten gekämmte Kurzhaarfrisur und ist bekleidet mit dunklem Blazer, blickdichten Strümpfen und schwarzen Lackpumps. Aufrechte Körperhaltung, fast überspannt, den Blick direkt über die Schulter in die Kamera gerichtet. Was will er uns sagen? Ich rocke hier den Laden! Denn einziger Begleiter ist ihre Strickmaschine, deren Klaviatur sie spielt wie keine andere. Nicht nur mit diesem Foto, in einer Serie von Bildern porträtiert Martin Kippenberger um 1976/77 Claudia Skoda in dieser trefflichen Art. Zu jenem Zeitpunkt vermarktet sie ihre Strickdesigns unter dem Label »fabrikneu« und veranstaltet völlig überlaufene Modenschauen in einer Fabriketage in der Kreuzberger Zossener Straße,[2] in der sie seit 1972 zusammen mit Künstlerkolleg*innen und Freund*innen lebt und arbeitet. Bis dahin war sie als Verlagslektorin tätig und fertigte Strickkleider allein für den Eigenbedarf und

Martin Kippenberger
Claudia Skoda mit Strickmaschine im U-Bahnhof Kottbusser Tor, Berlin
Claudia Skoda with her knitting machine, Kottbusser Tor subway station, Berlin
Ca. 1976/77

für ihren Freundeskreis nebenher. Den Beruf ihres Vaters, der Schneidermeister war, wollte sie nie ergreifen. Zur Mode hat es sie dennoch gezogen, als Autodidaktin und strickend an der Maschine. Die große Nachfrage unter ihren männlichen Wegbegleitern lässt sie Ende der 1960er-Jahre Anzüge mit weiter Bundfaltenhose und Aufschlag zu enger Jacke mit breitem Revers in Rosa und Hellblau fertigen. Ihr eigentliches Interesse gilt aber zeitlebens dem weiblichen Körper. Mit dem Bezug der Fabriketage 1972 wagt sie den Schritt in die Selbstständigkeit und konzentriert sich ganz auf den Entwurf und die Herstellung von Strickmode, die sie aus einem VW-Bus heraus an den Stränden von Ibiza, Italien und Südfrankreich sowie 1972 in München während der Olympischen Spiele verkauft. Ein erster Bericht im Fernsehen und eine Fotostrecke im *Zeitmagazin* folgen.[3] Sie erregt Aufmerksamkeit mit ihren Designs, die zu dieser Zeit außergewöhnlich körperbetont, schillernd und transparent sind |↗1a+b|.

Ihr Label hat sie nach ihrer Wohn- und Ateliergemeinschaft »fabrikneu« benannt. Die Gruppe aus drei Paaren hatte sich die Fabriketage gemeinsam umgebaut, um dort zusammen zu leben und zu arbeiten. Zu ihr zählten bis 1975 die Malerin Angelik Riemer zusammen mit dem Super-8-Filmer Reinhard Bock; der Schlagzeuger erst von Tangerine Dream und dann von Iggy Pop, Klaus Krüger; die Studentin Jenny Capitain, später Stylistin und Model (unter anderem von Helmut Newton); Claudia Skoda und ihr Ehemann, der Bildhauer Jürgen Skoda. Gemeinsam waren sie kreativ und probierten sich aus. Die fabrikneu war Atelier, Proberaum, Werkstatt und Boutique zugleich. Jamsessions und der ohrenbetäubende Lärm der Strickmaschinen prägten den Sound und die Stimmung der Räume. Danach sollte sich die Belegschaft der anfänglich 200 und später 600 Quadratmeter mehrfach ändern. Künstlerkolleg*innen wie Martin Kippenberger und Luciano Castelli zogen ein und wieder aus. Eine Konstante war Claudia Skoda, wenngleich es sie zwischenzeitlich immer wieder zu ihrem ersten eigenen Laden nach New York zog.

In den 1970er-Jahren bietet Berlin-Kreuzberg die Freiräume für Experimente, die diese Gruppe sucht. Es gibt günstigen Wohn- und Arbeitsraum, und die legendären Kreuzberger Nächte sind lang wegen der abgeschafften Sperrstunde in West-Berlin. Mit ihrer integrativen Kraft macht Claudia Skoda die fabrikneu zu einem Treffpunkt der Szene, die schnell mit Andy Warhols Factory in New York verglichen wird.

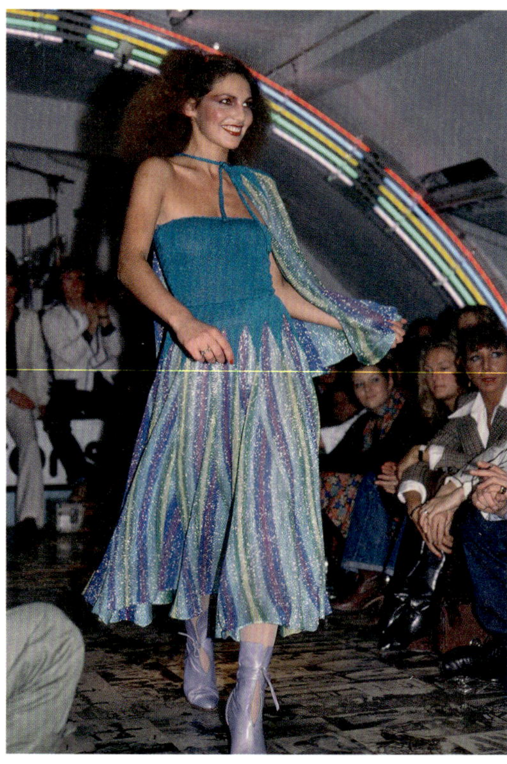

1 a

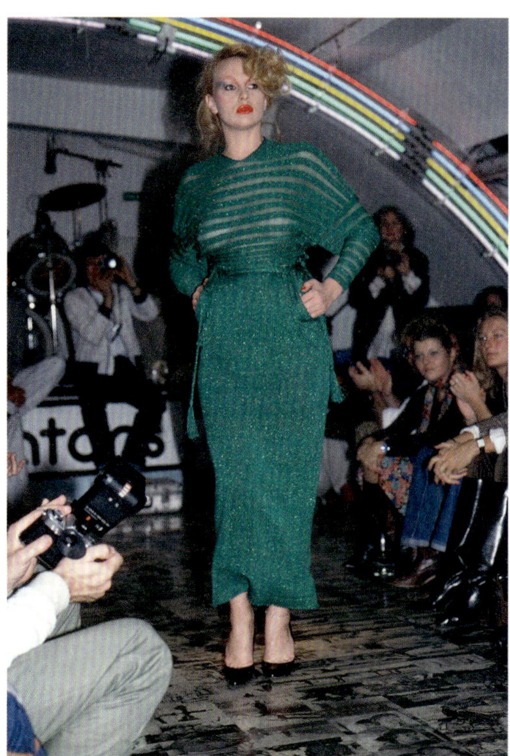

1 b

1 a + b
Rich Richter
Ramona und Irene Staub alias Lady Shiva in Strickdesigns von Claudia Skoda auf der Modenschau *Pablo Picasso*
Ramona and Irene Staub, alias Lady Shiva, in knitwear designs by Claudia Skoda at the fashion show Pablo Picasso
1977

2
Rüdiger Trautsch
Backstage bei der Modenschau *Big Birds*, links das Künstlerduo Emu
Backstage at the fashion show Big Birds*; left: the artist duo Emu*
1979

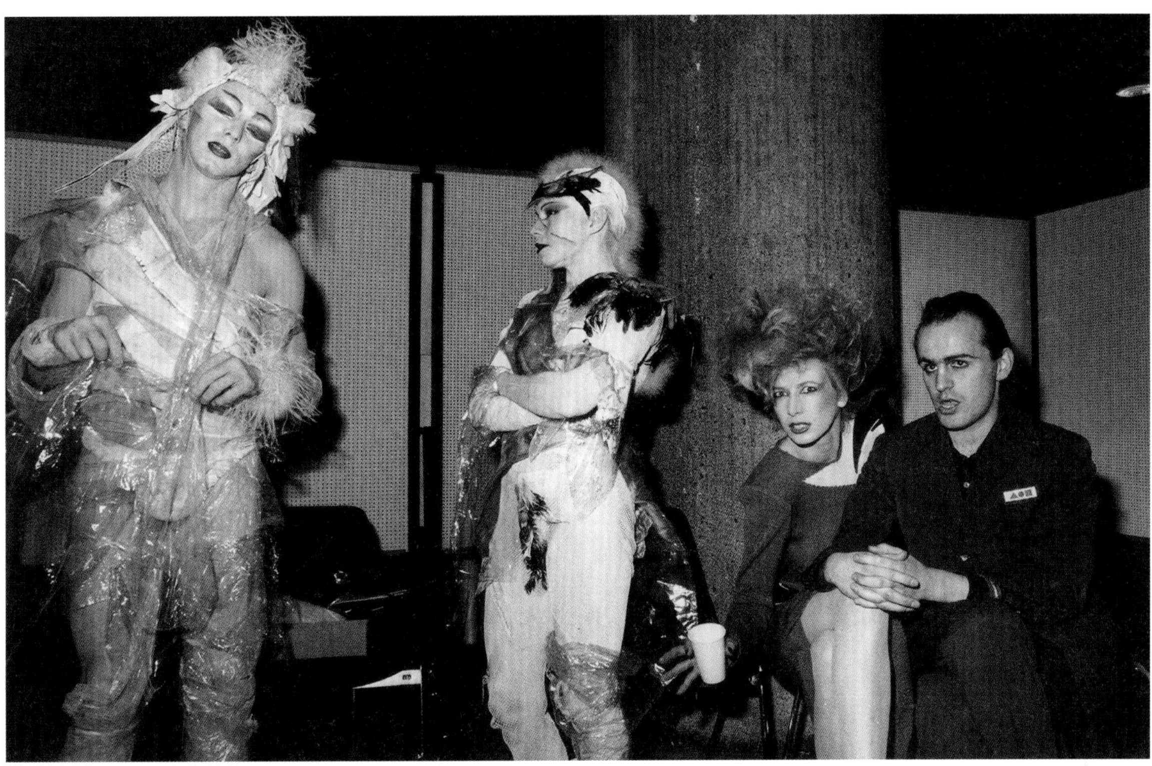

2

Modemacher*innen, Künstler*innen, Musiker*innen, Fotograf*innen, Filmemacher*innen, Szenetypen und Trendsetter*innen kleidet Skoda ein – Uschi Obermaier, Lady Shiva und Veruschka sind ihre ersten Kundinnen; David Bowie trägt Skoda in dem Musikvideo *Ashes to Ashes* (1980). Bei ihren Modenschauen, von denen die ganze Stadt spricht, will jede*r dabei sein, aber für mehr als 400 Leute ist kein Platz. So entscheidet sich Skoda kurzerhand, Räume anzumieten und die Schauen ab 1978 öffentlich stattfinden zu lassen. Das sind nicht irgendwelche Räume. Sie wählt das Ägyptische Museum (heute Sammlung Scharf-Gerstenberg), die Kongresshalle (heute HKW – Haus der Kulturen der Welt), den Martin-Gropius-Bau und den Lichthof der Technischen Universität, in denen sie keine konventionellen Schauen inszeniert, sondern multimediale Performances |↗2|. Der artifizielle Charakter von *Big Birds* 1979 veranlasst die *Vogue*, die Darbietung mit dem Alter Ego von Max Ernst, dem Traumvogel Loplop, und mit den Grotesktänzen von Valeska Gert zu vergleichen.[4] Skoda ist mit diesem Zusammenspiel aus darstellenden Models zu instrumentalen oder elektronischen Liveacts mit speziellen Lichteffekten zur Präsentation ihrer Designs heutigen Modehappenings um Jahrzehnte voraus.

Zwei Kollektionen pro Jahr fertigt Claudia Skoda seit 1975 bis heute. Dafür lässt sie sich jeweils von einem selbst gesetzten Thema wie »Mobil«, »Fruits« oder »Cleaning« zu immer neuen Formen, Farbkombinationen, Mustern, Materialmixen und Techniken inspirieren. Skoda erfindet Strick neu. Sie sucht nach individuellen Lösungen, wofür auch schon mal zwei Strickmaschinen aneinandergeschweißt werden, wählt hochwertige und exklusive Garne aus Italien, wenn sie nicht gerade mit Materialien wie Tonbändern, Bast oder Metallfäden experimentiert, und produziert in kleinen Auflagen selbst oder lässt von Heimstricker*innen aus Berlin oder der näheren Umgebung fertigen. Neben der Herstellung kümmert sich Skoda auch um den Verkauf in ihren eigenen Läden in New York und Berlin, um den Vertrieb an einzelne Boutiquen bis nach Japan und um die zielgerichtete Vermarktung ihrer Strickdesigns auf den einschlägigen Modemessen. Das eröffnet ihr ein hohes Maß an Selbstbestimmtheit in ihrer Arbeit. Die Do-it-yourself-Bewegung ist Mitte der 1970er-Jahre auf ihrem Höhepunkt, der Begriff »Slow Fashion« noch gar nicht geboren, da erweist sich Claudia Skoda schon als eine Protagonistin beider Modephilosophien. Anerkennung wird ihr seitens des Fachpublikums zuteil, als sie 1986 von Berliner Modejournalist*innen die »Goldene Nase« verliehen bekommt. 1987 ist sie als Vertreterin der Berliner Modeszene zur Audienz bei Lady Di geladen. Es folgt der Auftrag, die Eröffnungsgala für das Jahr »Berlin – Kulturstadt Europas 1988« zu kuratieren. Für die Schau *Dressater®*, eine Wortkreation Skodas, die für ein multimediales Präsentationsmedium von Mode mit Musik, Film, Video, Tanz, Malerei, Oper, Performance steht, lädt sie sechs Designer*innen aus sechs Ländern ein, gemeinsam mit ihr Kleiderentwürfe zu dem Motto »Dressed to Thrill« zu zeigen. Tom Adams aus Irland, Marc Audibet aus Frankreich, Yoshiki Hishinuma aus Japan, Tamás Király aus Ungarn, Francis Montesinos aus Spanien und Vivienne Westwood aus Großbritannien schicken ihre Entwürfe über den Laufsteg von Hans Kollhoff im noch provisorisch hergerichteten Hamburger Bahnhof |↗3a+b|. Durch den Abend führt der Performance-Travestie-Künstler Joey Arias, die Musik hat Steven Brown von der New-Wave-Band Tuxedomoon komponiert. In dem Programmheft zur Schau schreibt Claudia Skoda: »Also ersetzen wir das Wort Mode durch das Wort Kleidung. Kleidung ist mehr, Kleidung bedeutet Lebenshaltung, befreit von Anonymität und Konformität. Kleidung überdauert, im Gegensatz zur Mode, den Augenblick.«[5] Kleidung ist für Claudia Skoda eine Lebenseinstellung, eine Haltung. Claudia Skoda ist keine Aktivistin, aber sie lebt ihre Überzeugung durch und durch.

Ihre Kleiderentwürfe sind nicht zu verstehen, ihre Bedeutung nicht richtig zu ermessen, wenn man nicht die vielen Seiten und Schichten der Persönlichkeit ihrer Macherin mit in Betracht zieht. Claudia Skoda ist Frau, Freundin und Netzwerkerin, sie ist Strickdesignerin, Musikerin und Regisseurin, sie ist Model, Verkaufsberaterin und Managerin zugleich. Zwischendurch spielt sie in dem Film *Madame X – Eine absolute Herrscherin* (1977) von Ulrike Ottinger mit, ist Gastdozentin für Modedesign an der Hamburger Fachhochschule für Gestaltung,[6] entwirft einen leuchtenden Teppich für eine Ausstellung der legendären Design-Galerie Weinand (um 1992) und steuert Kostüme für Armin Holz' Inszenierung von Jane Bowles' *Im Gartenhaus* (2001) an der Schaubühne bei. Claudia Skoda ist nicht nur überaus kreativ, sie ist ein stets aufgeschlossener, zutiefst großherziger Mensch mit einem unmittelbaren Gespür für Impulse, die sie weiterbringen, sie inspirieren. Diese Eigenschaften befähigen sie zu dem fruchtbaren Austausch und zur produktiven Kooperation mit ihren Künstlerkolleg*innen bis heute. So arbeitet sie ganz aktuell zusammen mit dem Künstler Danh Võ an einer Pulloveredition.

Gerade weil Claudia Skoda bis heute aktiv ist, musste für diese erste Retrospektive mit vorliegendem Katalog eine Konzentration erfolgen. Mit dem inhaltlichen Schwerpunkt auf ihrer Schaffenszeit von 1975 bis 1988 werden die ersten entscheidenden und nachhaltig prägenden Arbeiten von Claudia Skoda beleuchtet und charakterisiert. In jenen Jahren entstehen ihr Stil und ihre Methode.

Dem Facettenreichtum von Claudia Skoda tragen die Essays des Katalogs Rechnung. In meinem eigenen Aufsatz geht es um die Strickdesigns von Claudia Skoda, in demjenigen von Heidi Blöcher um ihre Stricktechniken einerseits und um die Vermarktung ihrer Arbeiten auf Messen sowie deren Verkauf in den eigenen Läden andererseits. Esther Ruelfs und Fiona McGovern betrachten die vielfältigen Künstlerkooperationen von Claudia Skoda: Ruelfs im Bereich der Fotografie und McGovern für die Modenschauen. Marie Arleth Skov bietet mit ihrem Beitrag die Möglichkeit, die Arbeiten Claudia Skodas in den subkulturellen Kontext West-Berlins einzuordnen. Es gab bislang keine Monografie zu Claudia Skoda. Die Autorinnen haben Grundlagenarbeit geleistet, sich den Fotografien, Presseausschnitten und Filmaufnahmen im Archiv von Claudia Skoda zugewendet; sie führten Interviews mit Claudia Skoda, mit ihren Wegbegleiter*innen und mit Berliner Zeitzeug*innen. Es sei den Autorinnen für ihr großes Engagement gedankt, mit dem sie das Leben Claudia Skodas in ihrer Vielgestaltigkeit fundiert beleuchtet haben. Einen ganz persönlichen Blick hat Wolfgang Joop auf die gemeinsame Freundschaft und Arbeit mit Claudia Skoda geworfen und diesen in einem handgeschriebenen und illustrierten Manuskript festgehalten. Beim gemeinsamen Silvesterfest 2019 hat er ihr es erstmals vorgetragen und dabei fast den Jahreswechsel um Mitternacht verpasst.

Der Fall der Berliner Mauer 1989 stellte eine deutliche Zäsur für die Stadt dar: West-Berlin verliert seinen subventionierten Inselstatus, das kreative Leben dehnt sich gen Osten aus, und die ansässige Modebranche

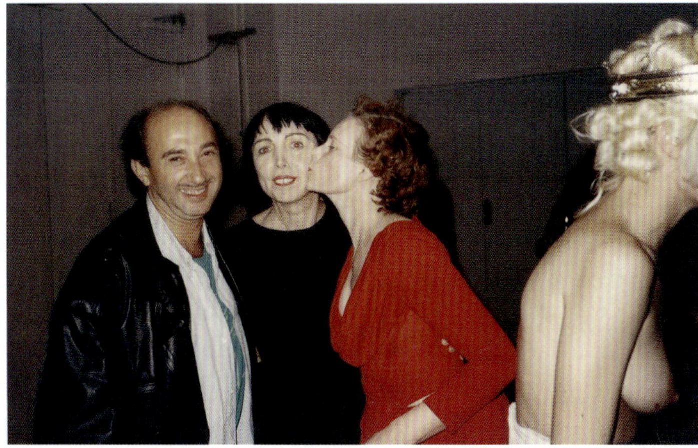

3 a

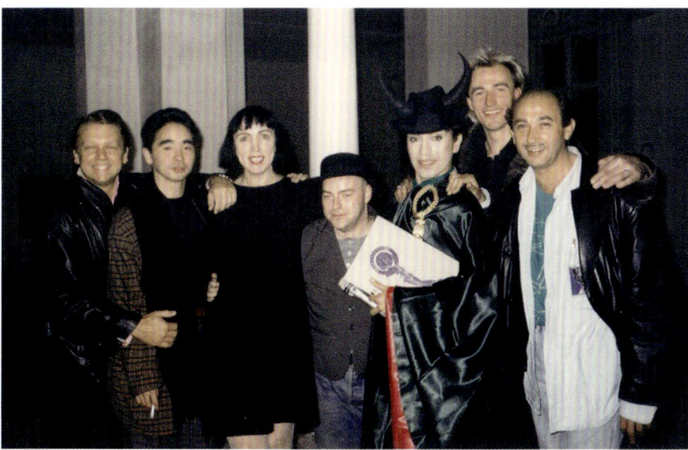

3 b

3 a + b
Fotograf*in unbekannt
Vivienne Westwood küsst Claudia Skoda und Gruppenbild, Modenschau *Dressater*® im Hamburger Bahnhof, Berlin
Vivienne Westwood kissing Claudia Skoda and group portrait at the fashion show Dressater® *in Hamburger Bahnhof, Berlin*
1988

ringt bis heute um ihre Bedeutung. Währenddessen etabliert sich Claudia Skoda, eröffnet ihren ersten Berliner Laden 1992 direkt am Ku'damm und expandiert fünf Jahre später Richtung Mitte, dorthin, wo sich die jungen, kreativen Modelabels ansiedeln: erst Linien-, dann Alte Schönhauser Straße. In den 1990er-Jahren führt sie phasenweise drei Läden nebeneinander und versucht sich in der industriellen Fertigung: als Designerin für etablierte Modemarken wie Marc Cain, Joop! und Crisca und für zwei eigene, preisgünstigere Linien. Diese Arbeit entspricht jedoch nicht ihren Ansprüchen. Zu viele Kompromisse müssen eingegangen werden, damit die Produktion reibungslos und wirtschaftlich rentabel funktioniert. Mit ihrem Laden in der Alten Schönhauser Straße ab 2002 konzentriert sie sich wieder weitestgehend auf den Entwurf und die Umsetzung von kleineren Auflagen individueller Modeentwürfe, die sie ausschließlich in ihrem Geschäft und online zum Verkauf anbietet. Auch diese Entwicklung Claudia Skodas ab den 1990er-Jahren detaillierter zu analysieren wäre lohnenswert. Berlin als Modestadt ließe sich besser begreifen, wenn man zudem Skodas Gesamtschaffen mit demjenigen anderer Modedesigner*innen in Berlin – West wie Ost – vergliche. Mit einigen von ihnen hat Skoda immer wieder eng zusammengearbeitet: Tabea Blumenschein, Hella Utesch, Gudrun Reichhardt und Marc Brandenburg. Knut Schaller und Maria Tembrink standen ebenfalls für Strickmode. Für die sich um 1984 formierende Gruppe Klub der Mode-Avantgarde Berlin (KAB), die mit exzentrischen Einzelstücken aus ausgefallenen Stoffen in ungewöhnlichen Schnitten, begleitet von handgefertigten Accessoires, für Aufsehen sorgte, galt Skoda bereits als Grande Dame der Modeszene. Um zu diesen Themen zu recherchieren steht künftig ein Großteil der Privatsammlung Claudia Skodas in der Sammlung Modebild der Kunstbibliothek öffentlich zur Verfügung. Mit ihrer großzügigen Schenkung von Fotografien über Einladungskarten bis hin zu Presseausschnitten sichert Claudia Skoda die Zugänglichkeit wichtiger Forschungsgrundlagen für kommende Generationen.

Dank

An erster Stelle möchte ich Claudia Skoda sowie ihrem Mitarbeiter und langjährigen Wegbegleiter Uwe Trierweiler danken. Sie haben die Zusammenarbeit durch ihre Herzlichkeit, ihre Wärme und ihren Humor unvergesslich gestaltet. Marie Arleth Skov war meine kongeniale Mitspielerin. Gemeinsam haben wir uns der Person Claudia Skoda, ihrem Œuvre und den kulturellen Szenen West-Berlins und New Yorks genähert. Skov behielt die Subkultur im Blick, ich die Modeaspekte, sie vertrat den Punk, ich den Glamour, sie sah in Skodas Werk den Beton und die Rauheit, ich den Glitzer und die Farbenvielfalt. So haben wir gemeinsam ein Bild zeichnen können, das durch die finanzielle Förderung des Hauptstadtkulturfonds nun in Form der ersten Einzelschau und der hier vorliegenden ersten Monografie zu Claudia Skoda zu erleben ist. Dass dieses Bild so präzise geraten konnte, verdanken wir auch den vielen langjährigen Freund*innen, Wegbegleiter*innen und Kund*innen von Claudia Skoda, die mit uns ihre Erinnerungen teilten, uns Fotos und Andenken zeigten oder ihre liebevoll aufbewahrten Kleider von Claudia Skoda vorführten. Viele von ihnen haben uns ihr Vertrauen entgegengebracht, indem sie diese persönlichen Gegenstände bereitwillig für die Ausstellung zur Verfügung gestellt haben. Weitere Leihgaben stammen vom Stadtmuseum Berlin, aus der Kunsthalle HGN, Duderstadt, und von Lisa Wismer-Jud, die den Nachlass von Anne Jud betreut. Bei unseren Recherchen haben uns zudem das Medienarchiv/Studio für AV-Medien der Akademie der Künste, das Schwule Museum, Berlin, die Galerie Kicken und die Galerie Gisela Capitain unterstützt. Ein besonderer Dank gilt Christine Kisorsy, die nicht nur die audiovisuellen Quellen umfassend dokumentiert, sondern auch die rechtlichen und technischen Voraussetzungen geschaffen hat, um eine Auswahl des Filmmaterials in der Ausstellung zeigen zu können. Günter Karl Bose, der schon in den 1980er-Jahren Skoda-Pullover trug, und Uwe Langner haben in Erinnerung an alte Kreuzberger Zeiten gern die grafische Gestaltung des Katalogs übernommen und dem Stil von Claudia Skoda gestalterisch Ausdruck verliehen. Almut Otto hat mit professioneller Umsicht das deutsche Lektorat, Ian Pepper treffend die Übersetzung ins Englische und Christina Wheeler feinfühlig das englische Lektorat vorgenommen. Corinna Wolfien hat uns bestens bei der Pressearbeit unterstützt. Maria Spitz danke ich für den begleitenden fachlichen Austausch.

Die Ausstellung und der Katalog wären nicht ohne die tollen Teams bei der Generaldirektion der Staatlichen Museen zu Berlin und bei der Hauptverwaltung der Stiftung Preußischer Kulturbesitz zu realisieren gewesen, die uns mit großem Einsatz jederzeit verlässlich zur Seite standen. Namentlich möchte ich Maren Eichhorn und Marion Stenzel mit ihren Teams, Fabian Fröhlich, Markus Farr, Manja Weinert, Ines Bellin, Antje Nolte und Sigrid Wollmeiner sowie Anja Robbel, Paul Kopitzke und Ingolf Kern Danke sagen. In der Kunstbibliothek haben zuerst Joachim Brand in seiner Funktion als kommissarischer Leiter und dann Moritz Wullen als ihr Direktor die Idee zu der Ausstellung zu Claudia Skoda von der ersten Minute an mit Begeisterung mitgetragen. Weitergetragen haben uns durch die dann folgende Zeit Hildegard Ringena, Rainer Öhlmann, Imke Henningsen, Katrin Käding und Charlotte Piontkowitz mit ihrer Erfahrung und Expertise. Großartige Unterstützung haben wir von Sabine Thümmler, Heidi Blöcher und Katrin Lindemann aus dem Kunstgewerbemuseum erfahren. Wenngleich temporär, dafür aber mit großem Engagement waren uns Imke Kaufmann, Maria Schaller, Vanessa Leonhard und Tina Aischmann zugeschaltet. Für mich waren Arne und Béla ständige Begleiter, Stütze und Stärke – Danke!

1 Claudia Skoda, zit. n. Adler 1982, S. 11.

2 Zossener Straße 56–58.

3 Berliner Modejournal 1973, Sender Freies Berlin, ausgestrahlt am 28.10.1973; Wolff 1975.

4 Big Birds 1980.

5 Ein Exemplar des Heftes befindet sich in der Sammlung Modebild – Lipperheidesche Kostümbibliothek der Staatlichen Museen zu Berlin, Kunstbibliothek.

6 1988 Gastprofessur an der Sommerakademie und 1990/91 am Fachbereich Modedesign, beides Fachhochschule für Gestaltung, Hamburg.

An introduction

CLOTHING IS A WAY OF LIFE

Britta Bommert

We produce with a very high level of idealism. What is earned is used to maintain the conditions for creativity.[1]

Claudia Skoda: There she stands, in her mid-30s, at the entrance to the Kottbusser Tor subway station, in the middle of Kreuzberg. She wears an unpretentious haircut, combed back, and is clad in a dark blazer, opaque stockings, and black, patent leather pumps. Her posture is upright, almost tense, her gaze directed over her shoulder, directly at the camera. What message do her eyes convey? I'm rocking the place! Her sole companion is her sewing machine – the 'keyboard' she plays like no other. Martin Kippenberger portrays Claudia Skoda superbly not just in this photo, but in an entire series dating from 1976/77 as well. At that time, she was marketing her knitwear designs under the label "fabrikneu," and was organizing fashion shows, all filled to capacity and beyond, in a loft on Zossener Straße in Kreuzberg,[2] where she had lived and worked with her artist colleagues and friends since 1972. Up to that point, she had been active as a reader for a publisher, producing knitwear on the side, exclusively for her own use and that of her friends. She had no inclination to adopt the occupation of her father, a master tailor. But she was drawn toward fashion design nonetheless, mastering the knitting machine as an autodidact. In the late 1960s, strong demand among her male friends induced her to produce suits featuring wide pleat-front trousers with cuffs and tightfitting jackets with broad lapels in pink and pale blue. All her life, however, her principal interest was the female figure. Having moved into the loft in 1972, she took the risky step of becoming independent, focusing entirely on the design and production of knitwear fashions, which she sold from a VW Bus on the beaches of Ibiza, Italy, and southern France, as well as in Munich during the Olympic Games of 1972. Her initial forays were greeted by a television report and a photo spread in the weekly *Zeitmagazin.*[3] Her designs – which at that time were extraordinarily formfitting, dazzling, and transparent – received considerable attention |↗1a+b / p. 20|.

Her label was named after her living and working collective "fabrikneu." The group, consisting of three couples, had converted the loft in order to live and work together. Up until 1975, the members included the painter Angelik Riemer, together with Super 8 filmmaker Reinhard Bock; the percussionist Klaus Krüger, who worked first with Tangerine Dream, and then with Iggy Pop; the student Jenny Capitain, later a stylist and model (among others for Helmut Newton); and finally Claudia Skoda and her husband, the sculptor Jürgen Skoda. As a group, they were highly creative, engaging in experimentation and perpetually reinventing themselves.

Fabrikneu was simultaneously a studio, rehearsal space, workshop, and boutique. Characterizing the sound and the atmosphere of the space were jam sessions and the earsplitting noise of the knitting machines. Subsequently, the occupants of the premises – initially measuring 200 m², and later 600 m² – changed frequently. Artist colleagues such as Martin Kippenberger and Luciano Castelli moved in and out. Claudia Skoda was a constant presence, although she did live intermittently in New York City, where she operated her first independent shop.

During the 1970s, the Berlin district of Kreuzberg provided the open space for experimentation sought by the group. Residential and working space was inexpensive, and the legendary Kreuzberg nights were long due to the abolition of curfews in West Berlin. With her integrative force, Claudia Skoda transformed fabrikneu into a gathering place for the scene, and it was soon compared with Andy Warhol's Factory in New York. Skoda clothed fashion designers, artists, musicians, photographers, filmmakers, habitués of the scene, and trendsetters – Uschi Obermaier, Lady Shiva, and Veruschka were her first customers; David Bowie wore a pair of trousers by Skoda in the music video *Ashes to Ashes* (1980). Everyone wanted to attend her fashion shows, which were the talk of the town, but there was space for only 400 attendees. Skoda soon decided to rent larger spaces; beginning in 1978, the shows became public events. But the spaces were not chosen arbitrarily: she selected the Egyptian Museum (today the Scharf-Gerstenberg Collection), the Congress Hall (today the HKW – Haus der Kulturen der Welt), the Martin-Gropius-Bau, and the atrium of the Technische Universität. Skoda organized not conventional fashion shows but, instead, multimedia performances |↗2 / p. 21|. The artificial character of *Big Birds* of 1979 prompted *Vogue* to compare the presentation to Max Ernst's alter ego, the dream bird Loplop, and to the grotesque dances of Valeska Gert.[4] By presenting her designs through an interplay between performing models, instrumental and electonic live acts, and special lighting effects, Skoda anticipated today's fashion happenings by decades.

From 1975 to the present, Claudia Skoda has prepared two collections annually. She draws inspiration from set themes such as "Mobil," "Fruits," or "Cleaning," continually generating new forms, color combinations, patterns, material mixes, and techniques. Skoda has reinvented the art of knitting. She searches for individual solutions, going so far as to weld two knitting machines together, selecting high-quality and exclusive yarns from Italy, at the same time experimenting with materials such as magnetic tape, bast fiber, and metal threads, producing small editions herself, or commissioning knitters working from home in Berlin or its environs. Alongside production, Skoda also supervises sales in her own shops in New York and Berlin, including distribution to individual boutiques as far away as Japan, along with the targeted marketing of her knitwear designs at the relevant fashion fairs. This allows her to establish a high degree of independence in her work. With the do-it-yourself movement experiencing a highpoint during the mid-1970s, and at a time when the concept of 'slow fashion' had yet to be born, Claudia Skoda emerged as a protagonist of both of these fashion philosophies. In 1986, she received recognition from a specialist audience when she was awarded the "Goldene Nase" by Berlin's fashion journalists. In 1987, she was granted an audience with Lady Di as a representative of the Berlin fashion scene. In 1988, she was commissioned to curate the opening gala when Berlin was named “Cultural Capital of Europe.” For the show *Dressater®*, a neologism created by Skoda, which refers to a multimedia presentation of fashion that incorporates music, film, video, dance, painting, opera, and performance, she invited six fashion designers from six different countries to exhibit their creations together with her own under the motto “Dressed to Thrill.” Tom Adams from Ireland, Marc Audibet from France, Yoshiki Hishinuma from Japan, Tamás Király from Hungary, Francis Montesinos from Spain, Vivienne Westwood from Great Britain, and Skoda herself displayed their fashions on a catwalk created by Hans Kollhoff in the still-provisionally refurbished Hamburger Bahnhof Museum |↗3a+b / p. 23|. The evening’s performance was directed by the drag artist Joey Arias, with music composed by Steven Brown of the new wave band Tuxedomoon. In the program booklet accompanying the show, Claudia Skoda wrote: “We are replacing the word fashion with the word clothing. Clothing is more, clothing is a way of life, liberated from anonymity and conformity. Clothing lasts, in contrast to fashion, which lives only for a brief moment.”[5] For Skoda, clothing signifies an attitude toward life, a stance. Claudia Skoda is no activist, but she lives by her convictions without compromise.

In order to understand Skoda’s clothing designs, and to gauge their significance accurately, it becomes necessary to consider the many sides and layers that are present in the personality of their maker. Claudia Skoda is simultaneously a woman, a friend, and a networker; she is a knitwear designer, a musician, and a director; she is a model, a sales advisor, and a manager. In the meantime, she has made an appearance in Ulrike Ottinger’s film *Madame X – Eine absolute Herrscherin* (Madame X – An Absolute Ruler; 1977), has been a guest lecturer in fashion design at the University of Applied Sciences in Hamburg,[6] designed a luminous carpet for an exhibition of the legendary Weinand Design Gallery (circa 1992), and contributed costume designs for Armin Holz’s staging of Jane Bowles’ *Im Gartenhaus* (*In the Summer House*; 2001) at the Schaubühne. Claudia Skoda is not only superlatively creative, but is also a consistently open-minded and profoundly generous individual with an immediate feel for impulses that are capable of inspiring her, of propelling her work forward. These traits have allowed her to engage in fruitful exchanges and productive collaboration with artist colleagues up to the present. Currently, she is working on a pullover edition together with the artist Danh Võ.

Precisely because Claudia Skoda remains active today, the need to be selective emerged in planning the present retrospective and accompanying catalog. A focus on the creative period between 1975 and 1988 illuminates the initial and decisive phase of Skoda’s career, foregrounding works that have had a lasting influence. It was in these years that her style and her method attained maturity.

The catalog essays seek to do justice to the multifaceted character of Claudia Skoda’s achievement. My own contribution examines Skoda’s knitwear designs; Heidi Blöcher discusses first her knitting techniques and, secondly, the marketing of her production at fashion fairs and in her own shops. Esther Ruelfs and Fiona McGovern review Skoda’s manifold artistic collaborations: Ruelfs explores the realm of photography, and McGovern addresses the world of the fashion show. In her contribution, Marie Arleth Skov relates Claudia Skoda’s work to the context of West Berlin’s subcultural scene. Until now, there has been no monograph on Claudia Skoda. The authors have performed foundational work and have relied upon the photographs, press clippings, and film footage held in the archive of Claudia Skoda; they conducted interviews with Claudia Skoda, with her associates, and with contemporary witnesses in Berlin. An emphatic thanks to all of the authors for their tremendous commitment and for the expertise with which they have shed light on the life of Claudia Skoda in all of its complexity. Wolfgang Joop has shared a highly personal perspective of his friendship and his collaborations with Claudia Skoda, which he has captured in a handwritten and illustrated manuscript. He read it aloud to her for the first time at a shared New Year’s Eve celebration in 2019, in the process nearly missing the ringing in of the New Year at midnight.

The fall of the Berlin Wall in 1989 represented a decisive turning point for the city: West Berlin was deprived of its status as a subsidized island, creative life expanded now toward the east, and even today, the local fashion sector struggles to assert itself. It was during this period that Claudia Skoda became established, opening her first Berlin shop in 1992 directly on Ku’damm and expanding five years later in the Berlin district of Mitte, where the young, creative fashion labels were settling: first on Linienstraße, then on Alte Schönhauser Straße. At various times during the 1990s, she operated three shops simultaneously and made forays into industrial production: as a designer for established labels, such as Marc Cain, Joop!, and Crisca, and with two of her own inexpensive lines. Too many compromises proved unavoidable before production could proceed smoothly and become economically viable. Beginning in 2002, at her shop on Alte Schönhauser Straße, she refocused primarily on the design and implementation of smaller editions of her own individual fashions, which she offered exclusively in her own shop or online. A detailed analysis of this development in Skoda's production beginning in the 1990s would doubtlessly prove fruitful. Berlin as a fashion city becomes more comprehensible when we compare Skoda's overall production with that of other Berlin fashion designers – in both west and east. Skoda engaged regularly in intimate collaborations with a number of them: Tabea Blumenschein, Hella Utesch, Gudrun Reichhardt, and Marc Brandenburg. Knut Schaller and Maria Tembrink also exemplified fashion. For the group Klub der Mode-Avantgarde Berlin (KAB), formed in 1984, which attracted attention for its eccentric individual garments in unorthodox fabrics and unconventional cuts accompanied by handmade accessories, Skoda was already the grande dame of the fashion scene. A large portion of Claudia Skoda's own private collection will become publicly available as part of the Collection of Fashion Images of the Kunstbibliothek (Art Library) for future research into these topics. With her generous donation, including photographs, invitations, and even press clippings, Claudia Skoda has ensured that indispensable research materials will be accessible to succeeding generations.

Thanks

Thanks first and foremost to Claudia Skoda, as well as to her colleague and long-standing companion Uwe Trierweiler. Their cordiality, warmth, and humor have made our collaboration an unforgettable experience. Marie Arleth Skov was my congenial teammate. Together, we explored Claudia Skoda's personality and her œuvre, as well as the cultural scenes of West Berlin and New York. Skov examined the subcultural aspect, while I focused on the fashion dimension; she saw the punk, and I, the glamour; she perceived the concrete, the roughness in Skoda's achievement, and I, the glitter and the coloristic diversity. In concert, we were able to shape the portrait of Claudia Skoda that is now being presented to the public – thanks to financial support from the Capital Cultural Fund – in the form of this premiere solo exhibition and its accompanying monograph. That this portrait was able to acquire such precision is thanks to the many long-time friends, companions, and clients of Claudia Skoda who shared their memories with us, along with photographs and mementos, or showed us lovingly preserved articles of clothing created by Claudia Skoda. These contributors demonstrated their trust in us through their willingness to make these personal objects available for the exhibition. Additional loans came from the Stadtmuseum Berlin, the Kunsthalle HGN, Duderstadt, and from Lisa Wismer-Jud, who administers the estate of Anne Jud. In conducting our research, we also received support from the Media Archive/Studio for AV Media of the Akademie der Künste (Academy of Arts), the Schwules Museum, Berlin, Galerie Kicken, and Galerie Gisela Capitain. Our very special thanks to Christine Kisorsy, who not only comprehensively documented the audiovisual sources, but also coordinated legal and technical prerequisites, making it possible to show a selection of filmic materials in the exhibition. Günter Karl Bose – who already wore Skoda pullovers during the 1980s – and Uwe Langner eagerly took charge of the graphic shaping of the catalog, in memory of the good old days in Kreuzberg, and reflected the style of Claudia Skoda in their design. Almut Otto edited the German text with extraordinary professional care, Ian Pepper aptly and thoughtfully translated into English, and Christina Wheeler edited the English version with great thoroughness. Corinna Wolfien gave us excellent support with our press work. My thanks as well to Maria Spitz for fruitful discussions concerning specialist matters.

It would have been impossible to realize the exhibition and catalogue without the marvelous teams of the general management of the Staatliche Museen zu Berlin (Berlin State Museums) and the central administration of the Stiftung Preußischer Kulturbesitz (Prussian Cultural Heritage Foundation), who assisted us reliably with great commitment throughout. My thanks in particular to Maren Eichhorn and Marion Stenzel and their teams. Thank you also to Fabian Fröhlich, Markus Farr, Manja Weinert, Ines Bellin, Antje Nolte, and Sigrid Wollmeiner, as well as Anja Robbel, Paul Kopitzke, and Ingolf Kern. At the Kunstbibliothek, first Joachim Brand, in his function as Acting Director, and later Moritz Wullen, as Director, enthusiastically supported the idea of an exhibition devoted to Claudia Skoda from the first moment. Subsequently, we received continuing assistance from Hildegard Ringena, Rainer Öhlmann, Imke Henningsen, Katrin Käding, and Charlotte Piontkowitz, who generously shared their experience and expertise. We also received tremendous support from Sabine Thümmler, Heidi Blöcher, and Katrin Lindemann from the Kunstgewerbemuseum. Albeit only on a temporary basis, Imke Kaufmann, Maria Schaller, Vanessa Leonhard, and Tina Aischmann demonstrated a splendid level of commitment. For me personally, Arne and Béla were constant companions, and sources of strength and support – thank you!

1 Claudia Skoda, cited from Adler 1982, p. 11.

2 Zossener Straße 56–58.

3 *Berliner Modejournal* 1973; Sender Freies Berlin, broadcast on October 28, 1973; Wolff 1975.

4 Big Birds 1980.

5 A copy of this booklet is found in the Collection of Fashion Images – Lipperheide Costume Library of the Staatliche Museen zu Berlin, Kunstbibliothek.

6 In 1988, as a guest professor at the summer academy, and in 1990–1991, at the department of fashion design, both at the University of Applied Sciences, Hamburg.

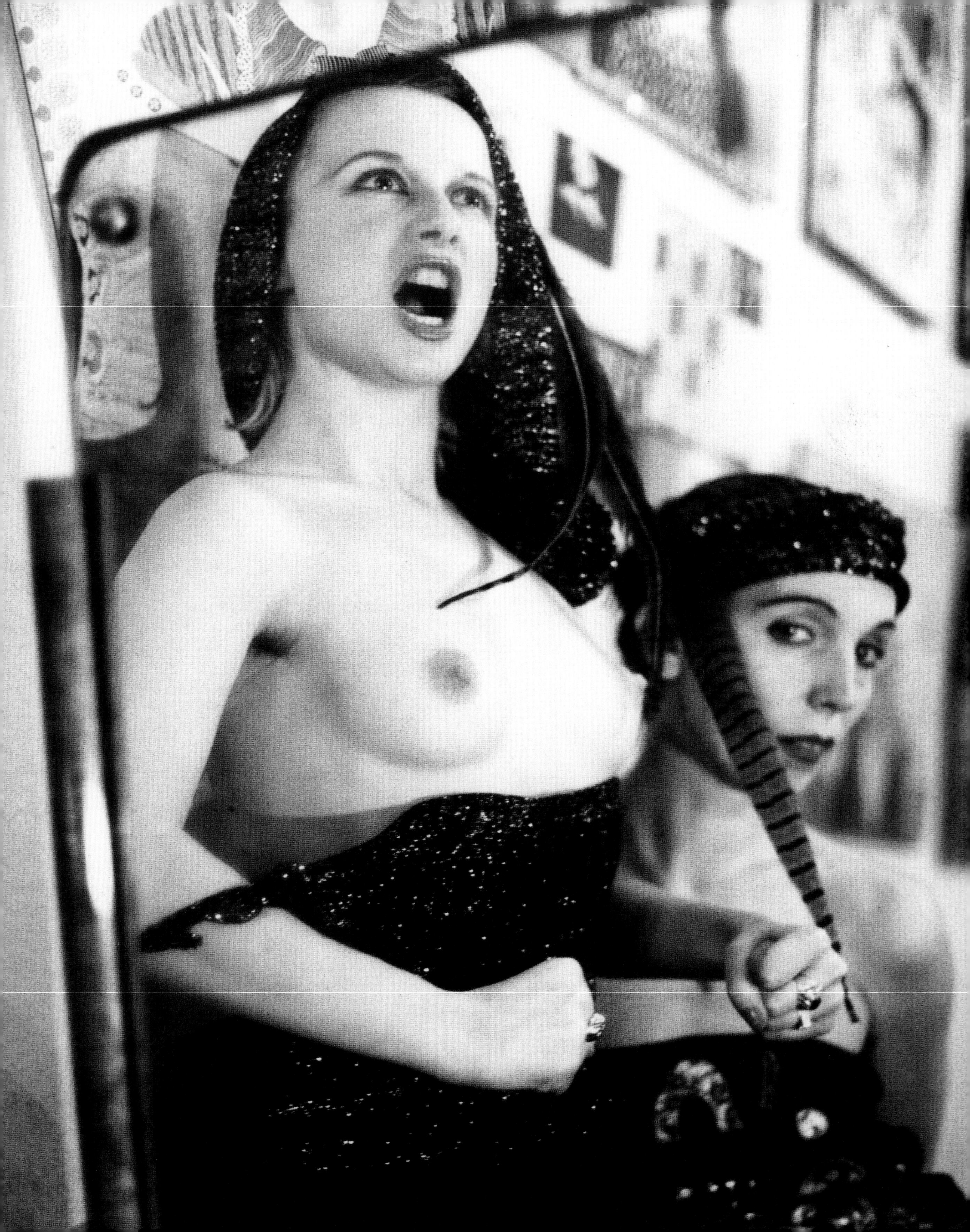

I.

Sexyness, Spiel und Subkultur im Leben der Claudia Skoda

DOMINAS & PARADIESVÖGEL

Marie Arleth Skov

Claudia Skoda war in den späten 1970er- und frühen 1980er-Jahren eine wichtige Figur im subkulturellen Milieu von West-Berlin. Sie war (und ist) einerseits ganz einzigartig: Niemand sonst tat, was sie tat. Andererseits war sie eine verbindende Kraft: Skoda bildete den Knotenpunkt eines Netzwerks befreundeter Künstler*innen, Musiker*innen, Modemacher*innen und Filmemacher*innen. Sie selbst wechselte und erweiterte die Disziplinen. Skodas Kreativität zeigt sich auch und gerade in ihrer Lust zum Spielerischen: Ihre Themen vermittelt sie nicht bitterernst, sondern unterhaltsam und sexy. Trotzdem (oder gerade deswegen) hinterlassen sie einen Eindruck. Stricken war nie kurzweiliger.

Lust for Life

»Es waren spezielle Jahre. Und es war ein spezieller Ort, dieses Berlin: frei, offen, wild und doch sehr familiär. Weißt du, wenn du unterwegs warst, hast du immer die gleichen verrückten Leute gesehen.«[1] So beschreibt Luciano Castelli, der Performer, Künstler und (zusammen mit Salomé) Mitinitiator der legendären Undergroundband Geile Tiere, die Zeit Ende der 1970er-Jahre in der

Ulrike Ottinger
Claudia Skoda und Tabea Blumenschein, sogenannte Nachtsession
Claudia Skoda and Tabea Blumenschein, at a so-called night session
Ca. 1976

Frontstadt. West-Berlin ist damals eine kleine Insel inmitten der DDR, abgesonderter Experimentierraum für Künstler*innen und Anarchist*innen, Wehrdienstverweigerer und Aussteiger*innen, Dragqueens, Althippies und Punks. In diesem Berlin lernt Castelli die Modemacherin Claudia Skoda kennen, sie freunden sich an, und er zieht bei ihr und den anderen Kreativschaffenden ein, in die fabrikneu, Wohn- und Arbeitsgemeinschaft in einer Fabriketage in der Kreuzberger Zossener Straße. Dort mischen sich verschiedene Disziplinen, schon weil sie an einem Ort versammelt sind: Cross-over entsteht en passant. Zu dieser Zeit in diesem Milieu bedeuten Freundschaften fast alles; sie sind der Motor der Kreativität. Die uravantgardistische Sehnsucht danach, die Grenzen zwischen Kunst und Leben einzureißen, wird in Alltag-Performances und Gesamtkunstwerk-Partys erfüllt. Die fabrikneu funktioniert wie ein Katalysator für solch alternative Lebensentwürfe. Hier verfolgt die West-Berliner Boheme den Traum einer unkonventionellen, freien Lebensgestaltung. »Es war ein Punkt, wo alle hinkamen. Musik, Mode, Film. Ein großes Netzwerk. Wie ein Virus: Einer steckt einen an, und der steckt dann noch mehr Leute an«, erklärt Skoda.[2]

Auch Manuel Göttsching, der Elektromusikpionier, der seit 1976 viele Skoda-Shows musikalisch begleitete, wurde angesteckt: »Das war damals was Besonderes, in so einer Fabriketage zu wohnen [...]. Das war einfach interessant, das war angesagt, da wollten alle hin. Aus diesen Partys hat Claudia dann die Shows entwickelt. Das war ein nahtloser Übergang, das ging von privaten Partys in Shows über. Die Partys waren so überlaufen, dass sie anfangen mussten, Eintrittskarten zu verteilen.«[3] Von Anfang an konzipiert Skoda ihre Shows thematisch. In der fabrikneu werden Fantasiewelten kreiert: Südseeinseln, Spielcasinos, gemixt mit Zitaten aus Rock 'n' Roll und moderner Kunst. Skoda arbeitet mit Künstler*innen und Musiker*innen zusammen. Ihr Mitbewohner, der spätere Weltstarkünstler Martin Kippenberger, damals noch komplett unbekannt, kreiert legendärerweise einen Fußboden mit rund 1.300 Fotografien – *Eine Woche aus dem Intimleben der Fam. Skoda und Bekanntenkreis*, so der Titel des Werks –, welcher ab 1976 als Catwalk für ihre Modenschauen genutzt wird.[4] Neben Kippenbergers eigenen Fotografien sind zahlreiche Aufnahmen der Filmemacherin Ulrike Ottinger und der Fotografin Esther Friedman, beide ebenfalls Teil der »Familie Skoda«, in den Fußboden integriert. The Vibrators, eine Londoner Punkband der allerersten Stunde, fliegen 1977 extra nach Berlin, um ein Konzert bei Skodas Modenschau *Pablo Picasso* in der fabrikneu zu geben. Unter den Zuschauer*innen der Modenschauen sind auch David Bowie und Iggy Pop; in der fabrikneu lernt Iggy Pop Friedman kennen, mit der er in den nächsten sieben Jahren ein Paar bildet.[5] Wie ein Motto dieser Zeit erscheint der gemeinsam von Iggy Pop und David Bowie geschriebene und in den Hansa Tonstudios by the Wall aufgenommene Song: »Lust for Life« (1977). Volle Kraft voraus.

In West-Berlin wie in vielen anderen Städten sowohl in Deutschland als auch international entstand in den späten 1970er-Jahren eine Do-it-yourself Mentalität, die alle Bereiche des Lebens umfasste – ob es darum ging, ein besetztes Haus selbst instand zu setzen, oder darum, Kunst, Musik, Film oder Mode zu machen. Die Musiker*innen hatten genug von den großen, gierigen Plattenlabels, die Künstler*innen genug von Hochkunst und arroganten Galeristen*innen, die Dichter*innen genug von verkrusteten Strukturen im Verlagswesen. Aufbruch lag in der Luft. Um Skoda herrschte eine ungezwungene, kreative Atmosphäre; Ideen entsprangen gemeinsamem Austausch, alle waren dabei. »Oft habe ich in diesen Jahren in der Fabriketage für eine ganze Horde Freunde gekocht. Wir haben am Tisch diskutiert und neue Ideen besprochen, mit Tabea [Blumenschein], mit Claudia, mit Salomé, mit allen. Wir waren eine kreative Gemeinschaft«, so Castelli. »Ich habe meine Miete bezahlt, indem ich die Wolle von Claudia zu Strickerinnen ausgefahren und danach die fertigen Pullis wieder eingesammelt habe. Es war alles eine Familie dort.« Oder: »Es war ein Familienbetrieb«, wie es Jenny Capitain, fabrikneu-Mitbewohnerin, Model, Stylistin sowie (später) selbstbewusste Muse von Helmut Newton, formuliert.[6]

Skoda ist eine *self-made woman*. Sie hat ihr Label selbst aufgebaut und ist bis heute autark geblieben. Diese Eigenständigkeit kombiniert sie mit einer großen Offenheit und Neugierde; sie arbeitet mit sehr unterschiedlichen Leuten zusammen, die sie schätzt, und gibt ihnen den Freiraum, ihren Beitrag selbst zu gestalten.

Auf diese Weise entstand 1979 auch ihre berühmteste Modenschau, *Big Birds*: »Claudia hat uns gefragt, ob wir auch etwas machen wollen, und wir haben gesagt, wir würden gerne eine Performance machen. Dann haben Salomé und ich Seile in der Fabrik aufgebaut [...]. Wir haben jeden Tag trainiert für diese Show«, erzählt Castelli. Skoda setzt das Thema, aber lässt ihren Mitstreiter*innen ihren künstlerischen Freiraum. Ebenfalls in diesem Sinne fotografiert Castelli für *Big Birds*, sowohl in Schwarz-Weiß für die Plakatmotive als auch eine weitere Serie mit seiner guten Freundin Bianca Capitanio |↗1a+b|. Die Inszenierung ist farbenprächtig und mystisch: Capitanio scheint zu tanzen, dreht ihren Körper und streckt ihre langen krallenartigen Fingernägel vor sich. Sie ist geschminkt wie eine Geisha,[7] gekleidet in Skodas »Big Birds«-Kollektion und wird überblendet von einer Papageien-Diaprojektion. So spinnt Castelli Skodas Motiv weiter und lässt neue Bilder entstehen.

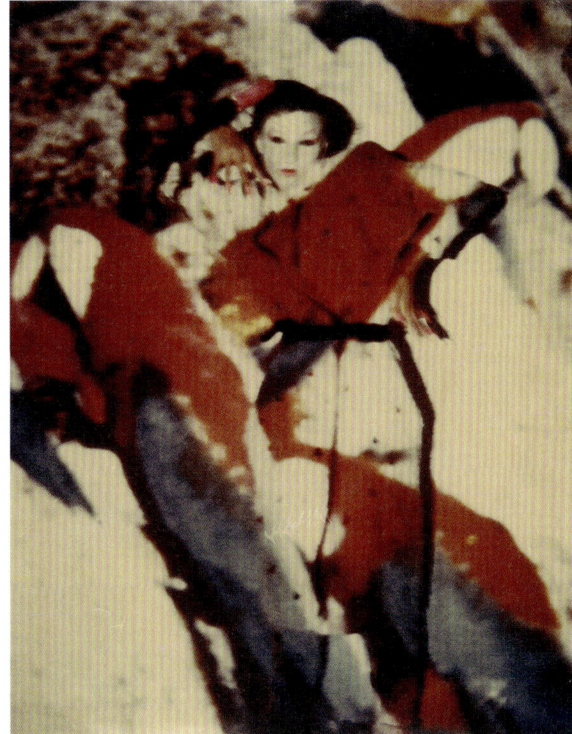

1 a

1 b

Für Skodas gemeinsam mit Tabea Blumenschein konzipierte Show *Big Birds* wird durch kollektive Dynamik ein fantastischer Raum geschaffen: Jürgen Skoda, Bildhauer und der Mann von Claudia Skoda, baut ein Bühnenbild wie eine Voliere, Salomé und Castelli schwingen sich fast nackt und am ganzen Körper geschminkt auf einem Hochtrapez über Models, die sich zum elektronischen Beat Manuel Göttschings wie Vögel bewegen: Sie flattern, schütteln sich, spreizen die Arme wie Flügel, bewegen den Kopf ruckartig vor und zurück, sind mal aufgeplustert, dann steif, elegant oder aggressiv. Gekleidet sind die Models in Skodas extravagante hautenge und teils durchsichtige Kleider mit asymmetrischen Mustern, verstärkten Schultern und dynamisch ineinandergreifenden Zickzackspitzen. Das grelle Licht der Scheinwerfer lässt theatralische Schattenwürfe entstehen. *Big Birds* thematisiert Power, Exotik und Wildheit, Paradies- und Raubvögel. Wenige Jahre später beginnt Helmut Newton seine Fotoreihe der amazonenhaften *Big Nudes* (ab 1981) – bei Claudia Skoda sehen wir eine ähnliche Faszination vom Frauenkörper, eine vergleichbare Tendenz zum Stiletto-Feminismus. Skodas *Big Birds* sind stark, sexy und groß. Ihre Inszenierung lässt die Frauen jedoch zugleich verspielter und vielleicht auch ambivalenter als bei Newton erscheinen. Die *Big Birds* oszillieren zwischen Flucht und Angriff wie auch zwischen Gefangensein und Davonfliegen.

1 a + b
Luciano Castelli
Bianca Capitanio in Strickkleid der Kollektion »Big Birds«
Bianca Capitanio, in a knitted dress from the "Big Birds" collection
1979

Unbeschreiblich weiblich

Themen der Emanzipation und der sexuellen Befreiung spielen eine wichtige Rolle bei Claudia Skoda, ohne dass sie sich jedoch als Feministin bezeichnen würde. »Es war eine Liebe zum Frauenkörper und auch eine sexuelle Befreiung«, sagt Skoda, es sei darum gegangen, »den Körper zur Schau zu stellen, dass das nichts Verbotenes sein sollte.« Im subkulturellen Milieu West-Berlins um 1980 praktizieren viele Frauen mit großer Selbstverständlichkeit eine Variante von Feminismus, die vor allem von einem subjektiven Freiheitsdrang, von Unverfrorenheit und Sexyness geprägt ist. »Für mich war das ganz normal, das war gar nicht so ein Statement. Ich bin damit immer frei umgegangen. Wenn es um diese Themen ging, die der Feminismus direkt angesprochen hat, dann war ich sowieso immer d'accord«, sagt Skoda und fügt hinzu: »Ich habe mich schon immer geweigert, mir was von Männern sagen zu lassen, auch schon aus einem natürlichen Trotz heraus. Ich habe mich immer besser mit Frauen verstanden, schon in der Schule, immer besser mit Lehrerinnen als mit Lehrern, später immer besser mit Chefinnen als mit dem Chef.«

Im Leben von Claudia Skoda sind Freundschaften mit Frauen zentral. Sehr häufig arbeitet sie auch mit ihnen zusammen: Gemeinsam mit Tabea Blumenschein schuf sie ihre Modenschauen, sie spielte in Ulrike Ottingers Film *Madame X – Eine absolute Herrscherin* (1977) mit und ließ sich, wiederum zusammen mit Blumenschein und Jenny Capitain, von Ottinger zahlreiche Male porträtieren. Ottinger beschreibt, dass sie, Blumenschein und Skoda sich in den Jahren 1975 bis 1979 ständig gesehen hätten: »Sehr, sehr häufig. Es war sehr freundschaftlich und gleichzeitig auch kollegial. Es war Arbeit und Freundschaft. Wir hatten einfach viele Ideen, was wir zusammen machen konnten.«[8] Auch Rosie Müller ist Komplizin und Freundin zugleich: Auf Modemessen, beim Musikmachen oder als Model auf zahlreichen Fotos in Skoda-Spinnennetz-Pullovern und mit knallharten Posen ist sie an Skodas Seite zu sehen. Auf den Fotos mit ihren Strickdesigns treten zudem ihre Freundinnen Irene Staub aka Lady Shiva, Szenegröße und Luxusprostituierte, als Sexbombe und Käthe Kruse von der Kunst-/Musikgruppe Die Tödliche Doris als Feuerspuckerin auf. Im weiteren Freundeskreis der starken, kreativen Frauen um Skoda befinden sich ebenfalls ihre Kolleginnen Vivienne Westwood und Hella Utesch, die Künstlerinnen Anne Jud und Esther Friedman, die Filmemacherin Cynthia Beatt sowie die Musikerinnen Nina Hagen, Gudrun Gut und Bettina Köster. Obwohl die wenigsten von ihnen direkt politisch aktiv waren, positionierten sich Skoda und ihre Kolleginnen durch ihre Lebenshaltung. Zeitlich wie thematisch bewegten sie sich zwischen der zweiten und der dritten Feminismuswelle. Sie waren für Gleichberechtigung, das Recht auf Verhütung und Abtreibung – damit vertraten sie Werte der zweiten Feminismuswelle der 1960er- und 1970er-Jahre. Ihre Herangehensweise zeigte jedoch Parallelen sowohl zur *sex positive*-Bewegung der 1980er- als auch zu den Riot Grrrls der 1990er-Jahre. Sie legten besonderen Wert auf Individualität und Vielfalt und nahmen damit Aspekte vorweg, die die dritte Feminismuswelle sich später auf die Banner schreiben sollte. Ihre Attitüde ähnelte der berühmten Aussage der Anarchistin und Feministin Emma Goldman – »Wenn ich nicht tanzen darf, will ich eure Revolution nicht«[9] – sie war voller jugendlicher Energie, mit einem Sinn für pop- und subkulturelles Spaßhaben. Ihr Stil war punkig, sexy, offensiv: dramatische Schminke, hohe Absätze, Netzstrumpfhosen, kombiniert mit gestrickten Totenköpfen, Dolchen und Peitschen als Accessoires. Wie auch im Punk diente Sexualität als Vehikel, um Befreiung zu bewirken. Aggressivität und Anmut liefen parallel |↗2|. Verschiedenste weibliche Stereotype wurden spielerisch und – das war entscheidend – selbstbestimmt durchdekliniert: Vamp, Femme fatale, Bubikopf, *wild cat*. Die Errungenschaften der Frauengenerationen vor ihnen erkannten sie an, aber zugleich war es für viele Frauen im subkulturellen Milieu dieser Zeit wichtig, ihren eigenen Weg zu gehen, was auch eine gewisse Distanzierung von der (damaligen) *kill joy*-Reputation des Feminismus bedeutete. »Wir wollten die Taille eng schnüren, wir wollten in Hochhackigen über den besetzten Hinterhof laufen, auf der Baustelle, in der Nacht und auf Demos«, erinnert sich Käthe Kruse.[10]

Sehr häufig wurden die *new women* der ersten Jahrzehnte des 20. Jahrhunderts als Vorbilder herangezogen, die außergewöhnlichen Dada-Frauen und exzentrischen Tänzerinnen im Berlin der Weimarer Republik, die Zigaretten rauchten, Alkohol tranken und freizügig lebten. Gerade in Berlin ging es auch um ein Anknüpfen, ästhetisch wie inhaltlich, an den Glanz, die radikale Modernität und die Verruchtheit der wilden 1920er-Jahre dieser Stadt. In ihren spontanen fotografischen, von Ottinger so genannten »Nachtsessions« |↗3+4| inszenierten Ottinger, Skoda und Blumenschein verschiedenste Frauenrollen, aber mit Vorliebe die Filmdiven der 1920er- und 1930er-Jahre, deren Stil und Lebensart sie faszinierten. Das volle Spektrum, wie Feminines und Maskulines verkörpert werden könnten, wurde ausprobiert. Als Skoda für den (so sie selbst) »weiblichen Dandy« ein Monokel kreierte, das sie auch selbst trug, war Marlene Dietrich, die größte Berliner Diva und Ikone der LGBTQ-Bewegung, ein Vorbild: »Neben dem Femininen, dem Sexyen hatte auch die

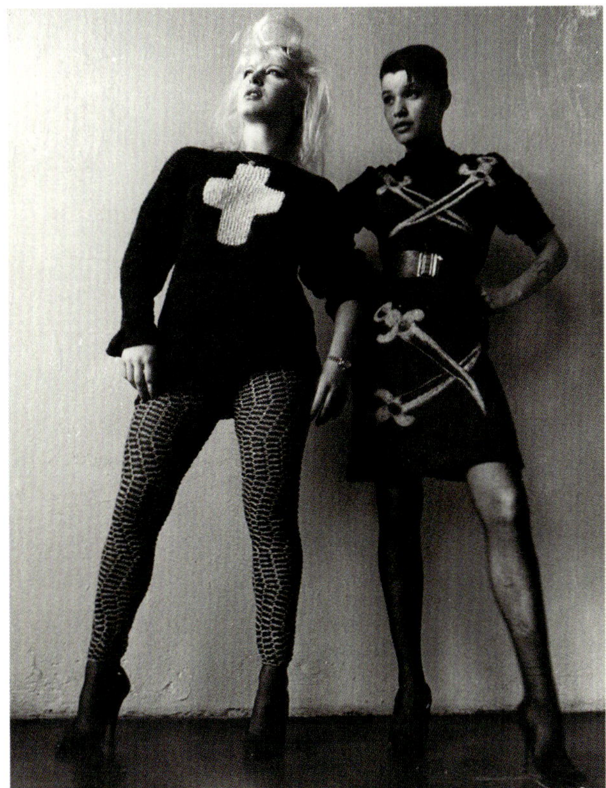
2

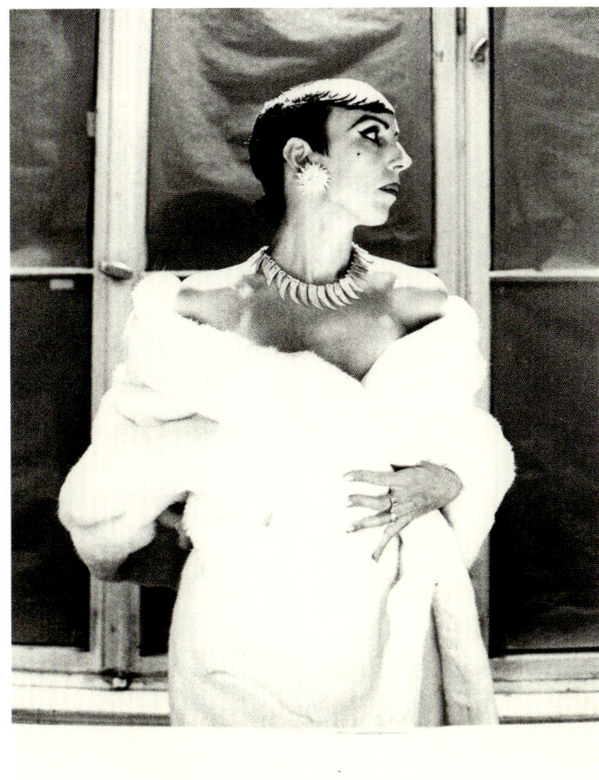
3

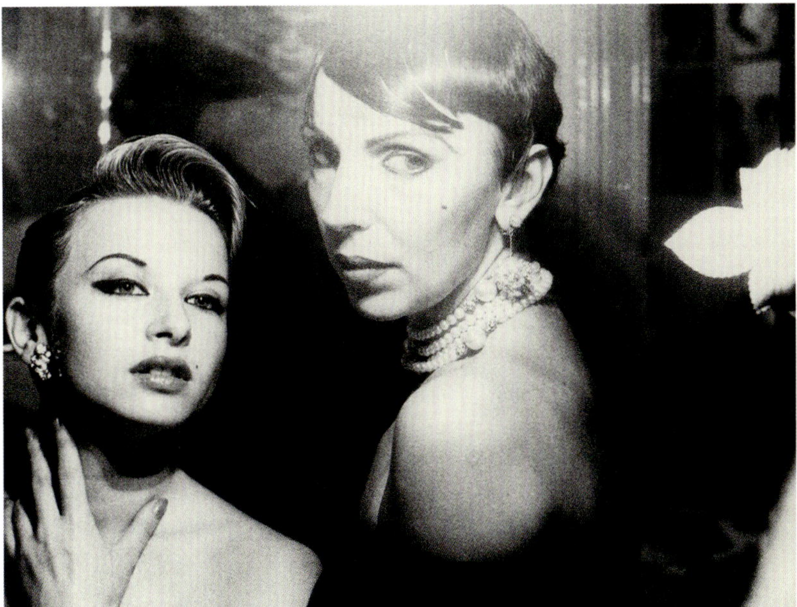
4

2
Fotograf*in unbekannt
Tabea Blumenschein und Isabelle Weiß in Strickdesigns von Claudia Skoda
Tabea Blumenschein and Isabelle Weiß wearing knitwear designs by Claudia Skoda
Ca. 1982

3 + 4
Ulrike Ottinger
Claudia Skoda und Tabea Blumenschein, sogenannte Nachtsession
Claudia Skoda and Tabea Blumenschein at a so-called night session
1976

Androgynität für mich einen Reiz. Genauso hat mich das andere fasziniert. Dass man als Femme fatale auch männlich sein kann. Marlene Dietrich hat uns das vorgemacht, und auch viele andere. Als Stilmittel fand ich das toll.« Die skandalträchtige Nackttänzerin Anita Berber hatte ebenfalls in den 1920er-Jahren ein Monokel getragen. Zusammen mit Valeska Gert, die Jahrzehnte später auch in Ottingers Filmen mitwirkte, erneuerte Berber das Tanzen um grenzüberschreitende und teilweise abstrakte Themen, sie tanzte »Tod«, »Orgasmus« oder »Kokain«. Ihre Haltung – diese Mischung aus sinnlichem Hedonismus und kreativer Kompromisslosigkeit – wurde ein halbes Jahrhundert später im West-Berlin des Kalten Krieges bewundert und erschien noch immer sehr relevant.

In ihrem Lied »Unbeschreiblich weiblich« (Hansa Tonstudios by the Wall, 1978) singt Nina Hagen davon, abgetrieben zu haben, sich keine Kinder zu wünschen und sich trotzdem eben »unbeschreiblich weiblich« zu fühlen. Sie zitiert Simone de Beauvoir und Marlene Dietrich, diese hätten ebenfalls »and're Pläne«, und spricht ins Mikrofon: »Jetzt ist es Zeit, endlich mal aufzumotzen«. Für viele Frauen im subkulturellen Milieu um 1980 war es eine Selbstverständlichkeit, sich zu emanzipieren und das zu verwirklichen, was sie sich vorstellten (was nicht heißt, dass das mühe- oder kampflos war). »Es gab Frauen, die diese Ermunterung brauchten und Begleitung, um den Mut zu haben, ihren Wünschen zu folgen, und es gab eben auch Frauen, was es immer gegeben hat, die es einfach getan haben. Zu denen zählt für mich auch Claudia Skoda«, so Ottinger.

Atari Baby

Claudia Skodas bevorzugtes Medium, ihre Waffe der Wahl, ist Strick. Obwohl – oder gerade weil – Stricken häufig klischeehaft mit Hausfrauen und Öko assoziiert wird, lässt sich das Medium auch subversiv unterlaufen.[11] So wird Stricken immer wieder für queere Statements genutzt, um Geschlechterklischees ad absurdum zu führen. Künstler*innen wie Rosemarie Trockel, Louise Bourgeois, Tracey Emin und Mike Kelley haben das subversive Potenzial der Strickikonografie in ihren Werken genutzt, um psychologische Abgründe aufzutun oder eine bestimmte Vorstellung des Häuslich-Femininen als genügsam und harmlos zu widerlegen.

Schon in den 1910er-Jahren hatte Strick für Sport und damit für die Bewegungsfreiheit der jungen, modernen Frau gestanden. In den 1920er-Jahren ließ sich Elsa Schiaparelli von ihrem surrealistischen Freundeskreis inspirieren, sie spielte mit Trompe-l'Œil-Designs von gestrickten Krawatten und Fliegen. Von den *sweater girls* mit ihren hervorstechenden Kegel-BHs im Hollywood der 1940er-Jahre bis zu den schwarzen Rollkragenpullis der Existenzialisten, den gestrickten Miniröcken und gehäkelten Hippiekleidern in den 1960er-Jahren war Strick in der Jugend- und Gegenkultur immer wieder angesagt. In ihrem Punkshop SEX (später Seditionaries) in der Londoner King's Road verkaufte Skodas Freundin Vivienne Westwood ab Mitte der 1970er-Jahre gelöcherte Pullover und Strick wie Netze, angelehnt an die BDSM-Kultur. Im Grunge der 1990er-Jahre stand der gebrauchte, kaputte Opa-Cardigan für Antikonsum, und Kurt Cobain ließ sich häkelnd fotografieren, auch um den männlichen Rockstarnimbus zu brechen.

Auf ihre eigene Weise stemmt sich Skoda ebenfalls gegen das Image des Strickens als geduldig-ruhige Tätigkeit. Sie arbeitet mit Strickmaschinen und bewegt sich immer auf dem neuesten Stand der Technik. Dem romantisch-altmodischen Touch der Handfertigkeit setzt sie Mechanik und Progression entgegen. Sie experimentierte früh mit Latex und Lurex, verstrickte Tonbänder und metallische Drähte. Skodas Eigensinn und ihre unprätentiöse Durchsetzungskraft machten sie zum Vorbild für jüngere Designer*innen. In den späten 1970er-Jahren freundete sie sich mit Gudrun Gut und Bettina Köster an und half den beiden durch den Verkauf von Skoda-Pullovern in ihrem neu aufgemachten Underground-Klamottenladen Eisengrau in Schöneberg. »Ich kannte Claudia Skoda schon, bevor ich nach Berlin kam. Als junges Mädchen in der Lüneburger Heide habe ich sie im Fernsehen gesehen. Sie hat einfach gemacht, einfach ihr Ding gemacht, sie war nicht konform. Das fand ich beeindruckend. Ich war Fan von Claudia Skoda!«, betont Gudrun Gut. »Sie war ja auch einige Jahre älter als ich. Als junges Mädchen sucht man nach solchen Vorbildern. Ich habe gedacht: So will ich auch sein!«[12] Eisengrau war, neben Strickmode, bekannt für Portemonnaies, angefertigt aus Pornoheften und Farbfolien, hauseigene Miniauflagen von auf Kassette aufgenommenen Punk-, Noise- und Free-Jazz-Bands und für Blixa Bargelds Fanzine *Boingo Osmopol*.[13]

Der allumfassende Do-it-yourself-Impuls wurde durch neue technische Möglichkeiten verstärkt. Sowohl in Sachen elektronisches Stricken als auch elektronisches Musikmachen war die Atari-Konsole zentral: »Gudrun

Gut hatte einen Atari und ich hatte auch einen Atari«, so Skoda über die Strickmaschinen, die sie zu dieser Zeit nutzte. »Sie waren Atari-gesteuert, die ersten Maschinen. In der Musik war die Atari ja auch unverzichtbar. Das war dann der nächste Schritt. Erst die Maschine und dann die Atari.« Die Vorteile dieser frühen Atari-Computerkonsole waren, dass sie vergleichsweise kostengünstig, sehr flexibel und leicht zu konfigurieren war, weshalb sie vielfach verwendet wurde und bis heute als ideale DIY-Schaltung gilt. 1986 widmete die englische New-Wave-Gruppe Sigue Sigue Sputnik der Atari den Song »Atari Baby« inklusive doppeldeutigen Hinweisen auf deren Umwandelbarkeit: »Transex, transform, transexy baby, I don't mean maybe, don't mean maybe, Atari Baby, Atari Baby«.

Die Nutzung von Atari-Konsolen zum Stricken unterstreicht zudem einen weiteren Aspekt, nämlich die Verbindung zwischen Stricken und Codieren als dual basierten Systemen. Genauso wie es eine ästhetische Verbindung zwischen Pixel und Knoten gibt, korrespondiert die simple, doch unermesslich kombinierbare rechte und linke Masche mit dem mathematischen 0 und 1 der Codiersprache. In Anlehnung an diese Parallelen gibt es heute in der urbanen *guerilla knitting*-Szene die Vorstellung eines visuellen Hackens im Straßenbild durch die Anbringung von gehäkelten oder gestrickten Unterbrechungen. Damals, Ende der 1970er-Jahre, signalisierte ein solch technoider Zugang zum Stricken jedoch vor allem einen Bruch mit den strickenden Ökofeministinnen. Jetzt kamen die harten Mädchen. Zusammenlaufend mit der Ankunft von Punk änderten sich Mode und Musik. Die All-Girl-Band von Gudrun Gut, Bettina Köster und ihren Mitstreiterinnen – ab 1979 Mania D., dann ab 1981 in geänderter Besetzung Malaria! – verkörperte zugleich einen neuen, unkonventionellen Sound und einen neuen, unkonventionellen Look, der ebenfalls in den Super-8-Musikvideos und den Bühnenoutfits der Band visualisiert wurde. Malaria! war mit ihrem avantgardistischen Stil im subkulturellen Milieu der frühen 1980er-Jahre sehr einflussreich. Sie trat unter anderem gemeinsam mit Nina Hagen, New Order und Siouxsie and the Banshees auf. Für die Konzerttour von Malaria! 1982/83 strickte Skoda extra die Bühnenoutfits: schwarze glitzernde Pullunder mit silbernen Kreuzen |↗5|.

Jene Kreuzpullover gehören zu Skodas bekanntesten Designs. »Das Motiv war ja ein bisschen mein Erkennungszeichen, ich habe viel mit dem Kreuz gemacht. Es war kein religiöses Kreuz, das Kreuz war für mich

5
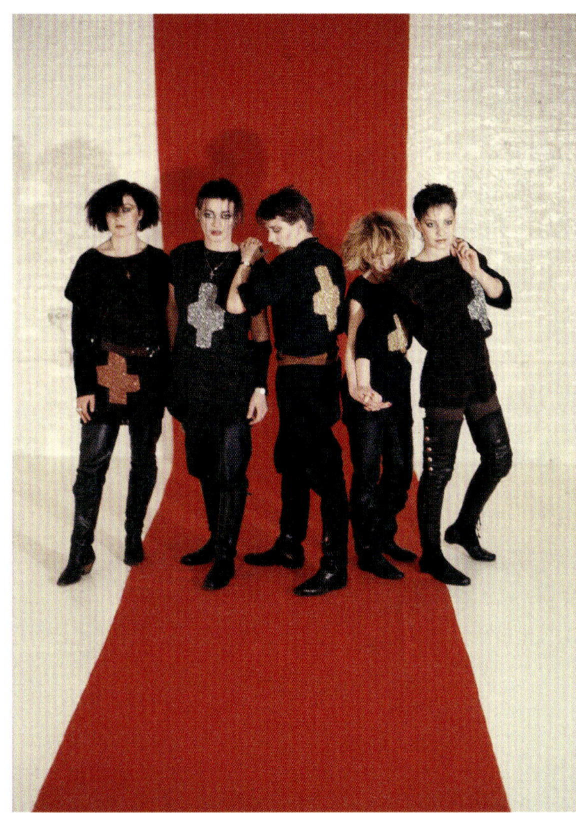

5
Esther Friedman
Malaria! in Kreuzpullover von Claudia Skoda
Malaria! wearing cross pullovers by Claudia Skoda
1982/83

ein Designsymbol.« Skoda betont, dass es sich in erster Linie um ein ganz einfaches, starkes Zeichen handele: zwei Linien, die sich kreuzen, in der Mitte ein Zentrum. Als Inspiration nennt sie zudem das Kreuz bei Joseph Beuys und seine Art, dieses zu transformieren, es einer rein religiösen Deutung zu entziehen. Esther Friedman fotografierte die Band in ihren Skoda-Kreuz-Outfits, sie sagt: »Malaria! wollten Fotos in den Pullovern haben. Wir waren damals ja wirklich alle sehr fotogeil. Es gibt so viele Fotos.« Friedmans Aussage unterstreicht die Atmosphäre, in der solche Aufnahmen entstanden: Ästhetik war extrem wichtig, aber nicht immer hatte die visuelle Dokumentation einen direkten, verwendbaren Zweck – Friedmans Fotografien von Malaria! in Skoda-Strick wurden damals nicht veröffentlicht.

I bin a Domina

Musik ist zentral im Leben von Claudia Skoda |↗6|. Ihre Kollektionen und Modenschauen sind voller Anspielungen auf verschiedenste Musikrichtungen – Jazz, Glamrock, Punk, Elektro, Disco. Auch hier gilt: Skoda ist unorthodox, sie kann nicht auf einen Style oder einen Sound festgelegt werden. Zu ihrem Musiker*innen-Kundenkreis gehörten Malaria!, David Bowie, Kraftwerk, Tangerine Dream und Manuel Göttsching, die Neonbabies, The Pointer Sisters, Donna Summer, Cher, Tina Turner und Rufus Wainwright.

1981 wechselte Skoda für kurze Zeit selbst die Disziplin und landete mit »I bin a Domina« einen Undergroundhit. Die Geschichte hinter der Aufnahme ist, dass Skoda und ihre Freundin Rosie Müller sich auf der Düsseldorfer Modemesse Igedo mit Ralf Hütter und Karl Bartos von der Band Kraftwerk trafen. Im Gespräch erzählte eine Wiener Kundin von Skoda, dass sie eine Domina sei. Das Thema Dominatrix fanden sowohl die beiden Musiker von Kraftwerk als auch Skoda und Müller sehr spannend. Hütter und Bartos wiesen im weiteren Gespräch darauf hin, dass es zwei Akkorde gebe mit den Namen »sub-domina« und »domina-7« und schrieben diese für Skoda und Müller auf einen Zettel. Wieder zurück in West-Berlin gingen die beiden Frauen zu Manuel Göttsching in dessen Studio, damit er ihnen die »domina«-Akkorde erklärt. Dabei fingen sie an zu improvisieren und zu vokalisieren. »Ich habe ihnen eine Sequenz eingestellt, ein[en] Rhythmus dazu, dann haben die beiden angefangen herumzutrapsen, und ich habe auf Aufnahme gedrückt. Das war

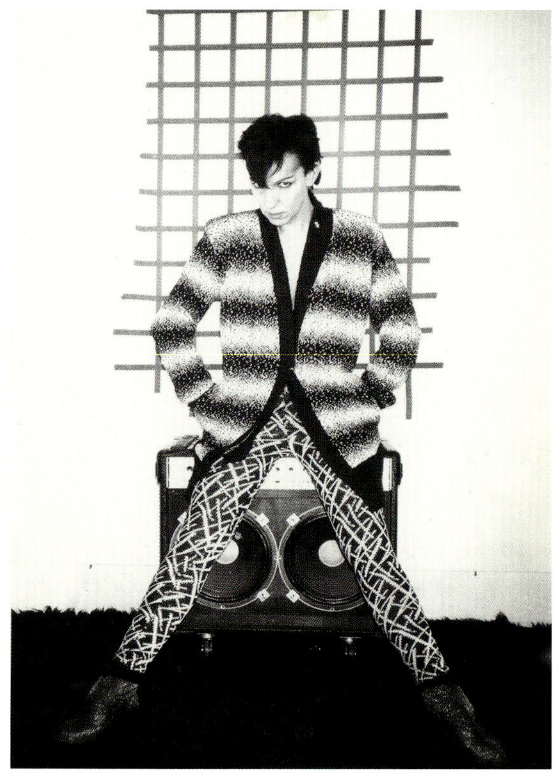

6

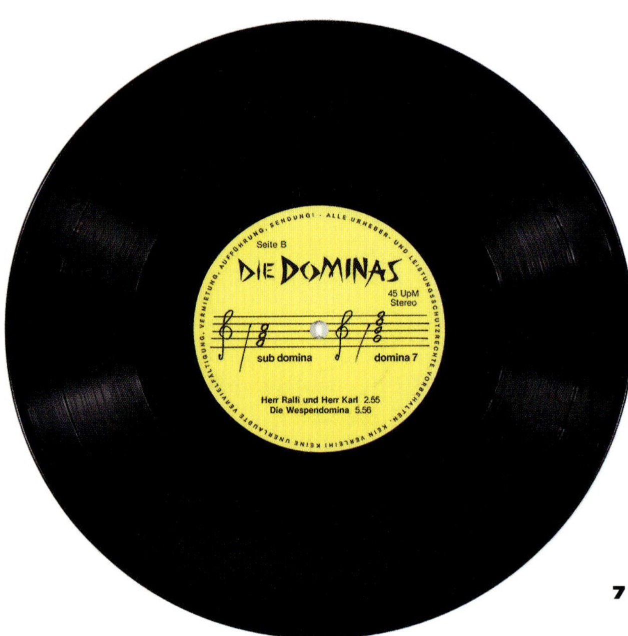

7

6
Esther Friedman
Claudia Skoda in »Benzin«-Jacke und »Jazz«-Hose
Claudia Skoda in a "Benzin" jacket and "Jazz" trousers
Ca. 1978

7
Karl Bartos und **Ralf Hütter** (Kraftwerk)
Grafikdesign für die EP *Die Dominas*
Graphic design for the EP Die Dominas
1981

ja ein komplettes Tonstudio, war alles verkabelt. Wir haben so eine halbe Stunde eine Session gemacht, ich habe die beiden machen lassen«, erzählt Göttsching, »ein Mikrofon in die Mitte gestellt, und dann haben die beiden spontan Text darauf gesprochen [...]. Der Hund lief auch herum, hat mal kurz gebellt, das war auch mit drauf. Zwischendurch haben wir Sekt getrunken, das war dann auch mit drauf, Gläserklirren. Ich habe gesagt, okay, ich mache euch bis morgen noch einen Mix davon. Habe ich dann auch gemacht.« Aus dem Rohmaterial mischte Göttsching eine lange und zwei kurze Versionen. Skoda gründete kurzerhand ihr eigenes Label FABRIKNEU und produzierte 2.000 EPs |↗7|.

Die Musik zum Haupttrack »I bin a Domina« ist elektronisch, minimalistisch, experimentell. Sie läuft fast ununterbrochen und sehr schnell, nur an einer Stelle erfolgt ein musikalischer Bruch, eine Pause, nach der mit der Aussage »Genau, genau, genau!« der Beat wiederaufgenommen wird. Im Vordergrund sind die Einzeiler von Skoda und Müller aka Die Dominas, wie sie fortan ihr Duo nannten, zu hören. Ihre Stimmen wirken verrucht, süßlich, klar, ihr Sprachduktus ähnlich Musiker*innen der damaligen Neuen Deutschen Welle. Die Dominatrix-Sprüche werden mit gespielter Härte vorgetragen: »Hiebe bis auf die Knochen«, »Alles garantiert mit Schmerzen«, »Schmerz, wo bist du?«, »Nicht zappeln«, »Liegen bleiben!«, »Zeig der Mama dein Geheimnis!«, »Liebe kann nicht ohne Leiden sein!«. Ab und zu hört man, dass eine der beiden Frauen fast anfängt zu lachen, dann kommt ein »Hier wird doch nicht gelacht, hier wird gelitten!«. Skoda erzählt, dass Hütter und Bartos begeistert reagierten, als sie hörten, was aus den Domina-Akkorden entstanden war. Die beiden Kraftwerk-Musiker gestalteten daraufhin das Cover der Dominas-EP: zwei Frauenfiguren als schwarze grafische Silhouetten auf knallgelbem Hintergrund, in hochhackigen Overknee-Boots, mit Peitschen, kantigen Schultern und spitzen Ellbogen |↗Kat. 17|. In West-Berlin wurde die EP vom Plattenladen und Szenentreffpunkt Zensor in Schöneberg (unweit des Eisengrau) vertrieben. »Die Aufnahme hat eine tolle Atmosphäre, weil sie so spontan war. Das macht auch den Charme davon aus«, so Göttsching. »Im Underground war die Platte sehr erfolgreich. Die 2.000 Stück wurden in kleineren Schallplattenläden verkauft, die mit ein bisschen verrückterer Musik. [...] Aber die waren schnell weg, und das wurde dann so eine Legende. Wurde in Clubs gespielt. Die Dominas waren dann schon ein Name.« Dass die Tracks auf der EP zudem als zu obszön galten, um im öffentlich-rechtlichen Radio gespielt zu werden, machte sie in der Szene nicht uninteressanter.[14]

Auch ein Musikvideo nahmen Die Dominas auf: *I bin a Domina* (1981). Darin übernahmen Eff Jott Krüger (von der Band Ideal) und Mark Eins (von der Band DIN A Testbild) »freundlicherweise« die Rollen als »Klienten«, wie Müller es ausdrückt.[15] Claudia Skoda und Rosie Müller traten selbstverständlich als Dominas auf. Für die Videografie stand Gunther Gude. Das Setting stellt eine Art Klinik dar. Wir sehen, wie Die Dominas sexy Lack-Outfits, Gummihandschuhe, Stethoskope und medizinische Masken anlegen. Sie bearbeiten zwei Männer: Einer ist von Beginn an von Kopf bis Fuß in Bandagen eingewickelt, wird aber bald darauf bis auf die Unterhosen entblößt, Peitschenspuren sind jetzt auf seinem Rücken sichtbar. Der andere, geschminkt und in einen grünen Dress mit passenden grünen Strumpfhosen gekleidet, wird am Anfang mit einem großen weißen Schaumstoffknüppel niedergeschlagen und festgebunden. Daraufhin zwingen Die Dominas beide nun festgezurrte und verwirrte Männer, Erdbeertorte zu essen, reichen sich für eine Weile Requisiten hin und her und geben sich gegenseitig Ansagen wie »Schwester Hannelore. Talkum. Talkum, bitte«. Als der eine Mann scheinbar bewusstlos daliegt und der andere schwankend, hilflos und geschwächt neben ihm steht, teilen sich die beiden Dominas entspannt den Rest der Erdbeertorte. Skoda: »Na, das hat sich doch gelohnt. Für ... uns! In jedem Fall für ... uns! Denn. Wir. Sind. Dominas!« Die beiden Männer werden übereinandergepackt, und Die Dominas verlassen lässig den Raum. In den allerletzten Einstellungen sieht man noch einmal die Montur der beiden: Die Stethoskope tragen sie wie Schmuck, stylish und improvisiert. Unter wiederholt rhythmischen »Do-mi-nas, Do-mi-nas, Do-mi-nas ...«-Rufen blendet das Video aus.

Das Video wie auch die dazugehörige Fotoserie von Wilfried Bauer unterstreichen visuell die Absurdität der musikalischen Aufnahme |↗8 a + b|. Schräge, humorvolle Elemente wie die Erdbeertorte werden kombiniert mit einer gewissen Härte. Die Powerfrauen-Posen sind halb ironisch, halb ernst in Szene gesetzt. Das Rollenspiel als Dominatrices und (böse) Krankenschwestern macht Skoda und Müller offensichtlich Spaß. Zu dieser Zeit war das Eintauchen in verschiedene Szenarien auch ein wichtiger Bestandteil des Ausgehens. In den Bars und Clubs West-Berlins wurden fantasievolle Traum-(und Albtraum-)Welten geboten:

Dschungel, Knast, Metropol.[16] Im Punklokal Intensivstation, in dem Skoda häufig verkehrte, reichte man Drinks mit Namen wie »Blutsturz« und »Transfusion« in Medizinflaschen und Schnaps in Reagenzgläsern, die Bedienung trug weiße Kittel mit einem roten Kreuz auf der Vorderseite, und zum Hinsetzen gab es gynäkologische Stühle. Solche Erlebnisse der Nacht flossen als Inspiration ein in die Aktionen am Tag.

Build me a bridge

Im Jahr nach der Veröffentlichung der Dominas-EP, 1982, zog es Claudia Skoda nach New York: Sie eröffnete einen Laden in SoHo. New York hatte Skoda schon seit einigen Jahren fasziniert: »Ende der 1970er-Jahre war ich das erste Mal in New York, wir sind in die Clubs gegangen: CBGBs, aber Punk und Disco war[en] ja parallel, wir sind auch ins Studio 54 gegangen.[17] Das war beides: Punk und Disco. Die ganzen Schwulenclubs, das war Discomusik. [...] In Berlin [haben sie] sich mehr vermischt, die Punk- und Queer-Szenen«, so Skoda. Schon in West-Berlin hörte sie gern die New Yorker Punk- und No-Wave-Bands und ging ins SO36, wenn sie dort Konzerte gaben: Teenage Jesus and the Jerks, Dead Kennedys, Suicide, Lydia Lunch, Adele Bertei. In den nächsten fünf Jahren pendelte Skoda zwischen West-Berlin und New York, bis ihre Geburtsstadt wieder rief und sie sich 1988 permanent nach Berlin zurückzog: »Build me a bridge«, wie Adele Bertei sang (Geffen Records, 1983).

Es gab in den frühen 1980er-Jahren eine starke Achse New York – Berlin, vor allem in der Musik und in der Kunst. Die Kunstszenen verbanden sich über Bad Painting und Junge Wilde mit neoexpressionistischen Riesenleinwänden sowie bizarren Performances im Selbstexperiment in den Lofts und Offspaces von East Village und Kreuzberg. Berlin kam in New York an, vor allem, so Skoda, »in einschlägigen Kreisen, in den Undergroundkreisen. Auch bei Schriftstellern«. Skoda wird schnell Teil der Subkultur in New York. Die entsprechenden Szenemagazine wie *East Village Eye* und *PAPER Magazine* besprechen ihre Mode und ihren Laden und drucken Fotos ab, die Skodas Beziehungen zeigen, zum Beispiel Skoda mit dem Maler Rainer Fetting nach der Präsentation ihrer »Masterpieces« im angesagten Club Palladium oder Suzanne Mallouk, Musikerin und die Frau von Graffitikunststar Jean-Michel Basquiat, wie sie den »One Dollar«-Pullover von Skoda und Anne

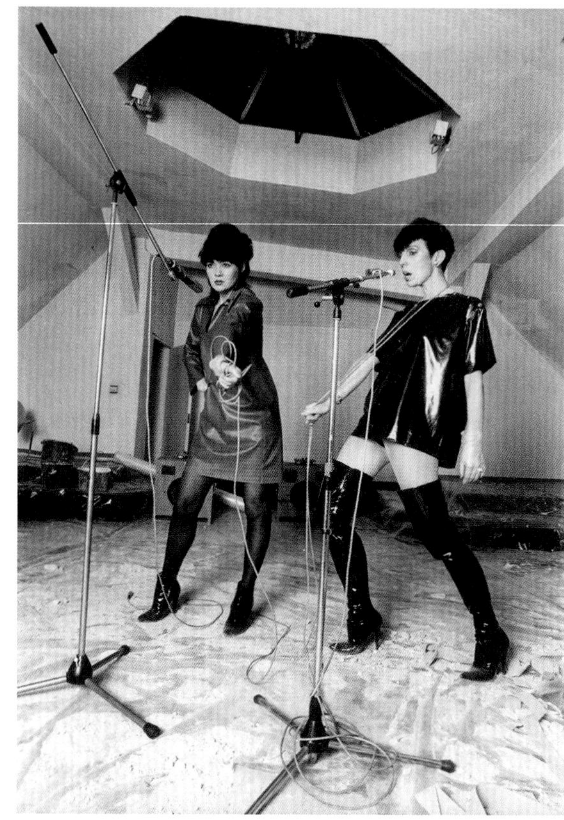

8 a

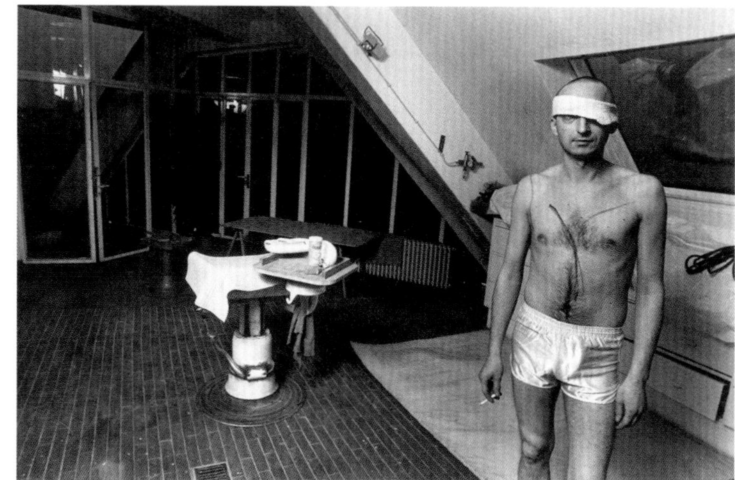

8 b

8 a + b
Wilfried Bauer
Fotosession: Rosie Müller und Claudia Skoda als Die Dominas, »Skaty« als ihr Patient
Photo session: Rosie Müller and Claudia Skoda as dominatrixes; "Skaty" as their patient
1981

Jud trägt. Skoda ist sogar dermaßen en vogue, dass sie kopiert wird: Die New Yorker Gruppe Dominatrix veröffentlicht, ohne Skodas Wissen, eine nachgemachte Version des geplanten zweiten Tracks von Die Dominas, »The Dominatrix Sleeps Tonight« (1984), und landet damit in den New Yorker Clubcharts.

Im Danceteria, dem legendären Midtown-Nachtclub von Rudolf Pieper und Jim Fouratt, organisiert Skoda die Modenschau der *Berlin Nights of Industrial Decadence*. Dafür bedient sie die unterschiedlichsten Bilderwelten aus Politik, Propaganda und Pop. »Berlin war Frontstadt, Ost und West, das war der politische Look. Da hat man Wert darauf gelegt, dass man auch mal die rote Fahne zeigen konnte oder den roten Stern. Das war eine gewisse Ästhetik […]. Die New Yorker fanden das witzig. Wir sind dann tatsächlich in Ost-Berlin gewesen und haben eingekauft, diese kleinen Fähnchen, die die immer hatten. Die große Fahne mit Hammer und Sichel, damit haben wir die Danceteria ausgestattet, da hingen überall die DDR-Fahnen. Aber das war nicht politisch ernst gemeint, es war alles spielerisch.« So wird der Tanz auf dem Vulkan in der geteilten Stadt überspitzt inszeniert, wie einst das Musical *Cabaret* die Dekadenz der frühen 1930er-Jahre Berlins inszeniert hatte.

Skoda hat seismografische Qualitäten; dem Zeitgeist läuft sie nicht hinterher, sie nimmt ihn wahr und setzt ihn um, in Strick, in Musik oder in Shows. Sie ist nie dogmatisch oder engstirnig; dass sie sich immer wieder am Puls der Zeit wiederfindet, liegt vor allem daran, dass sie sich für Dinge interessiert, die schräg, überraschend oder unorthodox sind. So bewegt sie sich mit größter Natürlichkeit außerhalb des Mainstreams. Gefragt nach dem Arbeitsfluss ihrer Modenschauen sagt Skoda: »Ich war ja der Regisseur«. Skoda kann Boss. Noch wichtiger ist ihr aber eine fantasievolle Lebenseinstellung. So bleibt Skodas Kennzeichen vor allem die Lust am Experimentieren, die sie sich bis heute bewahrt hat.

1 Luciano Castelli im telefonischen Gespräch mit der Autorin, 14.4.2020. Sofern nicht anders gekennzeichnet, basieren alle folgenden Zitate ebenfalls auf von der Autorin in Vorbereitung der Ausstellung durchgeführten Interviews mit Zeitzeug*innen.

2 Claudia Skoda im Gespräch mit der Autorin, Berlin, 8.4.2020.

3 Manuel Göttsching im Gespräch mit der Autorin, Berlin, 4.11.2019.

4 Der inzwischen restaurierte Laufsteg befindet sich heute in der Kunsthalle HGN, Duderstadt.

5 Esther Friedman im telefonischen Gespräch mit der Autorin, 9.4.2020.

6 Jenny Capitain im Gespräch mit der Autorin, Berlin, 27.11.2019.

7 Castelli merkt an, dass japanische Kultur sehr en vogue gewesen sei zu dieser Zeit, davon zeugt auch Skodas Logo für die fabrikneu.

8 Ulrike Ottinger im Gespräch mit der Autorin, Berlin, 17.2.2020.

9 Eine mittlerweile berühmt gewordene Umschreibung der tatsächlich etwas längeren Antwort Emma Goldmans auf die Kritik ihrer anarchistischen Kolleg*innen, vgl. Davis 2015.

10 Käthe Kruse, 23.10.2017, zit. n. Skov 2018, S. 127.

11 Vgl. Hemmings [Hrsg.] 2010.

12 Gudrun Gut im telefonischen Gespräch mit der Autorin, 29.1.2020.

13 Vgl. Emmerling/Weh [Hrsg.] 2015.

14 Müller 2013, S. 428.

15 Rosie Müller in einer E-Mail an die Autorin, 8.6.2020.

16 Vgl. Farkas u. a. [Hrsg.] 2013.

17 Skoda nimmt darauf Bezug, dass CBGBs für Punk Rock und Studio 54 vor allem für Disco bekannt ist.

1.

Sexiness, Play, and Subculture in the Life of Claudia Skoda

DOMINATRIXES & BIRDS OF PARADISE

Marie Arleth Skov

During the late 1970s and early 1980s, Claudia Skoda was an important figure in the subcultural milieu of West Berlin. On the one hand, she was (and is) quite singular: no one else did what she did. On the other hand, she was a connective force: Skoda constituted the juncture of a network of allied artists, musicians, fashion designers, and filmmakers. Skoda herself alternated between and expanded the various disciplines. Her creativity was manifested in particular in her delight in play: she conveyed her themes not with deadly seriousness, but instead in ways that were diverting and sexy. Despite this (or because of it), she made an impression. Knitwear had never been so entertaining.

Lust for Life

"Those were special years. And it was a special place, Berlin: free, open, wild, yet very familial. You know, when you were out and about, you always met the same crazy people."[1] This is how Luciano Castelli, the performer, artist, and (together with Salomé) initiator of the legendary underground band Geile Tiere (Horny Animals), characterizes the late 1970s in the frontline city. Back then, West Berlin was a small island surrounded by the GDR, an isolated experimental hub for artists and anarchists, draft dodgers and dropouts, drag queens, aging hippies, and punks. It was in this Berlin that Castelli got to know the fashion designer Claudia Skoda. They became friends, and he moved in with her and the other creative people of fabrikneu, a collective living and working space that occupied the factory floor on Zossener Straße in Kreuzberg. There, the various disciplines mingled, if only because they were gathered together in a single place: crossover phenomena emerged en passant. At that time, in that milieu, friendship was almost everything – an engine of creativity. The primordially avant-garde desire to demolish the boundaries between art and life attained fulfillment in everyday performances and *Gesamtkunstwerk* parties. Fabrikneu functioned as a catalyst for such alternative lifestyles. Here, the Bohemians of West Berlin pursued their dream of an unconventional, unconstrained way of life. "It was a place where everyone converged. Music, fashion, film. An enormous network. Like a virus: one person infects another, who then infects still others," explains Skoda.[2]

Among those infected was Manuel Göttsching, the electronic music pioneer who accompanied many of Skoda's shows musically beginning in 1976: "Back then, that was something special, to live in an industrial loft [...]. It was just interesting, it was fashionable, everyone wanted to show up. Claudia developed her shows from the parties. It was a seamless transition, from private parties to fashion shows. The parties were so overflowing, she had to start handing out admission tickets."[3]

From the very beginning, Skoda conceived her shows thematically. In fabrikneu, worlds of fantasy were brought to life: South Sea Islands, gambling casinos, everything mixed with citations from rock'n roll and modern art. Skoda worked together with artists and musicians. At that time, her housemate Martin Kippenberger, later an international star artist, but back then, completely unknown, created a legendary floor covering consisting of 1300 photographs – *Eine Woche aus dem Intimleben der Fam. Skoda und Bekanntenkreis* (A Week in the Intimate Life of the Skoda Family and Friends), as the work was called – which was used beginning in 1976 as the catwalk for her fashion shows.[4] Integrated into the floor piece along with Kippenberger's own photographs were numerous photos by the filmmaker Ulrike Ottinger and the photographer Esther Friedman, both of them members of the "Skoda family." In 1977, the Vibrators, one of the earliest London punk bands, made a special trip to Berlin to give a concert at Skoda's fashion show *Pablo Picasso* in fabrikneu. In the audiences of her fashion shows were figures like David Bowie and Iggy Pop; it was in fabrikneu that Iggy Pop met Friedman – the two would remain a couple for seven years.[5] The song "Lust for Life" (1977), co-written by Iggy Pop and David Bowie, and recorded in the Hansa Tonstudio by the Wall, was like an anthem for the time: full speed ahead!

Emerging in the late 1970s in West Berlin, as in many other cities, both in Germany and internationally, was a do-it-yourself mentality that encompassed all spheres of life – whether it was a question of renovating a squat or creating art, music, film, or fashion. The musicians had had enough with the large, greedy record labels, the artists enough of high art and the arrogance of gallery owners, the poets enough of the fossilized structures of the publishing industry. A sense of awakening was in the air. Prevailing around Skoda was an informal, creative atmosphere; ideas emerged from collective exchange, and everyone played a part. "In those years, I often cooked in the loft for a big crowd of friends. We discussed new ideas at the dinner table, with Tabea [Blumenschein], with Claudia, with Salomé, with everyone. We were a creative community," says Castelli. "I paid my rent by transporting wool from Claudia to the knitters, and later collecting the finished pullovers. Everyone was a family there." "It was a family business," remarks Jenny Capitain, a fabrikneu inhabitant, model, stylist, as well as (later), a self-confident muse to Helmut Newton.[6]

Skoda is a *self-made woman*. She established her own label and has remained independent right up to the present. She combines this autonomy with tremendous openness and curiosity, working together with a highly diverse mix of people that she genuinely appreciates and accords the freedom to shape their respective contributions.

It was this approach that gave rise in 1979 to Skoda's most celebrated fashion show, *Big Birds*: "Claudia asked us if we wanted to do something, and we said we'd like to do a performance. Then, Salomé and I constructed tightropes in the factory [...]. We trained every day for the show," relates Castelli. Skoda sets the theme, at the same time granting her collaborators artistic freedom. It was in this spirit that Castelli made photographs for *Big Birds*, whether in black and white for the poster motif, or in a subsequent series shot together with his good friend Bianca Capitanio |↗1a + b / p. 33|. The staging was colorful and mystical: Capitanio seems to dance, rotating her body and extending her long, claw-like fingernails. Made up like a geisha,[7] she is clad in Skoda's "Big Bird" collection and has a slide project of a parrot superimposed on her body. In this way, Castelli further develops Skoda's motif, generating new imagery.

Through this collective dynamism, an incredible space was created for Skoda's *Big Birds* show, which she conceptualized together with Tabea Blumenschein. Jürgen Skoda, a sculptor, and Claudia Skoda's husband, constructed a stage set that resembled an aviary; Salomé and Castelli swung on a high trapeze, virtually naked, their bodies covered in makeup, above the models, who moved like birds to Manuel Göttsching's electronic beat: they fluttered, shook themselves, spread their arms out like wings, moving their heads jerkily back and forth, now puffed up, now stiff, elegant then aggressive. The models were clad in Skoda's extravagant, skintight, and partly transparent garments, featuring asymmetrical patterns, strengthened shoulders, and dynamic, interlocking, zigzag spikes. The harsh glare of the revolving spotlights cast theatrical shadows. *Big Birds* thematized power, exoticism, savagery, birds of paradise, and birds of prey. Just a few years later, Helmut Newton began his photo series of Amazonian *Big Nudes* (starting 1981); Claudia Skoda's clothing also demonstrates a similar fascination with the female body and a comparable tendency toward stiletto feminism. Skoda's *Big Birds* are strong, sexy, and big. Nonetheless, her staging allows the women to appear more playful and, perhaps, also more ambivalent than Newton's images. *Big Birds* oscillates between flight and attack, captivity and escape.

Indescribably Feminine

Although Claudia Skoda never referred to herself as a feminist, the themes of emancipation and sexual liberation play major roles in her work. "It was a question of my love for the female figure, as well as for sexual liberation," says Skoda, "of displaying the body, of refusing to accept taboos." With utter matter-of-factness, many women in the subcultural milieu of West Berlin around 1980 practiced a variant of feminism, that was mainly characterized by a subjective urge toward freedom, and by boldness and sexiness. "For me, it was quite normal, it wasn't really a question of making a statement. I always dealt with these issues freely. When it was a question of the topics directly addressed by feminism, I was always in agreement," says Skoda, adding: "I always refused to let men tell me what to do, partly out of a natural sense of defiance. I've always gotten along better with women, already at school, got along better with female than male teachers, and later with female rather than male bosses."

Friendships with women have always been central to Claudia Skoda's life. She has often worked with women: with Tabea Blumenschein on her fashion shows, in an appearance in Ulrike Ottinger's film *Madame X – Eine absolute Herrscherin* (Madame X: An Absolute Ruler; 1977), and by having herself – once again, together with Blumenschein and Jenny Capitain – portrayed by Ottinger on numerous occasions. Ottinger has reported that she, Blumenschein, and Skoda saw one another constantly in the years 1975–1979: "Very, very often. It was very friendly, and at the same time, collegial. We had many ideas about things we could do together."

Rosie Müller was both an accomplice and a friend: she accompanied Skoda to fashion fairs, to recording sessions, and appeared as a model, striking hard-nosed poses, in numerous photos wearing Skoda's spiderweb pullovers. Also appearing in photos featuring her knitwear designs were friends such as Irene Staub, aka Lady Shiva, a giant in the subculture scene and a high-class prostitute, in the role of the bombshell, and Käthe Kruse from the art/music group Die Tödliche Doris (The Deadly Doris), in the role of the fire-breather. Other strong, creative women from the circle of friends grouped around Skoda included colleagues such as Vivienne Westwood and Hella Utesch, artists such as Anne Jud and Esther Friedman, the filmmaker Cynthia Beatt, and the musicians Nina Hagen, Gudrun Gut, and Bettina Köster.

While few of them were directly politically active, Skoda and her colleagues positioned themselves in relation to their way of life. Both chronologically and thematically, they moved between the second and third wave of feminism. They favored equality, the right to contraception and abortion, and hence, advocated the values of the second wave feminism of the 1960s and 1970s. Their approaches, however, also displayed parallels with the *sex-positive* movement of the 1980s, as well as with the Riot grrrls of the 1990s. They accorded a special value to individuality and diversity, thus anticipating aspects showcased later by third wave feminism. Their attitude echoed the (in)famous statement by the anarchist and feminist Emma

Goldman – "If I can't dance, I don't want to be in your revolution"[9] – they were filled with youthful energy, a spirit of pop and subcultural fun. Their style was aggressive, punky, sexy: dramatic makeup, high heels, fishnet stockings, combined with knitted death's heads, daggers, and whips as accessories. As in punk, sexuality served as a vehicle for affecting liberation. Aggressiveness and elegance operated in tandem |↗2 / p.35|. With playfulness and – most decisively – self-determination, they exuberantly scenarized the entire range of feminine stereotypes: vamp, femme fatale, tomboy, wildcat. They recognized the achievements of the generation of women before them, but, at the same time, many women in the subcultural milieu wanted to go their own way – which also meant a certain detachment from the 'killjoy' reputation of feminism that prevailed at the time. "We wanted to sport tight-waisted styles, we wanted to wear high heels when walking through the squat courtyard, past construction sites, at nighttime, at demos," recalls Käthe Kruse.[10]

Often, the 'new women' of the early decades of the 20th century were invoked as models: the exceptional Dada women and eccentric dancers of the Berlin of the Weimar Republic, who smoked cigarettes, drank alcohol, and led unfettered lives. In Berlin in particular, it was a matter of linking up – both aesthetically as well as thematically – with the glamour, radical modernity, and scandal that prevailed in the city during the 'wild' 1920s. During spontaneous photographic get-togethers, referred to by Ottinger as "night sessions" |↗3 + 4 / p.35|, Ottinger, Skoda, and Blumenschein staged themselves in the most diverse female roles, but with a preference for the film divas of the 1920s and 30s, whose styles and lifestyles fascinated them. They investigated the full spectrum of ways in which feminine and masculine qualities could be embodied. When Skoda created a monocle in connection with her self-invention as a "female dandy," wearing that accessory herself, her model was Marlene Dietrich, the greatest of all Berlin divas, and an icon of the LGBTQ movement: "Alongside feminine qualities, sexiness, I was attracted to androgyny. In the same way, I was fascinated by the obverse situation: that, as a femme fatale, you can also be masculine. Marlene Dietrich showed us the way, along with many others. As a stylistic device, I thought it was fantastic." During the 1920s, the nude dancer Anita Berber, often a source of scandal, had worn a monocle as well. Together with Valeska Gert, who also appeared decades later in Ottinger's films, Berber renewed dance through transgressive and to some extent abstract themes, dancing "Death," "Orgasm," and "Cocaine." A half-century later, in the West Berlin of the Cold War era, her attitude – a mixture of sensuous hedonism and creative intransigence – was admired, and was still regarded as highly relevant.

In her song "Unbeschreiblich weiblich" (Indescribably Feminine; Hansa Tonstudios by the Wall, 1978), Nina Hagen sings about having an abortion, not wanting children, and, nonetheless, feeling "indescribably feminine." She cites Simone de Beauvoir and Marlene Dietrich, who, like her, had "other plans," and declares into the microphone: "Now, it's finally time to *aufmotzen*," meaning in German to 'vamp it up,' but also 'to beef it up.' For many women in the subculture milieu around 1980, the necessity for emancipation and self-realization, for reimagining oneself, seemed self-evident (which is not to say that it was achievable without effort and struggle). "There were women who needed this kind of encouragement and companionship before they could follow their desires, and there were also women, there always were such women, who simply did it. And for me, one of those women was Claudia Skoda," says Ottinger.

Atari Baby

Claudia Skoda's preferred medium, her 'weapon of choice,' is knitwear. Although – or precisely *because* – knitting is often associated in a clichéd way with housewives and eco hippies, the medium can also be undermined subversively.[11] Again and again, knitwears have been used to make statements about queerness, or to push gender stereotypes to the point of absurdity. Artists like Rosemarie Trockel, Louise Bourgeois, Tracey Emin, and Mike Kelley have deployed the subversive potential of knitting iconography in their works, gaining access to psychological abysses or refuting certain notions of domestic/female existence as modest and harmless.

As early as the 1910s, knitwears stood for sports activities and, thus, for freedom of movement on the part of young, modern women. During the 1920s, Elsa Schiaparelli drew inspiration from her circle of Surrealist friends, playing with trompe l'oeil designs in knitted ties and bowties. From the "sweater girls," with their prominent, cone-shaped brassieres in 1940s Hollywood, all the way to the black turtlenecks of the Existentialists, and to the knitted miniskirts and crocheted hippie clothing of the 1960s, knitwear was always fashionable in youth- and counter-cultures. Beginning in mid-1970s, Skoda's friend Vivienne Westwood sold perforated pullovers and mesh-style knitwears, borrowed from BDSM culture, in her punk shop SEX (later Seditionaries) on King's Road in London. In the grunge culture of the 1990s, the used, worn out, granddad cardigan stood for anti-consumerism, and Kurt Cobain had himself photographed crocheting, partly in order to dispel the masculine rock star aura.

In her own way, Skoda also fought against the image of knitting as a patient, tranquil activity. She worked with knitting machines, and kept up consistently with the latest technologies. She opposed the romantic, old-fashioned 'touch' of handicraft work through the mechanical and the progressive. She experimented early on with latex and Lurex, knitted audiotape and metallic wire. Skoda's individualism and her unpretentious powers of self-assertion made her a model for younger designers. In the late 1970s, she formed friendships with Gudrun Gut and Bettina Köster, helping them with their newly opened underground clothing store Eisengrau in Schöneberg through the sale of Skoda pullovers. "I knew Claudia Skoda before I came to Berlin. As a young girl in the Lüneburg Heath, I saw her on TV. She simply acted, did her thing, was never conformist. This I found striking. I was a fan of Claudia Skoda!," says Gudrun Gut emphatically. "She was a few years older than me. As a young girl, you search for such models. I thought to myself: I want to be like her!" [12]

Apart from knitwear fashions, Eisengrau was known for wallets that were fashioned from porn magazines and colored foil, in-house mini cassette recordings of music by punk, noise, and free jazz bands, and for Blixa Bargeld's fanzine *Boingo Osmopol*.[13]

The ubiquitous do-it-yourself impulse was enhanced by new technical possibilities. Whether it was a question of electronic knitting or electronic music, the Atari console was central: "Gudrun Gut had an Atari, and I had one too," says Skoda about the knitting machines in use at the time. "They were Atari-guided, the first machines. In music, the Atari was indispensable. At that time, it was the next step. First, the machine, and then the Atari." The advantages of this early Atari computer console was that it was comparatively economical, highly flexible, and easy to configure, which is why it was so frequently used, and remains today an ideal DIY hook up. In 1986, the English new-wave group Sigue Sigue Sputnik dedicated a song, "Atari Baby," to the Atari, complete with ambiguous references to its convertibility: "Transex, transform, transexy baby, I don't mean maybe, don't mean maybe, Atari Baby, Atari Baby."

The use of the Atari console for knitwear production underscores a further aspect, namely the connection between knitting and coding as binary systems. Just as an aesthetic link exists between the pixel and the stitch, so does a correspondence occur between the simple, yet incalculable combinations of right and left stitches and the mathematical 0s and 1s of coding language. Today, in the urban 'guerrilla knitting' scene, as reflected in these parallels, we encounter the notion of visual hacking in the street space through the installation of crocheted or knitted disruptions. Back then, in the late 1970s, such a technoid approach to knitting, however, appeared mainly as a break with this craft form as something ecofeminist. Now, along came the hard girls. Converging with the advent of punk was a transformation in both fashion and music. The all-girl band of Gudrun Gut, Bettina Köster, and their comrades in arms – first Mania D., beginning in 1979, then Malaria!, with an altered lineup starting in 1981 – embodied a new, unconventional sound, and at the same time, a new, unconventional look, one visualized both in Super 8 music videos and in the band's stage outfits. With its avant-garde style, Malaria! was highly influential in the subcultural milieu of the early 1980s. They appeared among others with Nina Hagen, New Order, and Siouxsie and the Banshees. Skoda knitted the stage costumes specially for the 1982/83 Malaria! concert tour: black, glittering sleeveless tops with silver crosses |↗ 5 / p. 37|.

This knitted cross was among Skoda's best-known motifs. "The motif was a kind of identifying mark, I worked a lot with crosses. It wasn't a religious cross, for me the cross was a design symbol." Skoda emphasizes that for her, it was primarily a simple, powerful sign: two intersecting lines crossing at the center. As her inspiration, she also mentions the cross of Joseph Beuys and his way of transforming it so that it is deprived of purely religious significance. Esther Friedman, who photographed the band in their Skoda cross outfits, reports: "Malaria! wanted photos wearing the pullovers. Back then, we were all really crazy about photography. There are so many photos." Friedman's statement underscores the atmosphere from which such images emerged: aesthetics were extremely important, but visual documentation did not always have an immediate, practical function – Friedman's photographs of Malaria! in Skoda knitwear were never published at the time.

I Am a Dominatrix

Music is central to Claudia Skoda's life |↗6 / p.38|. Her collections and fashion shows are filled with allusions to the most diverse musical tendencies – jazz, glam rock, punk, electro, disco. Here, too, Skoda is unorthodox: she cannot be defined by a specific style or sound. Included in her customer circle of musical friends, besides Malaria!, have been David Bowie, Kraftwerk, Tangerine Dream, Manuel Göttsching, the Neonbabies, the Pointer Sisters, Donna Summer, Cher, Tina Turner, and Rufus Wainwright.

In 1981, Skoda switched disciplines temporarily, scoring an underground hit with her EP recording *Die Dominas* (The Dominatrixes). The story behind this project is as follows: at the Igedo Fashion Fair in Düsseldorf, Skoda and her friend Rosie Müller met Ralf Hütter and Karl Bartos from the band Kraftwerk. In conversation, a Viennese customer of Skoda's explained that she was a dominatrix. The two Kraftwerk musicians, along with Skoda and Müller, found the theme of the dominatrix to be exciting. In further conversations, Hütter and Bartos referred to the fact that two standard musical chords are called "subdomina" and "domina 7," and wrote these out for Skoda and Müller on a sheet of paper. Back in West Berlin, the two women went to see Manuel Göttsching in his studio, so that he could explain the "domina" chords. Meanwhile, they began to improvise and vocalize. "I configured a sequence, added a rhythm, then the two began to fool around, and I just hit 'record.' It was a full sound studio, everything was wired. The session lasted about half an hour, I let the two of them do whatever they wanted," explains Göttsching, "I positioned a microphone in the middle, and the two of them spontaneously recited a text [...]. The dog was running around, it barked a bit at one point, that was recorded too. In between, we drank some champagne, that was recorded too, the clinking of glasses. I said, okay, bye. Tomorrow, I'll make a mix out of it. And then I did just that." Using this raw material, Göttsching mixed one long and two short versions. Without further ado, Skoda founded her own label, called FABRIKNEU, and produced 2000 EPs |↗7 / p.38|.

The music of the main track of "I bin a Domina" (I Am a Dominatrix) is electronic, minimalist, experimental. It runs almost continuously at a fast tempo, and only at one point is there a break in the music, a pause, after which the words "Genau, genau, genau!" (Exactly, exactly, exactly) are spoken, and the beat resumes. Audible in the foreground are one-liners by Skoda and Müller, aka Die Dominas (The Dominatrices), as they called their duo from that point onward. Their voices seem feisty, cloying, and clear, with their speech patterns resembling those of musicians from the Neue Deutsche Welle (New German Wave) of the time. The dominatrix commands are delivered with a playful harshness: "Lash down to the bone," "Everything guaranteed with pain," "Pain, where are you?," "Stop wriggling," "Stay lying down!," "Show mama your secret!," "There is no love without pain!" Every now and again, one of the two women almost begins to laugh, then we hear the words: "Here, there is no laughing, only suffering!" Skoda reports that Hütter and Bartos responded with enthusiasm when they heard what had emerged from the "domina" chords. The two Kraftwerk musicians then designed the cover for the Dominas EP: two female figures as black, graphic silhouettes against a bright yellow background, wearing high-heeled, over-the-knee boots, with whips, angular shoulders, and pointy elbows |↗cat.17|. In West Berlin, the EP was distributed by the record shop and scene rendezvous point Zensor in Schöneberg (not far from Eisengrau). "The recording had a wonderful atmosphere, because it was so spontaneous. That accounts for its charm," says Göttsching. "The record was very successful in the underground scene. The 2000 copies were sold in small record shops, those that offered freaky styles of music. [...] But they sold quickly, and soon became a legend. It was played in clubs. The Dominas became a real name." Of course, the fact that the tracks on the EP were deemed too obscene for broadcast on publicly financed radio programs did nothing to diminish their appeal on the scene.[14]

The Dominas also produced a music video: *I bin a Domina* (I Am a Dominatrix; 1981). In it, Eff Jott Krüger (from the band Ideal) and Mark Eins (from the band DIN A Testbild) assumed the roles of "clients," as Müller put it.[15] Needless to say, Claudia Skoda and Rosie Müller made appearances as dominatrixes. Gunther Gude was in charge of the videography. The setting was a kind of medical clinic. We see the dominatrixes donning sexy, high-gloss outfits, rubber gloves, stethoscopes, and medical masks. They work on two men: one is wrapped from head to foot in bandages at the very beginning, but is soon exposed down to his underwear, with whip marks now visible on his back. At the beginning, the other man, sporting makeup and a green dress with matching green stockings, is knocked to the ground with a large, white plastic foam club and then tightly bound. At this point, the dominatrixes force the now firmly restrained, disoriented men to eat a strawberry tart, handing one another props and exchanging statements like "Nurse Hannelore. Talcum. Talcum, please." When one of the men lies there, apparently unconscious, and the other stands next to him, wobbly, helpless, and weakened, the two dominatrices casually share the remains of the strawberry tart. Skoda: "Well now, that was certainly worth it. For ... us! In any event, for... us! For. We. Are. Dominatrixes!" The two men are stacked one atop the other, and the dominatrixes nonchalantly leave the room. In the final take, we see the outfits of the two women: they wear their stethoscopes like jewelry, stylish and improvised. Rhythmically, they repeat: "Do-mi-nas, Do-mi-nas, Do-mi-nas ..." (Dominatrixes, dominatrixes, dominatrixes) as the scene fades.

The video, along with the accompanying photo series by Wilfried Bauer, underscore the absurdity of the musical recording in visual terms |↗ 8 a + b / p. 40|. Quirky, humorous elements, such as the strawberry tart, are combined with a certain harshness. The power women poses are scenarized in a way that is half-ironic, half-serious. It is evident that Skoda and Müller are enjoying the role-playing as dominatrixes and (naughty) nurses. At that time, submersion into various scenarios was a crucial element of nightlife. Offered in the bars and clubs of West Berlin were fanciful dream (and nightmare) worlds: jungle, prison, metropolis.[16] At the punk bar Intensivstation (Intensive Care Unit), which Skoda often frequented, patrons were served drinks with names like "hemorrhage" and "transfusion" in medicine bottles and schnapps in test tubes, with the wait staff wearing white smocks with red crosses on the front, and with gynecological chairs for seating. Such nighttime experiences flowed as sources of inspiration into daily action.

Build me a Bridge

In 1982, the year after the Dominas EP was released, Claudia Skoda moved to New York, where she opened a shop in SoHo. New York had fascinated Skoda for a number of years: "In the late 1970s, I visited New York for the first time; we went clubbing: CBGBs, but punk and disco were parallel; we also went to Studio 54.[17] There were both: punk and disco. All of the gay clubs, they had disco music. [...] In Berlin, [they were] much more mixed, the punk and queer scenes," relates Skoda. Even back in West Berlin, she enjoyed listening to the New York punk and no wave bands, and went to SO36 when there were concerts there: Teenage Jesus and the Jerks, Dead Kennedys, Suicide, Lydia Lunch, Adele Bertei. During the subsequent five years, Skoda shuttled between West Berlin and New York, until her birth city finally summoned her back, and she settled in Berlin permanently in 1988: "Build me a bridge," as Adele Bertei sang (Geffen Records, 1983).

In the early 1980s, a strong axis existed between New York and Berlin, in particular for music and for the visual arts. The art scenes were linked via 'Bad' Painting and the Junge Wilde, with their gigantic neo-expressionist canvases, and via bizarre performances and self-experimentation in the lofts and off-spaces in the East Village and Kreuzberg. Berlin had really caught on in New York, according to Skoda, "in the relevant circles, in underground circles. Among writers too." Skoda quickly became a part of New York's subculture. The essential scene magazines, for example the *East Village Eye* and *PAPER Magazine*, discussed her fashions and her shops, and published photographs illustrating Skoda's relationships, for example showing the designer with the painter Rainer Fetting after the presentation of her "Masterpieces" in the hip club Palladium, or Suzanne Mallouk, a musician and the wife of the graffiti art star Jean-Michel Basquiat, wearing the "One-Dollar" Pullover by Skoda and Anne Jud. In fact, Skoda was so much en vogue that she was copied: without Skoda's knowledge, the New York group Dominatrix published a counterfeit version of the planned second track by Die Dominas, "The Dominatrix Sleeps Tonight" (1984), landing on the New York club charts.

At the Danceteria, the legendary midtown nightclub run by Rudolf Pieper and Jim Fouratt, Skoda organized the fashion show *Berlin Nights of Industrial Decadence*. In it, she deployed a variety of image worlds drawn from politics, propaganda, and pop. "Berlin was a front city,

East and West, that was the political look. Special value was placed on the idea that now and again, you could display the red flag, or the red star. There was a certain aesthetic [...]. The New Yorkers found that funny. We were actually in East Berlin, and bought some of these little flags, which they always had there. The large flags with hammer and sickle, we used those to decorate the Danceteria, GDR flags hung everywhere. But we didn't mean it in a politically serious way, it was all just playful." And so, the "dance on the volcano" in the divided city was staged in an exaggerated fashion, much like the musical *Cabaret* had once dramatized the decadence of the early 1930s in Berlin.

Skoda has seismographic qualities: she never runs after the zeitgeist, instead she perceives it and implements it, in knitwears, in music, in her shows. She is never dogmatic or narrow-minded; that she consistently has her finger on the pulse of the moment is mainly due to the fact that she is interested in things that are strange, astonishing, unorthodox. With the greatest naturalness, she is active outside of the mainstream. Asked about the workflow for her fashion shows, Skoda says: "I was the director." Skoda knows how to be boss. Nothing is more important to her, however, than her imaginative life philosophy. Skoda's key trademark, then, remains that passion for experimentation which she has retained right up to the present day.

1 Luciano Castelli in a telephone interview with the author on April 14, 2020. Unless otherwise indicated, all of the following citations are drawn from interviews with contemporary witnesses conducted by the author in preparation for the exhibition.

2 Claudia Skoda in conversation with the author in Berlin on April 8, 2020.

3 Manuel Göttsching in conversation with the author in Berlin on November 4, 2019.

4 The meanwhile restored catwalk is found today in the Kunsthalle HGN, Duderstadt.

5 Esther Friedman in a telephone interview with the author on April 9, 2020.

6 Jenny Capitain in conversation with the author in Berlin on November 27, 2019.

7 Castelli remarks that Japanese culture was very much in vogue at the time; a fact that also becomes apparent in Skoda's logo for fabrikneu.

8 Ulrike Ottinger in conversation with the author in Berlin on February 17, 2020.

9 This now famous statement is actually a paraphrase of a much longer response by Emma Goldman to criticisms from her anarchist colleagues, cf. Davis 2015.

10 Käthe Kruse, October 23, 2017, cited from Skov 2018, p.127.

11 Cf. Hemmings [ed.] 2010.

12 Gudrun Gut in a telephone interview with the author on January 29, 2020.

13 Cf. Emmerling/Weh [eds.] 2015.

14 Müller, 2013, p. 428.

15 Rosie Müller in an e-mail to the author on June 8, 2020.

16 Cf. Farkas et al. [eds.] 2013.

17 Skoda means that CBGBs was mainly known for punk rock, and Studio 54, mainly for disco.

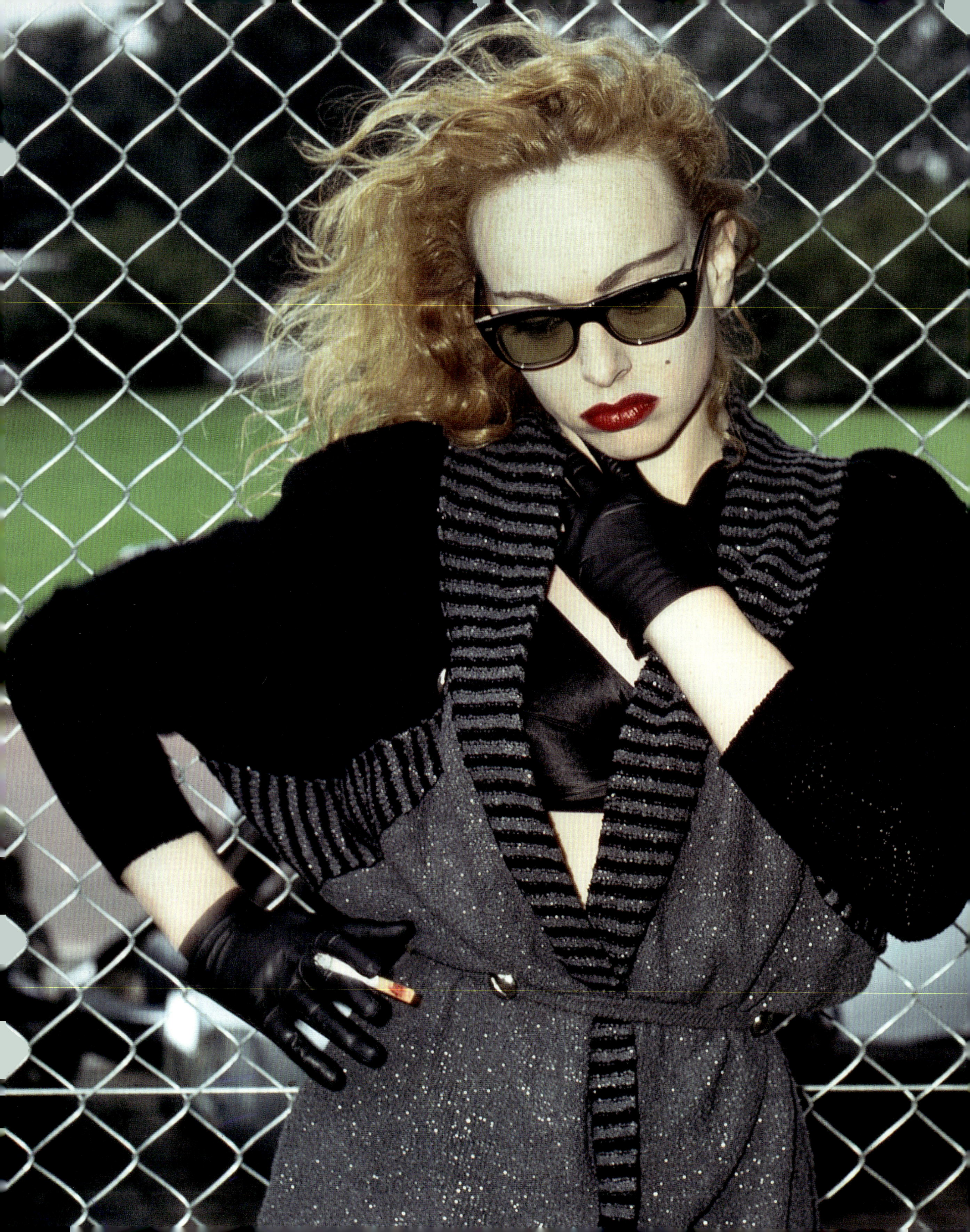

II.

Claudia Skodas Strickdesigns

KÖRPER UND EXPRESSION

Britta Bommert

Claudia Skoda startet mit ihren Strickkollektionen 1975 in der intimen Atmosphäre der Wohn- und Arbeitsgemeinschaft fabrikneu, geht 1978 mit aufsehenerregenden Schauen raus in die Öffentlichkeit und 1982 rauf aufs internationale Parkett mit eigenem Laden im angesagten Szeneviertel SoHo in New York. Schon kurze Zeit später gilt ihr Design international als »Knitted Genius«[1] und sie selbst als »Queen of Texture«.[2] Der »Skoda-Stil« ist geprägt und wird weltweit kopiert.[3] Was zeichnet diesen viel gerühmten, unverwechselbaren Stil der ausnahmslos in Strick gefertigten Kleider aus? Andere Designer*innen vor Skoda haben bereits Bemerkenswertes mit jener Technik geleistet: so Gabrielle »Coco« Chanel, berühmt für ihre Jerseys; Elsa Schiaparelli mit ihren aufsehenerregenden gestrickten Trompe-l'Œil-Pullovern; Sonia Rykiel, von *Women's Wear Daily* zur *queen of knits* gekürt, oder Ottavio und Rosita Missoni, unverkennbar die farbigen Zickzackmuster ihrer Wirkwaren. Doch was ist das Alleinstellungsmerkmal von Skoda, das die *Elle*-Redaktion 2006 dazu bewegt hat, sie neben Madeleine Vionnet, Mary Quant, Peggy Guggenheim, Vivienne Westwood und Madonna als eine der Frauen zu betiteln, die den Look des 20. Jahrhunderts geprägt hätten?[4] Dieser Frage

Detlef Maugsch
Irene Staub alias Lady Shiva in Strickjacke der Kollektion »Mobil«
Irene Staub alias Lady Shiva in a knitted jacket from the "Mobil" collection
Ca. 1981

nachzugehen ist der Hauptaspekt des vorliegenden Beitrags. Ihren Stil mit hohem Wiedererkennungswert bildet Skoda in den ersten Jahren ihrer Selbstständigkeit aus; 1983 gilt sie bereits als etabliert.[5] Um sich der skodaschen Art der Auswahl an Formen und deren Umsetzung in ihren Strickdesigns zu nähern werden daher ihre Kollektionen der Jahre 1975 bis 1983 analysiert. Darüber hinaus stellt der Beitrag kollektionsübergreifend ihre signifikanten Jacquard-Motive vor und nimmt anhand der Kollektion »Masterpieces« ihre enge Zusammenarbeit mit Künstler*innen in den Blick.

Das besondere Interesse Claudia Skodas gilt dem weiblichen Körper und der Frage nach dem Selbstverständnis der Frau in der Gesellschaft. Dies kann man nicht nur ihren eigenen Aussagen in Interviews entnehmen:[6] Ihre Mode selbst ist Ausdruck davon.[7] So greift sie sofort innovative Gestaltungsimpulse von Modeschöpfer*innen auf, die Fragen einer neuen Körperlichkeit aufwerfen und eine progressive Position zum Rollenverständnis vertreten. Diese übersetzt sie kreativ in Maschinenstrick und findet in der experimentellen Auseinandersetzung mit der Technik zu jeweils individuellen Lösungen. Bezogen auf die Jahre 1975 bis 1983 sind das erst äußerst körperbetont feminine und glamouröse Kleider, worauf geradlinig kantige, politisch konnotierte Entwürfe folgen, um dann mit völlig neuartigen Silhouetten die westlich geprägten Formvorstellungen von Kleidung zu hinterfragen. Die erste dieser drei Schaffensphasen wird in den Anfängen durch die Veröffentlichung im *Zeitmagazin* 1975,[8] spätestens aber mit der ein Jahr später stattfindenden Schau *Shake your Hips* in der fabrikneu dokumentiert und setzt sich fort bis zur ersten öffentlichen Modenschau *Laufsteg* im Ägyptischen Museum in West-Berlin 1978. Die zweite Phase wird auf der einen Seite durch die Schau *Big Birds* in der Berliner Kongresshalle 1979 sowie auf der anderen Seite durch die Schau *Trommelfeuer* im Martin-Gropius-Bau 1982 und das etwa zeitgleich entstandene Video *Bildstörung* markiert. Für die dritte Phase steht beispielhaft die Schau *Veits Fights* aus dem Jahr 1983.

1975 bis 1978: Weich zeichnende Silhouette mit viel Glamour

In einer Zeit, in der kein Modediktat mehr die Form vorgibt, bis dato gängige Kleidungskonventionen infrage gestellt sind und eine größtmögliche Freiheit zur eigenen Gestaltung des individuellen Stils gegeben ist, fertigt Claudia Skoda hauchdünne, figurbetonte Kleider mit weiten, schwingenden Röcken ebenso wie engmaschige, anliegende Kleider mit geradem, bis zum Oberschenkel geschlitztem Rock. Mini, midi, maxi – alles ist vertreten. Besonders auffällige Gestaltungselemente sind extreme, taillentiefe V-Ausschnitte, die an das *Cabaret*-Filmkostüm von Liza Minnelli aus dem Jahr 1972 erinnern, oder Asymmetrien bei Ausschnitten und Ärmeln, wie sie schon 1975 mit einer Bildstrecke des Fotografen Christian von Alvensleben im *Zeitmagazin* veröffentlicht werden |↗1|. Alternativ sorgen Bandeau-Tops, Spaghettiträger oder ein Carmen-Dekolleté für Schulterfreiheit. In der Modenschau *Pablo Picasso* 1977 führt man sie mit Ponchos oder volantbesetzten Schnürumhängen vor. Werden die Kleider in der Schau *Shake your Hips* 1976 noch mit weiten Hosen kombiniert, die an den Fesseln zusammengebunden sind, so herrschen 1978 Röcke über einfarbig glänzenden Catsuits oder über gestrickten Leggins vor, wie sie sich im Mainstream erst Ende der 1980er-Jahre durchsetzen. Entsprechend den verschiedenen Modetrends dieser Dekade gibt es 1975 Kleider mit Kimonoärmeln für den Asia-, 1976 Tunikakleider über Haremshosen für den Beduinen- und 1977/78 spanisch inspirierte Röcke und Kleider für den Carmen-Look. Den Rippstrick in gegensätzlichen Garnstärken variiert Skoda über viele Jahre immer weiter. Er findet sich bei Pullovern, bevorzugt mit Fledermausärmeln, wie bei Röcken, wobei sie gerade bei Letzteren auf einen plisseeartigen Effekt abzielt. Es dominieren grafische Muster wie Streifen in unterschiedlichen Ausführungen und Dreiecke beziehungsweise flammenartige Zacken. 1978 entwirft Skoda das gefragte Muster »Jazz« aus sich unregelmäßig kreuzenden Strichen, das auf Pullovern, Hosen, Röcken und Kleidern von Frauen wie von Männern getragen wird |↗2|. An Motiven finden sich weder Blumen, Punkte noch Paisleys, sondern Leoparden- und Pythonmuster oder Spielkartensymbole. Aufgrund ihrer ungewöhnlichen Farbkombinationen wird Skoda ein »hochkarätiger Farbsinn« attestiert.[9] Von heiteren Regenbogenfarben bis zu Blau-in-Blau-Tönen ist alles dabei: So bestimmen Orange mit Blau, Goldgelb mit Grün und Milchkaffee mit Braun die Farbpalette im Jahr 1976, 1978 sind es die Farbdreiklänge Erdbeer, Schwarz und Mattgelb; Rost, Lachs und Hellgrau; Preußischblau, Flieder und Türkis. Die Modelle sind aus dünnem Baumwollgarn mit oder ohne schillernde Lurexfäden gefertigt. In der Kollektion »Neues Spiel« von 1976 ist das Glitzern des Effektgarns allgegenwärtig und

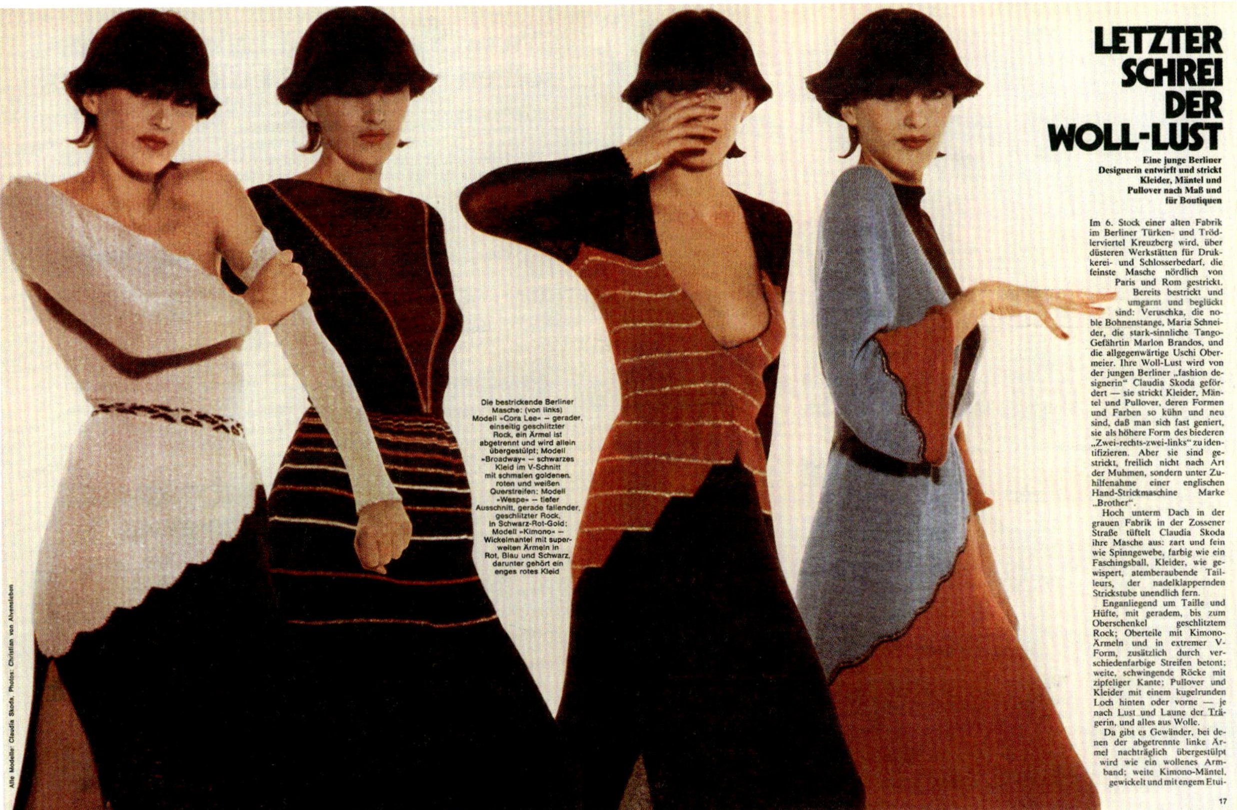

LETZTER SCHREI DER WOLL-LUST

Eine junge Berliner Designerin entwirft und strickt Kleider, Mäntel und Pullover nach Maß und für Boutiquen

Im 6. Stock einer alten Fabrik im Berliner Türken- und Trödlerviertel Kreuzberg wird, über düsteren Werkstätten für Druckerei- und Schlosserbedarf, die feinste Masche nördlich von Paris und Rom gestrickt.

Bereits bestrickt und umgarnt und beglückt sind: Veruschka, die noble Bohnenstange, Maria Schneider, die stark-sinnliche Tango-Gefährtin Marlon Brandos, und die allgegenwärtige Uschi Obermeier. Ihre Woll-Lust wird von der jungen Berliner „fashion designerin" Claudia Skoda gefördert — sie strickt Kleider, Mäntel und Pullover, deren Formen und Farben so kühn und neu sind, daß man sich fast geniert, sie als höhere Form des biederen „Zwei-rechts-zwei-links" zu identifizieren. Aber sie sind gestrickt, freilich nicht nach Art der Muhmen, sondern unter Zuhilfenahme einer englischen Hand-Strickmaschine Marke „Brother".

Hoch unterm Dach in der grauen Fabrik in der Zossener Straße tüftelt Claudia Skoda ihre Masche aus: zart und fein wie Spinngewebe, farbig wie ein Faschingsball, Kleider, wie gewispert, atemberaubende Tailleurs, der nadelklappernden Strickstube unendlich fern.

Enganliegend um Taille und Hüfte, mit geradem, bis zum Oberschenkel geschlitztem Rock; Oberteile mit Kimono-Ärmeln und in extremer V-Form, zusätzlich durch verschiedenfarbige Streifen betont; weite, schwingende Röcke mit zipfeliger Kante; Pullover und Kleider mit einem kugelrunden Loch hinten oder vorne — je nach Lust und Laune der Trägerin, und alles aus Wolle.

Da gibt es Gewänder, bei denen der abgetrennte linke Ärmel nachträglich übergestülpt wird wie ein wollenes Armband; weite Kimono-Mäntel, gewickelt und mit engem Etui-

Die bestrickende Berliner Masche: (von links) Modell »Cora Lee« – gerader, einseitig geschlitzter Rock, ein Ärmel ist abgetrennt und wird allein übergestülpt; Modell »Broadway« – schwarzes Kleid im V-Schnitt mit schmalen goldenen, roten und weißen Querstreifen; Modell »Wespe« – tiefer Ausschnitt, gerade fallender, geschlitzter Rock, in Schwarz-Rot-Gold; Modell »Kimono« – Wickelmantel mit superweiten Ärmeln in Rot, Blau und Schwarz, darunter gehört ein enges rotes Kleid

Alle Modelle: Claudia Skoda. Photos: Christian von Alvensleben

17

1

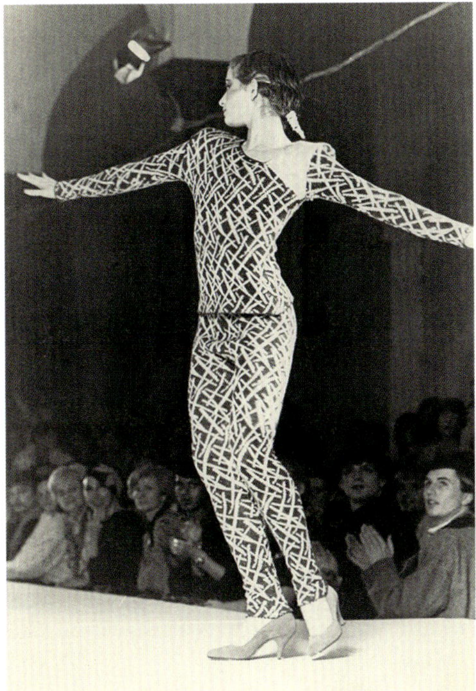

2

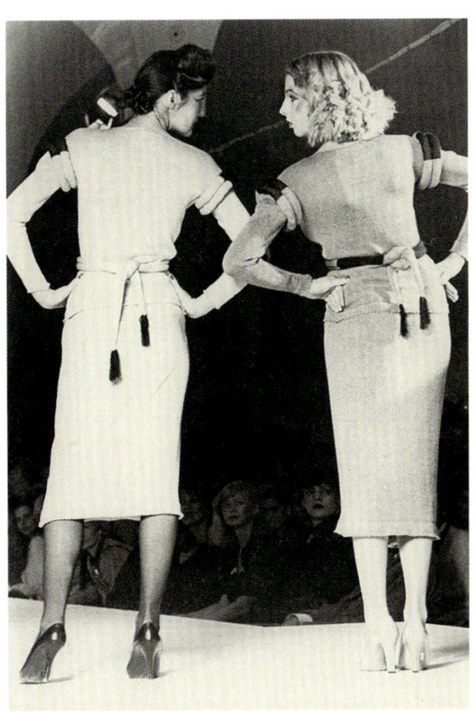

3

1
Beitrag von **Renate Wolff** im *Zeitmagazin* mit Fotografien von **Christian von Alvensleben**
Contribution by Renate Wolff in Zeitmagazin *with photographs by Christian von Alvensleben*
1975

2 + 3
Fotograf*in unbekannt
Strickensemble »Jazz« und Strickkleider mit Achselwülsten, Modenschau *Laufsteg*
The knitwear ensemble "Jazz" and knitted dresses with shoulder rolls at the fashion show Laufsteg *(Catwalk)*
1978

verleiht den Modellen zeitgemäßen Disco-Glamour. Bei aller Varianz im Detail sind die Entwürfe von Claudia Skoda der Jahre 1975 bis 1978 körpernah, organisch fließend, nicht abstrahierend. Sie wirken leicht, mitunter nahezu schwebend, nicht massiv und schwer. Sie umhüllen, ohne zu verstecken, sie verkleiden nicht. Es dominiert eine anschmiegsam-sinnliche Feminität zwischen jugendlicher Verspieltheit und gezieltem Einsatz weiblicher Reize. Schon 1975 sagt Skoda über ihre Mode: »Die Frau, die meine Sachen trägt, muß selbstbewußt sein.«[10] Das fordern die Raffinesse und Eleganz ihrer Kleider heraus. Es ist Mode für einen souveränen Auftritt in den Straßen und Clubs der Metropolen, der keine Unsicherheit erlaubt. Der Glamour, gepaart mit spielerischer Leichtigkeit und Freizügigkeit, in den Kleidern von Skoda ist Ausdruck der neu gewonnenen Freiheit, sich unabhängig von oder gar entgegen den gesellschaftlichen Konventionen auszuprobieren und neu als Frau zu positionieren. Diesen Stil bringt Craig R. Whitney in einem Artikel für die *New York Times* schon 1977 in Verbindung damit, wofür West-Berlin zu jener Zeit steht: Eleganz und Zwanglosigkeit. Der neue verwegene, unkonventionelle Stil spiegele den unabhängigen Geist der Stadt.[11]
In ihrer ersten öffentlichen Schau, *Laufsteg*, im Jahr 1978, die im Ägyptischen Museum (heute Sammlung Scharf-Gerstenberg) in Berlin stattfindet, zeigt Claudia Skoda bereits erste Modelle, die auf eine neu vertretene Auffassung von Kleidung hinweisen, welche im folgenden Jahr die Schau *Big Birds* dominieren wird. So sind bei *Laufsteg* als neues Element überaus stark betonte Schultern durch den Einsatz von Schulterpolstern und chasubleartige Strickelemente an Schulter- und Seitennaht sowie ringförmige Achselwülste zu geradlinig verlaufenden, mitunter gegürteten Röcken zu sehen |↗3|. Die bereits hier vorgeführten, stark gepolsterten Schultern werden als Teil des »Power Suit« mit enganliegendem Rock unter dem Motto »Dress for success« die Modelandschaft in den 1980er-Jahren dominieren und ihren Höhepunkt in der Mitte jener Dekade feiern. Skoda sagt von sich, sie habe schnell wieder davon abgelassen.[12]

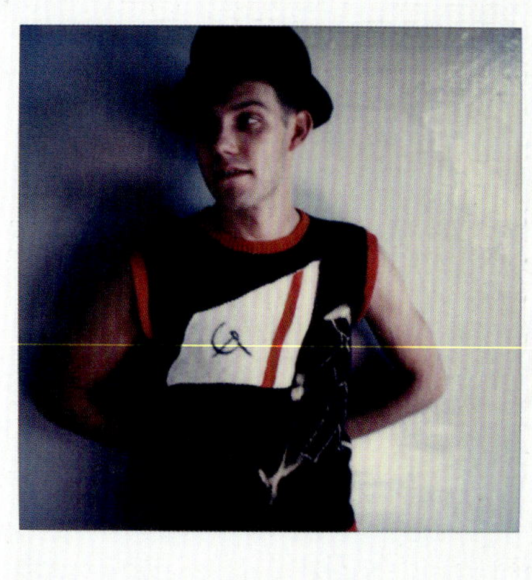

4

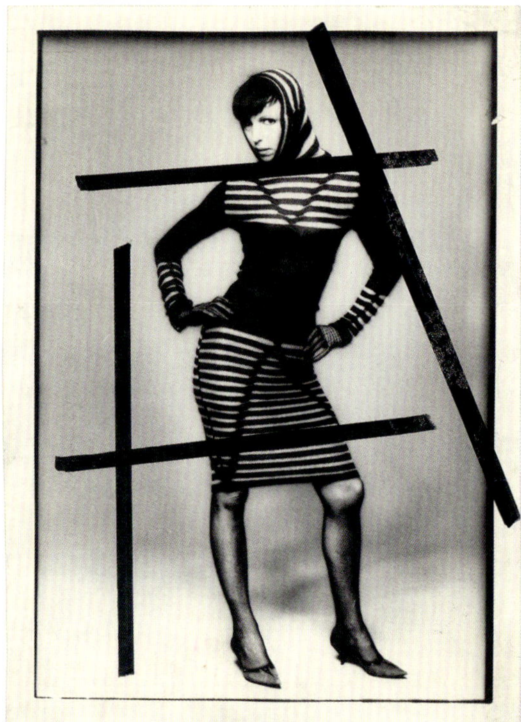

5

4
Fotograf*in unbekannt
Pullunder mit Hammer-und-Sichel-Motiv
Pullunder with hammer and sickle motif
Ca. 1981

5
Jim Rakete
Claudia Skoda in Schlauchkleid »Eurovision«
Claudia Skoda in tube dress "Eurovision"
Ca. 1980

1979 bis 1982:
Kantige Formen mit sportiven Akzenten und politische Impulse

Ab 1979 wird die Dominanz der leichten, weit schwingenden Röcke aufgegeben zugunsten einer klarer konturierten Silhouette aus geradem, gleichwohl enganliegendem Kleid mit ausgeprägter Schulter. Gegenüber den zuvor tief dekolletierten Ausschnitten finden sich vermehrt hochgeschlossene Kragenvarianten. Viele Modelle sind zudem mit langen, schmalen Ärmeln ausgebildet. Mantelkleider und Pullover – ärmellos quadratisch oder oversized – negieren den geschwungenen Verlauf des weiblichen Körpers in den zuvor besonders betonten Bereichen Brust, Taille und Hüfte und konstruieren eine geradlinig geometrische Form. In der Kollektion »Bildstörung« von 1981 wird diese Form zudem durch geometrische, vom sowjetischen Konstruktivismus inspirierte Motive unterstrichen. Überhaupt sind die Muster nicht mehr durchlaufend, linear fließend und schwingend, sondern punktuell oder geometrisch. Motivisch finden sich Anleihen aus der kommunistischen Symbolik wie Hammer und Sichel oder ein verfremdeter Sowjetstern |↗4|. Die Hose, natürlich gestrickt, hat jetzt in den Kollektionen von Claudia Skoda einen eigenen Stellenwert und wird nicht mehr nur in Kombination mit Kleid oder Rock getragen. Locker sitzend, oft mit Bündchen gefasst ist sie mit passendem Pullover kombiniert oder als ärmelloser Catsuit mit Rollkragen ausgeführt – so beispielsweise in der überaus sportiven »Mobil«-Kollektion. Diese Kollektion entwirft Skoda bereits 1980 und zeigt sie in dem Video *Bildstörung* von 1981/82, das an heutige Präsentationsformen von Online-Versandhändler*innen denken lässt, sowie 1982 in der multimedialen Schau *Trommelfeuer* im Berliner Martin-Gropius-Bau. Leitmotiv der Kollektion, zu der sie Kühlerfronten und runde Schutzbleche von Automobilen inspiriert haben, sind dicke Chromnieten, die leistenartig ausgearbeitete Seitennähte an Hosen und Ärmeln akzentuieren oder geometrische Formen wie Dreieck oder Raute betonen |↗Kat. 85|. In der Kollektion »Bildstörung« vervollständigt die Siebenachtel-Hose mit geradem Bein das Ensemble zu gleichmäßig gestreiften Oversize-Pullovern durch ein komplementäres Streifenmuster. Leggins hatte Skoda bereits in der Schau *Laufsteg* mit Pullovern im selben Material und Muster gezeigt, aber eben auch getragen zu passenden Röcken. Claudia Skoda selbst charakterisiert ihre Mode der Jahre 1979 bis 1982 als einen durch US-amerikanischen und sowjetischen Einfluss bedingten berlintypischen »Political Look«.[13] Diesen führt sie 1982 unter einem unablässigen, 80-minütigen Trommelschlagen in der eigens kuratierten Schau mit dem bezeichnenden Namen *Trommelfeuer* im Martin-Gropius-Bau direkt an der Mauer vor – einer militärischen Parade gleich. Die damit gewählte örtliche Nähe zu den wichtigsten Zentralen des nationalsozialistischen Terrors bringt ihr viel Kritik ein. In einem Interview mit dem Mode- und Society-Kolumnisten der *New York Times* John Duka verneint sie den direkten Bezug zu Uniformen oder einer Ideologie: »In Berlin, so many impressions of America and Russia are meshing together, now that a new political character is being born. In clothing it is being manifested as what I call the Political Style. But it has nothing to do with uniforms or ideology. It is what happens when the new confronts the old. If this Political Style has any ancestor, it is the constructivism of the 20s – straight, bright, modern and clean.«[14] Und dennoch entspricht die Inszenierung der Schau inklusive einiger darin von Models im Stechschritt präsentierter Kleider einem zeittypischen Phänomen, Zeichen des Militärischen zu adaptieren und damit Macht, Strenge, Autorität und Gewalt zu thematisieren |↗Kat. 92–97|. Schon 1976 hatten Malcolm McLaren und Vivienne Westwood ihre Punkmode, die unter anderem aus Uniformen, Fallschirm-Shirts und Kampfstiefeln bestand, in ihrem wiedereröffneten Laden Seditionaries vor einer Rückwand mit dem Bild des ausgebombten Dresden ausgestellt.[15] In der Schau *Trommelfeuer* ist es das Ausloten der Machtverhältnisse zwischen Mann und Frau, für deren Darstellung Skoda die militärisch-kriegerische Ästhetik einsetzt. John Duka bejubelt die »very sophisticated« Kreationen Skodas als die schönsten Strickkleider, die New York je gesehen habe, obwohl er nicht für überschwängliche Begeisterung bekannt ist.[16] Im *New Yorker* heißt es 1982 vergleichbar: »A further focus of advanced fashion design – this time combining the visual moods of Weimar-era Berlin with fifties New Wave – is Claudia Skoda Fashions. Her styles – generally hand-loomed, often in surprising shapes and exciting color combinations – are unlike anything else to be seen in New York stores this fall.«[17] Den von Skoda so benannten »›Politiklook‹, der die jahrelangen Konfrontationen zwischen Ost und West durch russische Fellmützen, DDR-Badges, Mao-Anzüge und Schwarz-Rot-Gold-Kompositionen aufgreift« sieht sie auch noch 2011 in Berlin vertreten – nun schon lange Hauptstadt des wiedervereinten Deutschlands.[18]

Stellvertretend für ihre Entwürfe der Jahre 1979 bis 1982 steht das gestreifte Schlauchkleid mit Kapuze »Eurovision« der Kollektion »Bildstörung«, lässt sich Claudia Skoda in ihm doch von Jim Rakete fotografieren und von K. H. Otto zeichnen |↗5|. Die körperbetonende Silhouette mit enganliegendem, knielangem Rock und corsageartigem Strickeinsatz hat einerseits etwas sehr Elegant-Feminines; Kapuze, Ringelmuster und die materialbedingte Bewegungsfreiheit stehen andererseits für den sportiven Charakter ihrer Arbeit. Skoda strickt für Frauen, die ihr Frausein schätzen und auf selbstbewusste Art ihr Leben beweglich und flexibel gestalten. Die Zeichnung Ottos wird das Signet ihres New Yorker Ladens.

Ab 1983: Lagenlook, gerafft und geknotet

Im April 1981 zeigen die japanischen Designer*innen Yohji Yamamoto und Rei Kawakubo erstmals ihre Arbeiten auf dem Pariser Catwalk. Die Wirkung ist revolutionär, stehen ihre Entwürfe doch den westlichen Schönheitsidealen und den jahrzehntelang gepflegten Kleidungskonventionen diametral entgegen. Dunkel monochrom, löchrig, asymmetrisch sind die Kleider. Viel Stoff umhüllt den Körper mehrlagig, ohne ihn abzuzeichnen. Nachdem Claudia Skoda ihren Laden in New York 1982 eröffnet und dort zunächst noch den berlintypischen »Political Look« verbreitet hat, tritt sie im Oktober 1983 in der Schau *Veits Fights* im Lichthof der Technischen Universität Berlin mit einer die japanischen Impulse aufgreifenden Kollektion in Erscheinung. Diese umfasst überlange und doppelschalige, aus zwei Lagen bestehende Kleider |↗6|. Erstere sind bis zu fünf Meter lang und werden doppelt bis vierfach gerafft, in einen Gürtel gesteckt oder einfach geknotet. Zweitere können, bedingt durch üppige Weiten, verschieden um den Körper drapiert werden. »Auf Claudia Skodas atemberaubende Modelle treffen Begriffe wie Rock, Bluse und Kleid häufig nicht mehr zu. Ein Modell besteht meist aus allem zusammen.«[19] Strickdoubleface, weich und fließend, oder dünner Grobstrick sind die bestimmenden Techniken. Wabenartige Muster, die scheinbar Lochfelder umgeben, oder Fehlstellen, die wie Risse im Textil wirken, signalisieren eine gewollte Imperfektion |↗7|. Die Farben werden gemischt aus Schwarz und Naturweiß, Muskat, Grau und Braun. Regenbogenfarben, Bonbontöne und Lurexschimmer hat Skoda hinter sich gelassen.

Ihre Kollektion »Veits Fights« von 1983 zeugt offensichtlich von einer intensiven Auseinandersetzung mit den neu gesetzten Impulsen seitens Yohji Yamamoto und Rei Kawakubo. Skoda, die in Interviews wiederholt geäußert hat, für eine selbstbewusste Trägerin stets Neues zu entwerfen, teilt die Modephilosophie Kawakubos: »I'm designing for a woman to be able to feel confident. We must break away from conventional forms of dress for the new woman of today. We need a strong new image, not to revisit the past.«[20] In der Radikalität einer Kawakubo verfolgt Skoda die neuen Ansätze allerdings nicht weiter. Es finden sich aber einzelne ausgewählte Aspekte wie die Mehrlagigkeit oder die scheinbare Imperfektion in der Materialität in den Folgekollektionen wieder. So bestehen die Pullover der Kollektion »Cleaning« von 1985 aus gestrickten Quer- und Längsbahnen, die einander durchweben, oder aus zwei ineinandergeschlungenen Ärmeln |↗8|. Gegensätzliche Materialien wie Seide und ein rustikaler Faden verbinden sich zu einer »Edel-Putzlappen-Optik«.[21] Die weibliche Silhouette zeichnet sich in den enganliegenden Kleidern und Röcken jedoch wieder betont ab.

Kunst und Mode: Jacquard-Pullover und »Masterpieces«

Kollektionsübergreifend wird Claudia Skoda immer wieder für ihre Jacquard-Pullover gefeiert. Nachdem der 1964 nach Paris gezogene Kenzo um 1980 seine farbenfrohen Strickpullover mit Rentieren und Schneekristallen, mit Gobelinrosen und geometrischen Fifties-Mustern herausgebracht hatte, antwortet Skoda mit Reigen aus Trommler*innen und Arbeiter*innen, die an die archaisch-kraftvollen Figuren der Jungen Wilden erinnern, abstrakt-geometrischen und organisch-amorphen Folgen sowie Mustern aus Wetterleuchten oder Muscheln, Seesternen und Algen im Wechselspiel. In einem Artikel Anfang der 1980er-Jahre ist von »signature pullover patterns« die Rede, »which are really cleverly interpreted paintings and graphics«. Auch in diesem Zusammenhang wird auf die ungewöhnlichen Farbzusammenstellungen Skodas verwiesen: »Art Deco textile motifs of Cubist African drummers or Russian Revolution workers; in funny, old-fashioned combinations of brown and aqua, brown and black, pink and navy, or peach and gray-blue«.[22]

Für Entwürfe der Edition »Masterpieces« von 1986 gewinnt Claudia Skoda Künstler*innen der Jungen Wilden aus dem Kreis der ehemaligen Berliner Selbsthilfe-»Galerie am Moritzplatz« und setzt die Vorlagen in limitierter Auflage in Strick um. Die Arbeiten dieser Künstler*innen sind extrovertiert: Ihre Malereien, Fotografien und Performances kommen ohne Selbst-

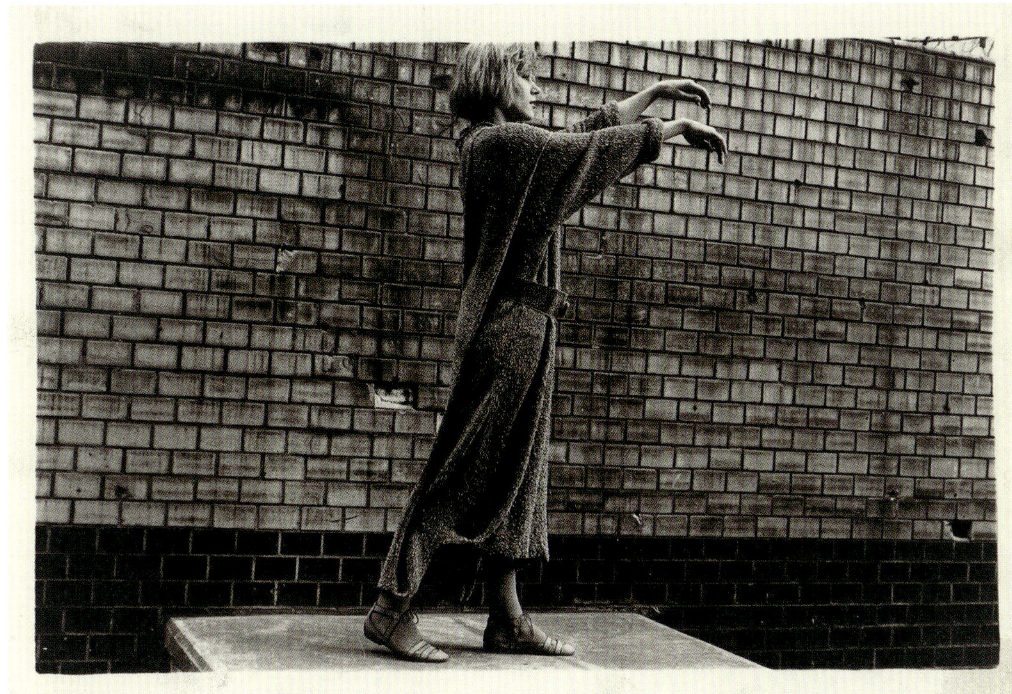

6

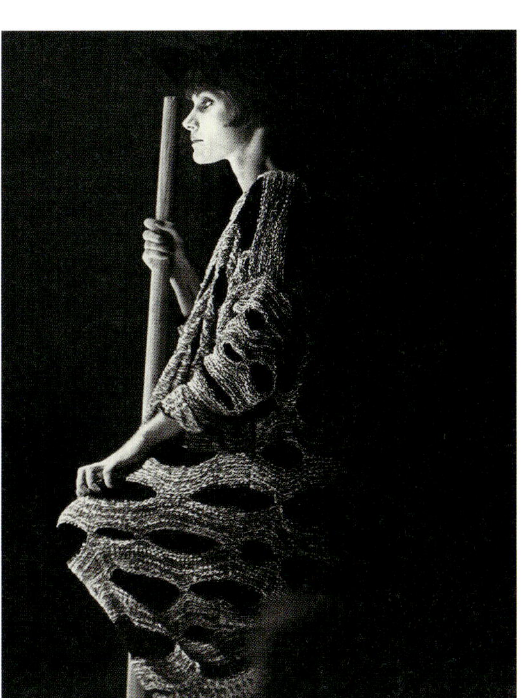

7

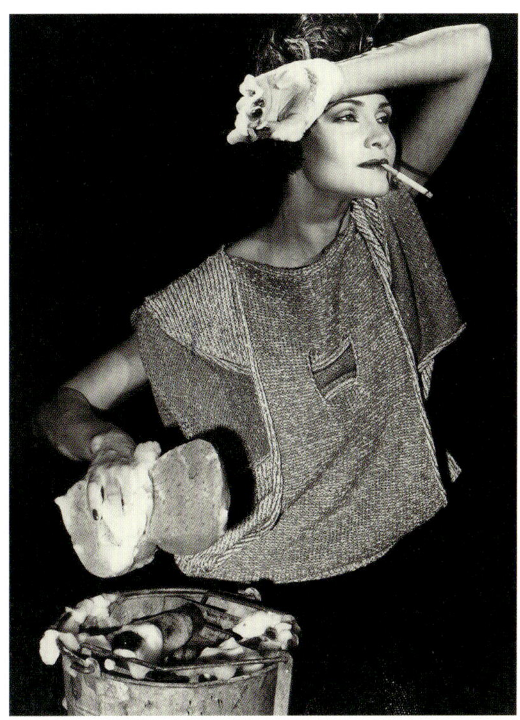

8

6
Silke Grossmann
Bilder für Claudia Skoda, in Zusammenarbeit mit Cynthia Beatt (Heidi in Strickkleid, Kollektion »Veits Fights«)
Images for Claudia Skoda, in collaboration with Cynthia Beatt (Heidi in a knitted dress, collection "Veits Fights")
1983

7
Fotograf*in unbekannt
Karin Luner in Strickkleid aus der Kollektion »Veits Fights«
Karin Luner in a knitted dress from the collection "Veits Fights"
1983

8
Andreas Ruth
Karin Luner in Strickpullover der Kollektion »Cleaning«
Karin Luner in a knitted pullover from the collection "Cleaning"
1985

darstellung nicht aus. Mit Luciano Castelli und Salomé hatte Skoda bereits 1979 in ihrer multimedialen Schau *Big Birds* in der Berliner Kongresshalle zusammengearbeitet – die beiden traten dort als Trapezkünstler auf. Für die Künstleredition Skodas steuert Castelli nun den Pullover »Pirat« bei, der auch als Hose getragen werden kann, wie es in einigen fotografischen Selbstporträts festgehalten ist |↗9|. Castelli hatte gerade einzelne Szenen zu dem Film *Piratin Fu* auf den Philippinen gedreht. Die Selbstinszenierung in Rollenselbstporträts, in denen er verschiedene Identitäten beispielsweise eines Tieres oder einer Frau, eines Japaners oder eben auch eines Piraten annimmt, sind ein bestimmendes Sujet Castellis in den 1980er-Jahren. Salomé setzt für seinen »Masterpiece«-Pullover das Thema der »Seerosen« um, mit dem er sich vor allem malerisch von 1982 bis in das Jahr 2011 kontinuierlich befasst. Rainer Fetting, der nicht nur wie Salomé zum engeren Kreis der mit der Ausstellung *Heftige Malerei* 1980 legendär gewordenen »Moritzboys« zählt,[23] sondern auch Lebensgefährte von Salomé war und zusammen mit ihm und Castelli Musik gemacht hatte, greift mit dem Pullover »Der Kuß« das Motiv seiner *Kiss*-Serien auf, die er von 1978 bis 1983 in verschiedenen Techniken gefertigt hatte. Die sich selbst inszenierende Aktionskünstlerin Anne Jud, ebenfalls von Beginn an Mitglied der Galerie am Moritzplatz, arbeitete seit ihrer ersten USA-Reise 1975 mit dem Motiv »One Dollar«. Schon Andy Warhol hatte diesen Geldschein einzeln oder in Serie in seinen Siebdrucken wiedergegeben. Als Zeichen für Konsum und Markt ist er das Sinnbild für die westliche Konsumwelt schlechthin, der sich die Pop-Art thematisch verschrieben hat. Für Skodas Serie verarbeitet Jud den Dollar zu Pullover, Kleid und Barett |↗10|. Skoda selbst greift das in vielfachen Reproduktionen und in Privathaushalten weit verbreitete Motiv der »Betenden Hände« von Albrecht Dürer als popkulturelles Phänomen auf.

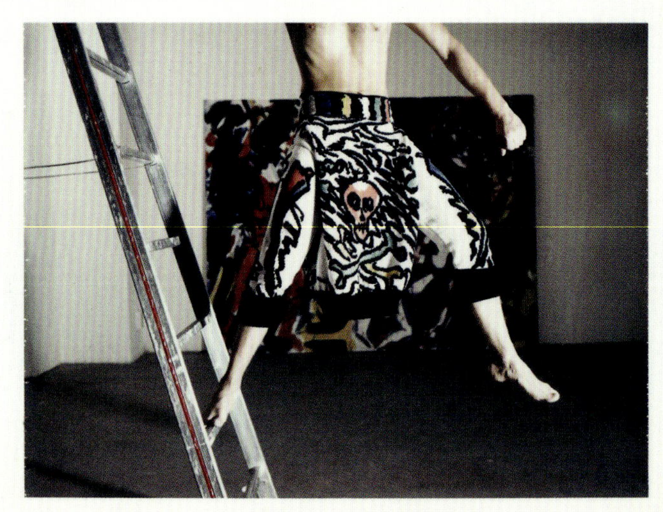

9

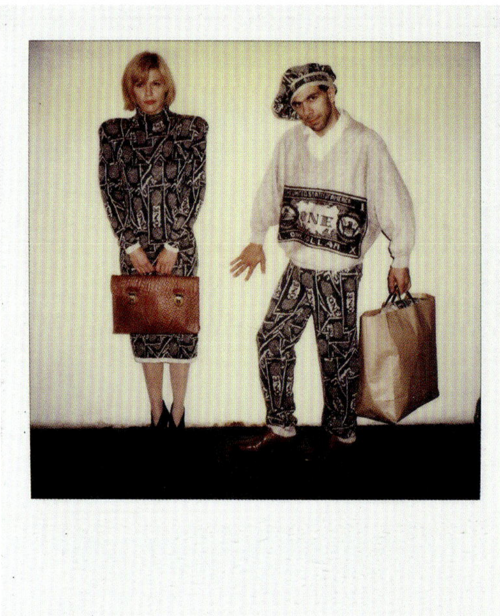

10

9
Luciano Castelli
Selbstporträt im »Piraten«-Pullover
Self-Portrait wearing a "Pirate" pullover
1986
10
Claudia Skoda
Heidi und Ward Merrill Hooper in »One Dollar«-Entwürfen von Anne Jud
Heidi and Ward Merrill Hooper in "One Dollar" designs by Anne Jud
1986

Schlussbetrachtung

Wie für die ersten Jahre ihrer Selbstständigkeit exemplarisch dargelegt verarbeitet Claudia Skoda kreativ wesentliche Wandlungen in der Auffassung von Kleidung in ihren Strickdesigns. Sie ist im besten Sinne wegweisend und damit dem Mainstream weit voraus,[24] weil sie offen ist für ein grundsätzliches Neuverständnis von Kleidung und mit dessen Umsetzung in Strick schöpferisch experimentiert. Die Bedeutung Skodas im Hinblick auf ihre Strickdesigns ist nur unzureichend erfasst, wenn man neben Form und Ausdruck nicht auch Fertigung und Technik berücksichtigt. Skoda strebt jeweils individuelle Lösungen an, sie entwirft nicht für die industrielle Produktion. Im Experiment findet sie zu neuen technischen Umsetzungsformen. Ihre ausgeklügelte Formgebung einzelner Kollektionsteile ist wegen ihrer Raffinesse im Detail und der technischen Komplexität für die Herstellung in größeren Serien unrentabel. Zudem wählt sie aus dem gesamten Spektrum der verfügbaren Garne das jeweils Passende, darunter nicht selten solche, die von der Industrie nicht verarbeitet werden können. Diese Gesamtheit aus Aktualität, Individualität und Extravaganz zeichnet sie als international prägende Modepersönlichkeit aus. Bezieht man in diese Betrachtung Skodas bohemeartige Lebensweise, ihr gemeinsames Arbeiten mit anderen Kreativen und die Art ihrer unkonventionellen Geschäftsführung ein, stehen sie und ihr Wirken stellvertretend für noch mehr. Das selbstgewählte Zusammenleben mit Künstlerkolleg*innen in der weitläufigen fabrikneu, in der jahrzehntelang Arbeiten und Leben untrennbar miteinander verwoben sind und sich gegenseitig inspirieren, bietet ihr den größtmöglichen Spielraum für ihre kreative Selbstverwirklichung als Strickdesignerin. Bis heute lassen Skoda der vorurteilsfreie Austausch und die unvoreingenommene Zusammenarbeit mit verschiedenen Kreativen offen sein und bleiben für Neues. Ihr inhaberingeführter Kleinbetrieb mit dem expliziten Ziel, Kreativität und nicht Gewinn zu maximieren, gewährleistet ihr einen höchstmöglichen Grad an Experimentellem. Ihre Mode steht somit auch für Sehnsuchtsorte wie Berlin und New York mit dem jeweils speziellen Freiheitsgefühl, das eigene Leben selbst in die Hand nehmen zu können.

1 Knitted Genius 1984.

2 Palmano 1985.

3 Rudolf 1985. Vgl. auch Renate Wolffs Feststellung: »Sie hat Schule gemacht, sie wird kopiert«, Wolff 1983, S. 17.

4 Mut 2006, S. 229.

5 Adler 1983, S. 17.

6 U. a. Goridis 1994; Wolff 1975, S. 18.

7 In der Rezeption von Skodas Mode ist wiederholt von der Betonung der Individualität und der Persönlichkeit der Trägerin die Rede, so in: Sage mir 1987; Adler 1983, S. 17, und Brückner 1984, S. 21.

8 Wolff 1975.

9 Bäldle 1980.

10 Zit. n. Wolff 1975, S. 18.

11 »A divided city since World War II, West Berlin is no longer the German capital, not even of haute couture. But there's a new, raffish, unconventional style that seems to reflect the city's independent spirit. […] The flowing stripes and billowing solid colors of her [Claudia Skodas] creations have the elegance and informality of West Berlin itself«, Whitney 1977.

12 Waldt 2008.

13 Roy 1985 und Duka 1982.

14 Duka 1982.

15 Burton 2017, S. 302.

16 Zit. n. Wolff 1983, S. 17.

17 On and Off 1982, S. 98.

18 Binar/Mossina 2011, S. 7.

19 Frischer Modewind 1983.

20 Zit. n. Sudjic 1990, S. 81.

21 Hünnebeck 1986.

22 On and Off 1982, S. 98.

23 Fassbender 2011, S. 63. Die Ausstellung war im West-Berliner Haus am Waldsee zu sehen.

24 »Nicht immer kommt das ›an‹, was sie macht, denn sie ist – und war – ihrer Zeit immer weit voraus«, G. R. 1981.

II.

Claudia Skoda's Knitwear Designs

BODY AND EXPRESSION

Britta Bommert

Claudia Skoda began working on her knitwear collections in 1975 in the intimate atmosphere of her residential and working collective fabrikneu, launching herself publicly in 1978 with a series of sensational shows, and becoming an international presence in 1982 with her own shop in the fashionable SoHo neighborhood in New York City. Before long, her designs were called "knitted genius"[1] and she was known internationally as the "queen of texture."[2] The highly distinctive "Skoda style" has been copied worldwide.[3] But what exactly defines the much-vaunted, unmistakable style of her garments, all without exception knitwear pieces? To be sure, designers before Skoda had achieved remarkable things with knitting techniques: there was Gabrielle "Coco" Chanel, famous for her jerseys; there was Elsa Schiaparelli, with her spectacular knitted trompe l'œil pullovers; Sonia Rykiel, nominated by *Women's Wear Daily* as the "queen of knits"; Ottavio and Rosita Missoni, with the unmistakable zigzag patterns of their colorful, knitted garments. Still, what is it exactly that makes Skoda so special? Which distinguishing features impelled the editors of *Elle* to single her out in 2006 as one of the women – alongside Madeleine Vionnet, Mary Quant, Peggy Guggenheim, Vivienne Westwood, and Madonna – who had shaped the look of the 20th century?[4] This essay addresses these questions. Skoda gave shape to an immediately recognizable style during her initial years as an independent designer; by 1983, she was a well-established figure.[5]

In order to describe the process through which Skoda selected her forms and implemented them in her knitwear designs, this essay analyzes the collections from the years 1975 to 1983. At the same time, it introduces her important Jacquard motifs, used throughout her collections, while her intimate collaborations with visual artists are examined in relation to the "Masterpieces" collection.

Claudia Skoda has always been interested in the female figure in particular, and in how women see themselves within society. This emphasis is evident not only from statements she has made in interviews:[6] her fashions themselves also express this with great eloquence.[7] She has quickly adopted innovative impulses from other designers, particularly when they have raised questions concerning a new emphasis on the body or advocated progressive positions vis-à-vis gender roles. With great ingenuity, she has translated these concerns into machine knits, devising individualized solutions through an experimental approach to technique. For the years between 1975 and 1983, this meant form-fitting, highly feminine, glamorous garments, which were succeeded, however, by rectilinear, angular, politically connoted designs, and later still, by the radically novel use of silhouettes to challenge Western conceptions of fashion. The inception of the first of these three creative phases was documented by a publication in *Zeitmagazin* in 1975,[8] and later, by the show *Shake your Hips*, which took place a year later in fabrikneu, and this initial period continued until the first public fashion show, entitled *Laufsteg* (Catwalk), held at the Egyptian Museum in West Berlin in 1978. The second phase begins with the 1979 show *Big Birds* in the Berliner Kongresshalle and ends with the 1982 *Trommelfeuer* (Barrage) in the Martin-Gropius-Bau, along with the video *Bildstörung* (Image Disturbance), which was created at about the same time. Exemplifying the third phase is the show *Veits Fights* from the year 1983.

From 1975 to 1978: Soft Silhouettes with Plenty of Glamour

In an era when the dictates of fashion no longer prescribed specific forms, when previously valid apparel conventions had been called into question, and when the greatest possible freedom had been granted to the autonomous shaping of an individual style, Claudia Skoda produced gossamer-thin, form-fitting dresses with wide, swinging skirts, as well as close-knit, clinging dresses with straight skirts that were slit all the way to the thigh. Mini, midi, maxi – all are represented. Particularly striking design elements are plunging, waistline-deep necklines that are reminiscent of the film costumes worn by Liza Minnelli in the 1972 film *Cabaret*. Another recurring element is Skoda's use of asymmetries in necklines and sleeves, as published in 1975 in a photo series created by Christian von Alvensleben for *Zeitmagazin* |↗1/p.53|. Alternatively, bandeau tops, spaghetti straps, and Carmen necklines left the shoulders free. In the 1979 fashion show *Pablo Picasso*, the dresses were presented together with ponchos or flounced, laced capes. While the dresses in the 1976 show *Shake your Hips* were still combined with wide trousers that were gathered at the ankles, 1978 was dominated by skirts over unique colored, glossy catsuits or knitted leggings, a clothing that did not become established in the mainstream until the late 1980s. In keeping with the various fashion trends of this decade, there were dresses with kimono sleeves for an Asian look in 1975; tunic dresses over harem trousers for a Bedouin look in 1976; and Spanish-inspired skirts and dresses for a Carmen-inspired look in 1977/78. Again and again over a period of many years, Skoda varied rib knits in contrasting yarn weights. They are found in pullovers, preferably with batwing sleeves, as well as in skirts, the latter aiming for a pleated effect. Dominant now were graphic patterns, such as stripes in various designs, and triangles or flame-like spikes. In 1978, Skoda created the popular "Jazz" pattern, based on irregularly intersecting lines, and found on pullovers, trousers, skirts, and dresses, and worn by women as well as by men |↗2/p.53|. The motifs used are neither flowers, nor dots, nor paisleys, but, instead, are leopard or python patterns, along with playing card symbols. By virtue of her unusual color combinations, Skoda was credited with a "high-quality sense of color."[9] From cheerful rainbow colors to blue-in-blue tones, the entire spectrum is represented: in 1976, the color palette is characterized by orange with blue, yellow-gold with green, and cafe au lait with brown; in 1978, by the chromatic triads formed with strawberry, black, and matt yellow; rust, salmon, and pale gray; Prussian blue, lilac, and turquoise. The designs are produced in thin wool yarn, with or without shimmering Lurex threads. In the 1976 collection "Neues Spiel" (New Game), the sparkle of metallic yarns is ubiquitous, and endows the designs with a contemporary, disco glamour.

Despite variations among details, Claudia Skoda's designs from the years 1975 to 1978 are consistently tight-fitting, flowing organically along the lines of the body. They make an impression of lightness, seem at times almost to float, without density or heft. They cover without hiding and do not disguise. A sensual femininity residing somewhere between youthful playfulness and the pointed use of female charms now predominates her designs. As early as 1975, Skoda commented about her fashions: "The women who wear my things need to be self-assured."[10] This perspective occasions the refinement and elegance of her garments. Here is fashion for a poised, confident appearance on the streets and in the clubs of a metropolis, a style that rejects insecurity. In Skoda's designs, this sense of glamour, coupled with a playful lightness and freedom of movement, expresses a newly-won freedom, one that is explored independently of – even in opposition to – social conventions, and one that allows women to reposition themselves as women. In an article written for the *New York Times* as early as 1977, Craig R. Whitney associates her fashions with the emblematic qualities of West Berlin at that time, namely stylishness and unconstraint. The new audacious, unconventional style, he claimed, was mirrored in the city's independent spirit.[11]

In her first public show, entitled *Laufsteg* (Catwalk), held in 1978 in Berlin's Egyptian Museum (today the Scharf-Gerstenberg Collection), Claudia Skoda already presented designs based on the novel conception of apparel that would dominate the show *Big Birds* the following year. New elements in *Laufsteg* included the use of padding to strongly emphasize the shoulders, chasuble-style, knitted elements on shoulders and side seams, as well as shoulder rolls with straight and at times belted skirts |↗3/p.53|. The heavily padded shoulders already presented here would dominate the fashion landscape in the 1980s as part of the 'Power Suit,' with its tightfitting skirt, under the motto 'dress for success,' and would celebrate its climax in the middle of that decade. Skoda has remarked, however, that she quickly distanced herself from the trend.[12]

From 1979 to 1982: Angular Forms with Sporty Accents and a Political Impulse

Beginning in 1979, the dominance of lightweight, widely swinging skirts was relinquished in favor of clearly contoured silhouettes formed from straight-lined, yet tight-fitting dresses with prominent shoulders. High-necked collars now increasingly replace the previous plunging necklines. Moreover, many models have long, narrow sleeves. Coat dresses and pullovers – armless and square-shaped or oversized – negate the round contours of the female figure, the previously emphasized curves of bust, waistline, and hips, constructing an almost geometric form. In the 1981 collection "Bildstörung" (Image Disturbance), this form is further underscored by geometric motifs inspired by Soviet-era Constructivism |↗4/p.54|. In general, patterns are no longer continuous, linear-flowing, and curvilinear but, instead, are punctiform or geometric. Motifs are borrowed from communist symbols, such as the hammer and sickle or an appropriated Soviet star. Now, the trousers – knitted, of course – are accorded their own status in Claudia Skoda's collections and are no longer worn solely in combination with dresses or skirts. Loosely fitting, often cinched with waistbands, they are matched with suitable pullovers or executed as armless catsuits with turtlenecks – an example being the emphatically sporty "Mobil" (Mobile) collection. This collection was created by Skoda in 1980 and featured in the video *Bildstörung* (Image Disturbance) of 1981/82, which is so reminiscent of contemporary forms of presentation by online mail order companies, as well as in the 1982 multimedia show *Trommelfeuer* (Barrage) in the Martin-Gropius-Bau in Berlin. Inspired by radiator grills and fenders from automobiles, the leitmotiv of the collection is formed from the thick chrome rivets, used to accentuate the button-tape-style side seams on both trousers and sleeves, or to emphasize geometric patterns such as triangles or lozenges |↗cat.85|. In the collection "Bildstörung," 7/8-length, straight-legged trousers, with their complementary striped pattern, completes the ensemble, which includes a uniformly striped, oversized pullover. In the show *Laufsteg* (Catwalk), Skoda had already combined leggings with pullovers featuring the same materials and patterns, worn now, however, with an appropriate skirt.

Claudia Skoda herself characterized her fashions from the years 1979–1982 as representing a typically Berlin "political look" that was defined by U.S.-American and Soviet influences.[13] In 1982, this attitude led her to title the show with the telling name *Trommelfeuer* (Barrage). Held in the Martin-Gropius-Bau, directly adjacent to the Berlin Wall, the show was curated by Skoda herself; she even included an unrelenting drumroll lasting 80 minutes – a reference to a military parade. Her preference for this deliberate physical proximity to one of the most important centers of National Socialist terror elicited much criticism. In an interview with the fashion and society columnist John Duka that appeared in the *New York Times*, she denied making direct references to uniforms or ideology: "In Berlin, so many impressions of America and Russia are meshing together now, that a new political character is being born. In clothing it is being manifested as what I call the 'political style'. But it has nothing to do with uniforms or ideology. It is what happens when the new confronts the old. If this political style has any ancestor, it is the constructivism of the 20s – straight, bright, modern, and clean."[14] Nonetheless, the staging of the show – including a number of designs presented by 'marching' models – represents a typical contemporary phenomenon, that of adapting military emblems, thereby thematizing power, rigidity, authority, and violence |↗ cat. 92–97|. As early as 1976, Malcolm McLaren and Vivienne Westwood displayed their punk fashions, consisting among other things of uniforms, 'parachute' shirts, and combat boots, in their reopened shop Seditionaries against a wall that displayed a photograph of a bombed-out Dresden.[15] In the show *Trommelfeuer*, Skoda deployed a military-martial aesthetic to explore power relations between men and women. John Duka hailed Skoda's "very sophisticated" creations as the most beautiful knitwear garments New York had ever seen – although he is hardly known for his exuberance.[16] A 1982 *New Yorker* review is also enthusiastic: "A further focus of advanced fashion design – this time combining the visual moods of Weimar-era Berlin with fifties New Wave – is Claudia Skoda Fashions. Her styles – generally hand-loomed, often in surprising shapes and exciting color combinations – are unlike anything else to be seen in New York stores this fall."[17] In 2011, Skoda explained that for her, the "'political look,' which invokes the long-standing conflict between East and West through Russian fur caps, GDR badges, Mao suits, and black-red-gold compositions," was still present in Berlin – now the long-established capital of a reunified Germany.[18]

Representative of her designs from the years 1979–1982 is the striped tube dress with cowl "Eurovision" from the collection "Bildstörung," which Claudia Skoda wore when she had herself photographed by Jim Rakete and sketched by K. H. Otto |↗ 5 / p. 54|. On the one hand, the form-fitting silhouette, with its tight-fitting knee-length skirt and a corsage-style, knitted insert, conveys a strong element of feminine elegance; on the other hand, the cowl, the striped pattern, and the pliant material's freedom of movement exemplify the sporty character of her work. Skoda creates knitwears for women who value their womanhood, who shape their own lives with versatility, flexibility, and self-awareness. Otto's drawing became the signet of her New York shop.

Beginning in 1983: The Layered Look, Piled and Knotted

The Japanese designers Yohji Yamamoto and Rei Kawakubo showed their designs on the Parisian catwalk for the first time in April of 1981. The impact was revolutionary: their styles were diametrically opposed to Western ideals of beauty, and to the fashion conventions that have been cultivated there for many decades. Their garments were dark, monochrome, porous, and asymmetrical. Abundant material enveloped the body in many layers, without allowing it to stand out. After Claudia Skoda opened her shop in New York in 1982, she initially continued to disseminate the typically Berlin 'political look.' But in October 1983, she staged the show *Veits Fights* in the atrium of the Technische Universität Berlin, presenting a collection that adopted the Japanese tendency. She featured dresses that are either extra-long, or double shelled, consisting of two layers |↗ 6 / p. 57|. The former may be up to 5 meters in length, and are gathered, either doubly or fourfold, tucked into belts or simply knotted. The latter, characterized by luxuriant expansiveness, are draped around the body in various ways. "In Claudia Skoda's breathtaking designs, terms such as skirt, blouse, and dress are often irrelevant. A design may consist of all three simultaneously."[19] Double-faced knit fabric, soft and flowing, or thin coarse-knit textures are the defining techniques. Honeycomb patterns that seem to surround perforated fields, or defects that resemble tears in textiles, signal a desired imperfection |↗ 7 / p. 57|. The colors are mixtures of black and natural white, nutmeg, gray, and brown. Skoda has now discarded rainbow and candy colors, along with the sheen of Lurex.

The 1983 collection "Veits Fights" clearly affirms an intense confrontation with the fresh impulses supplied by Yohji Yamamoto and Rei Kawakubo. Skoda – who has repeatedly stated in interviews that to accommodate a self-assertive wearer, it becomes necessary to design new things constantly – shared Kawakubo's fashion philosophy: "I'm designing for a woman to be able to feel confident. We must break away from conventional forms of dress for the new woman of today. We need a strong new image, not to revisit the past."[20] But, Skoda did not pursue the new approaches with the radicality of a Kawakubo. Certain aspects, however, such as multiple layering and deliberately using imperfect materials, do reappear in subsequent collections. The pullover from the 1985 "Cleaning" collection, for example, consists of interwoven horizontal and vertical strips, or of two interwoven sleeves |↗ 8 / p. 57|. Contrasting materials, such as silk and rustic threads, combine to form a "high-class cleaning rag look."[21] Nonetheless, the female silhoutte strikingly reappears, now in close-fitting dresses and skirts.

Art and Fashion: The Jacquard Pullover and "Masterpieces"

Beyond the individual collections, Claudia Skoda has received repeated acclaim for her Jacquard pullovers. Around 1980, when Kenzo – who had settled in Paris in 1964 – introduced his colorful knit pullovers with reindeers and snow crystals, with Gobelin roses and geometric 50s patterns, Skoda replied with a series of drummers and workers that were reminiscent of the archaic and powerful figures of the "Junge Wilde," abstract geometric and organic amorphous series, as well as patterns composed of an interplay of lightning and shells, starfish, and algae. An article from the early 1980s speaks of "signature pullover patterns…which are really cleverly interpreted paintings and graphics." In this connection too, we find a reference to Skoda's unusual color combinations: "Art Deco textile motifs of Cubist African drummers or Russian Revolution workers; in funny, old-fashioned combinations of brown and aqua, brown and black, pink and navy, or peach and gray-blue."[22]

In 1986, Skoda invited Junge Wilde artists from the formerly artist-run "Galerie am Moritzplatz" to contribute imagery for her designs for her "Masterpieces" edition. She translated their ideas into limited knitwear editions. The works of these artists are highly extroverted: their paintings, photographs, and performances rely on self-representation. As early as 1979, Skoda had collaborated with Luciano Castelli and Salomé for the multimedia show *Big Birds* in the Berlin Kongresshalle – the two appeared as trapeze artists. For Skoda's artist's edition, Castelli contributed the pullover "Pirat" (pirate), which could also be worn like trousers, as documented in a number of photographic self-portraits |↗ 9 / p. 58|. Castelli had just shot individual scenes for the film *Piratin Fu* in the Philippines. This self-staging in role-playing self-portraits, in which he assumed various identities – for example, an animal, a woman, a Japanese man, and a pirate – served as a defining subject for Castelli during the 1980s. Salomé addressed the "Water Lily" with his "Masterpiece" pullover, a continuous thematic preoccupation, particularly in his paintings between 1982 and 2011. In his pullover "Der Kuß" (The Kiss), Rainer Fetting – who not only belonged, like Salomé, to the inner circle of the "Moritz Boys," and had become legendary with the exhibition *Heftige Malerei* (Fierce Painting) in 1980,[23] but was also Salomé's life partner, and had made music together with Salomé and Castelli – took up the motif from his own *Kiss* series, which he realized in various techniques between 1978 and 1983. The self-staging action artist Anne Jud, also a member of the Galerie am Moritzplatz from the start, had worked with the "One Dollar" motif beginning with her 1975 trip to the U.S. Andy Warhol had already reproduced this banknote individually or in series in his silkscreen prints. As a symbol of consumption and the market, the dollar image emblematized the world of Western consumerism as a whole, to which Pop Art had devoted itself thematically. For Skoda's series, Jud transformed the U.S. dollar into a pullover, a dress, and a beret |↗ 10 / p. 58|. Skoda herself took up the motif of Albrecht Dürer's *Praying Hands*, so widely disseminated through reproductions, and often present in private homes, interpreting it as a pop cultural phenomenon.

Concluding Remarks

In her knitwear designs, as exemplified by the initial years of her work as an independent designer, Claudia Skoda has creatively interpreted the sweeping changes that have occurred in society's view of fashion. She is a pioneer in the best sense and has remained far ahead of the mainstream[24] by virtue of her receptivity to a fundamentally new understanding of fashion, and her creative experimentation, devoted to realizing her ideas in knitted form. The significance of Skoda's knitwear designs is insufficiently grasped, however, if only formal expression is considered, and her methods and production techniques are neglected. Skoda always seeks individual solutions and never creates designs for industrial production. Through experimentation, she invents new production techniques. By virtue of the finesse of the details and the technical complexity of their production, her sophisticated shaping of the individual parts of a collection renders them untenable for manufacture in large series. Moreover, she selects just the right yarns from the entire spectrum of available products, and not infrequently, these cannot be processed using industrial methods. The totality of qualities characterizing her work, its modernity, individuality, and extravagance, sets her apart as an internationally influential fashion personality. If we also consider her bohemian lifestyle, her collaborations with other creative artists, and her unconventional approach of business management, it becomes clear that Skoda and her enterprise is representative of something far larger. Her decision to live together with artist colleagues in the extensive collective space fabrikneu, where work and life have been indissolubly interwoven and mutually inspiring for decades, has provided her with the greatest possible latitude for creative self-realization as a knitwear designer. To this day, Skoda remains receptive to new ideas, and open to unprejudiced exchanges and even-handed partnerships with various creative individuals. Her small, owner-operated enterprise, with its explicit aim to maximize creativity rather than profit, affords her the greatest possible freedom to experiment. As a consequence, her fashion also emblematizes places of almost mythic longing like Berlin and New York, each with its own particular atmosphere of freedom that inspires people to take their lives into their own hands.

1 Knitted Genius 1984.

2 Palmano 1985, n.p.

3 Rudolf 1985, p. 133. Cf also Renate Wolff's assertion: "She created a school, she is copied," Wolff 1983, p. 17.

4 Mut 2006, p. 229.

5 Adler 1983, p. 17.

6 Cf. e.g. Goridis 1994; Wolff 1975, p. 18.

7 The reception of Skoda's designs repeatedly emphasizes individuality and the personality of the wearer, cf.: Sage mir 1987; Adler 1983, p. 17, and Brückner 1984, p. 21.

8 Wolff 1975.

9 Bäldle 1980, p. 125.

10 Cited from Wolff 1975, p. 18.

11 "A divided city since World War II, West Berlin is no longer the German capital, not even of haute couture. But there's a new, raffish, unconventional style that seems to reflect the city's independent spirit. […] The flowing stripes and billowing solid colors of her [Claudia Skoda's] creations have the elegance and informality of West Berlin itself," Whitney 1977.

12 Waldt 2008.

13 Roy 1985 and Duka 1982.

14 Duka 1982.

15 Burton 2017, p. 302.

16 Cited from Wolff 1983, p. 17.

17 On and Off 1982, p. 98.

18 Binar/Mossina 2011, p. 7.

19 Frischer Modewind 1983.

20 Cited from Sudjic 1990, p. 81.

21 Hünnebeck 1986.

22 On and Off 1982, p. 98.

23 Fassbender 2011, p. 63. The exhibition was on view in the Haus am Waldsee in West Berlin.

24 "What she comes up with doesn't always catch on, because she's – and was – always far ahead of her time," G. R. 1981, p. 4.

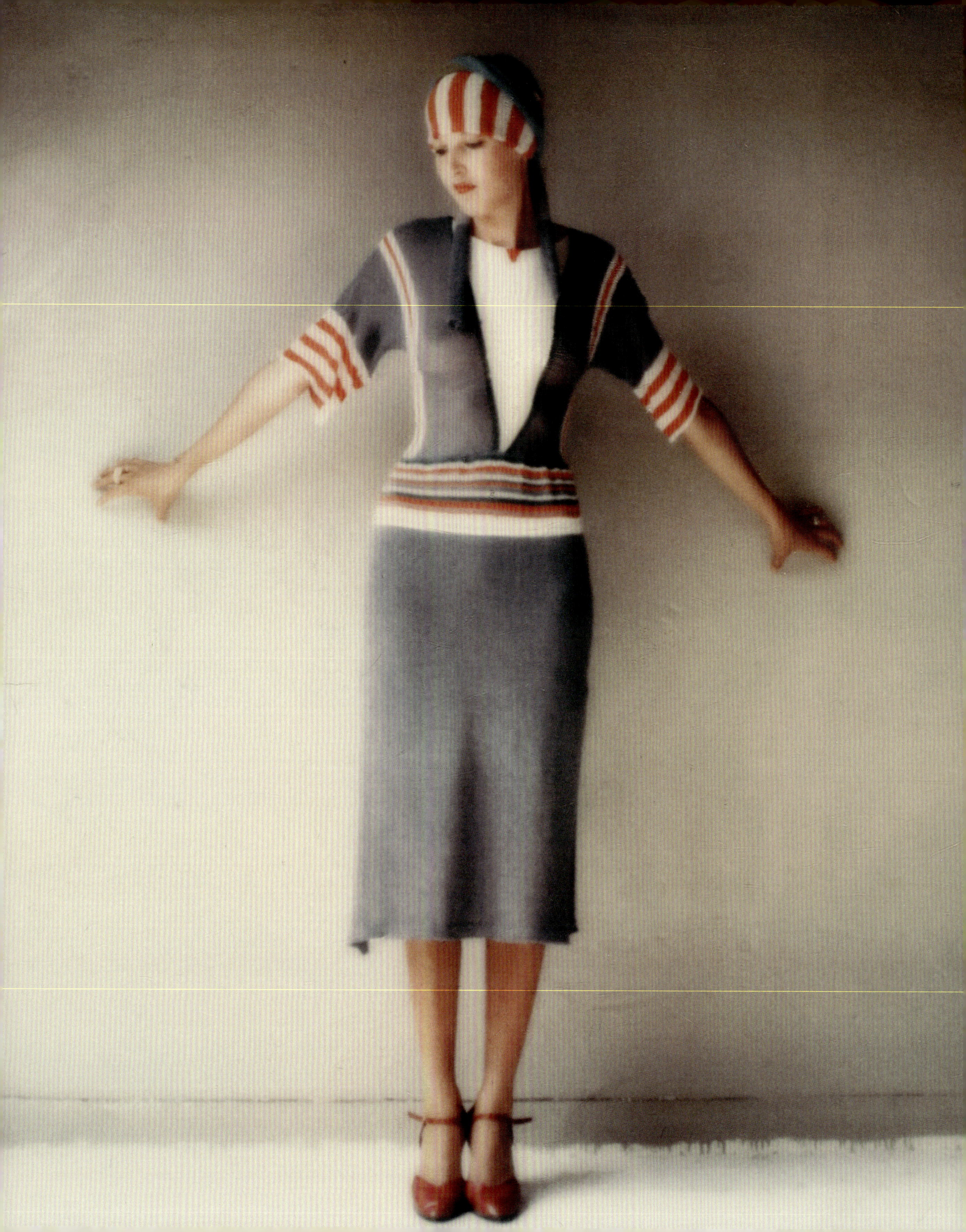

III.

Zur Stricktechnik von Claudia Skoda und zur Organisation ihres Labels

GEWUSST WIE

Heidi Blöcher

Die Herausforderung dieses Mediums ist es, eine unbekannte Bildsprache zu finden, meine eigenen Oberflächen, meine eigenen Strukturen. Die Möglichkeiten beim Stricken sind längst nicht ausgeschöpft. Gibt es etwas Schöneres als ein direkt am Körper gestricktes Kleid oder ein ungewöhnliches Muster? Die Leute fragen sich oft: Wie hat sie das gemacht? Ich liebe diese verschwiegene Welt im Stricken.[1]

Seit Jahrzehnten, während ihrer gesamten Schaffenszeit, befasst sich Claudia Skoda mit Kleidern, Pullovern, Hosen und Jacken aus Strick, denen sie durch ungewöhnliche Materialzusammenstellungen und den kreativen Einsatz der Technik ein unverwechselbares Aussehen gibt. Bis heute entwirft sie avantgardistische Kleidungsstücke, die sie überwiegend auf Handstrickmaschinen anfertigt. Ohne sich von der gängigen Modepraxis vereinnahmen zu lassen verfolgt sie konsequent ihren eigenen Weg. Sie greift immer wieder bestimmte Elemente ihrer Entwürfe auf und entwickelt sie in neuen, spektakulären Kombinationen weiter. Dabei experimentiert sie stets mit ausgefallenen Materialien und der verblüffenden Zusammenführung von unterschiedlichen Garnstärken. Mit Eigenständigkeit und Unabhängigkeit hat sie ihr Label aufgebaut. Die

Claudia Skoda
Jenny Capitain in Strickkleid von Claudia Skoda
Jenny Capitain wearing a knitted dress by Claudia Skoda
Ca. 1975

Exklusivität ihrer Modelle bewahrt sie, indem sie Einzelstücke oder in kleinen Auflagen produziert und sich für den Verkauf Boutiquen in ausgewählter Lage sucht, sowohl bei ihren Handelspartner*innen als auch für ihre eigenen Läden.

Die Technik des Maschinenstrickens

Obwohl Skoda in ihrer Anfangszeit auch von Hand strickte und seit dem Jahr 2000 einzelne handgestrickte Modelle in ihre Kollektion integriert, bestimmt die Verarbeitung auf der Handstrickmaschine ihre Entwürfe.[2] Der größte Teil ihrer Strickkleider, Pullover und Jacken wird auf einer Flachbett-Strickmaschine hergestellt, sodass Skodas Modelle überwiegend glatt rechts oder glatt links gestrickte Oberflächen aufweisen. Rechte Maschen entstehen, wenn die Nadel den Faden von vorn durch die Maschen der vorhergehenden Reihe durchzieht, und linke, wenn der Faden von hinten durchgezogen wird.[3] Dadurch bildet sich entweder ein glattes V-förmiges Maschenbild oder ein krauses, wellenförmiges. Doppelbett-Strickmaschinen, bei denen zwei Nadelbetten im Winkel von circa neunzig Grad aneinandergesetzt sind, kommen hingegen selten zum Einsatz. Auf ihnen werden gegebenenfalls Bündchen in Rippenstrick gefertigt, indem je ein bis zwei Maschen in regelmäßigem Wechsel auf dem vorderen und hinteren Bett eingehängt sind.

Zwar gibt die Technik der Flachbett-Strickmaschinen den Rahmen für die Fertigung der Kleidungsstücke vor, jedoch setzt sich Skoda immer wieder kreativ über Standards der klassischen Materialverarbeitung beim Strick hinweg. So verwendet sie beispielsweise sehr dünne Garne auf Strickmaschinen, die für dicke Garne vorgesehen sind, und erzielt somit eine weitmaschige, transparente Optik. Oder sie verstrickt extrem dünne Materialien zusammen mit dicken, die im Zusammenspiel außergewöhnliche Reliefstrukturen bilden.[4]

Die von Skoda entworfenen bunten Fantasiemuster, grafischen Entwürfe in klaren, kräftigen Kontrastfarben oder *animal prints* müssen in eine für die Strickmaschine lesbare Form gebracht werden, um sie anschließend reproduzieren zu können. Dazu programmiert die Designerin ihre Musterentwürfe für die Strickmaschinen entsprechend den technischen Möglichkeiten selbst. In den 1970er-Jahren arbeitete sie noch mit Lochkarten, um die Muster in die Handstrickmaschinen einzulesen. Mit der elektronischen Weiterentwicklung kamen Anfang der 1980er-Jahre die ersten Strickmaschinen auf den Markt, bei denen die Muster direkt in die verarbeitende Strickmaschine eingegeben wurden.[5] Skoda brachte ihre Ausstattung immer auf den jeweils aktuellen Stand. Heute arbeitet sie mit speziellen Programmen direkt am Computer, um den Entwurf vom Muster bis zur Formgebung festzulegen. Anschließend erfolgt die Übertragung auf die Strickmaschinen digital.[6]

Die Auswahl der Materialien

Während die Technik der Flachbett-Strickmaschine einen begrenzten Gestaltungsspielraum vorgibt, eröffnet die Auswahl der Garne ungezählte Möglichkeiten, die Skoda bis heute in unvergleichlicher Form nutzt. Sie sucht immer nach ungewöhnlichen, neuen Materialien und Farben, die ihre Modelle von allem bisher Bestehenden abheben. Regelmäßig fährt Skoda auf die internationale Garnmesse für die Strickwarenindustrie, Pitti Filati, in Florenz, um die neuesten Entwicklungen und Trends in ihre Kollektionen zu integrieren. Die hochwertigen Garne für ihre Kollektionen bezieht sie nach wie vor von Firmen aus Italien.

Elastische Garne spielten von Anfang an eine große Rolle bei Skoda. Bereits in den 1970er-Jahren, als dehnbare Materialien in der Konfektion noch nicht üblich und damit kaum erhältlich waren, kaufte sie farbige, elastische Fäden, die für die Bündchen von Kinderstrümpfen produziert wurden. Diese Fäden verarbeitete sie zu engen, gut sitzenden Leggins und war so Vorreiterin einer Mode, die sich erst in den 1980er-Jahren im Mainstream durchsetzte.[7]

Für ihre charakteristischen femininen, transparenten Kleider der 1970er-Jahre beispielsweise verwendete sie sehr feine, glänzende Garne, die sie unkonventionell auf Grobstrickmaschinen verarbeitete. Durch die extreme Differenz zwischen Garnfeinheit und Maschengröße schuf sie filigrane Gestricke, die den Körper der Trägerin betonten. Da es zu jener Zeit noch keine Auswahl an Effektgarnen gab, kombinierte sie die Garne für diese zarten Gestricke mit feinen farbigen Lurexfäden und erzielte somit glitzernde, glamouröse Texturen.

Neben Garnen mit Mischungen aus matten und glänzenden Fasern wie Baumwolle oder Merinowolle mit Viskose kamen häufig auch schwer fallende, glatte, glänzende Acetatgarne sowie flauschige Mohairwolle

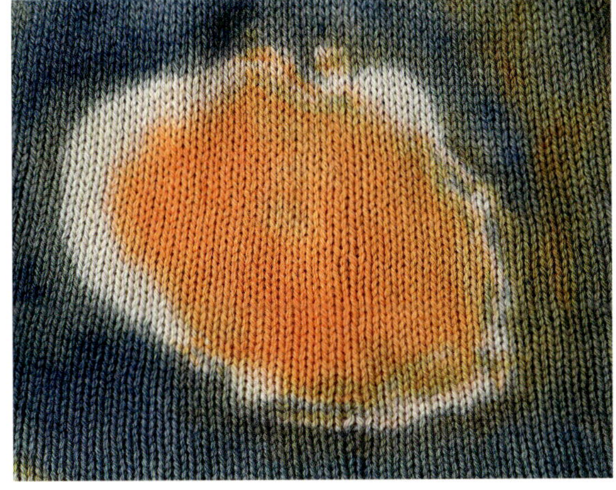

1

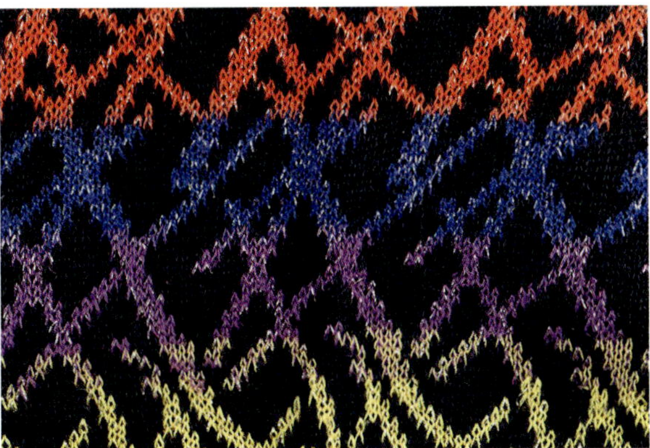

2 a

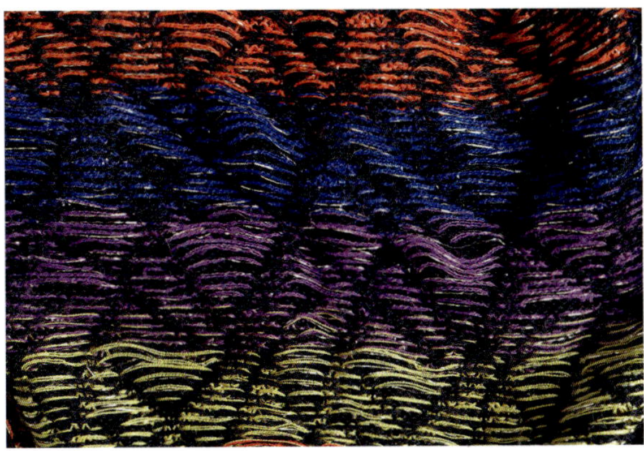

2 b

1
Claudia Skoda
»Achat«-Kollektion in Batiktechnik
The "Agate" collection in batik technique
2019
2 a + b
Claudia Skoda
Vorder- und Rückansicht einer Leggins mit dem Jacquard-Musters »Jazz«
Front and rear view of a legging with the Jacquard pattern "Jazz"
1978

zum Einsatz. An Effektgarnen verwendete Skoda gern Materialien mit wechselnder Garnstärke, sogenannte Flammégarne, die ein unregelmäßiges Maschenbild durch dicke und dünne Partien ergeben, und ab Mitte der 1980er-Jahre samtige Chenille-Garne, deren raupenartige Optik durch quer eingelegte, kurze Fasern beim Verzwirnen entsteht. Zudem experimentierte sie in den frühen Jahren auch mit Kassettenbändern[8] und Textilien, die sie in Gestricke einwebte. In der Kollektion »Weather« (1985/86) knüpfte sie Bast in Pullover ein, für die Präsentation der Kollektion »On Top« (1985) stellte sie Perücken her, indem sie Fäden in ein Stricknetz einknüpfte.

Um sich in den 1970er-Jahren mit leuchtenden Farben von den gängigen Beige-braun-Tönen abzusetzen beschloss Claudia Skoda, ihre Garne selbst zu färben. Indem sie das Garn über Schwämme mit unterschiedlichen Farblösungen zog, erzielte sie unregelmäßig verlaufende Farbeffekte. Damit die einzelnen Farben nicht ineinander verliefen, trocknete Skoda sie während des Färbeprozesses mit einem Fön.[9] Die Arbeit mit eigens eingefärbten Modellen setzt sich bis heute in ihrem Schaffen fort. Für die »Achat«-Kollektion 2019 färbte sie, wie schon zuvor, Pullover in Batiktechnik und experimentierte mit dem Verätzen von Farben, um unregelmäßige, faszinierende Farbstrukturen zu kreieren |↗ 1|.

Die Vielfalt der Musterentwürfe

Farbige Jacquard-Gestricke, bei denen Muster mit klaren Farbgrenzen automatisch von der Strickmaschine umgesetzt werden, sind in unterschiedlichsten Mustern und Variationen über die gesamte Schaffenszeit von Skoda vorhanden. Eines ihrer bekanntesten und am vielseitigsten eingesetzten Jacquard-Muster ist »Jazz« |↗ 2a + b| |↗ 2 / S. 53|. Das grafische Muster mit unregelmäßigen, sich diagonal überkreuzenden Linien taucht in vielen unterschiedlichen Farbkombinationen auf Kleidern, Hosen und Pullovern auf. Skoda programmiert diese Entwürfe selbst und setzt sie dann mit einem automatischen Farbwechsler um, mit dem sie bis zu vier Farben gleichzeitig auf der Strickmaschine verarbeiten kann. Dabei liegen die Fäden der nicht gestrickten Farbe lose gespannt auf der Rückseite zwischen den Farbflächen, in der Fachsprache flottieren genannt. Um die Spannung durch lange, flottierende Fäden zwischen weit auseinanderliegenden farbigen

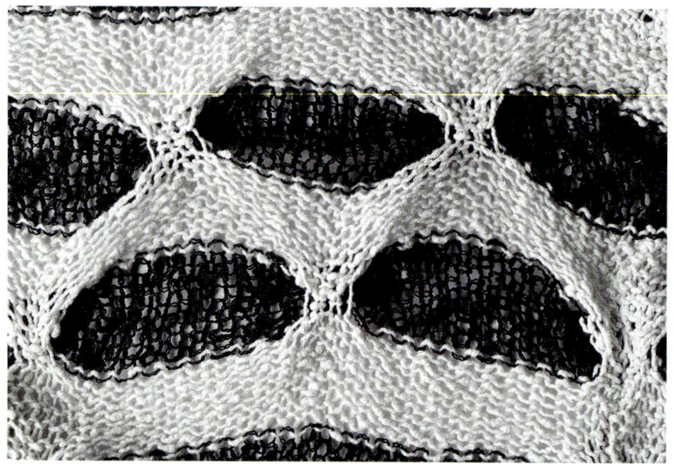

3

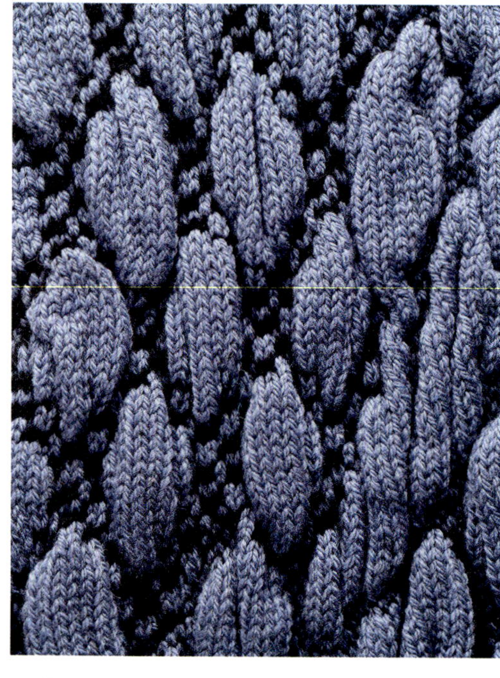

4

5

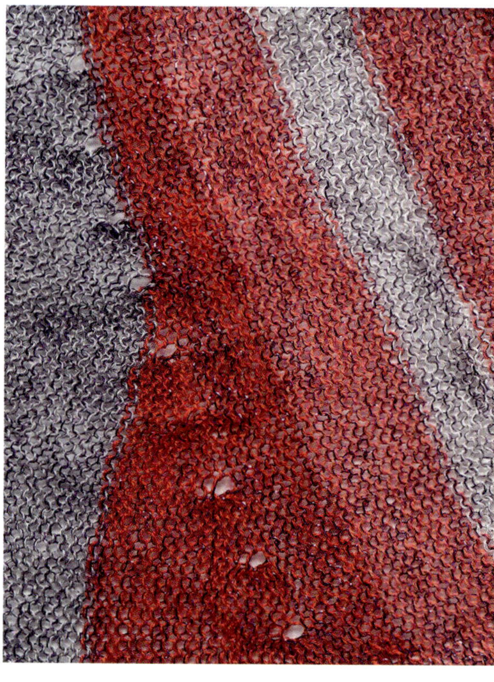

6

3
Claudia Skoda
Detail eines Strickkleids der Kollektion »Veits Fights«
Detail of a knitted dress from the collection "Veits Fights"
1983

5
Claudia Skoda
Detail einer Ärmelstulpe mit eingelegten Schussfäden
Detail of a sleeve cuff with inserted weft threads
2019

4
Claudia Skoda
Cloqué-artiges Relief einer Strickprobe
Cloqué-style relief on a knitting sample
1990-er Jahre

6
Claudia Skoda
Lochreihe bei verkürzten Reihen an einem Strickkleid
Row of holes on shortened rows of a knitted dress
Ca. 1977

Flächen zu reduzieren bindet Skoda mitunter einzelne Maschen unregelmäßig in den Grund ein. Diese eingestreuten Maschen verhindern nicht nur das Hängenbleiben in den gespannten Fäden auf der Rückseite beim Tragen, sondern erzeugen einen zusätzlichen Mustereffekt von farbigen Punkten im Grund.
Bei Entwürfen mit großen, aneinandergrenzenden Farbflächen setzt Skoda auch Intarsien ein, bei denen die Fäden der jeweiligen Farbe bis an die Farbgrenze verlaufen und in der folgenden Reihe wieder umkehren. Fadenverschlingungen an den Umkehrstellen verhindern die Entstehung von Löchern an den Farbrändern. Diese Technik eignet sich vor allem für ihre Kleider mit diagonalen, asymmetrisch gesetzten Farbflächen oder für die großflächigen gezackten Muster.
Immer wieder experimentiert Skoda mit reliefartigen Strukturen, indem sie bewusst zwei extrem konträre Garnstärken zusammen verstrickt und damit opake, hervortretende Flächen neben transparente, zurücktretende setzt. Bei glatt rechts gestrickten Flächen mit Streifen aus feinen und kräftigen Garnen tritt ein Effekt ein, der an ein elegantes Plissee erinnert. Diesen Effekt des Vor- und Zurücktretens der Garne entwickelte Skoda kreativ weiter, indem sie durch Zusammenstricken einiger Maschen des dicken Garns der letzten Reihe vor und der ersten Reihe nach einem Abschnitt aus dünnem Material wabenförmige oder unkonventionelle, »löchrig« wirkende Strukturen schuf |↗3| |↗Kat. 104|. Um die unterschiedliche Spannung für die stark divergierenden Garnstärken auszugleichen musste sie beim Stricken mit zwei Schlitten arbeiten, die sie bei den älteren Strickmaschinen noch Reihe für Reihe zeitaufwendig von Hand wechselte.
Auch bei Jacquard-Mustern kombiniert Skoda dünne Garne mit voluminösen. Indem beide Garnstärken mit derselben Maschengröße verarbeitet werden, treten die voluminösen Garne plastisch nach vorn und drängen die feinen Garne transparent in den Hintergrund. Werden statt der dünnen Garne elastische Fäden eingesetzt, entsteht ein cloqué-artiges Relief. Die flottierenden, elastischen Fäden ziehen sich nach dem Stricken zusammen und verursachen eine Überweite der darüberliegenden Maschen, die sich in Form von Blasen abheben |↗4|.
Einen für Strickwaren unüblichen Mustereffekt kreiert Skoda mit eingelegten Schussfäden. Da die Schüsse die Elastizität reduzieren, setzt sie sie überwiegend bei vertikal verarbeiteten Gestricken ein. Als rautenförmige oder gezackte Musterbänder verlaufen sie parallel zu Säumen, schmücken aber auch enganliegende Oberteile, Mützen oder Ärmelstulpen |↗5|. Während des Strickvorgangs werden dazu einzelne Nadeln entsprechend der Musterfolge nach vorn gezogen und die Schussfäden von Hand eingelegt.

Formgebung und Schnittführung

Charakteristisch für die Kleider von Skoda sind quer verarbeitete Gestricke. Während die meisten konfektionierten Strickwaren vom Saum bis zur Schulter horizontal gestrickt werden, verlaufen die Reihen bei Skoda häufig in vertikaler Ausrichtung. Dadurch ergeben sich gerade, weich fallende Kanten an den Säumen, die keine zusätzlichen Bündchen oder Umschläge benötigen. Allerdings bedingt diese Stricktechnik eine gewisse Begrenzung in der Länge, da Strickmaschinen über eine nicht veränderbare Anzahl von Nadeln verfügen. Um trotzdem in der gewünschten Länge arbeiten zu können modifizierte Skoda in den 1970er-Jahren ihre Strickmaschinen selbst und ließ von ihrem damaligen Mann, Jürgen Skoda, zwei Nadelbetten aneinanderschweißen. Mit diesem doppelten Nadelbett konnte sie lange, quergestrickte Kleider ohne Teilungsnaht produzieren.
Auf Nähte verzichtet Claudia Skoda nicht vollständig, setzt sie aber durch eine ausgeklügelte Formgebung der einzelnen Strickteile gezielt ein. Ärmel sind mitunter asymmetrisch abgetrennt und als separat anzuziehende Stulpen gearbeitet. Dank der geraden Kanten der quer verarbeiteten Strickteile sind Säume nicht notwendig. Halsbündchen werden teils direkt angestrickt, teils als Blende angenäht. Raffiniert verlaufende Teilungsnähte gleichen die fehlende Breite der Strickmaschine aus; sie untergliedern die Gesamtfläche nicht nur in kürzere Bereiche, sondern verleihen den Modellen eine außergewöhnliche Linienführung. So vereint Claudia Skoda das Praktische und das Besondere.
Einhergehend mit der Technik, die Teile quer zu verarbeiten, hat Skoda eine eigene Technik zur Formgebung entwickelt. Zusätzliche Weite oder formgebende Abnäher entstehen bei ihr nicht durch aufgenommene oder wieder zusammengestrickte Maschen, sondern durch verkürzte Reihen. Die feminin schwingenden Röcke der transparenten Kleider aus den 1970er-Jahren entstanden auf diese Weise. Dazu wird zunächst eine Reihe in voller Länge gestrickt, und die darauffolgenden Reihen werden dann um eine bestimmte Maschenzahl kürzer gearbeitet. Damit der Strickschlit-

ten beim Darüberziehen die verkürzten Maschen nicht abwirft, müssen sie von Hand in einer speziellen Position gesichert werden. So lassen sich Überweiten wie Godets und Volants ohne zusätzliche Nähte einarbeiten. Bei den frühen Kleidern sind an den Kehrstellen der verkürzten Reihen kleine Löcher zu sehen, die im Gesamtbild ein strahlenförmiges Muster ergeben |↗6|. Bei späteren Arbeiten verschwindet der Wendepunkt dank einer weiterentwickelten Technik. In der Kollektion »Milky Way« (1986) variierte Skoda das Prinzip der verkürzten Reihen, indem sie die bis dato nur partiell eingesetzte Überweite auf einen Winkel von 360 Grad vergrößerte und damit große, kreisrunde Flächen herstellte. Diese drapierte sie dann mit wenigen fixierenden Nähten asymmetrisch um den Körper.[10]

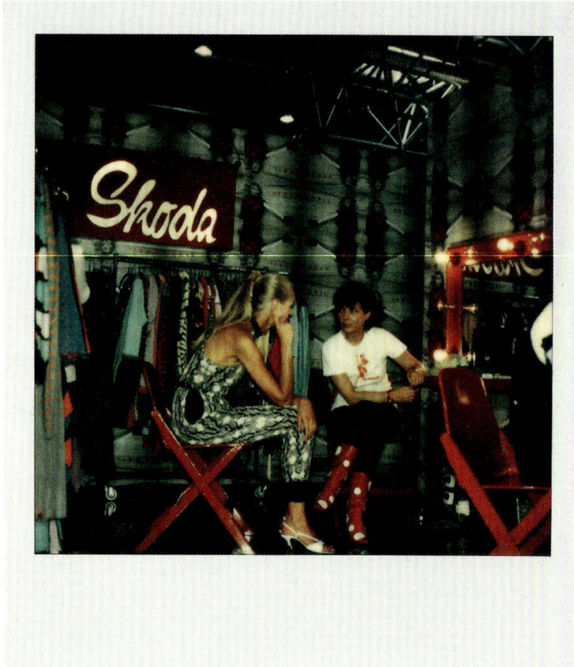

7 a

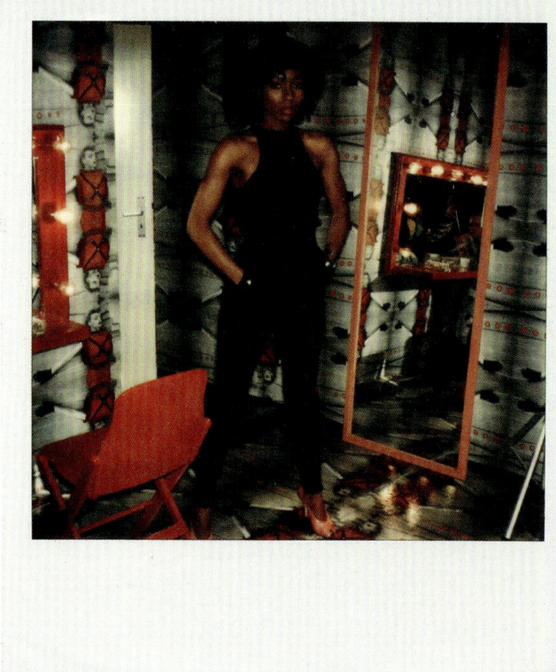

7 b

7 a + b
Claudia Skoda
Messestand von Claudia Skoda
Trade fair booth by Claudia Skoda
Ca. 1981

Aufbau des Labels und Organisation der Produktion

Von Anfang an nahm Claudia Skoda in Eigeninitiative den Aufbau ihres eigenen Labels selbst in die Hand. Jährlich produzierte sie zwei Kollektionen zu einem neuen Thema. Mit selbst entworfenen Broschüren und Postkarten machte sie Kund*innen, Boutiquen und auch die Presse auf diese aufmerksam. Obschon Jürgen Skoda sie zu Beginn noch beim geschäftlichen Teil unterstützte, lief vom Entwurf über die Produktion der Modelle und den Vertrieb zunächst über exklusive Boutiquen bis hin zum Verkauf in eigenen Läden alles unter ihrer Regie. Selbst die Logoentwürfe stammen nahezu alle von Claudia Skoda selbst.

Noch vor der Gründung ihres eigenen Labels 1975 begann Skoda, ausgefallene Kleider zu produzieren, die sie unter anderem während der Olympischen Spiele in München 1972 anbot.[11] Im darauffolgenden Jahr strickte sie transparente Kleider mit Lurex, die sie in Südfrankreich und auf Ibiza verkaufte.[12] Das Geschäftsmodell der ersten Jahre bestand zunächst darin, Modelle zu entwickeln, in kleinen Editionen zu produzieren und dann auf Messen und bei Besuchen von exklusiven Boutiquen anzubieten oder als Warenbestand direkt in ihren Atelierräumen zu veräußern. Nach Gründung ihres eigenen Labels veranstaltete sie zudem regelmäßig Modenschauen mit Livemusik, zu denen neben Freund*innen und Kolleg*innen auch Boutiquebesitzer*innen eingeladen wurden – erst in ihren Wohn- und Atelierräumen fabrikneu in Berlin-

Kreuzberg und ab 1978 in eigens dafür angemieteten, ungewöhnlichen Locations.[13]
Von 1978 bis zur Mitte der 2000er-Jahre stellte Claudia Skoda regelmäßig auf einer der weltweit bedeutendsten Modemessen in Europa, der Igedo in Düsseldorf, aus. Parallel dazu besuchte sie die Modemessen in München. An Messen in Paris und an Alternativmessen in Mailand nahm sie ebenso teil, wenngleich nicht mit derselben Regelmäßigkeit wie in Düsseldorf oder München. Auch in Berlin war Skoda auf Modemessen vertreten. Neben einigen Präsentationen auf der Messe Berliner Durchreise nahm sie vorrangig an den Berliner Mode-Tagen und den dortigen Deutschen Designer Schauen teil.
Für ihre Messestände mietete sie nur die Freifläche und gestaltete diese selbst mit einer eigens gebauten Architektur, die sie vollständig mit Printmedien zu ihren Kollektionen tapezierte |↗7a + b|. Als eine der ersten Aussteller*innen zeigte sie zu Beginn der 1980er-Jahre an ihren Ständen Videos, beispielsweise ihr Musikvideo *I bin a Domina* (1981) sowie solche mit Aufnahmen ihrer Modelle und Ausschnitten ihrer Modenschauen, die Gunther Gude im Auftrag der Berliner Mode-Messe-Gesellschaft mbH produziert hatte. Dieser frühe Einsatz audiovisueller Medien auf Messen stellt ein weiteres Beispiel dafür dar, wie Skoda immer wieder aktuelle Entwicklungen aufnimmt und kreativ in ihre Arbeit einfließen lässt.
Während der Jahre 1978 bis 1980 verkaufte sie auf der Messe in Düsseldorf noch direkt an die Händler*innen. Nachdem der Verkauf auf Messen abgeschafft worden war, arbeitete Skoda auf Bestellungen, die auf den Messen oder nach den Modenschauen eingegangen waren. Die Umstellung auf Bestellannahme, anschließende Abwicklung und Lieferung erforderte eine aufwendigere Organisation. Garne mussten geordert und vorfinanziert werden, um bei Bestellungen für eine zügige Produktion vorrätig zu sein. In dieser Zeit kümmerte sich zusätzlich eine Sekretärin um die Auftragsannahme und die Abwicklung. Zu den Kund*innen zählten exklusive Boutiquen in den für extravagante Mode und junge Labels angesagten Stadtteilen von New York, London, Paris, Zürich, München, Hamburg, Frankfurt und Stuttgart, aber auch in kleineren Städten. In Berlin bezogen beispielsweise die Läden Love in der Bleibtreustraße, Durchbruch in der Schlüterstraße, Rival in der Nürnberger Straße und Monella in der Ludwigkirchstraße Skoda-Modelle. Die Belieferung erfolgte immer mit dem Exklusivrecht zum Verkauf der einzelnen Kollektionsteile. Zeitweise führten auch Kaufhäuser wie Ludwig Beck in München, das Carsch-Haus in Düsseldorf und das Modehaus Horn in Berlin Modelle von Claudia Skoda.
Ihre Kollektionen ließ Skoda mit Garnen aus Italien in Berlin in Heimarbeit anfertigen. Die Auflagenhöhe richtete sich dabei nach der Auftragslage. Ende der 1970er- und zu Beginn der 1980er-Jahre beschäftigte sie bis zu zwanzig Strickerinnen. Jede Strickerin erhielt für die Produktion eines bestimmten Modells eine Anleitung und einen Prototyp. Letzteren hatte zuvor entweder Skoda selbst oder eine der zwei bis drei Strickerinnen angefertigt, die sie für die Herstellung von Kleinserien in den Räumen der fabrikneu beschäftigte. Bei späteren, PC-gesteuerten Musterentwürfen lieferte Skoda die Datei zum Einspeisen in die Strickmaschine. Dazu wurden die Angaben zur Gradierung der Größen übergeben, um je nach Auftragslage die Wünsche der Kund*innen in der erforderlichen Größe auszuführen. Danach übernahmen die Strickerinnen alle Arbeitsschritte vom Stricken über das Zusammennähen, Vernähen der Fäden und das Einnähen des Firmenlogos selbstständig. Nur das Abbügeln des fertigen Kleidungsstücks erfolgte wieder bei Skoda. Die Vergabe der Modelle an die einzelnen Strickerinnen richtete sich überwiegend nach der Ausrüstung der vor Ort vorhandenen Strickmaschinen. Bei guter Auftragslage erhielten die Strickerinnen wöchentlich neue Garnlieferungen, um die bestellten Modelle zu fertigen.
1982 folgte Skoda dem Rat von David Bowie und eröffnete ihren ersten eigenen Laden in der Thompson Street 75 in SoHo,[14] Manhattan |↗8|, in unmittelbarer Nähe von anderen Mode-Avantgardist*innen wie Vivienne Westwood und bald auch Comme des Garçons.[15] SoHo entwickelte sich gerade von einem Künstlerquartier mit leerstehenden Industriegebäuden in ein Szeneviertel mit sanierten Loftwohnungen, Galerien und Boutiquen. Den Laden, den Jürgen Skoda ausgebaut hatte, führten verschiedene Manager*innen, davon die längste Zeit Claudia Skodas Freundin Rosie Müller. Da die Produktion ihrer Modelle weiterhin in Berlin stattfand, pendelte Skoda zwischen New York und Berlin.[16] Zusätzlich entwarf sie bis Mitte der 1990er-Jahre neben ihrer eigenen Kollektion Mustergestricke für Firmen in New York, aber auch für Zapa, das Escada-Tochterunternehmen Crisca, Wolfgang Joop und Marc Cain.[17] 1997 legte Skoda sogar eine eigene, günstigere Konfektionslinie namens »après Skoda« auf, die sie in Thüringen industriell fertigen ließ. 2005 folgte die Linie »clask« aus Hessen.

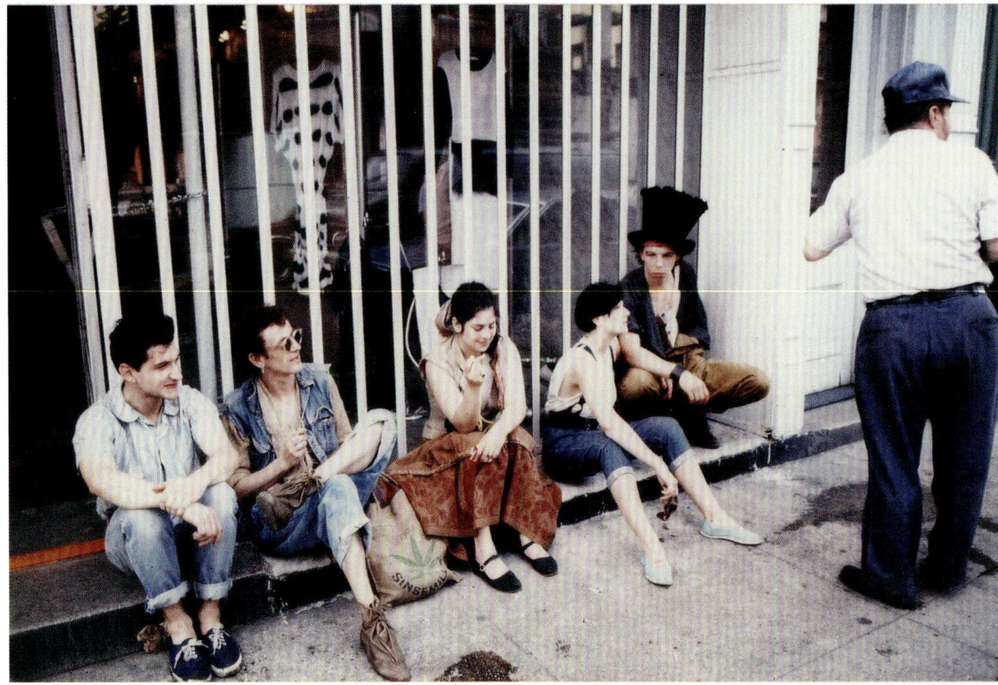

8

Nachdem Skoda 1988 nach Berlin zurückgekehrt war, eröffnete sie dort 1992 ihren ersten Shop, attendance, am Kurfürstendamm 50, für den der Designer Marc Newson eine futuristische Innenarchitektur entwarf |↗ 9|. In dieser Zeit traten die experimentellen Arbeiten mehr und mehr gegenüber einer stärker verkaufsorientierten Produktion in den Hintergrund. Noch bis in die Mitte der 1990er-Jahre arbeitete Skoda mit einer Vertriebsassistentin zusammen, entschied sich aber dann, den Großhandel samt Vertrieb aufzugeben und sich ganz auf den Verkauf in eigenen Läden zu konzentrieren. Zu dem Zeitpunkt war Skoda bereits in den Ostteil der Stadt gezogen und hatte 1997 die Outlet-Filiale 2nd Season in der sich damals stark verändernden Linienstraße eröffnet.[18] Nach dem Fall der Mauer entstand in den verfallenden Häusern und brüchigen Straßenzügen von Mitte ein neues, hippes Berlin.[19] Gegen Ende der 1990er-Jahre kam noch eine weitere Dependance, das Level in der Beletage eines alten Mietshauses ebenfalls in der Linienstraße (Nummer 157), hinzu, sodass Skoda bis 2001 zeitweise drei Läden parallel in Berlin führte. Im Jahr 2002 zog sie in einen Laden in die pulsierende Alte Schönhauser Straße (Nummer 35) mit ihren angesagten Lifestyle-Geschäften und individuellen Designläden in der Nachbarschaft.[20] Dieser von dem US-amerikanischen Designer Ward Merrill Hooper gestaltete Modeladen galt jahrelang als einer der schönsten Modeläden Berlins.[21] Nach zehn Jahren musste Skoda aber wegen immens gestiegener Mieten jenen Ort verlassen und richtete nun direkt um die Ecke Räumlichkeiten in der Mulackstraße 8 ein. 2019 zog sie mit Werkstatt samt Verkaufsraum erneut in Berlin-Mitte um.

Seit ihren Anfängen arbeitet Claudia Skoda in Eigenregie. Freiberufliche Aufträge für größere Firmen nahm sie nur während einer kurzen Zeitspanne an. Mit dem Entschluss, den Großhandel aufzugeben und nicht mehr im Auftrag zu produzieren, sondern die eigenen Modelle nur noch selbst zu vermarkten, verkleinerte sie die Anzahl ihrer Erzeugnisse. Von Anfang an lehnte sie Massenware ab. Ihre Kleider entstanden in kleinen Auflagen oder als unverwechselbare, exklusive Einzelstücke in Handarbeit. So konnte sie ihre Unabhängigkeit bewahren und immer wieder neu mit ungewöhnlichen Materialien und Techniken experimentieren. Skoda hat sich nie am Mainstream orientiert, sondern konsequent und kreativ ihre eigenen unkonventionellen Ideen weiterentwickelt.

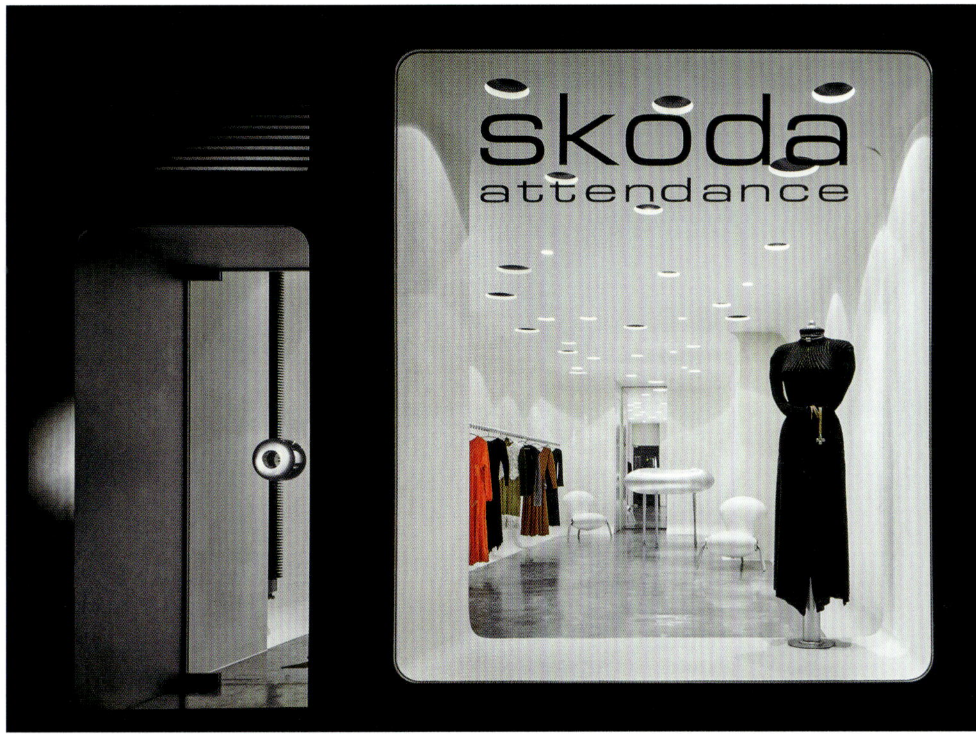

9

1 Interview mit Claudia Skoda 2017.

2 Zur Stricktechnologie vgl. Sinclair 2015, S. 289 ff.; Weber/Weber 2014 [1974], S. 18 ff., und Donofrio-Ferrezza/Hefferen 2008, S. 156 ff.

3 Vgl. Weber/Weber 2014 [1974], S. 23.

4 Die Einteilung der Strickmaschinen erfolgt nach ihrer Nadeldichte im Nadelbett. Es wird zwischen Feinstrickmaschinen für dünne, Mittelstrickmaschinen für mittelstarke und Grobstrickmaschinen für dicke Garne unterschieden, vgl. Weber/Weber 2014 [1974], S. 46.

5 Das Programmieren von eigenen Mustern war z. B. bei Brother-Strickmaschinen KH-930 möglich (seit 1981 auf dem Markt), vgl. Baumgärtel 2013.

6 Mein herzlicher Dank gilt Claudia Skoda für ihre offene Diskussionsbereitschaft und die Weitergabe ihres Wissens. Sofern nicht anderweitig angegeben basieren die Informationen auf einem Gespräch mit Claudia Skoda am 13.12.2019 in Berlin.

7 Waldt 2008.

8 Barth 2011, S. 54.

9 Waldt 2008.

10 Haas 1986.

11 Interview mit Claudia Skoda 2013 a.

12 Ebd. und Schipp 2005.

13 Dörre 2010.

14 Duka 1982; Almeida Vergara 2015 und Dörre 2010. Slaski 2018, S. 46; Mösken/Weingärtner in: Interview mit Claudia Skoda 2013 b und Waldt 2008 geben 1981 als Datum an.

15 Zu den weiteren Boutiquen in der unmittelbaren Nachbarschaft von Claudia Skoda vgl. Ledermann 1983.

16 Almeida Vergara 2015 und Interview mit Claudia Skoda 2013 a.

17 Interview mit Claudia Skoda 2013 a und Schneider 2013.

18 Skoda 2007–2015 und Interview mit Claudia Skoda 2013 a. Der Laden befand sich in der Linienstraße 154.

19 Goridis 1994.

20 Interview mit Claudia Skoda 2013 a.

21 Vgl. MyGuide Berlin [2019].

8
Fotograf*in unbekannt
Laden in SoHo, New York, davor Heidi, Hardy, Gode u. a.
Shop in SoHo, New York, with Heidi, Hardy, Gode, and others out front
Ca. 1983/84

9
Tom Vack
Laden attendance am Ku'damm, Berlin, gestaltet von Marc Newson
The shop attendance on Ku'damm in Berlin, designed by Marc Newson
1992

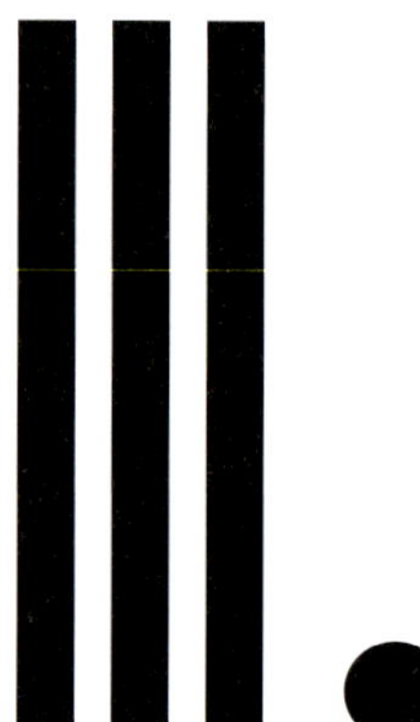

On Claudia Skoda's Knitting Techniques and the Organization of Her Label

KNOW-HOW

Heidi Blöcher

The challenge of this medium is to find an unknown visual language, my own surfaces, my own structures. The possibilities inherent in knitting are far from exhausted. Is there anything more beautiful than a dress that has been knitted directly on the body, an unusual pattern? People often ask: How did you make that? I love this secretive world of knitting. [1]

For decades, and throughout her productive career, Claudia Skoda has been preoccupied with knitted dresses, pullovers, trousers, and jackets, which are given an unmistakable look through unconventional material combinations and the creative application of technique. To this day, she continues to design avant-garde articles of clothing, with the majority produced on hand-knitting machines. Refusing cooptation by current fashion practices, she unswervingly follows her own path. Again and again, she engages specific elements of her design vocabulary, developing them further in new, spectacular combinations. She experiments continuously with unorthodox materials and astonishing blends of diverse yarn thicknesses.
Skoda built up her label with an autonomous and independent spirit. She has preserved the exclusivity of her designs by producing unique pieces or small editions,

seeking boutiques for their distribution, whether with business partners or in her own shops.

The Technique of Machine Knitting

Although Skoda also produced hand knits during her early phase and has integrated hand-knitted styles into her collection since 2000, the craftsmanship of her designs are characterized by hand-knitting machines.[2] The great majority of her knitted dresses, pullovers, and jackets are produced on a flatbed knitting machine, so that most of Skoda's designs display surfaces in plain structure or plain-reverse. Knit stitches are produced when the needle pulls the yarn through the loop of the previous row from the front, and purl stitches, when the yarn is pulled through from behind.[3] The result is either a smooth, V-shaped texture or a rippled, wavy one, instead. Double bed knitting machines, with two needle beds joined at an angle of about 90 degrees, are rarely used. Where necessary, they are used to produce rib-knit cuffs, with one or two stitches each being suspended in regular alternation from the front and rear beds.

Certainly, the technique of the flatbed knitting machine generates a framework for the production of her clothing designs, but at the same time, Skoda consistently flouts convention creatively, going beyond the standards of classical material treatment in knitting. She uses extremely thin yarns on machines intended for thick strands, for example, which results in a coarse-meshed, see-through look. Or, she knits extremely thin material together with thick material; the combination resulting in extraordinary relief-style textures.[4]

Before they can be reproduced, the colorful fantasy patterns, the graphic designs in clear, powerful contrasting colors, and the 'animal prints' designed by Skoda must be translated into a form that the knitting machine can read. Thus, Skoda programs her pattern design for the knitting machines in accordance with the available technical possibilities. In the 1970s, she still worked with punch cards, which allowed the hand knitting machine to read the pattern. Emerging on the market in the early 1980s through developments in electronics were the first knitting machines that allowed patterns to be entered directly into the manufacturing apparatus.[5] Skoda has consistently kept her equipment as up-to-date as possible. Today, she works with special programs directly on the computer in order to determine the design, from the pattern all the way to the final form. Subsequently, pattern transfer onto the knitting machine proceeds digitally.[6]

The Selection of Materials

While the technique of the flatbed knitting machine yields only limited leeway for design, the selection of yarns opens up countless possibilities, which Skoda continues to exploit in unequaled ways to this day. She continually searches out new, unusual materials and colors, setting her fashions apart from anything that existed previously. Skoda travels regularly to the Pitti Filati in Florence, the international yarn fair for the knitwear industry, in order to integrate the latest developments and trends into her collection. She also continues to order high-quality yarn from Italian firms for her collections.

From the very beginning, elastic yarns played a major role in Skoda's production. As early as in the 1970s, when stretchy materials were still uncommon in clothing manufacturing and, thus, not readily available, she purchased colored, elastic yarns that were produced for the cuffs of children's socks. These, she processed into tight, well-fitting leggings, pioneering a fashion trend that became mainstreamed only in the 1980s.[7]

For the characteristically feminine, transparent fashions of the 1970s, for example, she used extremely fine, glossy yarns, which she processed in unconventional ways on the coarse knitting machine. The extreme difference between the fineness of the yarn and the mesh size of the machine resulted in filigree, knitted fabrics that emphasize the wearer's body. Since, at that time, there was still no available selection of fancy yarns, she combined yarns for these delicate fabrics with fine, colored Lurex threads, producing sparkling, glamorous textures.

Appearing alongside yarns that mixed matt and glossy fibers, such as cotton or merino wool with viscose, were heavily cascading, smooth, glossy, acetate yarns, as well as fluffy, mohair wools. From the effects yarns, Skoda preferred materials with alternating twine thicknesses, the so-called flammé yarns, whose contrasting thick and thin sections produce an irregular stitch structure, and beginning in the mid-1980s, the velvety chenille yarns, whose caterpillar-like look results from the insertion of short, transverse fibers during plying. She also experimented in the early years with cassette tapes[8] and textiles, which she wove into the knitted fabric. In the collection "Weather" (1985/86), she knotted bast fibers into her pullovers, and for the presentation of the collection "On Top" (1985), she created wigs, knotting the yarns into a knitted mesh.

In the 1970s, determined to distance herself from the usual beige-brown tones through her use of luminous colors, Skoda decided to dye her own yarns. She achieved irregular color effects by dragging the strands across sponges containing various color solutions. In order to prevent the individual colors from running into one another, Skoda used a hair dryer during the dying process.[9] She continues to use self-dyed materials in her production up to the present day. For the 2019 "Achat" (Agate) collection, she dyed pullovers using batik techniques, as in the past, and experimented with various techniques in order to generate fascinating, variegated color structures |↗ 1 / p. 69|.

The Variety of the Pattern Design

Colorful Jacquard knits, whose patterns, with their clear color boundaries, can be realized automatically on the knitting machine, have been produced with the most diverse patterns and variations throughout Skoda's entire career. One of the best-known and versatile Jacquard patterns is "Jazz" |↗ 2a + b / p. 69| |↗ 2 / p. 53|. The graphic pattern, with its irregular, diagonally intersecting lines, appears in varied color combinations on dresses, trousers, and pullovers. Skoda programs the designs herself, realizing them with an automatic color changer that allows her to work with between two and four colors simultaneously on the knitting machine. Here, the threads of the colors that are not knitted in are stretched loosely along the reverse between the colored surfaces, a phenomenon known in technical terminology as "floating." In order to reduce the suspension of long, floating threads between widely separated colored surfaces, Skoda occasionally fixes individual stitches into the ground in an irregular way. These interspersed stitches not only prevent the snagging of these stretched-out threads on the reverse during wear but also generate an additional pattern effect via colored points that are visible on the ground.

When designing with expansive, juxtaposed color fields, Skoda also applies intarsias, with the threads of the respective color running all the way to the color divide, and then reversing in the following row. Inter-looping threads at the point of reversal prevent the emergence of gaps at the color edges. This technique is particularly well-adapted to her dresses, with their diagonal, asymmetrical color surfaces, or for the broad, jagged patterns.

Again and again, Skoda has experimented with relief-style structures, deliberately interweaving two highly contrasting yarn strengths together, and setting opaque, prominent surfaces alongside transparent, receding ones. With smooth, knit stitch surfaces with stripes, consisting of fine and hefty yarns, an effect emerges that is reminiscent of an elegant plissé. Skoda developed this effect of the yarns stepping back and forth by knitting together a few stitches of the thick yarn of the last row before and the last row of the thin material to create unconventional honeycomb or 'holey' structures |↗ 3 / p. 70| |↗ cat. 104|. During the knitting process, in order to compensate for the differing tensions of the markedly divergent yarn thicknesses, it was necessary to work on two carriages, which, on the older knitting machines, had to be alternated by hand, row by row, a time-consuming proposition.

With the Jacquard patterns as well, Skoda combines thin with voluminous yarns. Because both yarn thicknesses are processed with the same mesh size, the voluminous yarns project sculpturally, pushing the finer yarns transparently into the background. Where elastic threads are used instead of thinner yarns, the result is a cloqué-style relief. After the knitting process, the floating, elastic threads are pulled together, bringing about the expansion of the overlying stitches, which contrast now in the form of 'bubbles' |↗ 4 / p. 70|.

By using inserted weft threads, Skoda creates a patterned effect that is unusual for knitwear. Since the wefts reduce elasticity, she uses them primarily with knits that are processed vertically. As diamond-shaped or jagged pattern strips, they run parallel to the seams, also ornamenting tight-fitting, upper parts, hats, and cuffs |↗ 5 / p. 70|. During the knitting process, individual needles are pulled forward in correspondence to the pattern sequence, and the weft threads are inserted by hand.

Styling and Cut

Characteristic of Skoda's clothes are vertically processed knit fabrics. While most ready-made knitwear is knitted horizontally from seam to shoulder, the rows often run in a vertical direction in Skoda's knits. This results in straight, softly cascading edges along the seams, which require no additional cuffs or hems. This knitting technique, however, does involve limitations regarding length, since sewing machines contain a fixed number of needles. In the 1970s, despite this constraint, Skoda modified her sewing machines in order to work in the desired length, having her then-husband Jürgen Skoda, weld two needle beds together. Using this double-needled bed, she was able to produce long, vertically knit garments without dividing seams.

Claudia Skoda does not, however, avoid seams altogether, employing them, at times, via an ingenious design process, in a highly calculated way in individual knit garments. At times, the sleeves are separated asymmetrically and worked as separate cuffs. Thanks to the straight edges of the vertically processed knitted elements, seams become unnecessary. Collars are, in part, knitted in directly or may be sewn on as separate trim. Ingeniously contrived dividing seams compensate for the lack of breadth of the sewing machine; they not only subdivide the total surface in shorter areas but also endow the designs with a striking linearity. In this way, Claudia Skoda unites the practical with the exceptional.

In conjunction with the technique of vertically processing the parts, Skoda also developed her own styling technique. Here, additional width and formative darts are produced not by increasing the number of stitches or knitting two stiches together, but through short rows as well. The feminine, swinging skirts of the transparent dresses of the 1970s were produced in this way. First, a row is knitted to its full length, and the succeeding rows shortened by a certain number of stitches. In order to prevent the carriage from dropping the shortened stitches, they must be secured by hand in a special position. This allows extensions such as godets and volants to be worked in without additional seams. In the early production, small openings are visible at the reversal points of the short rows, resulting in a radial pattern that becomes perceptible in an overall view |↗6 / p.70|. In the later production, the reversal point disappears thanks to subsequent technical developments. In the 1986 collection "Milky Way," Skoda varies the principal of the short rows: up to this point, only partially inserted extensions are enlarged to a 360-degree angle, generating large, circular surfaces. These were then draped around bodies with few fixed seams.[10]

The Development of the Label and the Organization of Production

From the very beginning, Claudia Skoda took the initiative, directly guiding the development of her own label. Every year, she produced two new collections, each with a fresh theme. Through brochures and postcards she designed herself, she solicited attention from customers and boutiques, as well as from the press. Although Jürgen Skoda still supported her at the beginning with regard to business aspects, everything – from the design, to the production of the models, and their distribution, initially to exclusive boutiques, and all the way to sales in her own shops – fell under her direct supervision. Almost without exception, Skoda even created the logo designs herself.

Even before establishing her own label in 1975, Skoda began producing unorthodox apparel, which she offered, among other things, during the 1972 Olympic Games in Munich.[11] The following year, she knitted transparent garments in Lurex, which she marketed in the South of France and on Ibiza.[12] During the early years, her business model was based on the development of fashions that could be produced in small editions and offered at fairs and during visits from exclusive boutiques, or sold, instead, from the inventory directly housed in her studio spaces. After founding her own label, she organized regular fashion shows with live music, to which boutique owners were invited along with friends and colleagues – at first in her own residential and studio space, known as fabrikneu, in Berlin-Kreuzberg, and beginning in 1978 in unconventional, specially leased locations.[13]

From 1978 until the mid-2000s, Skoda exhibited regularly at the Igedo in Düsseldorf, one of the most important European fashion fairs worldwide. At the same time, she visited the fashion fairs in Munich. She also participated in fairs in Paris, and in alternative fairs in Milan, albeit not with the same regularity as those in Düsseldorf or Munich. Skoda was represented at fashion fairs in Berlin, as well. In addition to a few presentations at the fashion fair Berliner Durchreise, she took part primarily in the Berliner Mode-Tagen and the shows held there for German designers.

For her fashion fair booths, she rented just the open space itself, designing her own self-made architecture, which she decorated entirely with print media illustrating her collections |↗7a + b / p.72|. In the early 1980s, she was one of the first exhibitors to use video in her booths, screening her own music video *I bin a Domina* (I Am a Dominatrix; 1981), along with sequences showing her models and excerpts from her fashion shows, which Gunther Gude had produced on commission from the Berliner Mode-Messe-Gesellschaft mbH. This early deployment of audiovisual media at fashion fairs is yet another example of how Skoda continually adopted new developments, incorporating them into her work in creative ways.

From 1978 until 1980, Skoda still made sales directly to buyers at the fashion show in Düsseldorf. After sales at fashion shows were phased out, Skoda filled the orders that were submitted at the fairs or arrived in the wake of the fashion shows. The changeover to accepting orders, and their subsequent processing and delivery, required an elaborate organization. The yarns had to be ordered and pre-financed, since only their availability made it possible to fill orders through expeditious production. During this period, a secretary managed the acceptance and processing of orders. Among the customers were exclusive boutiques in neighborhoods known for extravagant fashions and new labels in New York, London, Paris, Zürich, Munich, Hamburg, Frankfurt, and Stuttgart, and in smaller cities as well. In Berlin, for example, Skoda fashions were sold in the shops Love on Bleibtreustraße, Durchbruch on Schlüterstraße, Rival on Nürnberger Straße, and Monella on Ludwigkirchstraße. Deliveries were always accompanied by the exclusive rights to sell individual parts of a collection. At times, department stores like Ludwig Beck in Munich, the Carsch Haus in Düsseldorf, and the Horn fashion store in Berlin carried Skoda's fashions.

Skoda manufactures her fashions in her own studio from imported Italian yarns. The size of the editions depend of the number of orders received. In the late 1970s and early 1980s, she worked with up to 20 knitters. For her production, each knitter received a prototype and instructions for the specific model. The model had been prepared previously, either by Skoda herself or by one of the two or three knitters she used to produce small series in the spaces of fabrikneu. With later, PC-guided pattern designs, Skoda supplied the data to be fed into the knitting machine. Specifications on the grading of the sizes was delivered as well, so that – depending on the orders received and the customer requests – the pieces could be manufactured to the required sizes. At that point, the knitters assumed independent control of all production phases, from knitting the separate pieces, to sewing them together, tying up the loose threads, and sewing in the firm logo. Only the ironing of the finished articles of clothing was taken care of by Skoda herself. The assignment of the various models to individual knitters was guided mainly by the accoutrements of the knitting machines available on location. When orders were more plentiful, the knitters received new yarn shipments weekly in order to execute the models assigned to them.

In 1982, Skoda followed David Bowie's advice, opening her first independent shop at 75 Thompson Street in Manhattan's SoHo district |↗8 / p.74|,[14] in direct proximity to other shops by avant-garde fashion designers, such as Vivienne Westwood and, soon afterward, Comme des Garçons.[15] SoHo was then in the process of developing from an artist district, with its vacant industrial buildings, into a trendy neighborhood featuring renovated loft apartments, galleries, and boutiques. Her shop, which had been converted by Jürgen Skoda, was managed by various people, among them Claudia Skoda's longtime friend Rosie Müller. Since production of her fashions was still located in Berlin, Skoda shuttled between the two cities.[16] Up until the mid-1990s, she also designed knitwear fashions for New York firms alongside her own collections, as well as for Zapa, the Escada subsidiary Crisca, Wolfgang Joop, and Marc Cain.[17] In 1997, Skoda even produced her own more affordable line of clothing, called "après Skoda," which she had manufactured industrially in Thuringia and Hesse. The "clask" line followed in 2005.

After returning to Berlin in 1988, Skoda opened her first shop there in 1992, attendance, located at Kurfürstendamm 50, for which the designer Marc Newson created the futuristic interior architecture |↗9 / p.75|. During this period, experimental activities retreated increasingly into the background, in favor of more strongly market-oriented production. Up until the mid-1990s, Skoda continued to work with a sales assistant, but then decided to abandon wholesaling, together with sales activities, and to focus instead entirely on her own shops. By this time, Skoda had already moved to the eastern part of the city, where in 1997, she opened the outlet store 2nd Season on Linienstraße, then undergoing a process of dramatic change.[18] After the fall of the Berlin Wall, a new 'hip' Berlin scene emerged in the deteriorating buildings and dilapidated streets of Berlin-Mitte.[19] Opening in the late 1990s was another branch store, Level, on the second floor of an old apartment building, also on Linienstraße (no. 157), so that up until 2001, Skoda operated three different Berlin stores, at times simultaneously. In 2002, she opened a shop on the then buzzing Alte Schönhauser Straße (no. 35), in close proximity to fashionable lifestyle shops and individual design stores.[20] For many years, this shop, designed by the U.S.-American designer Ward Merrill Hooper, was regarded as one of the loveliest fashion shops in the German capital.[21] After ten years, however, Skoda was obliged to abandon this location due to dramatically rising rents and, instead, moved into a space right around the corner at Mulackstraße 8. In 2019, she moved her workshop, together with the sales room, to new premises in Berlin-Mitte.

Since the very beginning, Claudia Skoda has managed her own enterprise single-handedly. Only during a brief period did she accept commissions as a freelancer from large firms. With the decision to abandon wholesaling, to avoid producing on commission, instead marketing her own fashions independently, she reduced the quantity of her products. And from the very beginning, she has rejected mass production. She produces her knitwear in small editions or as inimitable, handcrafted individual pieces. This has allowed her to preserve her independence, experimenting again and again with unusual materials and techniques. Skoda has never been oriented toward the mainstream but has, instead, continued, with persistence and creativity, to develop her own unconventional ideas.

1 Interview with Claudia Skoda 2017.

2 On knitting technology, see Sinclair 2015, p. 289 ff.; Weber/Weber 2014 [1974], p. 18 ff., and Donofrio-Ferrezza/Hefferen 2008, p. 156 ff.

3 Cf. Weber/Weber 2014 [1974], p. 23.

4 Knitting machines are classified according to the thicknesses of the needles in the needle bed. A distinction is made between standard bed knitting machines for fine yarns, mid-gauge bed knitting machines for medium strength yarns, and bulky bed knitting machines for thicker yarns; cf. Weber/Weber 2014 [1974], p. 46.

5 With the Brother KH-930 knitting machine (on the market beginning in 1981), for example, it became possible to program one's own patterns; cf. Baumgärtel 2013.

6 My emphatic thanks to Claudia Skoda for her openness and readiness to engage in discussion and for sharing her knowledge with me. Unless otherwise specified, the information in this article was based on a conversation with Claudia Skoda that took place in Berlin on December 13, 2019.

7 Waldt 2008.

8 Barth 2011, p. 54.

9 Waldt 2008.

10 Haas 1986.

11 Interview with Claudia Skoda 2013 a.

12 Ibid. and Schipp 2005.

13 Dörre 2010.

14 Duka 1982; Almeida Vergara 2015 and Dörre 2010. Slaski 2018, p. 46; Mösken/Weingärtner in: Interview with Claudia Skoda 2013 b and Waldt 2008 provide the date of 1981.

15 On the other boutiques located in the immediate vicinity of Claudia Skoda, cf. Ledermann 1983.

16 Almeida Vergara 2015 and Interview with Claudia Skoda 2013 a.

17 Interview with Claudia Skoda 2013 a and Schneider 2013.

18 Skoda 2007–2015 and Interview with Claudia Skoda 2013 a. The shop was located at Linienstraße 154.

19 Goridis 1994.

20 Interview with Claudia Skoda 2013 a.

21 Cf. MyGuide Berlin [2019].

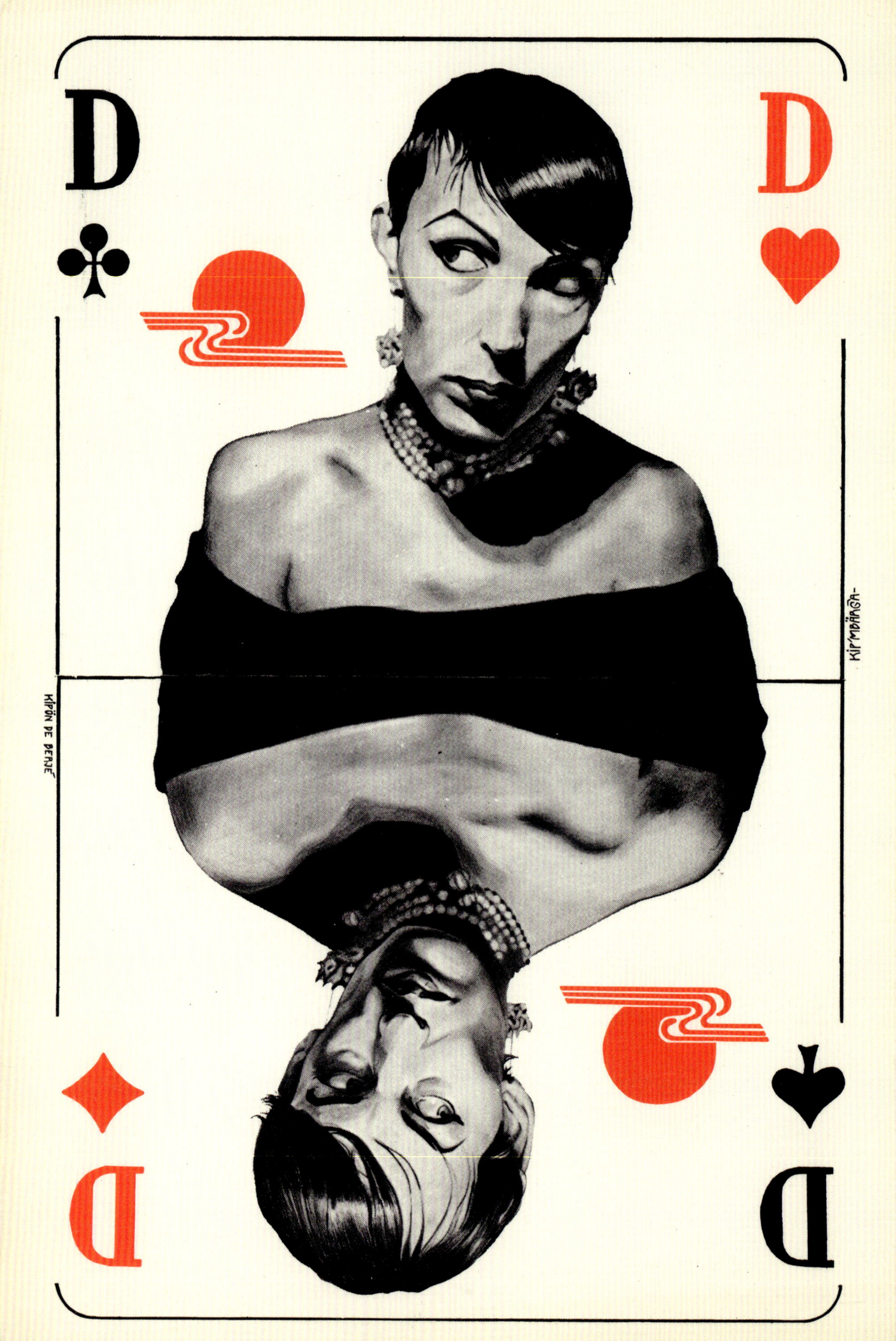
D
D
KIPÖN DE BERJE
KIP'MBÄRGA
D
D

IV.

Selbstdarstellung und fotografische Inszenierung der Mode bei Claudia Skoda um 1980

ZWISCHEN HERZDAME UND ROCKSTAR

Esther Ruelfs

Die Einladung zur Modenschau *Neues Spiel* (1976) von Claudia Skoda zeigt eine Spielkarte mit ihrem Doppelporträt: Auf der einen Hälfte trägt die Herzdame Skodas Gesichtszüge, auf der anderen, entsprechend um 180 Grad gedreht, findet sich das kaum merklich veränderte, mit den Gesichtszügen Martin Kippenbergers versehene Bildnis Skodas. Die Einladung von 1976 wirbt also mit dem Porträt der Modemacherin selbst, was verdeutlicht, wie eng deren Selbstdarstellung und die Inszenierung ihrer Mode um 1980 verknüpft waren. Skoda verkörperte als Person das, was ihre Mode als Stil vermitteln wollte.

Für die Montage nutzte der junge, noch unbekannte Kippenberger ein von Ulrike Ottinger fotografiertes Porträt Skodas, das diese als Garçonne im Stil der 1920er-Jahre abbildet. Er adaptierte ihr Rollenspiel, indem er die Geschlechterrollen nochmals tauschte und seine Gesichtszüge in der Montage mit denen Skodas verschmolz. Das Spiel mit dem Alter Ego erinnert an die Experimente von Avantgardekünstler*innen der 1920er-Jahre: etwa an die Selbstbefragung Marcel Duchamps unter dem Pseudonym *Rrose Sélavy*, die 1921 von Man Ray fotografisch festgehalten wurde und Duchamp in ›weiblichen‹ Rollen zeigt.[1] Auch formal

Martin Kippenberger
Einladungskarte zur Modenschau *Neues Spiel*
Invitation to the fashion show Neues Spiel *(New Game)*
1976

findet sich bewusst oder unbewusst eine Anlehnung: Die Collage aus einer Spielkarte, einem Fundstück aus der Populärkultur, und einem fotografischen Porträt inklusive Rollenwechsel kennen wir als Unterhaltungsspiel der Fotoamateure, das Man Ray in *Jacqueline Lamba en valet de cœur* aufgegriffen hat |↗ 1 |.[2] Kippenberger und Skoda positionierten sich mit ihrem Doppelporträt in Nachfolge der Avantgardekunst.

In gleicher Weise, in der sich Claudia Skoda um 1976 der Kunstszene angehörig fühlte, erschien sie auch der Musikszene zugehörig. Im selben Jahr entstand eine Reihe von Aufnahmen, fotografiert von Martin Kippenberger, die Skoda vor der leeren Plakatfläche in einer West-Berliner U-Bahn-Station, dem Kottbusser Tor in Kreuzberg, zeigt |↗ Kat. 18 + 19 |. Unter dem Arm hält sie einen Gegenstand, den man im ersten Moment für ein Keyboard halten könnte; erst auf den zweiten Blick wird deutlich, dass es sich um ihre Strickmaschine handelt. In über einem Dutzend variierenden Motiven nimmt sie Posen ein, die wir aus der Bildsprache der populären Musikkultur kennen. Mal legt sie lässig ihre Strickmaschine über die Schulter, dann trägt sie das Instrument unter dem Arm.[3] In der Abfolge wird der performative Einsatz Skodas deutlich, man gewinnt den Eindruck, sie würde vor der Kamera tanzen. Die enge Kleidung betont die Körpersprache. Retrospektiv erinnert sich Skoda an die Aufnahmen: »Irgendwann hat er [Martin Kippenberger], mit seiner Kamera in der Hand, dann gesagt, ›du nimmst jetzt die Strickmaschine, als wäre es deine E-Gitarre‹.«[4]

In einer Porträtserie der Fotografin Esther Friedman, in der Skoda nun ihre eigene Mode vorführt, dient ebenfalls die Musikszene als Assoziationsraum. Eine der Aufnahmen zeigt sie breitbeinig sitzend auf einem Verstärker, die Szenerie ist eher in einem Proberaum als in einem Schneideratelier zu verorten |↗ 6 / S. 38 |. Die Fotografien als Musikerin scheinen etwas angekündigt zu haben, das 1981 real wurde, als Claudia Skoda gemeinsam mit ihrer Freundin Rosie Müller den Song »I bin a Domina« als EP herausbrachte und beide kurze Zeit unter dem Namen Die Dominas auch als Musikerinnen agierten. Neben der Vermischung von Kunst und Mode zeigt sich hier die Wahlverwandtschaft der Mode zur Musik, die für den Berliner Underground ähnlich wie in anderen Metropolen um 1980 symptomatisch war.[5]

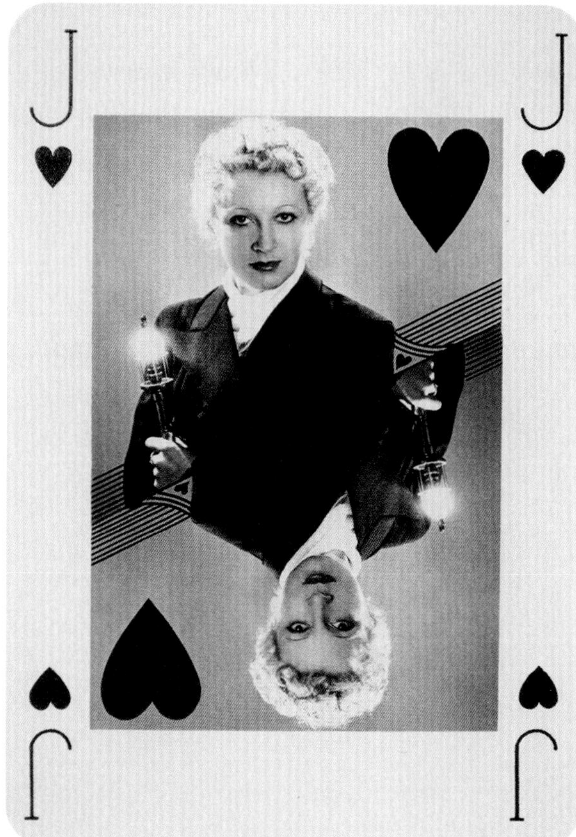

1

1
Man Ray
Jacqueline Lamba en valet de cœur (Jacqueline Lamba als Herzdame)
Jacqueline Lamba as Queen of Hearts
1931

fabrikneu und das Netzwerk von Freundschaften

Während klassischerweise das Schneideratelier der Raum zur Produktion einer Modelinie war, diente Claudia Skoda die Ateliergemeinschaft fabrikneu in der Zossener Straße in Berlin-Kreuzberg, in der unterschiedliche Kreative aufeinandertrafen, als Produktions- und Wohnort. In der Presse wurden Skoda und fabrikneu bald als Avantgardeerscheinung wahrgenommen. Die Rezensent*innen der Modenschauen aus den Berliner Tageszeitungen verglichen die Künstlerboheme mit der Szene um Andy Warhols Factory in New York. So wurden im *Tagesspiegel* die Models als »Popfiguren aus Warhol-Filmen« beschrieben.[6] Diese führten die Mode auf einem Laufsteg vor, der den Fußboden des Atelierraums ausfüllte – Kippenberger hatte ihn unter Mithilfe seiner Freund*innen aus 1.300 Fotografien von ihm, Ulrike Ottinger und Esther Friedman vom »Intimleben der Fam. Skoda« gefertigt.[7] Den Vergleich zu Warhols Factory legt schon der Name fabrikneu nahe. Inhaltlich verband beide der Wunsch, Kunst und Leben in einer Gemeinschaft von Freund*innen und Kreativen unterschiedlicher Profession zu verknüpfen. Gemeinsam war ihnen dabei der Hang, Medien zu vermischen und in einem Gesamtkunstwerk zusammenzuführen. Es wurde gefilmt, fotografiert, gemalt, genäht, Musik gemacht.

Manche Künstler*innen und Musiker*innen waren Gäste in der fabrikneu, so – neben den zeitweise dort wohnenden Martin Kippenberger und Luciano Castelli – auch Iggy Pop mit seiner Partnerin, der Fotografin Esther Friedman, sowie David Bowie. Den Atelierraum hat Claudia Skoda auch als »offenen Medienraum« beschrieben, der für das Vorführen von Dias und Filmen, zum Hören von Musik oder zum Fernsehen genutzt wurde.[8] Hier bildete sich das Netz von befreundeten Künstler*innen, die an Skodas Arbeit teilhatten und die Inszenierungen ihrer Mode mitprägten, sei es als Fotograf*innen ihrer Selbstinszenierungen wie Ulrike Ottinger oder Martin Kippenberger, ihrer Modehappenings wie Luciano Castelli oder als Models ihrer Kleidung wie Jenny Capitain, Tabea Blumenschein und Irene Staub.

Skoda nutzte das Netz ihrer Freundschaften, die Fotografien von Kippenberger, Castelli, Ottinger oder auch Friedman entstanden aus dieser Situation heraus. Es wurden keine Aufträge vergeben, sondern das Zusammenarbeiten schien sich fast selbstverständlich zu ergeben. Eine Bezahlung gab es nicht, allenfalls tauschte man Kleider gegen Fotografien.[9]

Die Schauen, so Claudia Skoda, habe sie vor allem als Happening mit Livemusik aus Freude an der Sache gemacht.[10] Ihr sei es in jener Zeit weniger darum gegangen, Käufer*innen zu beeindrucken oder die Kleidungsstücke besser zu verkaufen. Die Einzelstücke, die sie fertigte, entstanden frei von dem Druck einer größeren Produktion, die vermarktet und verkauft werden musste. Ohne Intention und spielerisch entwickelte sich ein passendes Image für die Marke – wenngleich Skoda dies nicht so nannte. Fotografie wurde hier nicht eingesetzt, um die Mode für redaktionelle Modestrecken in Zeitschriften oder Werbung zu fotografieren, wie es zeitgleich große Modefirmen handhabten. Anzeigen etwa spielten für die Vermarktung bei Skoda Ende der 1970er-Jahre keine Rolle. Sie begann 1983, Broschüren herauszugeben, die sie an Verkäufer*innen schickte und auf Modemessen als Werbematerial verteilte. Gleichzeitig diente das fotografische Material dazu, die jeweiligen Messestände zu gestalten. So überarbeitete man etwa zwei Motive Castellis grafisch mit einem sich wiederholenden Bananenmotiv für die Linie »Fruits« (1978). Der Eingriff erinnert an die bereits ikonische Banane Warhols, die dieser für das Cover des Debütalbums von The Velvet Unterground & Nico (1967) entworfen hatte. Die grafische Überarbeitung als Poster verwendete Skoda für die Wandgestaltung ihres Messestandes.

Ulrike Ottinger

In der eingangs beschriebenen Einladungskarte greifen Skoda und Kippenberger mit dem Rollenspiel der Geschlechter ein Thema auf, das sich im Umfeld Skodas in den Arbeiten von Ulrike Ottinger ebenso wie in den Selbstinszenierungen von Luciano Castelli wiederfindet. Deutlich wird dieses gesteigerte Interesse auch an der 1974 von Jean-Christophe Ammann im Kunstmuseum Luzern kuratierten Ausstellung *Transformer. Aspekte der Travestie*, die bildende Künstler*innen, darunter Castelli, gemeinsam mit Rock- und Popkünstler*innen wie David Bowie, Mick Jagger, Brian Eno und The New York Dolls präsentierte.[11] »Der Körper war immer das eine und das andere: männlich und weiblich. Die Rede ist vom männlichen Körper! Für einen beschränkten Zeitraum wurde die gelebte Ambiguität demonstrativ nach außen getragen«, so Ammann.[12]

Wie verhielt es sich nun mit dem weiblichen Rollenspiel der fabrikneu? Es entstanden Hunderte von Bildern, die Ottinger in zahlreichen Fotosessions mit Claudia Skoda, Tabea Blumenschein, Kostümbildnerin und Mitwirkende an verschiedenen Modenschauen Skodas, sowie Jenny Capitain, Freundin und Mitbewohnerin Skodas, aufnahm. Für Ottinger waren jene Frauen Teilnehmerinnen statt Models: Ihre Fotografien zeichneten einerseits das Spiel vor der Kamera auf und gaben ihm andererseits einen Rahmen. Hierbei agierten die drei Frauen in variierenden Outfits und Rollen. Während Skoda mit ihrem Kurzhaarschnitt als Garçonne der Zwischenkriegszeit erscheint, spielt Blumenschein die Sekretärin mit Schmetterlingsbrille aus den 1950er-Jahren. »Die Menschen kommen [...] als Personen mit all ihren individuellen Eigenschaften und Bezügen in meine Bilder, und sie werden dort zu Figuren in einem gemeinsamen Spiel, das vom wechselseitigen Schauen und vom (Sich-)Zeigen erzählt«, so die Fotografin und Filmemacherin.[13] Hier ging es weniger um Geschlechterwechsel als vielmehr um das Spiel mit sozialen Rollen, das durch die Modefotografie und den Film geprägt wurde. Allen Aufnahmen ist gemeinsam, dass sie im Vorführen der Kleidung als offensichtliche Verkleidung an Kostümfilme erinnern und aus einer vergangenen Epoche zu stammen scheinen. Die Accessoires sind ebenso wie die vorgetragenen Mienen und Gesten nicht Attribute im Sinn eines psychologisierenden Porträts, sondern sie wechseln zwischen den Akteurinnen hin und her. Mal ist es Tabea Blumenschein, die das Leopardenstrickkleid Skodas trägt, im nächsten Bild der Serie ist es Jenny Capitain. Die Kleidung, Stoffe, Hüte und Schmuckstücke werden deutlich als Verkleidung markiert. Am Ende einer Fotosession stehen Bilderserien – nicht Einzelbilder, wobei etwa Blumenschein, von Ottinger mit *Die Sekretärin* betitelt, vor einem Spiegel verschiedene Posen und Mienen ausprobiert und Gemütslagen spielerisch in einer Abfolge durchlebt |↗ 2|.[14] In ähnlicher Weise werden in Ottingers Film *Bildnis einer Trinkerin. Aller jamais retour* (1979) verschiedene Rollen angenommen, wenn die Hauptdarstellerin Tabea Blumenschein von jener Sekretärin zur Seiltänzerin, zur Hell-Driverin oder zur Werbefachfrau wechselt.

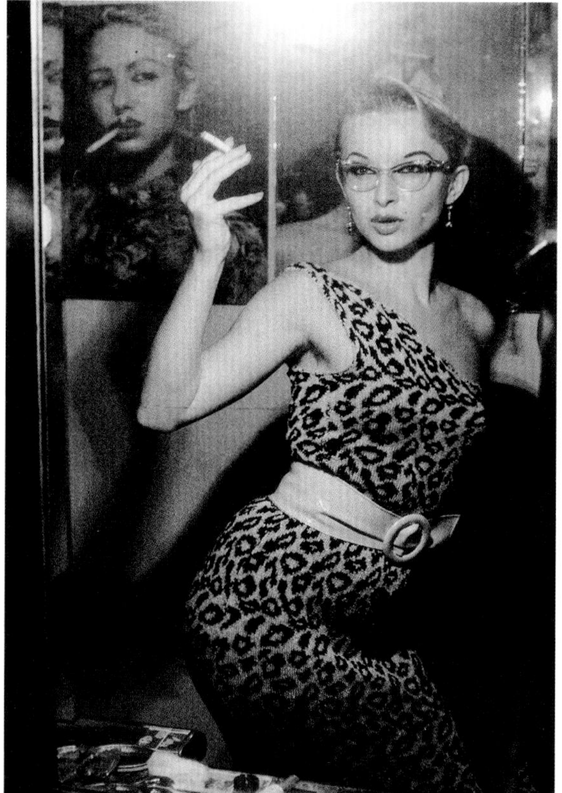

2

2
Ulrike Ottinger
Die Sekretärin, Tabea Blumenschein
The Secretary, *Tabea Blumenschein*
1977/78

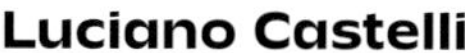

Luciano Castelli

Für ihre Modenschau *Big Birds* in der Berliner Kongresshalle im November 1979 arbeitete Skoda mit den beiden Malern, Performancekünstlern und Musikern Luciano Castelli und Salomé zusammen, die dort erstmals gemeinsam auftraten. Castelli war 1978 von Luzern nach Berlin gezogen und lebte zeitweilig in der Atelier- und Wohngemeinschaft fabrikneu. In der Schweiz war er vor allem durch seine Selbstinszenierungen in Erscheinung getreten. Die Fotografie diente ihm zunächst als Vorlage für seine Malerei. In einem Gespräch mit Ammann im Vorfeld der bereits erwähnten Ausstellung *Transformer* äußerte Castelli die wachsende Bedeutung der Fotografie für sein Werk, die es ihm ermögliche, sich noch viel direkter und auch differenzierter als in der Malerei mit dem eigenen Selbst zu beschäftigen.[15] Seine frühen Selbstporträts zeigen seinen androgynen Körper häufig in provokativ sexualisierten ›weiblichen‹ Posen.

Um *Big Birds* zu bewerben erstellte Castelli eine Reihe fotografischer Aufnahmen mit den Modemacherinnen Skoda und Blumenschein, die für die Plakate und Tickets genutzt wurden |↗ 3 a + b |. Die Bilder zeigen beide in eine Art Kampf verwickelt. Blumenschein trägt ein hautenges Strickkleid mit stark grafischem Muster. Als Counterpart ist Skoda mit einem Vogelschnabel im Haar geschmückt und mit Knie- und Ellbogenprotektoren geschützt. Ihre Kleidung, knappe Leder-Hotpants und ein mit Bändern umschlungenes Bustier, sowie die Protektoren erinnern an Punkmode. Stilistische Parallelen der grobkörnigen und kontrastreichen Aufnahmen finden sich zu Castellis Selbstporträts um 1978 und den Aufnahmen von 1981, die er für die Bewerbung seiner mit Salomé gegründeten Band Geile Tiere angefertigt hat.[16] Auch die martialische Komponente der Lederkleidung taucht in den Selbstinszenierungen Castellis in Lederfetischkleidung zu jener Zeit auf. Die Vogelfrau beugt sich in eckigen Bewegungen und mit angewinkelten Ellbogen über den Körper der kurvigen blonden Frau. Das Spiel zwischen Skoda und Blumenschein bleibt rätselhaft und verstörend, wenn sich Blumenschein ängstlich gegen die Steinmauer drückt.

Zahlreiche Modeaufnahmen Castellis zu der Kollektion »Fruits« entstanden mit Irene Staub |↗ 4 |, die erstmals 1977 für Skoda als Model bei der Schau *Pablo Picasso* aufgetreten war. Sie war seit 1976 mit Castelli befreundet und stand ihm ab 1977 Modell. Im selben Jahr hatte sie Claudia Skoda bei Ottingers Dreh zu deren Piratenfilm *Madame X – Eine absolute Herrscherin* kennengelernt.[17] 1978, als Castelli sie für Skoda fotografierte, war sie als Lady Shiva bereits eine Kunstfigur, die mit ihrem Beruf als Prostituierte bürgerliche Mo-

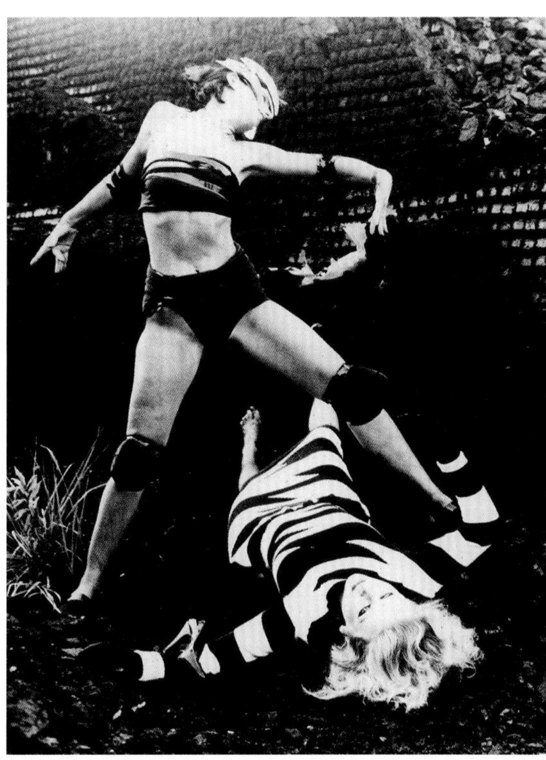

3 a

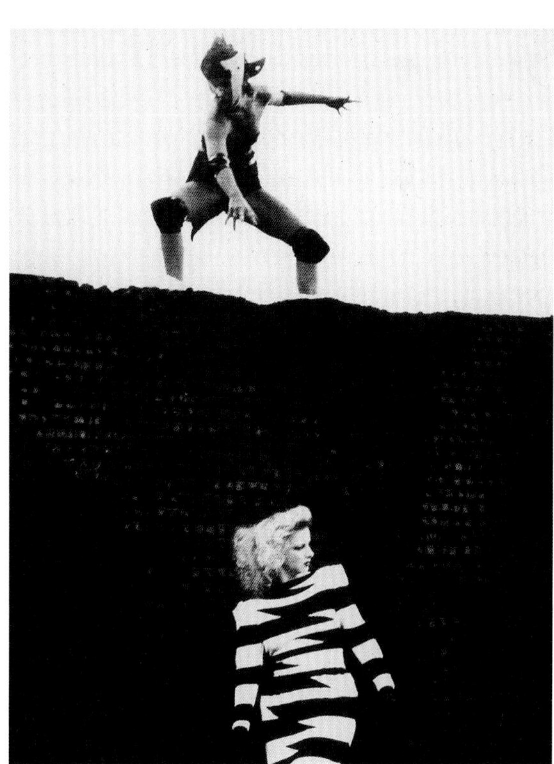

3 b

3 a + b
Luciano Castelli
Motivvorlage zum Plakat für die Modenschau *Big Birds*; Claudia Skoda und Tabea Blumenschein
Poster motif for the fashion show Big Birds; *Claudia Skoda and Tabea Blumenschein*
1979

ralvorstellungen herausforderte und damit die Kunstszene begeisterte. Das sei etwas Besonderes gewesen, äußerte der Künstler Salomé: »So etwas war für mich neu, ich kannte ja bisher keine Prostituierte. Ich war begeistert von ihr, weil sie so provokativ war.«[18] Sie verkörperte, was man seit Marilyn Monroe als Sexbombe bewunderte, vollbusig und kurvig mit vollen Lippen und blonden langen Haaren, aber sie tat dies mit einem Hang zur Provokation und zum Rotzigen. In Roswitha Heckes 1978 erschienenem Bildband *Liebes Leben. Bilder mit Irene* thematisiert Staub offensiv ihren Beruf als Prostituierte. Die Fotografin hatte sie für den Bildband als Engel, Diva und Leder-Domina zwischen Edelprostitution und Straßenstrich porträtiert.[19] Mit ihrem antibürgerlich-punkigen Sexappeal, den sie in Castellis Bilder ausstrahlt, unterlief sie die gängigen Vorstellungen von Weiblichkeit, was sich wiederum auf die Mode Skodas übertrug.

Ende der 1970er-Jahre sprach Skoda fast ausschließlich Freund*innen oder persönliche Bekannte an, um ihre Mode vorzuführen. Die Models, die wir von den Fotografien Rich Richters kennen, der als professioneller Bildreporter die Modenschauen jener Zeit verfolgte, verkörpern unterschiedliche Frauentypen. Sie alle aber erscheinen schlank, groß, zum überwiegenden Teil betont weiblich, seltener androgyn. Skoda nennt David Bowie und dessen androgyne Figur Ziggy Stardust als Inspirationsquellen.[20] Irene Staub verkörpert eine Randfigur der Gesellschaft, doch marginalisierte Körper oder Menschen mit Handicap, wie man sie in Blumenscheins Modezeichnungen jener Zeit[21] und in Ottingers Film *Freak Orlando* (1981) findet, tauchen in Skodas Modenschauen nicht auf. Auf den Fotografien von Rich Richter sind zwei Schwarze Models zu sehen, was einer internationalen Tendenz entsprach, wenn wir an das in Mogadischu geborene Model Iman denken oder auch an die US-Amerikanerin Beverly Johnson, die als erste Frau afroamerikanischer Herkunft 1974 das Cover der *American Vogue* schmückte.[22]

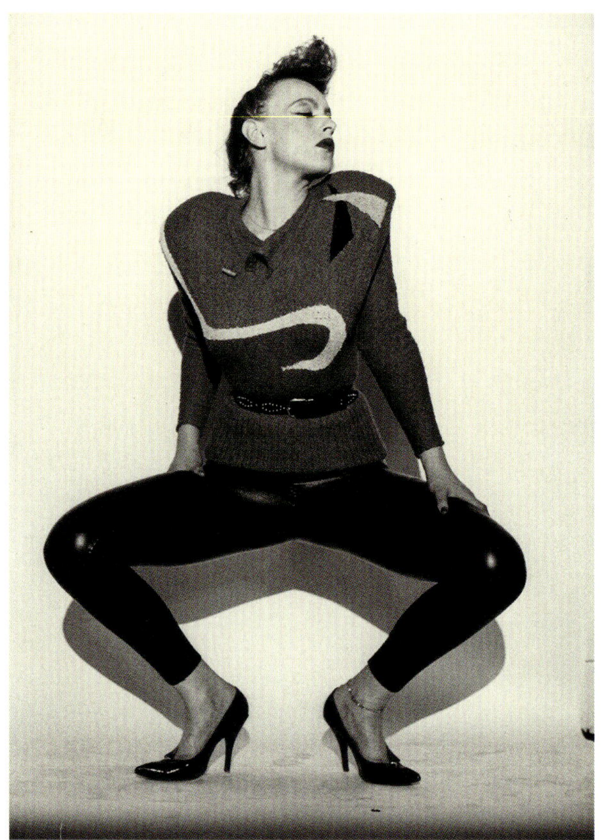
4

4
Luciano Castelli
Irene Staub alias Lady Shiva in Strickpullover »Maraschino« der Kollektion »Fruits«
Irene Staub alias Lady Shiva in a knitted "Maraschino" pullover from the collection "Fruits"
Ca. 1978

Silke Grossmann

Mit Silke Grossmann engagierte Claudia Skoda 1983 eine Fotografin, die wie schon Castelli von der angewandten Modefotografie denkbar weit entfernt war und weder vorher noch nachher jemals Mode fotografiert hat. Auch hier kam der Kontakt über eine Freundschaft Skodas zustande: die zu der Filmemacherin

5
Silke Grossmann
Bilder für Claudia Skoda, in Zusammenarbeit mit Cynthia Beatt (Kollektion »Veits Fights«)
Images for Claudia Skoda, in collaboration with Cynthia Beatt (collection "Veits Fights")
1983

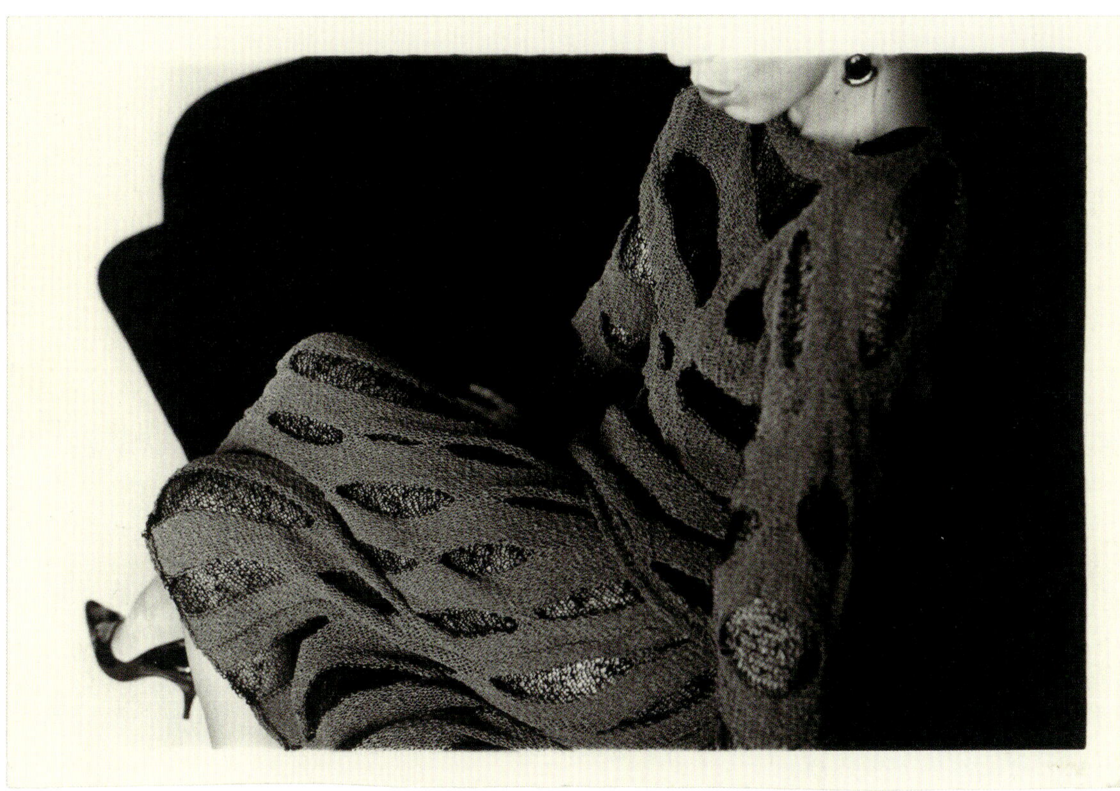

5

Cynthia Beatt. Grossmann fotografierte programmatisch in Schwarz-Weiß. Das Arbeiten in Farbe war Anfang der 1980er-Jahre noch vornehmlich der kommerziellen Magazin- und Modefotografie zugeordnet, von der man sich abgrenzen wollte. Grossmann war an der Autonomie etablierter Kunstformen orientiert und arbeitete eigenverantwortlich ohne Auftrag. Für diese Art von Fotografie hat Klaus Honnef 1979 den Begriff der »Autorenfotografie« eingeführt, der aus dem Film bekannt war. Sie sei »durch eine bestimmte Haltung zur Wirklichkeit gekennzeichnet«, und zwar »durch eine Haltung, die sich in einer individuellen Sehweise zu erkennen gibt«.[23]

Es verwundert daher nicht, dass sich die Fotografien, die Grossmann für Skoda machte, ohne Weiteres in Grossmanns Künstlerbuch *Photographien* eingliedern ließen.[24] Darin hat sie ihre Arbeiten aus den 1970er- und 1980er-Jahren zu einer Bildstrecke zusammengestellt, deren Fluss lediglich von assoziativen Texten der Filmessayistin Frieda Grafe unterbrochen wird. Die Ausschnitte aus Natur- und Stadtlandschaften, die schemenhaften, abgekehrten Figuren, die Umkehrung des Abzugs vom Positiv ins Negativ verweigern sich einem wiedererkennenden Blick. Grossmann arbeitet dem geläufigen Verständnis von Fotografie als Abbild von Wirklichkeit entgegen. Die Betrachter*in der für Skoda entstandenen Bilder sieht zunächst die Oberflächenstruktur: Etwa veranschaulicht eine Aufnahme die ellipsenförmigen, ein wenig zurückliegenden Flächen der Strickware, die aus glatteren, glänzenden, changierenden Garnen gestrickt sind, und die zwischen ihnen hervorstehenden Stege aus einem weicheren Material |↗5|. Der Stoff schlingt sich um den Oberschenkel des Modells, dessen Kopf und Füße vom Bildrand beschnitten werden. Die abgerundete Kante der Sitzgelegenheit, die den Hintergrund bildet, wiederholt die amorphen Formen der Strickmuster. Solche Aufnahmen geben in fein differenzierten Grauabstu-

fungen Ausschnitte der Strickkleidung zu erkennen, in denen die Materialität der Garne deutlich hervortritt. Keines von Grossmanns Bildern ist in seiner Verortung der Perspektive einfach zu lesen, sie zeigen kippende Ansichten, enge Ausschnitte, Fluchtlinien, die aus dem Bild laufen, aber keinen lesbaren Raum ergeben.
Silke Grossmann äußert sich über ihre Herangehensweise so: »Eine zentrale Idee meiner Arbeit war es immer, keine hierarchisch strukturierten Bilder zu machen. Die etablierten, getrennten Kategorien des Denkens, die sich an Dinge klammern, hinter mir zu lassen, das ist die Richtung, in die ich versuche zu arbeiten.«[25] Stattdessen geht es in ihrem subjektiven Zugang um »persönliche Beziehungen und Empfindungen, als Mittel zur Dokumentation der individuellen Wahrnehmung des Raums«.[26]
Beatt, die sowohl mit Skoda als auch mit Grossmann befreundet war, vermittelte nicht nur den Auftrag, sie war zudem Mitarbeiterin und Modell der Aufnahmen Grossmanns. Sie wählte gemeinsam mit der Fotografin die Orte aus, aber ebenso die Kleidung sowie die entsprechenden Posen. Als Modell kennen wir Beatt auch aus einer Reihe von Porträtaufnahmen aus den Jahren 1980 und 1982. Überhaupt behandelte Grossmann ihre Protagonistinnen für Skoda ganz ähnlich wie die ausschließlich weiblichen Modelle ihrer Arbeiten von 1976 bis 1985. Diese sind meist nah am Bildrand positioniert und häufig abgewandt wiedergegeben. In den Modeaufnahmen lässt sich selten ihre individuelle Physiognomie erkennen, die wenigen Gesichter, die Grossmann uns zeigt, sind stark verschattet. Das Spezifische ihrer Bilder ist, dass sie die Konventionen der Modefotografie vollkommen ignoriert und mit den Modellen so umgeht, als würde sie sie ohne Auftrag aufnehmen. Da sie sich jedoch in ihren Arbeiten für die Materialität der Oberfläche interessiert, funktionieren sie bei Skodas Strick auch als Modefotografien.

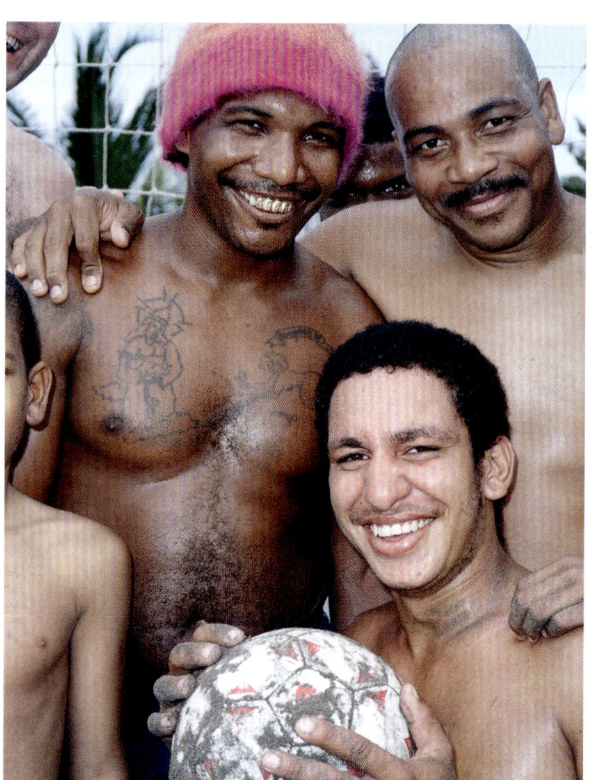
6

6
Daniel Josefsohn
Beanie, Costa Rica
2004

Kunst und Mode

Die Aufnahmen der Fotografin Silke Grossmann, der Filmemacherin und Fotografin Ulrike Ottinger, der Künstler Martin Kippenberger und Luciano Castelli, die Skoda in den 1970er- und 1980er-Jahren für die Vermittlung ihrer Mode nutzte, verbinden Kunst und Mode miteinander. Dabei geht es nicht darum, Mode repräsentativ abzubilden. Über Skodas Künstler*innen-Freundschaften ergaben sich die Verknüpfungen offenbar intuitiv. Damit hat Skoda etwas geschafft, das spätestens in den 1990er-Jahren von großen Modehäusern, etwa in der Zusammenarbeit von Boss oder Helmut Lang mit Jürgen Teller,[27] als Strategie aufgegriffen wurde, um über die Zugehörigkeit zur Kunst Wert zu schöpfen. Es genügte in den 1990er-Jahren nicht mehr, Kleidung zu fotografieren. In zunehmendem Maße musste sich Fotografie sogar von ihr entfernen, bis sie im Extremfall gar nicht mehr auf den Aufnahmen zu sehen war. Die Fotografie näherte sich der Welt der Kunst an, diese strahlte auf die Ware ab und lud sie mit neuen Werten auf. Ab den 1990er-Jahren findet man vermehrt das Cross-over mit anderen Disziplinen und Kunstformaten, die Verbindung von Praktiken aus der bildenden Kunst, dem Mode- und Grafikdesign, der Fotografie und dem Verlagswesen.[28] Ein Künstler, der sich zwischen Kunst-, Design- und Modefotografie bewegte, ist Daniel Josefsohn, bekannt als DJ Punk (1961–2016). Er fotografierte unter anderem für das Magazin der *Süddeutschen Zeitung*, das *Zeitmagazin*, für die Modelabel Herr von Eden und Bless. Er lässt sich stilistisch nicht festlegen: Mal hat er Szenen inszeniert, wenn er eine Kampagne für Herr von Eden im indischen Ahmedabad fotografierte, mal sind die Szenen im Alltag gefunden, wenn er nach einer Modenschau unter der Autobahnbrücke kiffende Models aufnahm. Wenn er einem Spieler einer Fußballmannschaft in Costa Rica eine Wollmütze Claudia Skodas auf den Kopf setzt |↗6|, ist das von einem herkömmlichen Verständnis von Modefotografie, die Kleidung abbildet, weit entfernt. Mit den Arbeiten von Castelli, Ottinger und Grossmann eint ihn eine künstlerische Haltung.

Da es bei Claudia Skoda um einen Look ging, der eng an ihre Person, ihr Umfeld und an eine subkulturelle Haltung geknüpft war, scheint es folgerichtig zu sein, dass das Image ihrer Mode stark über ihre eigene Person und vor allem über die fotografische Inszenierung ihres Selbst vermittelt wurde. In einem Interview betont Skoda, dass sie »eine Figur [war], die viel fotografiert wurde. Von Martin und von anderen Leuten«.[29] »Wir waren alle Punk, aber keine Punker. Wir wollten das Rebellische, den Umbruch zum Ausdruck bringen, die Leute weg von ihren Sehgewohnheiten bringen.«[30] Skoda wollte sich von der gängigen Mode abheben, und sie wollte provozieren. Hierzu tragen die Fotografien bei, die sie im Umfeld der Avantgardekunst und Musik positionieren.

1 Vgl. Ausst.-Kat. Salzburg 2011, S. 186–189.

2 Vgl. Chéroux/Eskildsen [Hrsg.] 2007.

3 Vgl. Ausst.-Kat. Essen 2010.

4 Interview mit Claudia Skoda 2013 c, S. 117.

5 Ähnlich wie in London, wo sich The Clash in ihren Outfits auf Jackson Pollock bezogen, und in New York, wo die New York Dolls »als modebegeisterte Schnösel aus Queens und Staten Island« mit glamourösen Outfits eine Verbindung zur Modewelt und zur Entourage um Andy Wahrhol herstellten, Savage 2013, S. 28.

6 Saram, Vera de, Es glitzert am Kreuzberger Modehimmel, in: Der Tagesspiegel, 24.10.1976, zit. n. Felix 2005, S. 34.

7 Ausst.-Kat. Düsseldorf 2005, S. 53. Über die vom Katalog abweichende Zuschreibung der Fotografien berichten sowohl Ulrike Ottinger als auch Esther Friedman, so Ulrike Ottinger im telefonischen Gespräch mit der Autorin, 30.3.2020, und Esther Friedman im telefonischen Gespräch mit Marie Arleth Skov, 9.4.2020. Heute befindet sich der Laufsteg in der Kunsthalle HGN, Duderstadt.

8 Ausst.-Kat. Düsseldorf 2005, S. 35.

9 Silke Grossmann im telefonischen Gespräch mit der Autorin, 28.1.2020.

10 Interview mit Claudia Skoda 2013 c, S. 118.

11 Ammann 2013, S. 133.

12 Ebd.

13 Interview mit Ulrike Ottinger 2005, S. 138.

14 Zu der Serie vgl. Ausst.-Kat. Kraichtal u. a. 2005, S. 52 f.

15 Ammann 1996.

16 Castelli 2014, o. S.

17 Vgl. Ottinger 2020 (wie Anm. 7).

18 Zit. n. Wottreng 2013, S. 139.

19 Hecke 1978. Zu den zahlreichen Verbindungen Irene Staubs zur Kunstszene in Zürich und Berlin vgl. Wottreng 2013.

20 Waldt 2008.

21 Vgl. Sammlung Ulrike Ottinger.

22 Quick 1997, S. 128.

23 Honnef 1979, S. 22.

24 Grossmann 1992.

25 Zit. n. Eskildsen 1987, o. S. (Übersetzung Esther Ruelfs).

26 Schumacher 2018, S. 52.

27 Vgl. die Postkartenserie Boss 1997, fotografiert von Jürgen Teller, sowie Printprodukte für Helmut Lang 1994/95, in: Ausst.-Kat. Frankfurt a. M. 2010, o. S.

28 Vgl. Olfers 2010, S. 293.

29 Interview mit Claudia Skoda 2013 c, S. 119.

30 Ebd., S. 114.

Self-display and Photographic Staging in the Fashion of Claudia Skoda around 1980

IV.

BETWEEN QUEEN OF HEARTS AND ROCK STAR

Esther Ruelfs

The invitation to Claudia Skoda's fashion show *Neues Spiel* (New Game; 1976) displays a playing card with a double portrait: on one half, the Queen of Hearts bears Skoda's facial features; on the other, when rotated 180 degrees, we find Skoda's likeness, now imperceptibly altered, and with Martin Kippenberger's facial features. The 1976 invitation then advertises the show with a portrait of the designer herself and, thus, sheds light on the intimate connection between self-presentation and the staging of fashion around 1980. Skoda as an individual embodies that which her fashions strive to convey as style.

For the collage, the young, still unknown Kippenberger used a photographic portrait of Skoda taken by Ulrike Ottinger which depicts her as a 'garçonne' in the style of the 1920s. He adapts her roleplay by again reversing the gender roles, fusing his own facial features with those of Skoda. This play with alter egos is reminiscent of the experimentation of avant-garde artists of the 1920s, an instance being Marcel Duchamp's self-interrogation under the pseudonym *Rrose Sélavy*, which was captured photographically by Man Ray in 1921, and which shows Duchamp in 'female' roles.[1] Consciously or not, a formal borrowing is detectable here as well:

the collage, consisting of a playing card, a found object from popular culture, and a photographic portrait that involves role-playing, is recognizable as a game enjoyed by amateur photographs, and one that Man Ray explores in *Jacqueline Lamba en valet de cœur* |↗1/p.84|.[2] In their double portrait, Kippenberger and Skoda position themselves as successors to the artistic avant-gardes.

Just as Claudia Skoda regarded herself as part of the art scene around 1976, she was clearly affiliated with the music scene as well. Martin Kippenberger produced a series of photographs that same year, which present Skoda against the backdrop of empty poster panels in the Kottbusser Tor U Bahn station in Kreuzberg in West Berlin |↗cat.18 + 19|. Under her arm, she holds an object that, at first glance, might be a keyboard; only a second look reveals that it is, in fact, a knitting machine. In more than a dozen varied images, she adopts poses that are readily recognizable from the visual language of popular music culture. Now, she holds the knitting machine nonchalantly over her shoulder, now carries it under her arm.[3] Through their succession, Skoda's performative approach becomes clear; you get the impression she is about to dance in front of the camera. Her tight-fitting garments emphasize her body language. In retrospect, Skoda recalls about these images: "At some point, with his camera in his hand, he [Martin Kippenberger] said to me, 'hold your knitting machine as though it were an electric guitar.'"[4]

In a series of portraits by Esther Friedman in which Skoda presents her own fashions, the music scene serves as an associative space. In one shot, which displays her sitting, legs spread apart, on an amplifier, the setting resembles a rehearsal space rather than a dressmaker's workshop |↗6/p.38|. These photographs of Skoda as a musician seem to prefigure a 1981 reality when Claudia Skoda, together with her friend Rosie Müller, recorded the track "I bin a Domina" (I Am a Dominatrix); the pair became active as musicians for a brief period under the name Die Dominas (The Dominatrixes). Manifest here alongside the mixture of art and fashion is the affinity between fashion and music, which was prevalent in the Berlin underground, as well as in other metropolises around 1980.[5]

fabrikneu and the Network of Friendships

While traditionally, the dressmaker's studio is the place of production for a fashion line, the studio collective fabrikneu on Zossener Straße in Berlin-Kreuzberg, a rendezvous point for various creative personalities, served Claudia Skoda as both a place of production and a residence. Skoda and fabrikneu were soon perceived by the press as an avant-garde phenomenon. In Berlin's daily newspapers, reviewers of her fashion shows compared her artistic bohemia with the scene around Andy Warhol's Factory in New York. *Tagesspiegel* compared the models to "pop figures from Warhol films."[6] At fabrikneu, they presented fashions on a catwalk that filled the entire floor of the studio space – with help from some friends, Kippenberger created the runway using 1,300 photographs that he, Ulrike Ottinger, and Esther Friedman shot, depicting the "intimate life of the Skoda family."[7] The comparison with Warhol's Factory is also suggested by the name fabrikneu. Thematically, the two coteries shared a desire to link art and life through a collective of friends and diverse creative professions. Common to both was the tendency to amalgamate various media to form a *gesamtkunstwerk*, and they both practiced the media of film, photography, paiting, fashion design, and music.

A number of artists and musicians were guests at fabrikneu; among them were – alongside Martin Kippenberger and Luciano Castelli, both of whom lived there at times – Iggy Pop and his partner, the photographer Esther Friedman, as well as David Bowie. Claudia Skoda has also described the studio as an "open media space" that was used for presenting slide shows and films, or for listening to music or watching television.[8] Taking shape here was a network of befriended artists who contributed to Skoda's work and helped to shape the staging of her fashions, whether through photographs by Ulrike Ottinger and Martin Kippenberger, who facilitated her self-presentation, artists like Luciano Castelli, who helped to shape her fashion happenings, or models like Jenny Capitain, Tabea Blumenschein, and Irene Staub, who presented her fashions.

Skoda harnessed this network of friendships, and the photographs of Kippenberger, Castelli, Ottinger, as well as Friedman, emerged from this convening. No contracts were signed; instead, collaborations seem to emerge, more or less, as a matter of course. There were no payments, as most articles of clothing were exchanged for photographs.[9]

Skoda testifies that she organized the shows as happenings with live music purely out of a sense of joy in the occasion itself.[10] Back then, she was less concerned with impressing buyers or marketing her collections more effectively. Her individual pieces were produced without the pressure involved in larger production quantities, which would then need to be marketed and sold. Playfully, in the absence of a clear intention, an appropriate image for the brand emerged – even though Skoda does not call it that. Photography was not used to produce fashion shoots that satisfied the editorial demands of fashion magazines or could be used for advertisements, as coordinated as a rule back then by the major fashion companies. In the late 1970s, for example, advertising played no role in the marketing of Skoda's fashions. She only began to publish brochures in 1983, sending them to salespeople and distributing them at fashion fairs as promotional material. At the same time, the photographic images served to design the respective fashion fair stands. For the line "Fruits" (1978), for example, two Castelli images were reworked graphically with a repeating banana motif. The intervention is reminiscent of Warhol's iconic banana, which he used for the cover of the debut album of The Velvet Underground & Nico (1967). Reworked graphically as a poster, the motif was used by Skoda for the wall design of her fashion fair stand.

Ulrike Ottinger

Through the gender role-play deployed in the above-described invitation, Skoda and Kippenberger embrace a theme that recurs in the milieu around Skoda in the productions of Ulrike Ottinger, as well as in the self-stagings of Luciano Castelli. A heightened interest in this phenomenon manifests in the exhibition *Transformer. Aspekte der Travestie* (Transformer: Aspects of Travesty), organized in 1974 by Jean-Christophe Ammann for the Kunstmuseum in Lucerne, which presented visual artists, among them Castelli, together with rock and pop artists like David Bowie, Mick Jagger, Brian Eno, and the New York Dolls.[11] "The body was always one and the other: masculine and feminine. Here, we are talking about the male body! For a limited time period, the lived ambiguity was displayed outwardly and a demonstrative way," remarked Ammann.[12]

What about feminine role-playing at fabrikneu? Ottiger produced hundreds of images during numerous photo sessions with Claudia Skoda, Tabea Blumenschein (a costume designer and contributor to various fashion shows by Skoda), as well as Jenny Capitain, Skoda's friend and roommate. For Ottinger, these women were participants rather than models: First, these photographs record their play in front of the camera, while secondly providing them with a frame. The three women performed in various outfits and roles. While Skoda, with her short haircut, appeared as a 'garçonne' of the interwar era, Blumenschein played the 'secretary,' with butterfly eyeglasses from the 1950s. "In my pictures, […] people appear as individuals, with all of their particular traits and connections, and in them, they become figures in a common game, telling of mutual observation and (self-)presentation," explains the photographer and filmmaker.[13] Here, it is less a question of changes of gender and more of a play with the social roles that are shaped by fashion photography and film. What is common in all of these images is that their fashion display is clearly reminiscent of the fancy dress of costume dramas; they seem to originate in some past era. Accessories, along with facial expressions and gestures are not personal attributes, as in the psychological portrait, but instead, alternate back and forth between the actresses. Now it is Tabea Blumenschein who wears Skoda's leopard knitted dress; in the following image of the series, it is Jenny Capitain. The garments, materials, hats, and jewelry are clearly marked as disguises. The result of a given photo session is a series of images – not individual pictures, with Blumenschein, for example, in Ottinger's image *Die Sekretärin* (The Secretary), adopting various poses and expressions in front of the mirror, passing playfully through a sequence of emotional states |↗ 2 / p. 86|.[14] In Ottinger's film *Bildnis einer Trinkerin. Aller jamais retour* (*Portrait of a Drinker: Aller jamais retour* 1979), the lead actress Tabea Blumenschein similarly assumes various roles, from secretary to tightrope walker, from hell driver to advertising expert.

Luciano Castelli

For the November 1979 fashion show *Big Birds*, held in the Berlin Kongresshalle, Skoda worked with painters, performers, artists, and musicians Luciano Castelli and Salomé, who made their first joint appearance there. Castelli had moved to Berlin from Lucerne in 1978, and lived intermittently at the studio and residential community fabrikneu. In Switzerland, his public presence was based primarily on his self-stagings. To start, photographs served as templates for his paintings. In a conversation with Ammann conducted during preparations for the exhibition *Transformer*, Castelli voiced the growing importance of photography for his work, since it allowed him to engage with his own identity in a far more direct and differentiated manner than what was possible with painting.[15] His early self-portraits display an androgynous body, often in provocatively sexualized, 'feminine' poses.

In order to promote *Big Birds*, Castelli produced a series of photographs featuring the fashion designers Skoda and Blumenschein, which were used for posters and tickets |↗ 3a + b / p. 87|. These images show the pair embroiled in a kind of battle. Blumenschein wears a skin-tight knit dress with a powerful graphic design. Skoda, her counterpart, has decorated her hair with a bird's beak, and wears knee and elbow protectors. Her attire, short leather hot pants and a bustier slung with straps, along with the protectors, evokes punk fashion. There are strong, stylistic parallels between these grainy, high-contrast photographs and Castelli's self-portraits from circa 1978, along with his photographs from 1981, which he produced as promotional materials for the band Geile Tiere, which he had launched together with Salomé.[16] The martial aspect of the leather apparel surfaces as well in Castelli's self-staged images from this period, which feature leather fetish attire. The 'bird-woman' bends over the body of a curvaceous blonde, movements angular, elbows bent. The interplay between Skoda and Blumenschein remains enigmatic and disquieting, as when Blumenschein presses anxiously against a stone wall.

Many of Castelli's fashion photographs for the "Fruits" collection were collaborations with Irene Staub |↗ 4 / p. 88|, who appeared as a model for Skoda for the first time in the 1977 show *Pablo Picasso*. She had been friends with Castelli since 1976, and modeled for him beginning in 1977. That same year, she got to know Claudia Skoda during the shooting of Ottinger's pirate film *Madame X – Eine absolute Herrscherin* (Mme. X – An Absolute Ruler).[17] In 1978, when Castelli photographed her for Skoda, she had already adopted a nom de plume, Lady Shiva, and was challenging bourgeois notions of morality through her occupation as a prostitute, which delighted the art scene. As Salomé explains, this was something special: "This was something new for me, I had never known a prostitute before, I was thrilled with her because she was so provocative."[18] She embodied the 'sex bomb,' a type admired ever since Marilyn Monroe, full-busomed and voluptuous, with full lips and long, blonde hair, presented here, however, with a tendency toward provocation and snottiness. In Roswitha Hecke's photo book *Liebes Leben. Bilder mit Irene* (Dear Life: Pictures with Irene), which appeared in 1978, Staub aggressively thematizes her profession as a prostitute. In this volume, the photographer portrays her as an angel, as a diva, and as a leather dominatrix, situating her somewhere between a high-class call girl and a street walker.[19] Through the anti-bourgeois, punk sex appeal that she radiates in Castelli's pictures, she undermines conventional notions of femininity, something that was carried over into Skoda's fashions.

In the late 1970s, Skoda reached out almost exclusively to her friends or personal acquaintances when presenting her fashions. The models we recognize from the photographs of Rich Richter – who followed the fashion shows of the time as a professional photojournalist – embody various female types. All of them, however, appear to be slender, tall, for the most part emphatically feminine, and more rarely androgynous. Skoda referred to David Bowie and his androgynous persona Ziggy Stardust as sources of inspiration.[20] Irene Staub represented a figure at the periphery of society, yet marginalized bodies or people with disabilities, the type who appear in Blumenschein's fashion drawings of the period[21] and in Ottinger's film *Freak Orlando* (1981), are absent from Skoda's fashion shows. In the photographies by Rich Richter, we see two Black models, which was consistent with an international tendency: one thinks of the Mogadishu-born model Iman, or the U.S.-American Beverly Johnson, who became the first African-American to appear on the cover of American *Vogue* in 1974.[22]

Silke Grossmann

In 1983, Claudia Skoda engaged Silke Grossmann, a photographer who – like Castelli before her – was as remote as possible from the world of professional fashion photography and who never worked in the field either before or after. Here, as well, the contact was a result of one of Skoda's friendships, in this case, with the filmmaker Cynthia Beatt. Grossmann photographed programmatically in black and white. In the early 1980s, color photography was still associated mainly with commercial magazines and fashion photography, and it was a question here of creating some distance from these norms. Grossmann was oriented toward the autonomy of established art forms, and worked independently and without commissions. In 1979, Klaus Honnef introduced the term "Autorenfotografie" (auteur photography), a concept borrowed from film. This type of photography, argued Honnef, was "characterized by a certain attitude toward reality," and moreover "by an attitude that is revealed through an individual perspective."[23]

It hardly seems surprising, then, that the photographs Grossmann produced for Skoda could be integrated without further ado into Grossmann's artist's book *Photographien* (Photographs).[24] In this publication, she assembled her work from the 1970s and 1980s to form an image sequence whose flow was interrupted only by an associative text from the film essayist Frieda Grafe. The views of natural scenery and townscapes, the shadowy figures that avert their gazes, the reversal of the image from positive to negative: all of these refuse any recognizable point of view. Grossmann resists the understanding of photography as a representation of reality. To begin with, viewers of the images she created for Skoda perceive the surface texture: one image, for example, illustrates the ellipsoidal, slightly recessive surfaces of her knit wears, which consist of smooth, glossy, iridescent yarns, the ridges that project in between consisting of a softer material |↗5 / p. 89|. The fabric winds itself around the model's thigh, her head and feet cut off by the edges of the picture. The rounded edge of the seat which forms the background repeats the amorphous forms of the knitted pattern. In finely differentiated gradations of gray, such images display details of the knitted garments, with the materiality of the yarn emerging clearly into the foreground. None of Grossmann's images are easy to read with regard to their perspectival localization; they display tilted views, close cropping, and vanishing lines that run out of the image, without, however, suggesting any readable space.

Silke Grossmann has explained her working method as follows: "A central idea of my work was always the avoidance of any hierarchical structure in my pictures. To leave behind the established, isolated categories of thought that adhere to things, that's the direction I try to work in."[25] Her subjective approach is directed toward "personal relationships and sensations as tools for documenting an individual perception of space."[26]

Beatt, who was friends with Skoda and Grossmann, not only mediated the contract but also collaborated with Grossmann and modeled for her photos. Working together with Grossmann, Beatt chose the locations, along with the articles of clothing and corresponding poses. We also know Beatt as a model from a series of portrait photos from the years 1980 and 1982. In general, Grossmann's handling of her protagonists for Skoda is very similar to that of the exclusively female models of her works between 1976 and 1985. For the most part, they are positioned very closely to the edge of the picture, and often shown turning away. In the fashion photographs, their individual physiognomies are rarely recognizable; the few faces that Grossmann shows us are strongly in shadow. Specific to her images is the way in which she completely ignores the conventions of fashion photography, handling the models as though she were photographing them without a commission. However, because her images do manifest an interest in the materiality of the surface, they function well as fashion photographs for Skoda's knit wears.

Art and Fashion

The images from the photographer Silke Grossmann, the filmmaker and photographer Ulrike Ottinger, and the artists Martin Kippenberger and Luciano Castelli, which Skoda used to promote her fashions during the 1970s and 1980s, succeed in linking art and fashion. In these images, however, it is not a question of representing the fashions themselves. Evidently, with Skoda's artistic friendships, connections emerged intuitively, of their own accord. This means that Skoda achieved something that was taken up by the big fashion houses as a strategy at the latest by the 1990s, for example, in the collaboration between Boss or Helmut Lang and Jürgen Teller,[27] generating value via an affiliation with the art world. In the 1990s, it was no longer enough to photograph articles of clothing. To an increasing degree, the photography was even obliged to distance itself from the fashions – which, in extreme instances, were no longer visible in the images at all. The photography converged with the world of art, which radiated its own aura onto the apparel, charging it with new value. Beginning in the 1990s, crossover phenomena between various disciplines and artistic media were encountered with increasing frequency, forging connections between applied and fine art, fashion design and graphic design, photography and the publishing industry.[28] One artist who moved between art, design, and fashion photography was Daniel Josefsohn, who was known as DJ Punk (1961–2016). Among others, he produced photographs for the *Süddeutsche Zeitung*, for

Zeitmagazin, and for the fashion labels Herr von Eden and Bless, among others. Josefsohn did not commit himself stylistically: when working on a campaign for Herr von Eden in Ahmedabad in India, he staged his scenes; at other times, he discovered scenes in everyday life, for example, shooting pot-smoking models under an autobahn bridge after a fashion show. When he sets a woolen cap by Claudia Skoda on the head of a player from a Costa Rican soccer team |↗6 / p. 90|, the gesture is far removed from any ordinary conception of fashion photography, which normally portrays articles of clothing. A common attitude joins his work with that of Castelli, Ottinger, and Grossmann.

Because it is a question with Claudia Skoda of a specific 'look,' one that is intimately bound up with her personality, her milieu, and with a subcultural attitude, it was to be expected that the image characterizing her fashions has been conveyed through her own individuality, and, in particular, through photographic stagings of Skoda herself. In an interview, Skoda emphasizes that she "[was] a figure that was frequently photographed. By Martin and by other people."[29] She continues: "We were all very 'punk,' but we weren't actually punks. We wanted to give expression to rebelliousness, a sense of radical change, to divert people from their visual habits."[30] Skoda sought to set herself apart from conventional fashion, she wanted to provoke. Making a key contribution here was photography, which positioned her in the sphere of avant-garde art and music.

1 Cf. exhib. cat. Salzburg 2011, pp. 186–189.

2 Cf. Chéroux/Eskildsen [eds.] 2007.

3 Cf. exhib. cat. Essen 2010.

4 Interview with Claudia Skoda 2013 c, p. 117.

5 As in London, where The Clash wore outfits that alluded to Jackson Pollock, and in New York, where the New York Dolls, "as fashion-conscious snobs from Queens and Staten Island," established a connection through their glamorous outfits to the fashion world and to the entourage around Andy Warhol; Savage 2013, p. 28.

6 Vera de Saram, "Es glitzert am Kreuzberger Modehimmel," in: *Der Tagesspiegel*, October 24, 1976, cited from Felix 2005, p. 34.

7 Exhib. cat. Düsseldorf 2005, p. 53. Both Ulrike Ottinger and Esther Friedman have commented on attributions to the photographs that diverge from those in the catalog; Ulrike Ottinger in a telephone conversation with the author on March 30, 2020; Esther Friedman in a telephone conversation with Marie Arleth Skov on April 9, 2020. Today, the catwalk is found in the Kunsthalle HGN, Duderstadt.

8 Exhib. cat. Düsseldorf 2005, p. 35.

9 Silke Grossmann in a telephone conversation with the author on Janary 28, 2020.

10 Interview with Claudia Skoda 2013 c, p. 118.

11 Ammann 2013, p. 133.

12 Ibid.

13 Interview with Ulrike Ottinger 2005, p. 138.

14 On the series, cf. exhib. cat. Kraichtal et al. 2005, p. 52 f.

15 Ammann 1996.

16 Castelli 2014, no pagination.

17 Cf. Ottinger 2020 (see n. 7).

18 Cited from Wottreng 2013, p. 139.

19 Hecke 1978. On Irene Staub's numerous links to the art scenes in Zürich and Berlin, cf. Wottreng 2013.

20 Waldt 2008.

21 Cf. Ulrike Ottinger Collection.

22 Quick 1997, p. 128.

23 Honnef 1979, p. 22.

24 Grossmann 1992.

25 Cited from Eskildsen 1987, no pagination (translated by Esther Ruelfs).

26 Schumacher 2018, p. 52.

27 Cf. the 1997 postcard series by Boss, photographed by Jürgen Teller, as well as print products for Helmut Lang 1994/95, in: exhib. cat. Frankfurt a. M. 2010, no pagination.

28 Cf. Olfers 2010, p. 293.

29 Interview with Claudia Skoda 2013 c, p. 119.

30 Ibid., p. 114.

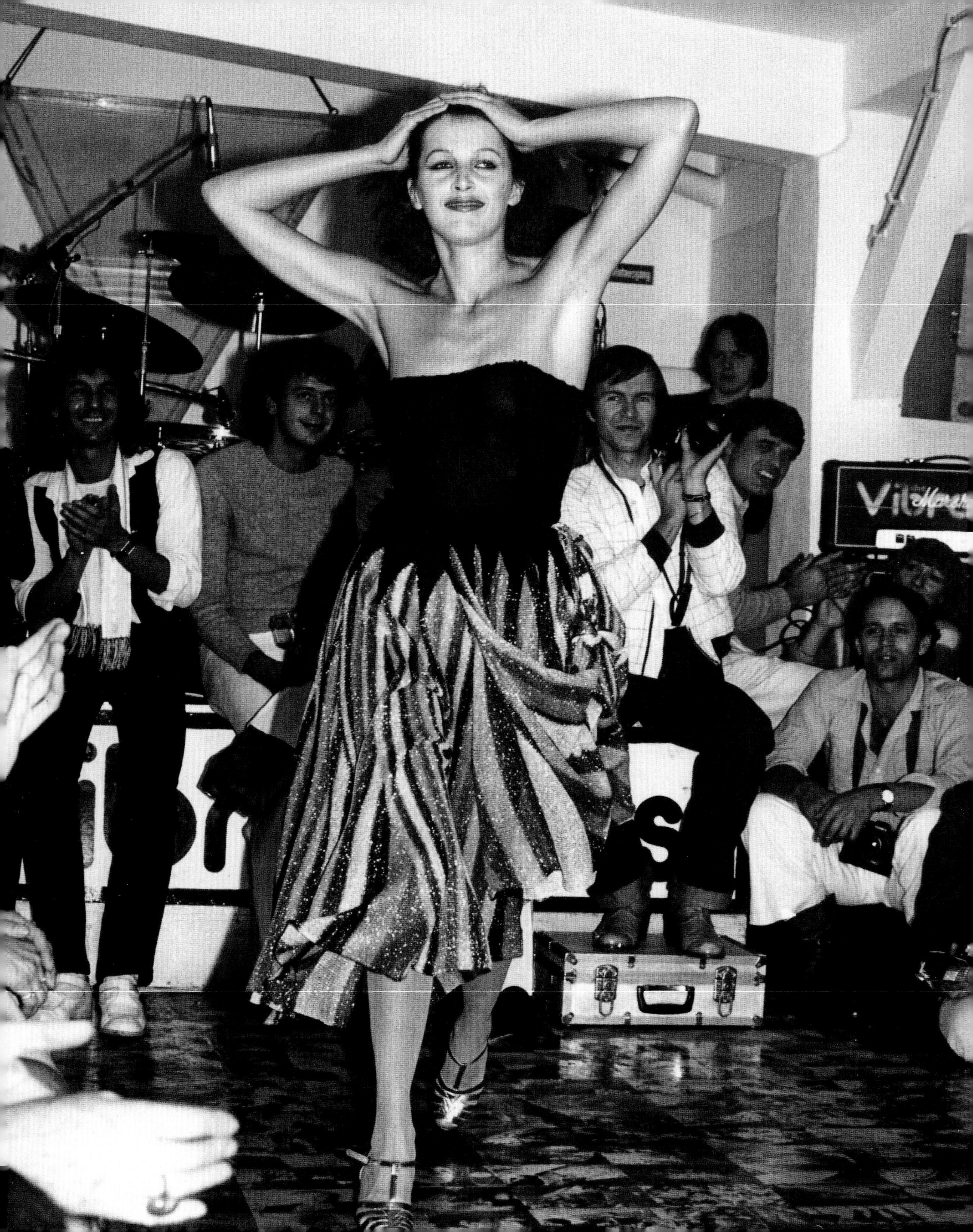

Claudia Skodas

interdisziplinäre Modenschauen

V.

VOM IMPROVISIERTEN LAUFSTEG ZU DRESSATER®

Fiona McGovern

Wir haben die Schauen nicht gemacht, um Einkäufer zu beeindrucken oder unsere Sachen besser zu verkaufen, wir haben das rein aus einem Lustprinzip heraus gemacht, mit Livemusik, als Happening sozusagen. Unsere Schauen waren immer außergewöhnlich.[1]

Als »Spektakel«, »extrem« oder auch »Sub-Show« wurde Claudia Skodas erste öffentliche Modenschau Ende der 1970er-Jahre in der West-Berliner Presse beschrieben.[2] »Mit herkömmlichen Modeschauen von Paris bis New York hat das, was hier läuft, so wenig zu tun wie Heino mit den Philharmonikern«, hieß es in einem Bericht.[3] Stattgefunden hatte die »Berlin – Mode – Elektronik – Show 78« unter dem selbstredenden Titel *Laufsteg* in einem ehemaligen Marstall, der nun das Ägyptische Museum beherbergte (heute Sammlung Scharf-Gerstenberg). Zwar nahm Skoda durchaus an einigen typischen deutschen Modemessen wie der Igedo in Düsseldorf oder der Deutschen Designer Schau in Berlin teil. In der Berliner Szene wie Presse einen Namen gemacht hat sie sich aber vor allem dadurch, dass sie diese konventionellen Ereignisse gezielt umging. Die meisten ihrer selbst organisierten Veranstaltungen zeichneten sich durch dezidiert interdisziplinäres Zusammen-

Rich Richter
Jenny Capitain auf der Modenschau *Pablo Picasso*
Jenny Capitain at the fashion show Pablo Picasso
1977

arbeiten sowie durch ein gesetztes Thema aus. Auch kombinierten Skoda und ihre Kolleg*innen unterschiedliche ihrer jeweiligen Kollektionen miteinander, sodass sich die präsentierte Mode durch einen großen Variantenreichtum auszeichnete. Als Models beziehungsweise Performer*innen traten häufig Personen aus dem Freundes- und Bekanntenkreis in Erscheinung, zu denen unter anderem die damaligen Szenegrößen Tabea Blumenschein und Jenny Capitain zählten. Bei Bedarf wurden professionelle Models hinzugebucht. Doch auch Letztere taten am wenigsten das, was von ihnen bei einer Modenschau zu erwarten wäre: kein uniformer Catwalk, stattdessen hüpfende, kämpfende oder tanzende Frauen im neuesten Strick, zudem – was ungewöhnlich war – stets ein paar Männer. Claudia Skodas damaliger Lebensgefährte, der Bildhauer Jürgen Skoda, zeichnete für das Bühnenbild und die Technik verantwortlich, Jason von Jason's Hairpower war regelmäßig als Haarstylist im Einsatz. Der »Göttfather«[4] der elektronischen Musik, Manuel Göttsching, sorgte bei insgesamt fünf Modenschauen für den sie prägenden Livesound. Gerade durch dieses gemeinschaftliche Zusammenwirken verstand es Skoda, nicht nur modisch, sondern auch musikalisch und atmosphärisch den Geist der Zeit einzufangen, ohne sich von ihm leiten zu lassen. Nicht zuletzt dadurch wurden die Schauen zu den eingangs zitierten Happenings, bei denen das Publikum gerade in den Anfängen oft selbst zur gleichen Szene gehörte. Skoda war mit ihrer spaßorientierten und experimentierfreudigen Do-it-yourself-Attitüde fester Bestandteil des kreativen Berliner Untergrunds der Zeit, was ganz maßgeblich auch zum – zu Recht – anhaltenden Image ihrer Modenschauen als legendär und unvergesslich beigetragen hat.

Die Anfänge: Vom Atelier fabrikneu zur Schau Laufsteg

Angefangen hatte alles in der semiprivaten Atmosphäre des Ateliers fabrikneu in Berlin-Kreuzberg Mitte der 1970er-Jahre. Das Loft in der Zossener Straße, das Skoda 1972 mit Jürgen Skoda, der Malerin Angelik Riemer, dem angehenden Studienrat und Filmemacher Reinhard Bock, dem Schlagzeuger der Band Tangerine Dream, Klaus Krüger, und der bereits erwähnten, noch studierenden Jenny Capitain bezog, wurde schnell zu einem angesagten Szenetreffpunkt. Hier fanden neben Jamsessions und Partys die ersten improvisierten Modenschauen statt, auf denen oft auch Entwürfe von Gudrun Reichhardt, Tabea Blumenschein und Hella Utesch zu sehen waren. Der Laufsteg wurde zunächst schlicht auf den Boden gezeichnet, das Interieur je nach Bedarf thematisch umgestaltet: mal als Spielcasino, mal als Insel mit Palmen.[5] Eindeutig als Modenschau gekennzeichnet waren einzelne Abende ab 1975,[6] *Shake your Hips* etwa lässt sich auf April 1976 datieren. Für *Neues Spiel* im Oktober 1976 steuerte Göttsching, der über Klaus Krüger in die fabrikneu gekommen war, sein erstes Liveset bei.[7] Er hatte damals gerade das zweite Album seiner Band Ash Ra Tempel veröffentlicht. Martin Kippenberger, der zu diesem Zeitpunkt in der fabrikneu lebte, entwarf derweil unter Mithilfe von Jürgen Skoda den heute restaurierten Laufsteg, der aus einer Collage von 1.300 Schwarz-Weiß-Fotografien besteht. In ihnen dokumentierte er unter Einbeziehung zahlreicher Aufnahmen von Ulrike Ottinger und Esther Friedman, die ebenfalls zu den Stammgästen der fabrikneu zählten, eine Woche aus Leben und Arbeit um Skoda und die fabrikneu.[8] Furore machte zudem der Auftritt der Londoner Punkband The Vibrators bei der Schau *Pablo Picasso* im September 1977. Das Berliner Veranstaltungsmagazin *tip* kürte diesen Abend zur »wohl interessanteste[n] Outside-Modenschau der Saison«.[9]

Der steigende Bekanntheitsgrad und die entsprechend große Nachfrage führten dazu, dass Skoda von diesem Moment an zunächst eine limitierte Anzahl an Eintrittskarten für die Veranstaltungen in der Zossener Straße vorab vergab und schließlich gezielt in die Öffentlichkeit ging. Statt der bislang maximal 400 Gäste konnten bei der eingangs genannten Schau *Laufsteg* im Ägyptischen Museum nun 1.000 Gäste Platz finden.[10] In der Presse wurde das Ereignis als eine »maschinell-statisch[e] Choreographie maskierte[r] Tänzerinnen ohne konventionelles Chi-Chi« angekündigt.[11] Damit galt es schon vorab als »eine Show, die alle bisher dagewesenen, durchaus verrückten und von Punk-Rock à la Vibrators begleiteten [Schauen] in [der] Kreuzberger ›Fabrik Neu‹ in den Schatten stellt«.[12] Flyer und Poster legen die Namen aller maßgeblich Beteiligten offen: neben Claudia Skoda (mit ihrer Kollektion »Jazz«) Tabea Blumenschein, Gudrun Reichhardt, Hella Utesch, Jürgen Skoda, Udo Rothe, Jason, ASHRA und Manuel Göttsching |↗1|. Im von Jürgen Skoda mit Rothe entworfenen Setting spiegelte sich noch die ursprüngliche, jedoch nicht realisierbare Idee wider, die Schau im Tempelhofer Flughafen stattfinden zu lassen. Eine Art

1
Claudia Skoda
Plakat zur Modenschau *Laufsteg*
Poster for the fashion show Laufsteg *(Catwalk)*
1978

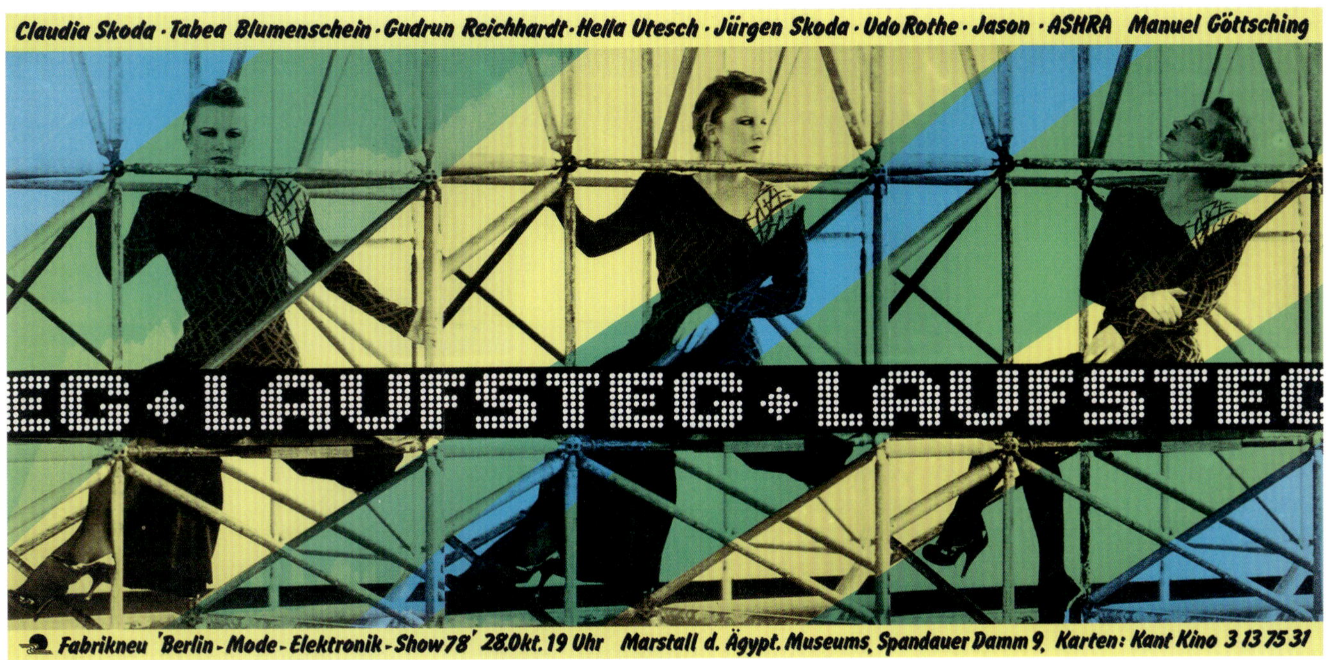

1

stillstehendes Fließband war der Kofferausgabe nachempfunden.[13] Von dem gemeinsam mit Göttsching zuvor ausgearbeiteten Ablaufplan existieren noch heute Skizzen,[14] an denen sich gut ablesen lässt, wie hierbei den einzelnen präsentierten Kleidungsstücken je unterschiedliche Posen – von »tanzend«, »sexy« und »elegant« bis zu »heroisch«, »krank« und »lustig« – sowie entsprechend variierend Licht und Sounds zugeordnet waren. Da sich der Ablauf jedoch unvorhergesehen änderte, fing Göttsching, der während der Performance »wie beim Zirkus« auf einem Gerüst stand, nach kurzer Zeit an zu improvisieren.[15] Er passte die Musik an das Tempo und die Bewegungen der Models an, wobei es ihm, wie er verschiedentlich hervorgehoben hat, besonderen Spaß machte, diese durch unregelmäßige Rhythmen wortwörtlich aus dem Takt zu bringen.[16]
Es war gerade der neue, damals auch jenseits von Modenschauen noch ungewöhnliche Sound, der Claudia Skoda begeisterte. Und für Göttsching boten die Shows, wie er sich erinnert, ein gutes Experimentier- und Testfeld für seine neuen Kompositionen, obwohl den Anhänger*innen elektronischer Musik jene im Gegensatz zu Modenschauen damals als etwas sehr Seriöses galt.[17] Für Skoda war diese Art der Präsentation zudem ein klarer Kommentar darauf, dass sich Frauen stetig mit Vorschriften darüber, wie sie sich zu kleiden hätten, konfrontiert sahen.[18] Deshalb nutzte sie ihre erste öffentliche Modenschau auch dazu, die Konventionen des Laufstegs selbst zu persiflieren, indem sie den üblichen Ablauf sowie die Bewegung und Mimik der Models ins Mechanische übersteigerte. Der Eintrittspreis von für damalige Verhältnisse stolzen 24 D-Mark diente dazu, die »enormen Unkosten« zu decken. Jeglicher Überschuss sollte als Dank an das Ägyptische Museum gezahlt werden.[19]

Ein multimediales Spektakel: Big Birds

Bei der darauffolgenden Schau, *Big Birds*, gab es gar keinen Laufsteg im klassischen Sinne mehr. Sie wurde nur ein Jahr später, 1979, von Skoda in enger Zusammenarbeit mit Tabea Blumenschein konzipiert. Die Erwartungen waren hoch, und das Publikum riss sich vorab um die Karten für eine Schau, die eine ganze Reihe »schräger Vögel« der Zeit zusammenzubringen versprach.[20] Jürgen Skoda hatte für die auch als »Schwangere Auster« bekannte Kongresshalle Berlin ein käfigartiges Setting mit einfachen Armierungsgittern entworfen, wie sie auf Baustellen üblich sind. Sie unterteilten den hohen Raum in zwei Bereiche – einen für die Performenden, den anderen für das sich drängende Publikum. Als Beleuchtung fungierten lediglich einzelne suchende Scheinwerfer, die die durch den Raum staksenden Models und die an Trapezen turnenden, nur mit Lendenschurz bekleideten Artisten mit ihren Lichtkegeln einfingen. Erstere hatte Claudia Skoda zuvor in den Zoologischen Garten geschickt, um die Bewegungen der Vögel zu studieren |↗ 2 a + b |. Bei den Letzteren handelte es sich um die später als Junge Wilde in die Geschichte eingegangenen Maler und Performer Salomé und Luciano Castelli sowie das australische Duo Emu, das zu Beginn der Performance aus einem großen Ei schlüpfte.[21] Parallel dazu lief ein Film, der Pinguine in der Antarktis zeigte.[22] Göttsching, der wiederum als Livemusiker eingespannt war, improvisierte dieses Mal von vornherein. Er begann mit einem simplen Herzschlag, der das Publikum seinen Erzählungen nach umgehend in seinen Bann zog und zugleich einen Vorgeschmack auf die stark mit Wiederholungen und Phasenverschiebungen arbeitenden elektronischen Endlosstücke gab, die für seinen Sound der Zeit so prägend werden sollten.[23] Bis heute hält sich das Gerücht, dass der Einsturz des Daches der Kongresshalle wenige Monate später auf seinen massiven Sound zurückzuführen sei.[24]

In *Big Birds* traf am konzentriertesten das zusammen, was Claudia Skodas Modenschauen auch für die Zeit so außergewöhnlich und gefragt machte. Es war keine Moden*schau*, sondern eine spektakuläre Performance, bei der die Mode eher als Kleidung der einzelnen, als individuelle Charaktere auftretenden Performer*innen diente als dass sie einem Publikum vorgeführt worden wäre. *Big Birds* war einmal mehr auch ein von der Presse ausführlich angekündigtes und gefeiertes Ereignis, bei dem aufgrund des sich durch den Raum ziehenden Absperrgitters letztlich nicht immer ganz klar war, wer hier eigentlich wen als exotisches Gefieder ins Visier nahm.[25] Der ambivalente Begriff von Freiheit, den die Schau implizierte, hallte noch zwölf Jahre später in einer Werbekampagne von Chanel nach. In Jean-Paul Goudes Werbeclip für das Parfum »N° 5, *L'Esprit de Chanel*« schwang Vanessa Paradis in einem überdimensionierten Vogelkäfig pfeifend auf einer Schaukel.

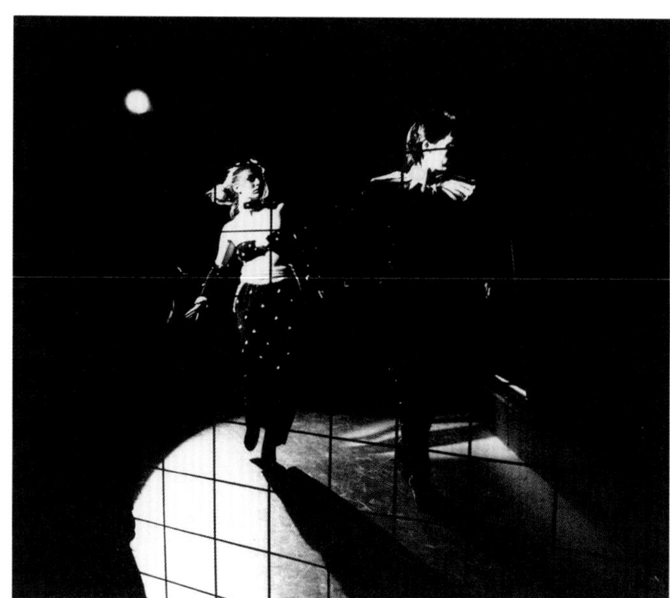

2 a

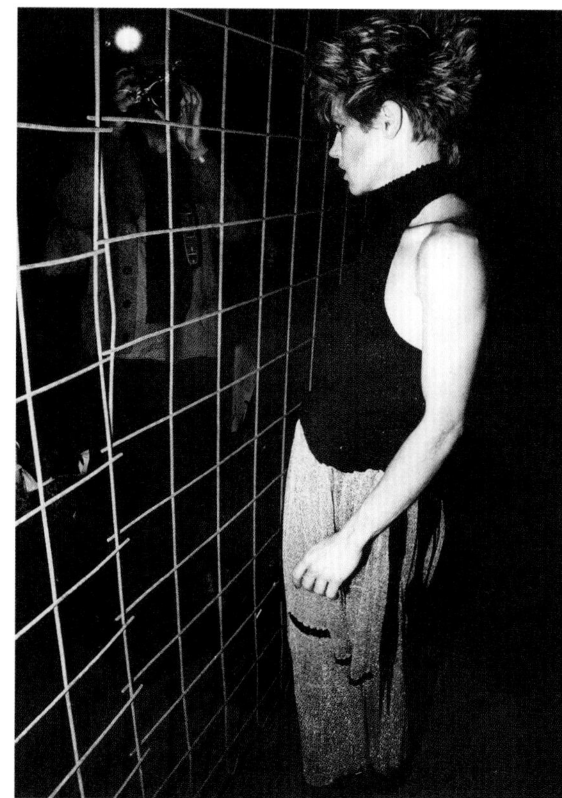

2 b

2 a + b
Rüdiger Trautsch
Szenen aus der Modenschau *Big Birds*, Berliner Kongresshalle
Scenes from the fashion show Big Birds *in the Kongresshalle in Berlin*
1979

Inszenierte Kämpfe: Trommelfeuer und Veits Fights

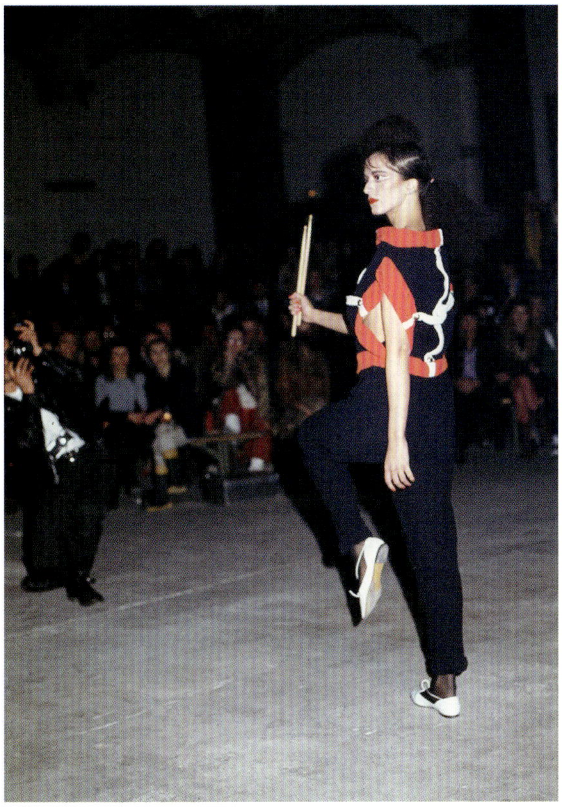

3 a

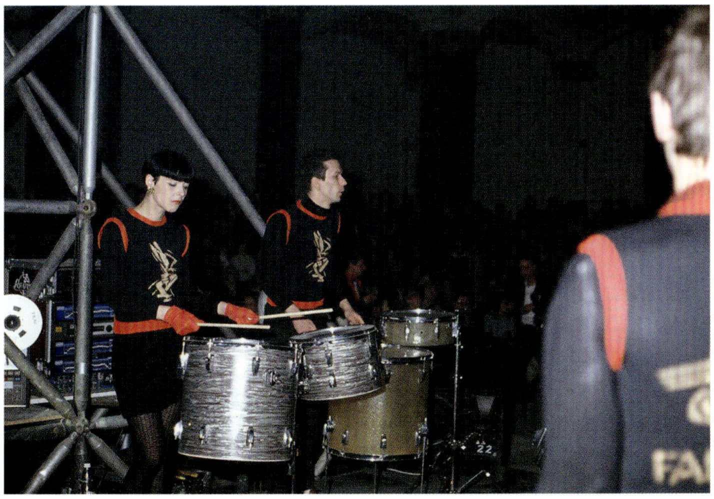

3 b

3 a + b
Rich Richter
Szenen aus der Modenschau *Trommelfeuer* im Martin-Gropius-Bau, Berlin
Scenes from the fashion show Trommelfeuer *(Barrage) in the Martin-Gropius-Bau, Berlin*
1982

Die beiden hierauf folgenden, ebenfalls interdisziplinär angelegten Schauen *Trommelfeuer* und *Veits Fights* schlugen Anfang der 1980er-Jahre aggressivere Töne an. Besonders das Setting von *Trommelfeuer* ließ mit seinem achtköpfigen, von Göttsching und Klaus Krüger zusammengestellten Schlagzeugorchester an ein Rockkonzert denken.[26] Die Musiker*innen bildeten auf einem Podest in der Mitte des Raums das Zentrum der 1982 im Martin-Gropius-Bau stattfindenden Schau. Der Auftritt begann durchaus provokativ mit einer Gruppe uniformierter, Fackeln tragender Models, die sich im gemäßigten Gleichschritt um dieses herum bewegten. Gebrochen wurden jene zwischen maoistisch und faschistisch schwankenden Anleihen gleich im Anschluss durch drei überwiegend in Pink und mit ihren teils schwingenden Röcken sehr feminin gekleidete Models, die mit Drumsticks ausgestattet waren und damit zugleich das zentrale Requisit der Schau einführten |↗ 3 a + b|. In der Folge wechselten die Models zwischen den beiden Polen dieses Bewegungsspektrums, posierten teils rauchend in der Mitte des Podests, warfen Zigaretten ins Publikum oder zeigten akrobatische Übungen, die an Cheerleader*innen erinnerten. Der Variantenreichtum des jeweiligen Auftritts entsprach den sehr unterschiedlichen Entwürfen aus der Kollektion »Mobil«, unter die Entwürfe von Skodas Zeitgenoss*innen Susanne Wiebe, Zazou sowie Tabea Blumenschein, Heidi Heidi und Hongkong Plez gemischt waren. Dabei sei »Trommelfeuer«, wie Skoda 1982 betont hat, weniger in seiner militärischen Konnotation, also als andauernder Artilleriebeschuss, zu verstehen denn als eine bildlich gesehene »rhythmische Geschichte«, die Schlag auf Schlag erfolge.[27] Und doch lag der Flirt gerade mit einer faschistoiden Ästhetik seinerzeit durchaus in der Luft. Das galt etwa auch für die im selben Jahr erstmals in Berlin auftretende Band Mania D., die ebenfalls zum engen Umfeld Skodas zählte.[28] Der Grund hierfür lag deren Gründungsmitglied Gudrun Gut zufolge vor allem darin, dem »hippieverseuchte[n] Berlin« provozierend Kontra bieten zu wollen.[29]

Trommelfeuer war mit fast anderthalb Stunden die längste der damaligen Shows von Skoda und ihr Sound sicherlich am einprägsamsten. Nicht ohne Grund zeichnet sich ein Trommelfeuer unter anderem gerade durch seine psychologischen Konsequenzen für die

Kampfmoral der Soldaten aus. Die unmittelbare räumliche Nähe zu den vormals zentralen Regierungsgebäuden des NS-Regimes, der heutigen Gedächtnisstätte »Topographie des Terrors«, brachte, wie sich Claudia Skoda heute erinnert, der Schau neben der Begeisterung auch harsche Kritik ein.[30]

Zwar wirkte die ein Jahr später stattfindende Schau *Veits Fights* ähnlich brachial, war aber stärker als spielerischer Kampf zwischen verschiedenen Modedesigner*innen angelegt |↗ 4|. Offiziell hieß sie »Internationale Musik-Modenschau junger Avantgarde Designer« und stellte eine Zusammenarbeit mit der Berliner Mode-Messe-Gesellschaft mbH dar, wobei die Konzeption vollständig in den Händen von Claudia Skoda und der fabrikneu lag. Im Lichthof des Altbaus der Technischen Universität ließ sie schwer bewaffnete, angesagte Designer*innen der Zeit gegeneinander antreten: Skoda selbst mit Kampfstab, Haloween mit Degen, Hongkong Syndikat mit Morgenstern, North Wing mit Schwert, Stefi Talman mit Armbrust, Helga Baur mit Dreizack sowie den damals gerade mal 17 Jahre alten New Yorker Designer André Walker mit Axt. In der Zeit zwischen den Auf- und Abgängen performten drei hinter einem aufgespannten Stück Stoff nur als Schatten erkennbare Tänzerinnen verschiedene Kampfsituationen, darunter Messerstechereien, einen *girlsfight* mit Haareziehen bis hin zum Einsatz von Maschinengewehren, die auf Flugzeuge gerichtet wurden. Ein Kräftemessen sollte es sein, aus dem aber niemand als Sieger*in hervorging.[31] Vielmehr wurde durch das Auffahren starker Geschütze gemeinsame Stärke demonstriert. Für die sich bewusst von der damals gegenwärtigen Elektronikwelle abgrenzende Musik sorgte das Fight Guitar Orchester, das aus Göttsching, F. J. Krüger, Zak Preen, Harald Großkopf, Lüül und Oliver bestand. Insofern zeigte sich Skoda auf ihre Art immer noch widerständig, wenngleich sie, wie die Kooperation dieser Veranstaltung verdeutlicht, inzwischen ein fester Name in der deutschen Modeszene geworden war.

Ein Abstecher nach New York: Berlin Nights und »Masterpieces«

Rückblickend erscheint es daher wenig verwunderlich, dass *Veits Fights* Skodas vorläufig letzte große Modenschau in Berlin war. Auf Anraten von David Bowie hatte sie bereits 1979 erstmals ihre Entwürfe in New York vorgestellt. 1982 eröffnete sie in der Thompson Street mitten in SoHo ihren ersten eigenen Laden – direkt gegenüber von British Designer, die auch Modelle von Vivienne Westwood verkauften. Das japanische Label Comme des Garçons sollte bald folgen. Erneut entwarf Jürgen Skoda die Einrichtung. Rosie Müller, eine gute Freundin von Claudia Skoda und langjähriges Model, fungierte als Managerin des Ladens.[32] Zu den New Yorker Kund*innen zählten unter anderem Cher und Donna Summer, Andy Warhol war Fan. Auch fand Skoda rasch Zugang zur dortigen Subkultur. 1983 zeigte sie ihre Kollektion »Suleika 2000« im Rahmen der *Berlin Nights of Industrial Decadence* im angesagten New Yorker Club Danceteria zusammen mit dem Designer Hongkong Plez, der Synthieband Hongkong Syndikat sowie den DJs Fetisch und Goda und Gert. Und in der Pause trat Marc Almond, der ehemalige Sänger von Soft Cell, auf |↗ 5|. 1986 präsentierte Skoda im damals ebenfalls sehr geschätzten Nachtclub Palladium ihre fünfteilige Pulloverkollektion »Masterpieces«. Die Künstler*innen Anne Jud, Luciano Castelli, Salomé sowie Rainer Fetting steuerten je ein Motiv bei, ein weiteres mit betenden Händen gestaltete Claudia Skoda nach der gleichnamigen Zeichnung von Albrecht Dürer. Kunst und Mode fanden bei ihr so aufs Neue eine direkte Verbindung.

Rückkehr nach Berlin: Dressater® – Dressed to Thrill

Es bedurfte einer Einladung des Senats, um Claudia Skoda zurück nach Berlin zu holen. Sie wurde anlässlich der Ernennung West-Berlins zur Kulturstadt Europas 1988 damit beauftragt, die offizielle Eröffnungsgala zu organisieren. Mit *Dressater® – Dressed to Thrill* konzipierte Skoda eine Schau, deren Anspruch nichts Geringeres war, als ein neues Medium zu schaffen. Ein Medium, das sich durch eine enge Verknüpfung von »Musik, Film, Video, Tanz, Malerei, Oper, Performance«[33] auszeichnet und mit der Kleidung vor allem eines sollte: Eindruck hinterlassen. »Die Zeit«, heißt es im Vorwort des Programmheftes, »ist reif für Dressater«. Den Namen ließ Skoda als Markenzeichen rechtlich schützen. Die hierfür entworfene, Schwarz auf Schwarz gehaltene Zeichnung stammt von dem befreundeten Wolfgang Joop |↗ 6|.

Ähnlich wie schon bei *Veits Fights* lud Skoda für diese Schau sechs Gastdesigner*innen aus sechs verschiedenen Ländern ein, die jeweils unter eigenem Motto

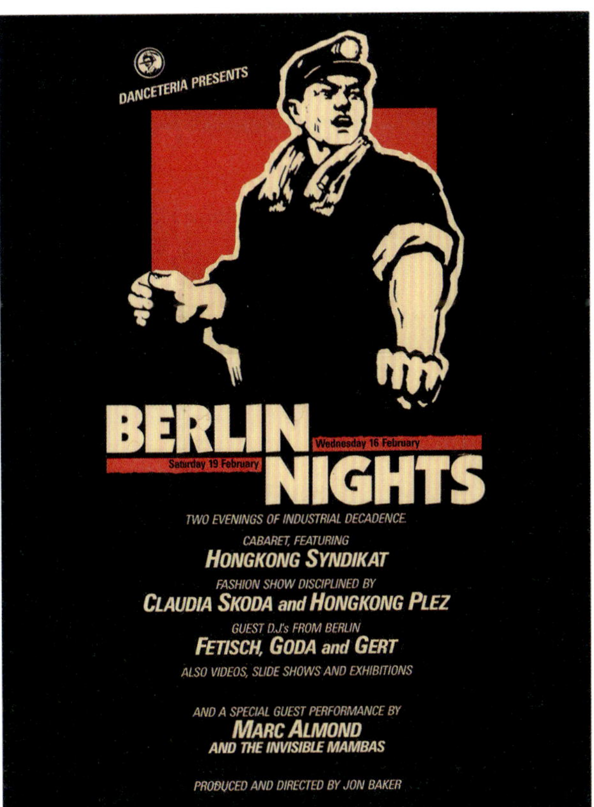

5

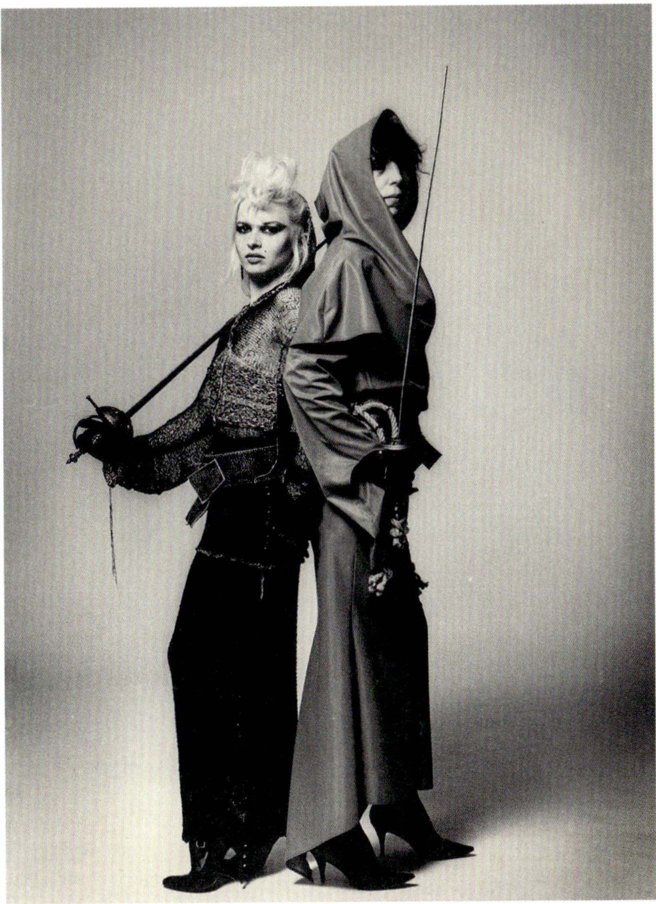

4

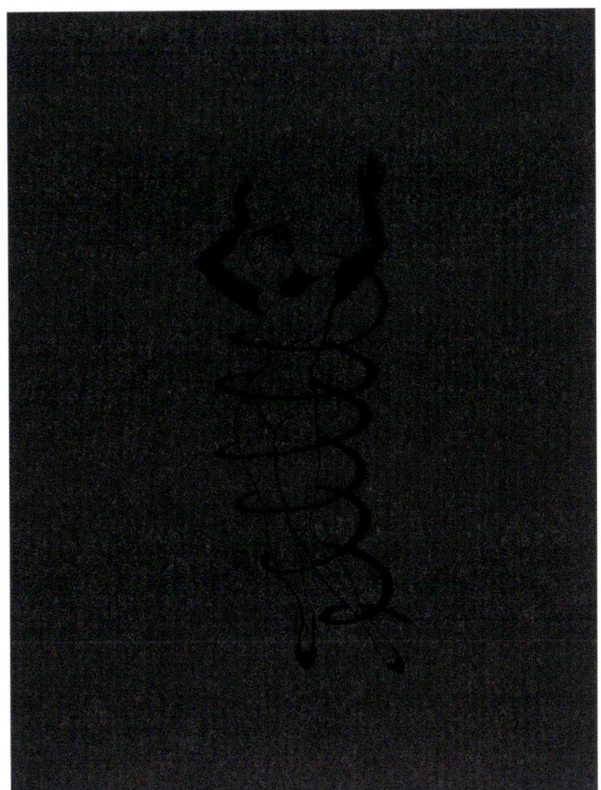

6

4
Jim Rakete
Tabea Blumenschein und Claudia Skoda, Kollektion »Veits Fights«
Tabea Blumenschein and Claudia Skoda, collection "Veits Fights"
1983

5
Entwerfer*in unbekannt
Plakat für die Modenschau *Berlin Nights* in der Danceteria, New York
Poster for the fashion show Berlin Nights *at Danceteria, New York*
1983

6
Wolfgang Joop
Dressater®-Logo im Programmheft zur gleichnamigen Schau
Dressater® *logo in the program booklet for the eponymous show*
1988

auftraten: Tom Adams aus Irland mit »Barock-Melancholie«, Marc Audibet aus Frankreich mit »Nouvelle couture contemporaire«, Yoshiki Hishinuma aus Japan unter dem Motto »Raum«, Tamás Király aus Ungarn mit »Open Doors«, Francis Montesinos aus Spanien mit »Moderne Folklore« sowie die inzwischen in Großbritannien als Erfinderin der »Punkmode« gefeierte Vivienne Westwood mit »Britain goes Pagan«. Skodas eigenes Motto lautete schlichtweg »Modern wird's von allein«. Teil der Schau war zudem eine »Huldigung« des drei Jahre zuvor verstorbenen Designers Rudi Gernreich, kuratiert von Rosie Müller. Gerahmt wurde das ganze Programm durch den als androgynes, alienhaftes Wesen auftretenden »Master of Ceremony« Joey Arias, seinerseits eine feste Instanz der New Yorker Kabarett- und Dragszene.[34] Er deklarierte die Veranstaltung am Beginn in Form eines fingierten Telefongesprächs als »große Party« für Gernreich, zu der neben 2.000 Gästen auch sieben VIPs – die genannten Designer*innen, Skoda inklusive – eingeladen seien. Präsentiert wurden die einzelnen Modekollektionen anschließend auf einer von Hans Kollhoff und Hubertus Duwensee entworfenen, 60 Meter langen Hängebrücke aus Stahl, die längs durch die große Halle des Hamburger Bahnhofs gespannt war. Die Vorführung einer jeden Kollektion unterlag einer eigenen Choreografie, die so dem Ganzen eine narrative Dimension verlieh und zugleich das Individuelle der einzelnen Entwürfe hervorhob. Hierfür lag die Verantwortung in den Händen von George E. Younger, als professionelle Tänzer traten Michael Hall und Quentin Clark auf. Für die Musik zuständig war Steven Brown, Mitglied der US-amerikanischen New-Wave-Band Tuxedomoon. Er kombinierte seinen typischen, stark rhythmisierten Synthiesound mit teils an den Herkunftsländern der Kollektionen orientierten Klängen oder, wie im Fall Gernreichs, Popsongs aus den 1960er-Jahren.

Neben Skoda galt wie zu erwarten der vorgeführten Gernreich-Mode der größte Jubel des Publikums. Drei Jahre zuvor noch war die Präsentation seines berühmt-berüchtigten Monokinis durch seine langjährige Muse Peggy Moffitt auf dem Laufsteg aus Angst vor der Objektifizierung eines als Statement verstandenen Freiheitssymbols verboten worden,[35] nun wurde dessen betont gedehnter Auftritt von einer bluesigen Interpretation des Beatles-Songs »A Hard Day's Nights« von Arias in Lack und Leder begleitet. Auch Vivienne Westwood, die im Rahmen von *Dressater®* ihre selbst wiederum durch die Regel »one song for each outfit« herausstechende Show *Choice* erstmalig im Ausland zeigte, fand großen Anklang. Sie begann mit einem Tableau vivant nach Tizians *Venus von Urbino*, aus dem sich das Model Sara Stockbridge, die als Leadsängerin fungierte, langsam erhob, und endete mit einem traditionellen schottischen Schwerttanz des »Ballett-Punks« Michael Clark. Besonders spektakulär fiel die Feuershow am Ende der Präsentation Hishinumas aus. Sie ging direkt über in den Soloauftritt des Baritons Ulf Maria Kühne im Motorradoutfit und mit Helm in der Hand. Die gesamte Show endete effektvoll mit dessen Abgang durch die geöffneten Türen des Hamburger Bahnhofs, hinaus ins helle Licht.

Mit einer Länge von insgesamt gut drei Stunden inklusive Pause strapazierte der auf Sitzgelegenheiten verzichtende Abend zwar die Geduld und Aufnahmefähigkeit mancher Gäste und späterer Kritiker*innen.[36] Und doch war *Dressater®* gerade auch durch den Einsatz von Joey Arias mehr »Show« als andere Skoda-Schauen zuvor und hochkarätiger besetzt (was einige Kritiker*innen wiederum als Selbstbeweihräucherung der Szene auslegten[37]). Zugleich war sie ein letztes großes Plädoyer dafür, Mode als Kunst, als eine Lebenshaltung ausdrückende *Kleidung*, losgelöst von kommerziellen Zwängen, zu präsentieren, wie es im Programmheft heißt.[38] So wurde an *Dressater®* auch deutlich, dass das Unkonventionelle, ja Radikale innerhalb der Mode nun die kommerziell vertriebene High Fashion erreicht hatte. Neben der von Skoda geschätzten Vivienne Westwood waren es vornehmlich japanische Designer*innen wie Rei Kawakubo und Issey Miyake, die mit ungewöhnlichen, die westliche Tradition brechenden Schauen auf den großen Modemessen der 1980er-Jahre von sich reden machten.

Ein Ende ohne Ende: Deep Diving for Whales

Als die Mauer fiel und eine Stimmung des Aufbruchs sich ausbreitete, fühlte Skoda sich verpflichtet zu bleiben. Zu großen Modehappenings kam es jedoch nicht mehr. Eine Ausnahme bildete die Schau *Kunst und Papier auf dem Laufsteg*, die 1998 in der Ausstellung *The Swimmer in the Econo-Mist* des Malers James Rosenquist in der Deutschen Guggenheim in Berlin stattfand. Ausgehend von dessen gerade neu aufgelegtem »Papieranzug« zeigte Skoda hier neben Entwürfen von Künstler*innen wie John Bock, Rosemarie Trockel, Alba D'Urbano und alten Bekannten wie Kippenberger,

Castelli, Jud und Fetting auch ihre eigene, ursprünglich für die Eröffnung von Christoph Langhofs Horst-Korber-Sportzentrum am Olympiastadion 1991 konzipierte Performance *Deep Diving for Whales*.[39] Hierbei bewegten sich die Models amphibienhaft in überwiegend unifarbenen Ganzkörperanzügen, von denen sich an verschiedenen Stellen wie Gesäß, Kopf oder Bauch in einen Strickschlauch eingelassene große, mit Helium gefüllte Ballons zur Decke streckten |↗7 a + b|. Die Präsentation von Mode war nun ganz Performance geworden, die sie tragenden Körper bewegte Skulptur. In den frühen 2000er-Jahren äußerte Skoda in einem Interview, dass es schlichtweg zu schwer geworden sei, mit Modenschauen noch Aufmerksamkeit zu erzeugen. Nur der totale Tabubruch, wie ihn etwa United Colors of Benetton in den 1990er-Jahren zu ihrem Markenzeichen gemacht hatten, könne da noch mithalten.[40] Auch hatten zu diesem Zeitpunkt diverse größere Modelabels wie Maison Margiela, Hussein Chalayan oder Jon Galliano mit seiner »Fashion Opera« für Dior damit begonnen, die Konventionen der Modenschau auf den Prüfstand zu stellen. Statt einer Do-it-yourself-Attitüde soll heute eine möglichst perfekte Show geboten werden, für die etwa Fashion Show Producer und Set Designer sorgen.

Mit ihrem Rückzug hat Skoda erneut die Zeichen der Zeit erkannt, ganz gegangen aber ist sie nie. Neben den nachzulesenden Kritiken ihrer Schauen und sich weiter verfestigenden Legenden sind es heute vor allem die verschiedenen Foto- und Filmaufnahmen, die ihre Modehappenings wieder zum Leben erwecken und einen guten Eindruck davon vermitteln, wie alles einst begann.

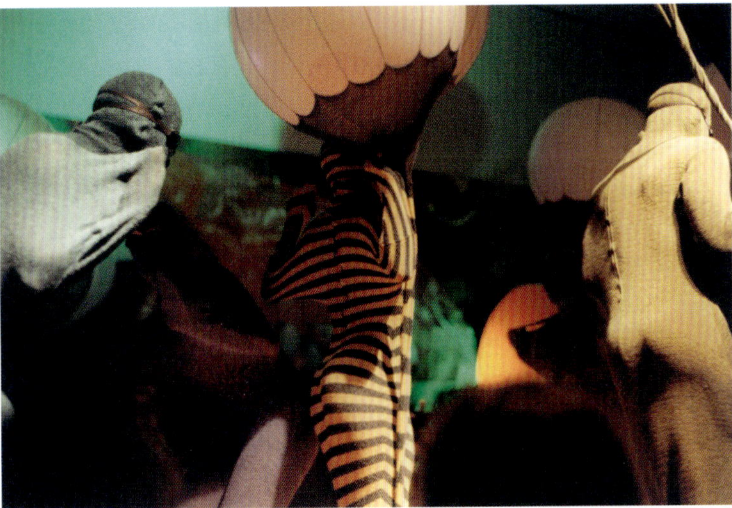

7 a

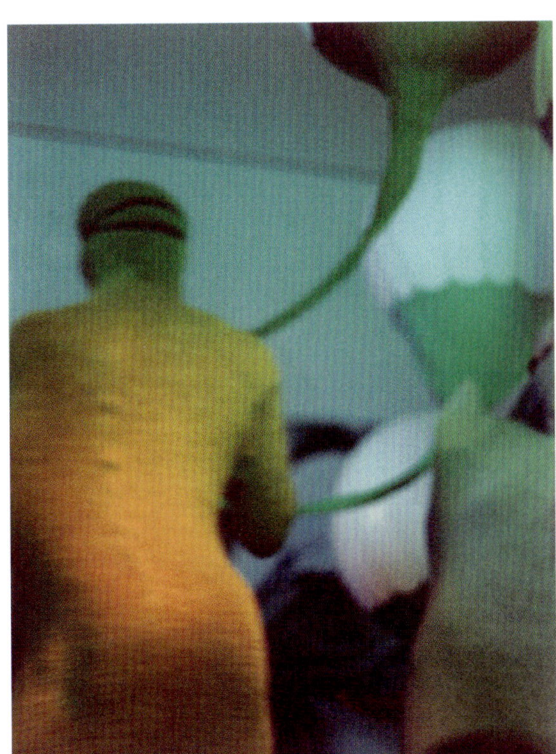

7 b

7 a + b
Gertrude Goroncy
Performance *Deep Diving for Whales*
in der Deutschen Guggenheim, Berlin
The Performance Deep Diving for Whales *at the Deutsche Guggenheim, Berlin*
1998

1 Claudia Skoda im Gespräch mit Janine Dudenhöfer, in: Ausst.-Kat. Duderstadt 2013, S. 120.

2 U. a. WM 1978.

3 Sieben 1978.

4 Der Begriff geht auf Tony Naylors gleichnamigen Artikel in der britischen Tageszeitung *The Guardian* zurück, Naylor 2013.

5 Einen guten Einblick in den Alltag der fabrikneu geben die damals von Reinhard Bock gedrehten Super-8-Filme.

6 Vgl. Wolff 1975.

7 Manuel Göttsching im Gespräch mit Britta Bommert und Marie Arleth Skov, Berlin, 4.11.2019.

8 Retrospektiv gilt diese Bodencollage als »Geburtsstunde des Künstlers Kippenberger«, Interview mit Claudia Skoda 2013 b; vgl. auch Felix, Zdenek, Kippenbergers wiederentdeckte Performance, in: Ausst.-Kat. Düsseldorf 2005, S. 35. Die Bodencollage befindet sich heute in der Kunsthalle HGN, Duderstadt.

9 WM 1978.

10 Vgl. Göttsching 2019 (wie Anm. 7).

11 Sieben 1978.

12 Ebd.

13 Ebd.

14 Sie befinden sich im Archiv von Manuel Göttsching.

15 Göttsching 2019 (wie Anm. 7)

16 Vgl. ebd. und Interview mit Manuel Göttsching 2006.

17 Vgl. Göttsching 2019 (wie Anm. 7).

18 Sieben 1978.

19 WM 1978.

20 Vgl. dazu Claudia Skoda in einem unveröffentlichten Interview mit C. Baumjohann, Berlin, 2018. Eine Abschrift dieses Interviews befindet sich in der Sammlung Modebild – Lipperheidesche Kostümbibliothek der Staatlichen Museen zu Berlin, Kunstbibliothek.

21 Salomé und Castelli gründeten daraufhin ihre stark performance-orientierte Elektropunk-Band Geile Tiere, mit der sie zwei Jahre später, 1981, ihr gleichnamiges Album veröffentlichten. Castelli verewigte die Schlussszene einer ihrer Performances in seinem Gemälde *Berlin Nite* (1979; Privatbesitz Luciano Castelli), das zu einer Ikone des schwulen Lebensgefühls der Zeit wurde.

22 Vgl. Skoda 2018 (wie Anm. 20).

23 Göttsching komponierte 1981 den einflussreichen, nur aus zwei Akkorden bestehenden Proto-Techno-Track »E2-E4«, der 1984 erstmal als Schallplatte veröffentlicht wurde.

24 Vgl. dazu z. B. Schulze 2012.

25 Nina Humpe zufolge spielten die Einstürzenden Neubauten Anfang der 1980er-Jahre in einem sehr ähnlichen Setting, vgl. Teipel 2001, S. 232.

26 Mit dabei waren u. a. auch Manu Troekes sowie Christine Hahn, die der Band Malaria! angehörte. Mitveranstalter der Modenschau *Trommelfeuer* war der Art Director's Club für Deutschland, vgl. Adler 1982.

27 Interview mit Claudia Skoda 1982, S. 61. Sie grenzt Trommelfeuer an dieser Stelle zudem von sogenannter ›Buschmusik‹ ab, ein Begriff, der aufgrund seiner rassistischen Konnotation hochproblematisch ist.

28 Die Bandmitglieder Bettina Köster und Gudrun Gut hatten 1978 den Szeneladen Eisengrau eröffnet, in dem sie u. a. ebenfalls selbst entworfene Strickpullover vertrieben. Wesentlich später, in den 1990er-Jahren, spielten sie laut Gut auch bei einer kleineren, privaten Modenschau Skodas, so Gudrun Gut in einer E-Mail an die Autorin, 8.1.2020. Vgl. auch Lehmann, Ulrich, Laufstege und Abwege, in: Ausst.-Kat. Düsseldorf 2005, S. 61, Anm. 19.

29 Zit. n. Teipel 2001, S. 241.

30 Vgl. Skoda 2018 (wie Anm. 20).

31 Vgl. P. A. 1983, S. 19.

32 Rosie Müller sei an dieser Stelle ausdrücklich für ihre engagierte Hilfe bei den Recherchen zu der New Yorker Zeit gedankt.

33 Aus dem Programmheft von *Dressater®*. Ein Exemplar dieses Heftes befindet sich in der Sammlung Modebild – Lipperheidesche Kostümbibliothek der Staatlichen Museen zu Berlin, Kunstbibliothek.

34 Joey Arias danke ich für das aufschlussreiche Telefonat am 22.9.2018.

35 Luther, Marylou, Looking Back at a Futurist, in: Moffitt [Hrsg.] 1991, S. 21.

36 Vgl. Conrad 1988 und Riepl 1988.

37 Vgl. Conrad 1988.

38 Im Programmheft ist vom »kommerziellen Klumpfuß« die Rede.

39 Damals musste die Aufführung der Performance kurzfristig abgesagt werden, da das vor allem sportinteressierte Publikum gegen das Kulturprogramm aufbegehrte, vgl. Interview mit Claudia Skoda 2004, o. S.

40 Claudia Skoda im Gespräch mit Janine Dudenhöfer, in: Ausst.-Kat. Duderstadt 2013, S. 120.

V.

Claudia Skoda's Interdisciplinary Fashion Shows

FROM IMPROVISED CATWALK TO DRESSATER®

Fiona McGovern

We didn't do shows to impress buyers, or to market our things more effectively; we did it purely out of the pleasure principle, with live music, as happenings, so to speak. Our shows were always something out of the ordinary. [1]

Claudia Skoda's first public fashion show, which took place in the late 1970s, was characterized by the press in West Berlin as a "spectacle," as "extreme," and as a "sub show." [2] "What is happening here has as much to do with conventional fashion from Paris to New York as [the popular German singer] Heino has to do with the Berlin Philharmonic," reads one review.[3] The "Berlin – Fashion – Electronics – Show 78" took place under the self-explanatory title *Laufsteg* (Catwalk) in a converted stable which at that time still housed Berlin's Egyptian Museum (today the Scharf-Gerstenberg Collection). Of course, Skoda also took part in a number of typical German fashion fairs, among them Igedo in Düsseldorf and the Deutsche Designer Schau (German Designer Show) in Berlin. But Skoda made a name for herself in the Berlin scene, as well as in the press, in particular by deliberately circumventing such conventional events. Most of her self-organized events were characterized by their decidedly interdisciplinary character, as well as by specific themes. Skoda and her colleagues also combined various styles from their respective collections with one another, so that the fashions presented were characterized by enormous variety. Frequently appearing as models or performers were individuals from Skoda's circle of friends and acquaintances, among others the then current scene celebrities Tabea Blumenschein and Jenny Capitain. Professional models were booked as needed. The models however, avoided behaving as expected during an ordinary fashion show: no homogenized catwalk style, instead the audience saw leaping, brawling, or dancing women wearing the latest knitwear, consistently joined – unusually for the times – by a couple of men. Claudia Skoda's life companion at that time, the sculptor Jürgen Skoda, was responsible for the stage sets and technology, and Jason from Jason's Hairpower was recruited regularly as a hairstylist. For altogether five shows, Manuel Göttsching, the "Göttfather"[4] of electronic music, provided the live sound that shaped the atmosphere so decisively. Through this collaborative approach, Skoda succeeded in capturing the spirit of the moment, not just in relation to fashion, but musically and atmospherically as well, without, however, allowing herself to be guided by it. Not least of all, through this approach, the shows became the kinds of 'happenings' mentioned above, at which audience members, particularly at the beginning, often belonged to the same scene. With her fun-oriented, adventurous, do-it-yourself attitude, Skoda was an essential part of Berlin's creative underground at that time, a circumstance that contributed significantly – and rightly so – to the reputation of her fashion shows as legendary and unforgettable events.

The Beginnings: from the Studio fabrikneu to Laufsteg

It all began in the mid-1970s in the semiprivate atmosphere of the studio fabrikneu in Berlin-Kreuzberg. The loft on Zossener Straße, which Skoda leased in 1972 together with Jürgen Skoda, the painter Angelik Riemer, the aspiring tenured teacher and filmmaker Reinhard Bock, Klaus Krüger, drummer for the band Tangerine Dream, and the above-mentioned Jenny Capitain, still a student at the time, soon became a fashionable meeting point for the scene. Along with jam sessions and parties, the first improvised fashion shows took place there, often also featuring designs from Gudrun Reichhardt, Tabea Blumenschein, and Hella Utesch. At first, the catwalk was simply marked out on the floor, and the interior reconfigured thematically as required: now a gambling casino, now an island with palm trees.[5] Individual evenings were identified explicitly as fashion shows beginning in 1975,[6] *Shake your Hips* for example, took place in April of 1976. For the October 1976 *Neues Spiel* (New Game), Göttsching – who had arrived at fabrikneu via Klaus Krüger – contributed his first live set.[7] He had just released his second album with the band Ash Ra Tempel. With assistance from Jürgen Skoda, Martin Kippenberger, who lived in fabrikneu at that time, designed the now-restored catwalk, consisting of a collage of 1,300 black-and-white photographs. Through the incorporation of numerous photographs by Ulrike Ottinger and Esther Friedman, both regular visitors to fabrikneu, Kippenberger's catwalk documents a week in the life and work in and around Skoda and fabrikneu.[8] A sensational event was the appearance by the London punk band The Vibrators at the show *Pablo Picasso* in September of 1977. The Berlin event magazine *tip* nominated the evening as "probably the most interesting outsider fashion show of the season."[9]

From this point onward, growing recognition and a correspondingly high demand led Skoda to distribute a limited number of admission tickets to events on Zossener Straße, aiming them at a targeted public. Instead of the hitherto maximum number of 400 guests, the above-mentioned show *Laufsteg* (Catwalk) in the Egyptian Museum was able to accommodate 1,000 attendees.[10] In the press, the event was billed as the "mechanical choreography of masked dancers, without the conventional chichi."[11] Even before the event, it was anticipated as "a show that eclipses all of the utterly insane [shows], accompanied by punk rock à la The Vibrators, that have taken place at 'Fabrik Neu' in Kreuzberg."[12] The flyer and the poster revealed all of the names of the participants with major involvement: alongside Claudia Skoda (with her collection "Jazz") was Tabea Blumenschein, Gudrun Reichhardt, Hella Utesch, Jürgen Skoda, Udo Rothe, Jason, ASHRA, and Manuel Göttsching |↗1/p.101|. The setting, designed by Jürgen Skoda together with Rothe, still mirrored the original idea, which had ultimately proven unrealizable, of putting on the show in the Tempelhof Airport. A kind of stylized assembly-line imitated a baggage claim area.[13] Today, sketches, still exist from the flowchart worked out with Göttsching,[14] which clearly indicate how the individual articles of clothing were to be presented in conjunction with diverse poses – ranging from "dancing," "sexy," and "elegant," all the way to "heroic," "sick," and "funny" – as well as in relation to the correspondingly varied lighting and sounds. During the performance, however, when the schedule of events was unexpectedly altered, Göttsching – who stood on a scaffold during the performance "as though in a circus" – soon began improvising.[15] He adapted the music to the tempo and the movements of the models, although he also enjoyed, as he has repeatedly emphasized, literally pushing things out of step through irregular rhythms.[16]

It was precisely this new sound – unfamiliar outside of fashion shows as well – that delighted Claudia Skoda. And Göttsching recalls that, for him, the shows provided a good experimental and test field for his latest compositions – although the adherents of electronic music regarded them as being quite serious, unlike the fashion shows.[17] For Skoda, this style of presentation was also a clear commentary on the way in which women were perpetually confronted with prescriptive ideas about how they were expected to dress.[18] This is why she also used her first public fashion show to satirize the conventions of the catwalk itself, mechanically exaggerating the habitual sequence of events, along with the movements and facial expressions of the models. An admission price of 24 German marks, quite steep for the time, helped to cover the "enormous expenditures." Any surplus was to have been paid to the Egyptian Museum in thanks.[19]

A Multimedia Spectacle: Big Birds

At the subsequent show, entitled *Big Birds*, there was no longer any catwalk in the classical sense. The show was conceived a year later, in 1979, by Skoda in close collaboration with Tabea Blumenschein. Expectations were high, and the public scrambled beforehand to obtain tickets for a show that promised to bring together an entire series of 'odd birds' of the scene.[20] For the Berlin Kongresshalle, known locally as the "pregnant oyster," Jürgen Skoda had designed a cage-style setting using simple reinforcement mesh of the kind familiar from building sites. They subdivided the tall space into two zones – one for the performers, the other for the thronging public. Serving as lighting was a single wandering spotlight, which captured the models stalking through the space and the acrobats, clad only in loincloths, who performed on the trapeze in its cone of light. Claudia Skoda had sent the models to the Zoologischer Garten (Zoological Garden) in Berlin study the movements of the birds there |↗ 2 a + b / p. 102|. The team of acrobats consisted of Salomé and Luciano Castelli, who would later become famous as painters and performers with the "Junge Wilde" tendency, along with the Australian duo Emu, which hatched out of a large egg at the start of the performance.[21] Screened concurrently was a film of penguins in the Antarctic.[22] This time, Göttsching, recruited once again as a live musician, improvised from the very start. He began with a simple heartbeat, which immediately drew the public into his narrative, at the same time providing a foretaste of the never-ending music pieces, characterized by repetition and phrase displacement, that would become so formative for the sound of the time.[23] The rumor persists to this day that the collapse of the Kongresshalle roof a few months later was due to his massive sound.[24]

Converging in *Big Birds* in its most concentrated form were all of the elements that made Claudia Skoda's fashion shows so extraordinary and sought after at the time. It was less a fashion show then a spectacular performance, with the individual fashions serving as costumes designed to accentuate the individual characters of the performers rather than simply being presented to the public as individual articles of clothing. Once again, *Big Birds* was extensively promoted and celebrated by the press as an 'event' – at which, in the end, given the crowd control barriers that extended through the space, it was not always clear who was actually feasting their eyes on whose exotic plumage.[25] The show's ambivalent notion of freedom was implied 12 years later in a Chanel ad campaign. There, in Jean-Paul Goude's promotional clip for the perfume "No 5, *L'Esprit de Chanel*," Vanessa Paradis whistles while swinging on a swing in an oversized birdcage.

Staged Battles: Trommelfeuer and Veits Fights

In the early 1980s, the two subsequent shows, *Trommelfeuer* (Barrage) and *Veits Fights*, also interdisciplinary in character, struck a more aggressive tone. The setting of *Trommelfeuer* in particular, with its eight-part percussion orchestra, assembled by Göttsching and Klaus Krüger, is reminiscent of a rock concert.[26] The musicians, positioned on a platform in the middle of the room, formed the center of the show, which took place in the Martin-Gropius-Bau in 1982. The performance began in a thoroughly provocative fashion with a group of uniformed, torch-bearing models who marched slowly together in step around the platform. This spectacle, which fluctuated between the Maoist and fascist borrowings, was then interrupted by three models, their mainly pink attire emphatically feminine, some with swinging skirts, who were equipped with drumsticks and, thus, also represented the central props of the show |↗3a + b/p.103|. Next, the models alternated between the two poles of this movement spectrum, now posing, smoking, at the center of the platform, tossing cigarettes at the audience, now performing acrobatic exercises reminiscent of cheerleading. The rich variation in the diverse entrances corresponded to the highly contrasting designs of the collection "Mobil" (Mobile), which was interspersed with designs by Skoda's contemporaries Susanne Wiebe and Zazou, as well as Tabea Blumenschein, Heidi Heidi, and Hongkong Plez. Meanwhile, as Skoda stressed in 1982, the title *Trommelfeuer* was meant to be understood less in its military connotations, which is to say as a continuous barrage of artillery fire, and instead, as a visually conceived "rhythmic narrative" that proceeded in rapid succession.[27] And yet, this type of flirtation with a fascistoid aesthetic was very much in the air at the time. This was true, for example, for the band Mania D., which appeared in Berlin that year for the first time, and which also belonged to Skoda's intimate milieu.[28] According to founding member Gudrun Gut, the motivation here was mainly a desire to offer something provocative, something that ran counter to "hippie contaminated Berlin."[29]

With a length of nearly 90 minutes, *Trommelfeuer* (Barrage) was the longest show Skoda put on during that period, and its sound was certainly the most memorable. It is not without reason that the military drum roll is characterized, among other things, by its psychological impact on the fighting morale of soldiers. It was, in particular, the immediate proximity to the former central administration buildings of the National Socialist regime, today the memorial site known as the "Topography of Terror," which, as Claudia Skoda recalls, garnered harsh criticism for the show alongside enthusiastic acclaim.[30]

Certainly, the show *Veits Fights*, staged one year later, conveyed a similarly brutal tone, but it was also configured more emphatically as a playful contest between various fashion designers |↗4/p.105|. Officially entitled the "International Music Fashion Show of Young Avant-Garde Designers," the show was organized in collaboration with the Berliner Mode-Messe-Gesellschaft mbH, although the conception resided fully in the hands of Claudia Skoda and fabrikneu. In the atrium of the old building of the Technical University, she had the sought-after designers of the moment confront one another, now heavily armed: Skoda herself with a quarterstaff, Haloween with a rapier, Hongkong Syndikat with a mace, North Wing with a sword, Stefi Talman with a crossbow, Helga Baur with a trident, and the New York designer André Walker, then just 17 years old, with an ax. In the intervals between entrances and exits, three dancers, positioned behind a spanned piece of fabric, and hence visible only as shadows, enacted various combat scenarios, among them knife fights, a catfight with hair-pulling, all the way to the use of machine guns, which were pointed at airplanes. It was intended as a trial of strength, from which, however, no one emerged victorious.[31] Instead, this show of heavy weaponry was intended as a demonstration of collective strength. The music – which consciously distanced itself from the then current electronic wave – was supplied by the Fight Guitar Orchester, consisting of Göttsching, F. J. Krüger, Zak Preen, Harald Großkopf, Lüül, and Oliver. In her own way, Skoda still showed herself to be recalcitrant, although the collaborative nature of the event demonstrated that meanwhile, she had become an established figure in the German fashion scene.

Detour to New York: Berlin Nights and "Masterpieces"

In retrospect, it hardly seems surprising that for the moment, *Veits Fights* would be Skoda's last big fashion show in Berlin. Following advice from David Bowie, she had already presented her designs in New York for the first time in 1979. In 1982, she opened her first independent shop on Thompson Street in the heart of SoHo – directly across the street from British Designer, which also sold fashions by Vivienne Westwood. The Japanese label Comme des Garçons would soon follow. Once again, the interior was designed by Jürgen Skoda. Rosie Müller, a good friend of Skoda's and a model for many years, served as the shop's manager.[32] New York customers included Cher and Donna Summer, and

Andy Warhol was a fan. Skoda soon gained entry into the local subculture. In 1983, she showed the collection "Suleika 2000" in the context of the *Berlin Nights of Industrial Decadence* at the fashionable New York club Danceteria, together with the designer Hongkong Plez, the synth pop group Hong Kong Syndikat, along with the DJs Fetisch and Goda and Gert. Marc Almond, the former singer of Soft Cell, performed during the break |↗5/p.105|. In 1986, at the equally hip club The Palladium, Skoda presented her five-part pullover collection "Masterpieces." The artists Anne Jud, Luciano Castelli, Salomé, and Rainer Fetting each contributed a motif while Claudia Skoda created an additional image of "praying hands," based on a drawing bearing that title by Albrecht Dürer. Once again, art and fashion were directly linked in her production.

Return to Berlin: Dressater® — Dressed to Thrill

It took an invitation from the Berlin Senate to induce Claudia Skoda to return to Berlin. On the occasion of the designation in 1988 of West Berlin as the European Capital of Culture, she was commissioned to organize the official opening gala. With *Dressater® – Dressed to Thrill*, Skoda conceived a show that claimed to do no less than inaugurate a new medium, one characterized by an intimate linkage between "music, film, video, dance, painting, opera, and performance,"[33] and which sought, above all else, to make an impression through fashion. "The time," we read in the forward of the program booklet, "is ripe for Dressater." Skoda even had this name protected by copyright as a trademark. The drawing created for the event, its design restricted to black on black, was the work of her friend Wolfgang Joop |↗6/p.105|.

For this show, and not unlike her approach with *Veits Fights*, Skoda invited six guest designers from six different countries, each appearing under their own motto: Tom Adams from Ireland with "Baroque Melancholy," Marc Audibet from France with "Nouvelle couture contemporaire," Yoshiki Hishinuma from Japan under the motto "Space," Tamás Király from Hungary with "Open Doors," Francis Montesinos from Spain with "Modern Folklore," along with Vivienne Westwood – who was meanwhile enjoying acclaim in Great Britain as the inventor of 'punk fashion' – with "Britain goes Pagan." Skoda's own motto was simply "Modern wird's von allein" (Modern of Its Own Accord). The program also incorporated an "homage," curated by Rosie Müller, to the designer Rudi Gernreich, who had died three years earlier. The entire event was framed by an androgynous, alien-like "master of ceremony," namely Joey Arias, a regularly featured artist in New York's cabaret and drag scene.[34] At the very beginning, in the form of a simulated telephone conversation, he declared the entire event to be a "big party" for Gernreich, to which seven VIPs – the above-named designers, including Skoda – had been invited, along with 2,000 guests. Finally, the individual collections were presented on a 60-meter-long steel suspension bridge, designed by Hans Kollhoff and Hubertus Duwensee, which was installed lengthwise in the great hall of the Hamburger Bahnhof. The presentation of each collection was given its own choreography, which endowed the entire event with a narrative dimension, at the same time highlighting the individuality of the various designs. George E. Younger was responsible for the scenic design, and there were performances by professional dancers Michael Hall and Quentin Clark. Steven Brown, a member of the U.S.-American new wave band Tuxedomoon, was in charge of the music. He combined his typical, strongly rhythmic synth sound with other based on the countries of origin of the various designers and, in the case of Gernreich, pop songs from the 1960s.

Alongside Skoda's production, it was, as expected, Gernreich's fashions that elicited the greatest jubilation from the audience. Three years earlier, the presentation of his notorious monokinis – conceived as symbols of freedom – by his longtime muse Peggy Moffitt was banned from the catwalk due to fears of objectification;[35] now, their emphatically extended presentation was accompanied by a bluesy interpretation of the Beatles song "A Hard Day's Nights" performed by Arias in lacquer and leather. Well-received as well in the framework of *Dressater®* was Vivienne Westwood's show *Choice*, presented abroad for the first time, and made striking by virtue of the rule "one song for each outfit." She began with a *tableau vivant* after Titian's *Venus of Urbino*, from which the model Sara Stockbridge, who functioned as a lead singer, raised herself slowly, and concluded with a traditional Scottish sword dance by the "ballet punk" Michael Clark. Particularly spectacular was the fire show at the end of Hishinuma's presentation. It led directly to a solo appearance by the baritone Ulf Maria Kühne, clad in a motorcycle outfit, and carrying a helmet in his hand. The entire show concluded effectively with his exit through the open doors of the Hamburger Bahnhof, where he walked out into the bright light.

With a length of altogether three hours including intermission, the evening – which renounced seating opportunities – taxed the patience and receptivity of some guests, and of some critics as well.[36] All the same, and in particular through the involvement of Joey Arias, *Dressater®* was even more of a 'show' than previous Skoda shows, and featured a star-studded cast (with a number of critics, in turn, interpreting the scenario as a form of self-adulation[37]). At the same time, it was a final, grandiose plea for presenting fashion as art, as *apparel* that was expressive of a lifestyle, and moreover detached from commercial constraints, as we read in the program booklet.[38] Through *Dressater®*, it also became clear that the unconventional – and even radical tendencies – within the fashion world had now reached commercially marketed high-fashion. Alongside Vivienne Westwood, so esteemed by Skoda, it was primarily Japanese designers like Rei Kawakubo and Issey Miyake who were the talk of the town for their unconventional shows, which broke with Western tradition, at the big fashion fairs of the 1980s.

An End without an End: Deep Diving for Whales

When the Berlin wall fell, and the atmosphere of upheaval became pervasive, Skoda felt obliged to remain. There were, however, no new major fashion 'happenings.' An exception was the show *Kunst und Papier auf dem Laufsteg* (Art and Paper on the Catwalk), which took place in 1998 in the exhibition *The Swimmer in the Econo-Mist* by the painter James Rosenquist at the Deutsche Guggenheim in Berlin. With a point of departure in Rosenquist's newly issued *Paper Suit*, and alongside designs by artists such as John Bock, Rosemarie Trockel, Alba D'Urbano, and old associates like Kippenberger, Castelli, Jud, and Fetting, Skoda showed her own designs, originally conceived in 1991 for the performance *Deep Diving for Whales*, intended for the opening of Christoph Langhof's Horst Korber Sports Center at the Olympiastadion.[39] With movements imitating amphibians, the models were dressed for the most part in single-colored full-body suits from which large helium-filled balloons extended all the way to the ceiling, attached via knitted tubes from buttocks, head, or belly |↗7a + b / p. 107|. The presentation of fashion had truly become performance, and the bodies modeling them had become moving sculptures. In an interview given in the early 2000s, Skoda remarked that it had simply become too difficult to generate attention via fashion shows. According to her, only the absolute breaking of taboos, cultivated as a trademark by United Colors of Benetton during the 1990s, for example, remained competitive.[40] Around this time, moreover, various major fashion labels such as Maison Margiela, Hussein Chalayan, or Jon Galliano with his "Fashion Opera" for Dior, had begun putting the conventions of the fashion show to the test. Offered today in place of the do-it-yourself attitude is the maximally perfect show, provided, for example, by fashion show producers and set designers.

With her withdrawal, Skoda had once again recognized the signs of the times – not that she has ever given up entirely. Alongside readings of critiques of her shows and the continued consolidation of legends around her activities, it is today primarily the various photographic and filmic documents that bring her fashion happenings back to life, providing us with a powerful impression of how it all began.

1 Claudia Skoda in conversation with Janine Dudenhöfer, in: exhib. cat. Duderstadt, 2013, p. 120.

2 Among others, WM, 1978.

3 Siebens, 1978.

4 The use of the term goes back to Tony Naylor's eponymous article in the British daily newspaper *The Guardian*; Naylor, 2013.

5 A nice impression of everyday life in fabrikneu is provided by a contemporary Super 8 film created by Reinhard Bock.

6 Cf. Wolff, 1975.

7 Manuel Göttsching in conversation with Britta Bommert and Marie Arleth Skov, Berlin, November 4, 2019.

8 In retrospect, this floor collage can be regarded as "marking the birth of Kippenberger the artist," interview with Claudia Skoda 2013 b; cf. also Zdenek Felix, "Kippenbergers wiederentdeckte Performance," in: exhib. cat. Düsseldorf 2005, p. 35. The floor collage is found today in the Kunsthalle HGN, Duderstadt.

9 WM 1978.

10 Cf. Göttsching 2019 (see n. 7).

11 Sieben 1978.

12 Ibid.

13 Ibid.

14 These are found today in the archive of Manuel Göttsching.

15 Göttsching 2019 (see n. 7)

16 Cf. ibid. and interview with Manuel Göttsching, 2006.

17 Cf. Göttsching 2019 (see n. 7).

18 Sieben 1978.

19 WM 1978.

20 Cf. Claudia Skoda in an unpublished interview with C. Baumjohann, Berlin, 2018. A transcript of this interview is found in the Fashion Collection – Lipperheide Costume Library of the Staatliche Museen zu Berlin, Kunstbibliothek.

21 Subsequently, Salomé and Castelli founded their strongly performance-oriented electro-punk band Geile Tiere (Horny Animals), releasing an album with that title two years later, in 1981. Castelli immortalized the closing scene of one of their performances in his painting *Berlin Nite* (1979; private collection, Luciano Castelli), which would become an icon of the gay lifestyle of the time.

22 Cf. Skoda 2018 (see n. 20).

23 In 1981, Göttsching composed the influential proto-techno track "E2-E4," consisting of just two chords, which was released for the first time as an LP in 1984.

24 Cf. for example Schulze 2012.

25 In the early 1980s, according to Nina Humpe, the band Einstürzende Neubauten played a role in a very similar setting, cf. Teipel 2001, p. 232.

26 Also present were, among others, Manu Troekes and Christine Hahn, who belonged to the band Malaria!. The co-organizer of the fashion show *Trommelfeuer* was the Art Directors Club für Deutschland, cf. Adler 1982.

27 Interview with Claudia Skoda 1982, p. 61. Here, she also distinguishes Trommelfeuer from so-called "bush music," a term that is highly problematical by virtue of its racist connotations.

28 In 1978, band members Köster and Gudrun Gut had opened the scene shop Eisengrau, where, among other things, they sold their own knitted pullover designs. Much later, according to Gut, in the 1990s, they performed at a smaller, private fashion show organized by Skoda; Gudrun Gut, e-mail to the author dated January 8, 2020. Cf. also Lehmann, Ulrich, "Laufstege und Abwege," in: exhib. cat. Düsseldorf 2005, p. 61, n. 19.

29 Cited from Teipel 2001, p. 241.

30 Cf. Skoda 2018 (see n. 20).

31 Cf. P. A. 1983, p. 19.

32 My emphatic thanks here to Rosie Müller for her enthusiastic assistance in researching the New York period.

33 From the program booklet for *Dressater®*. A copy of this publication is found in the Fashion Collection – Lipperheide Costume Library of the Staatliche Museen zu Berlin, Kunstbibliothek.

34 My thanks to Joey Arias for an illuminating telephone conversation on September 22, 2018.

35 Marylou Luther, "Looking Back at a Futurist," in: Moffitt [ed.] 1991, p. 21.

36 Cf. Conrad 1988 and Riepl 1988.

37 Cf. Conrad 1988.

38 Mentioned in the program booklet is a "commercial clubfoot."

39 The planned performance must have been canceled on short notice when the public, interested primarily in sports, rebelled against a cultural program; cf. interview with Claudia Skoda 2004, n.p.

40 Claudia Skoda in conversation with Janine Dudenhöfer, in: exhib. cat. Duderstadt 2013, p. 120.

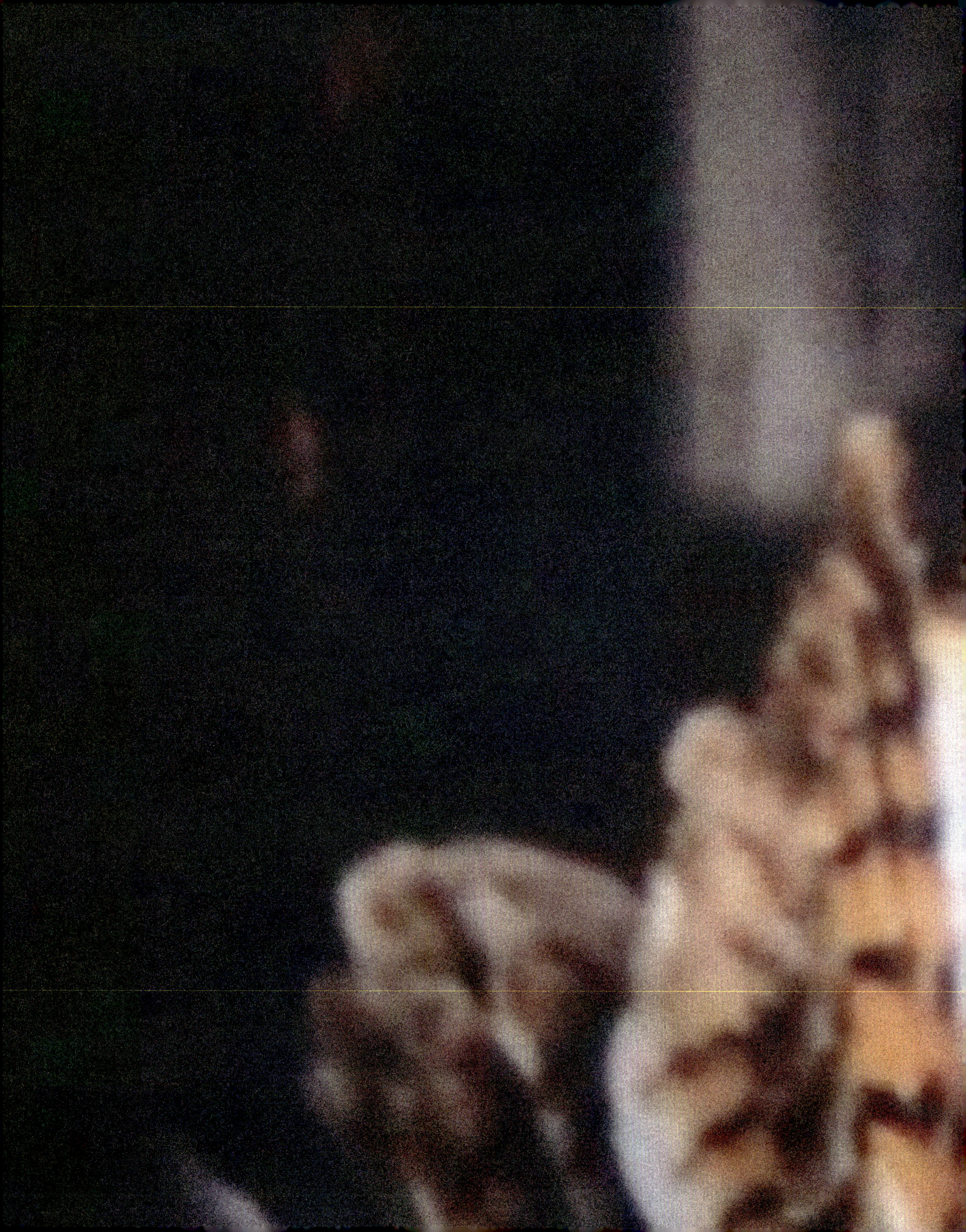

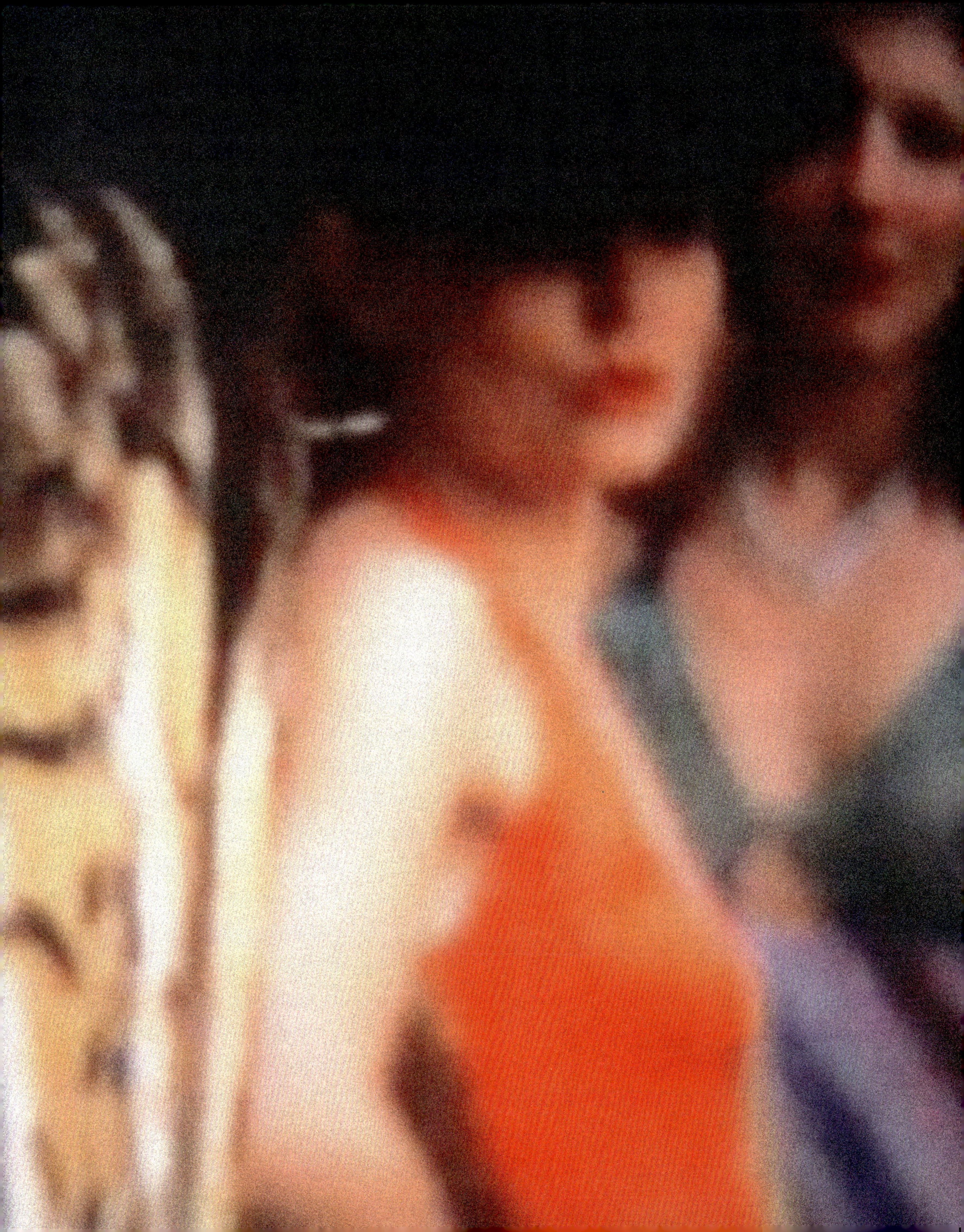

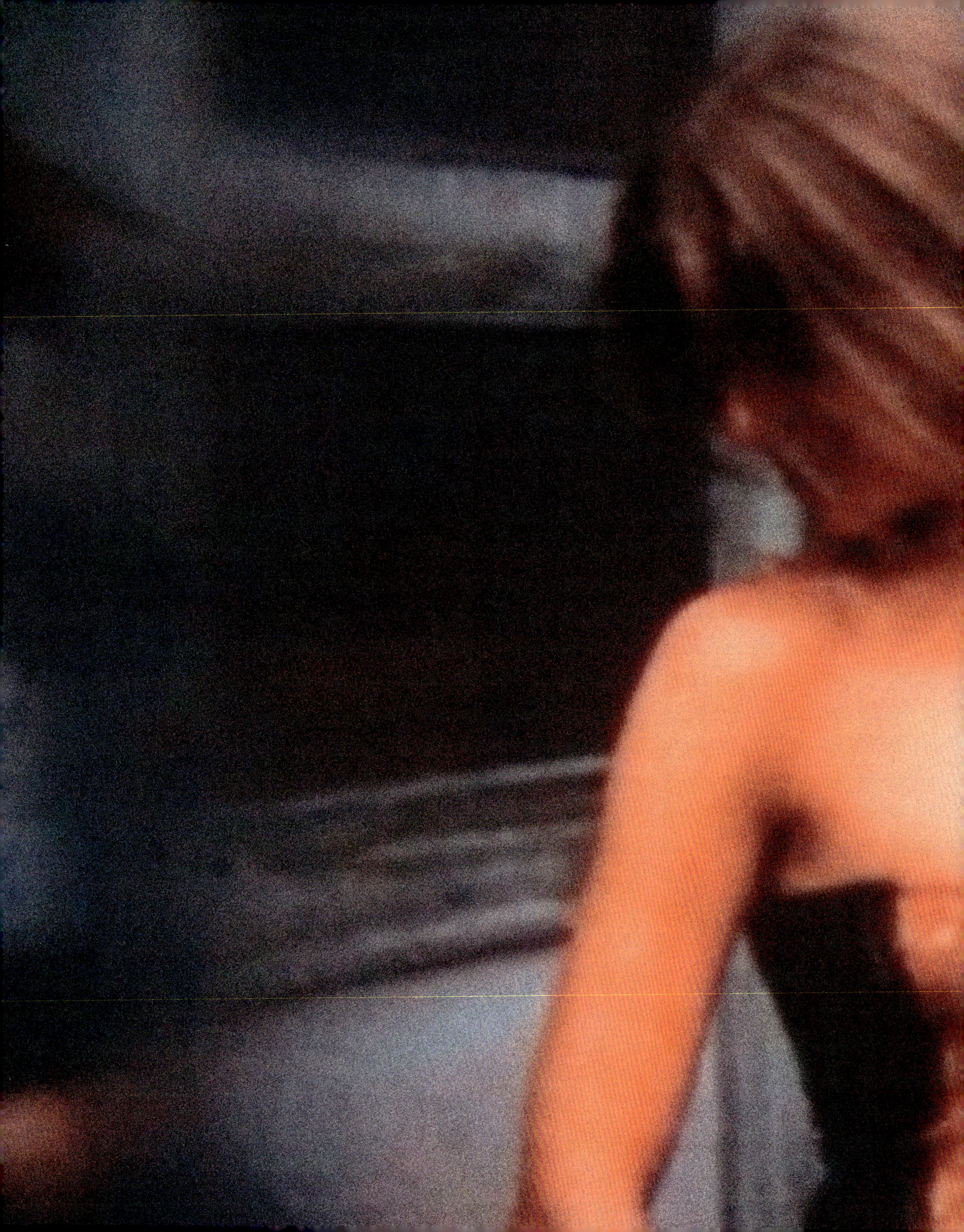

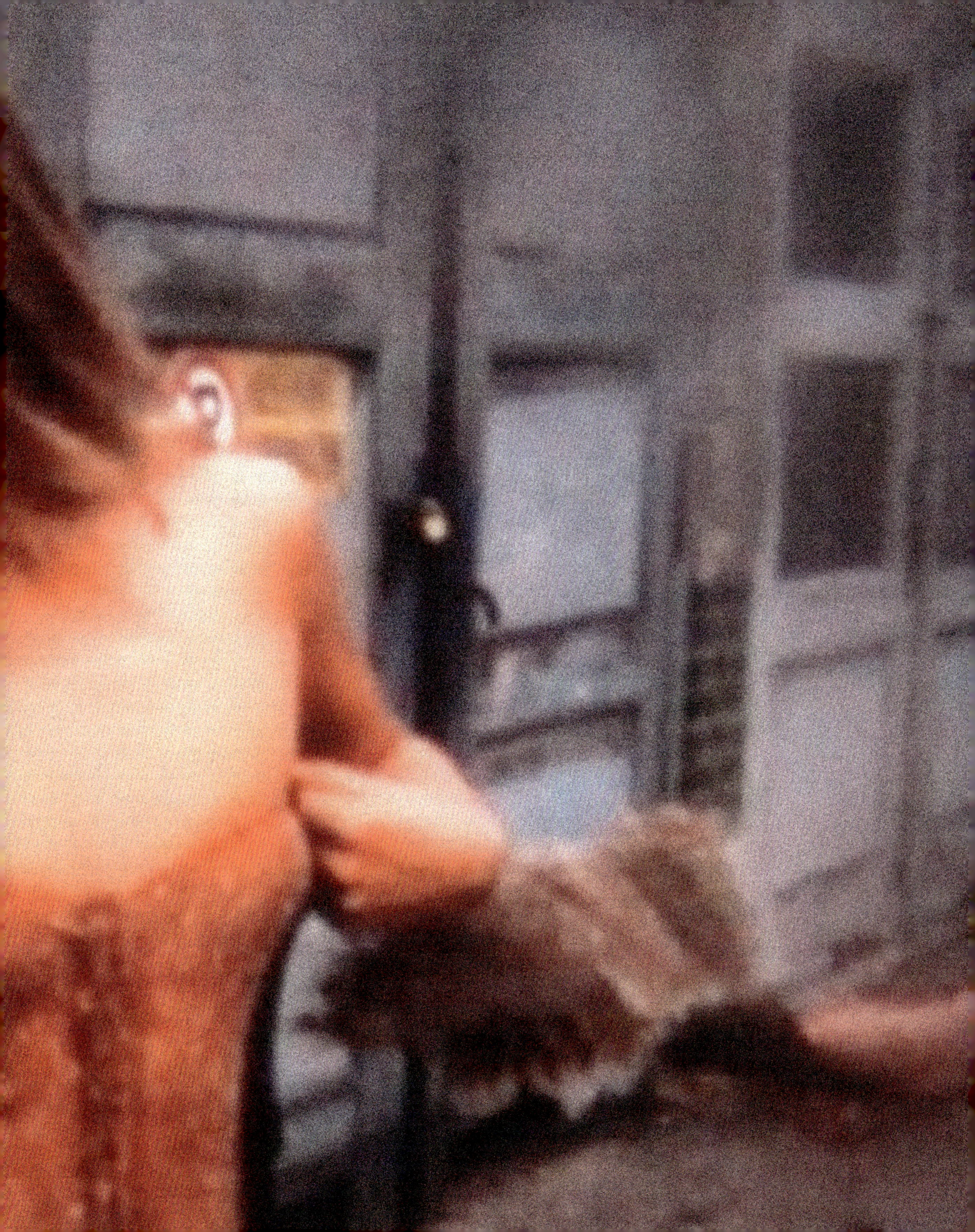

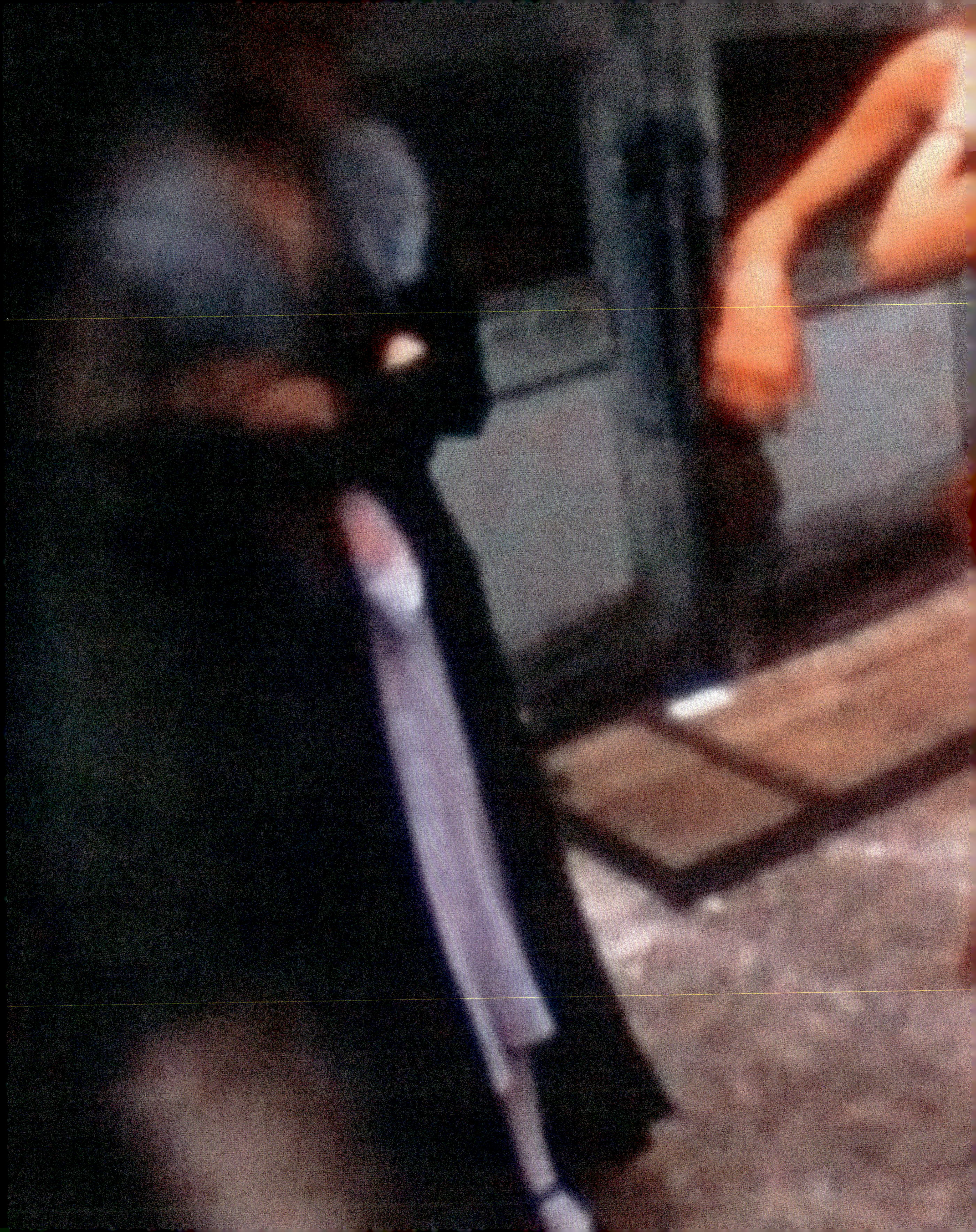

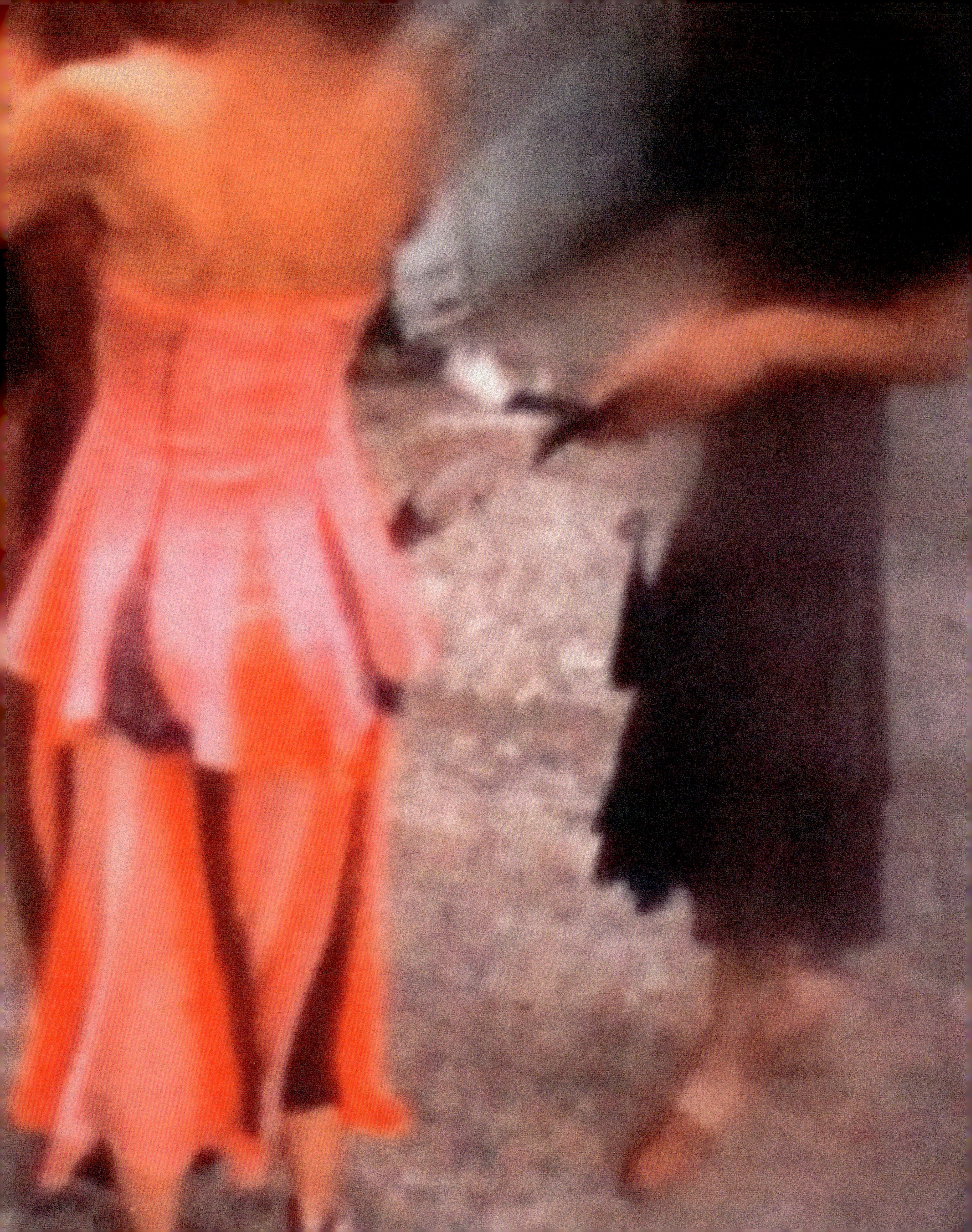

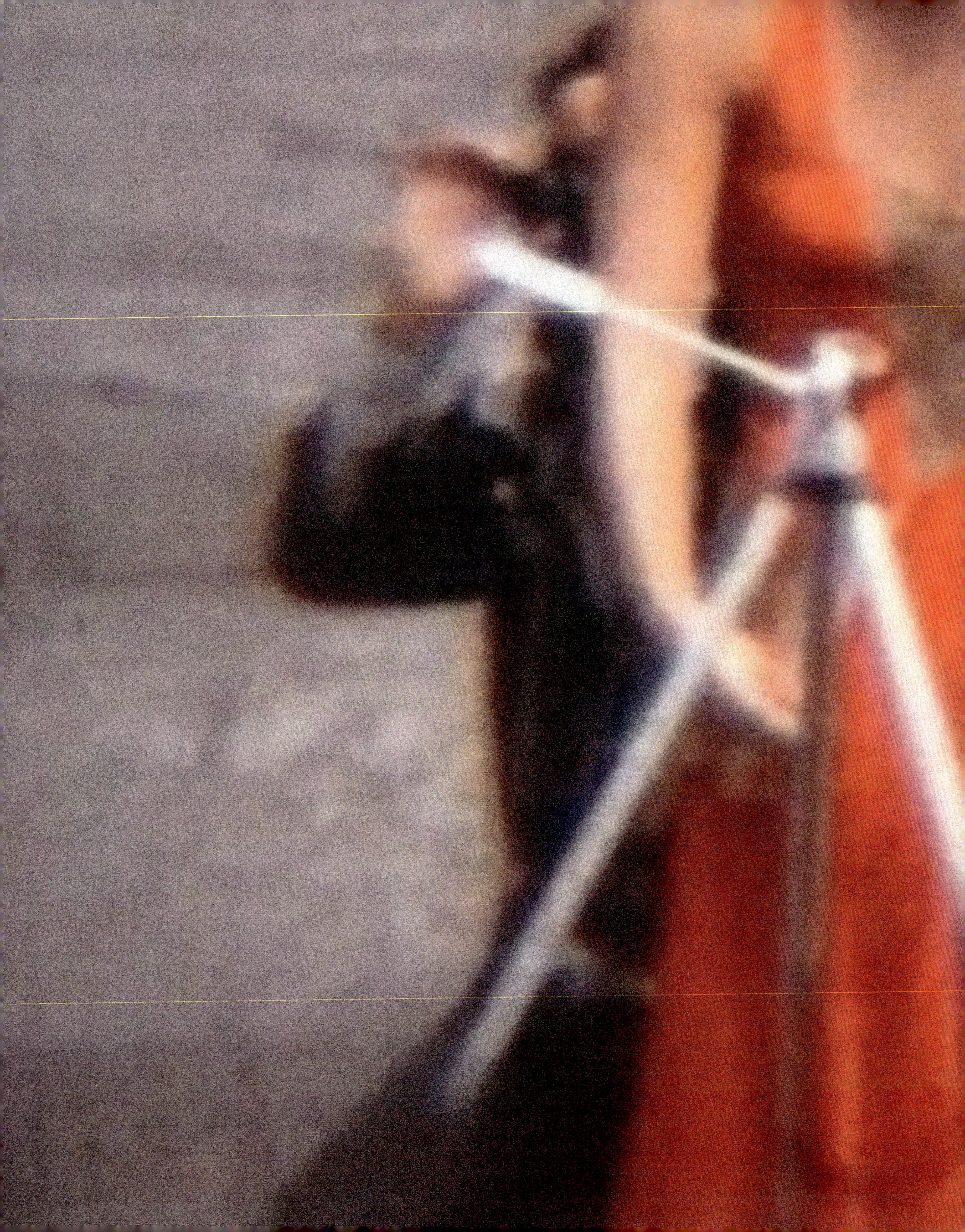

1970s — 1980s

dressed to thrill

01
02

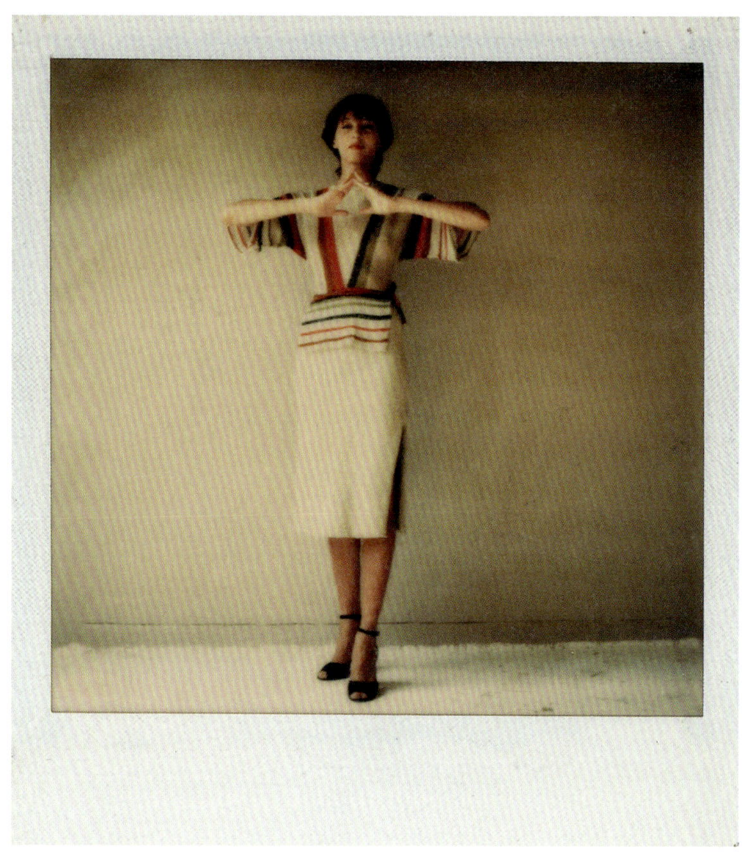

03

01 — 03
Claudia Skoda
Jenny Capitain in Strickkleidern
von Claudia Skoda
Jenny Capitain wearing knitted dresses
by Claudia Skoda
Ca. 1975
Polaroids
10,8 x 8,8 cm

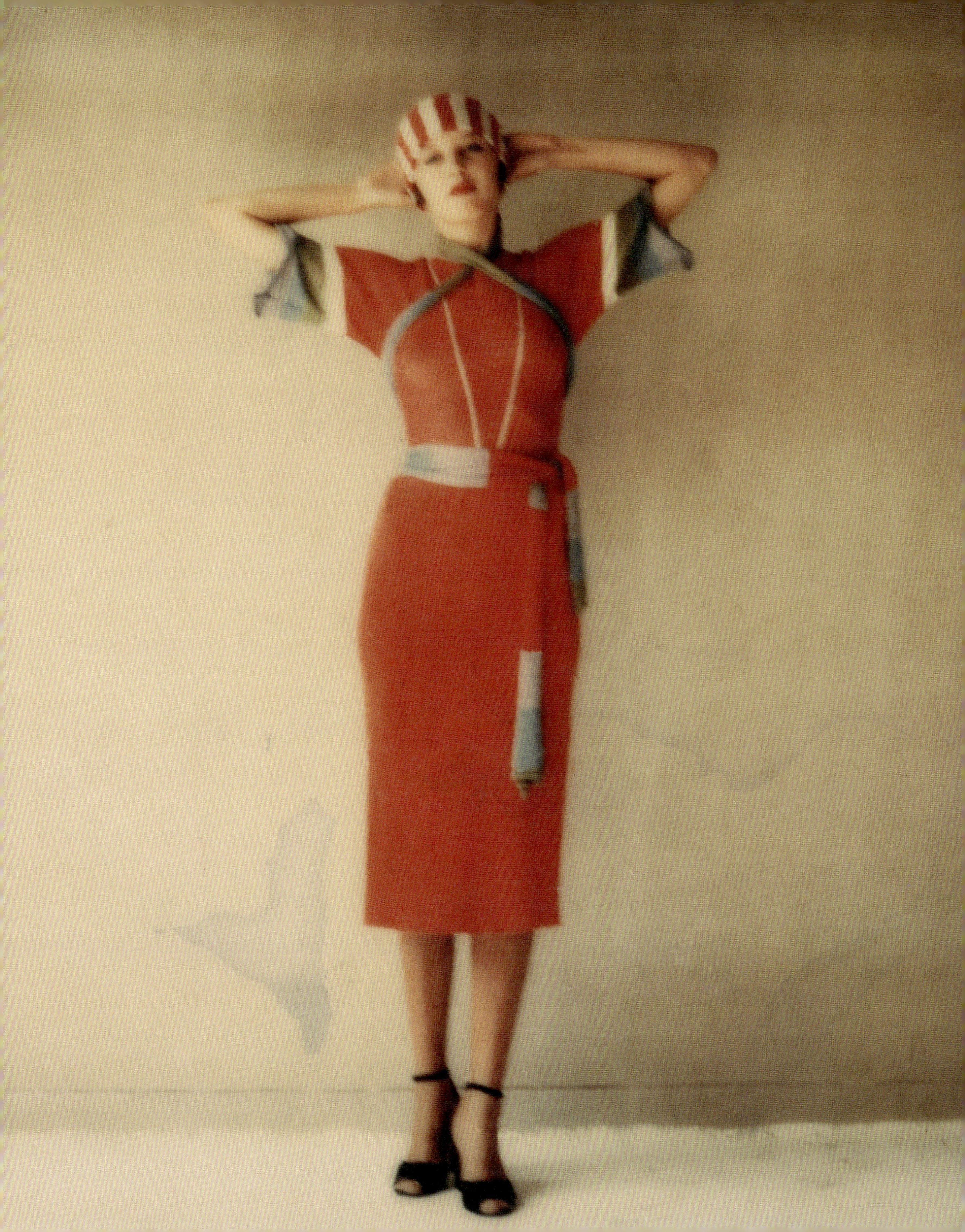

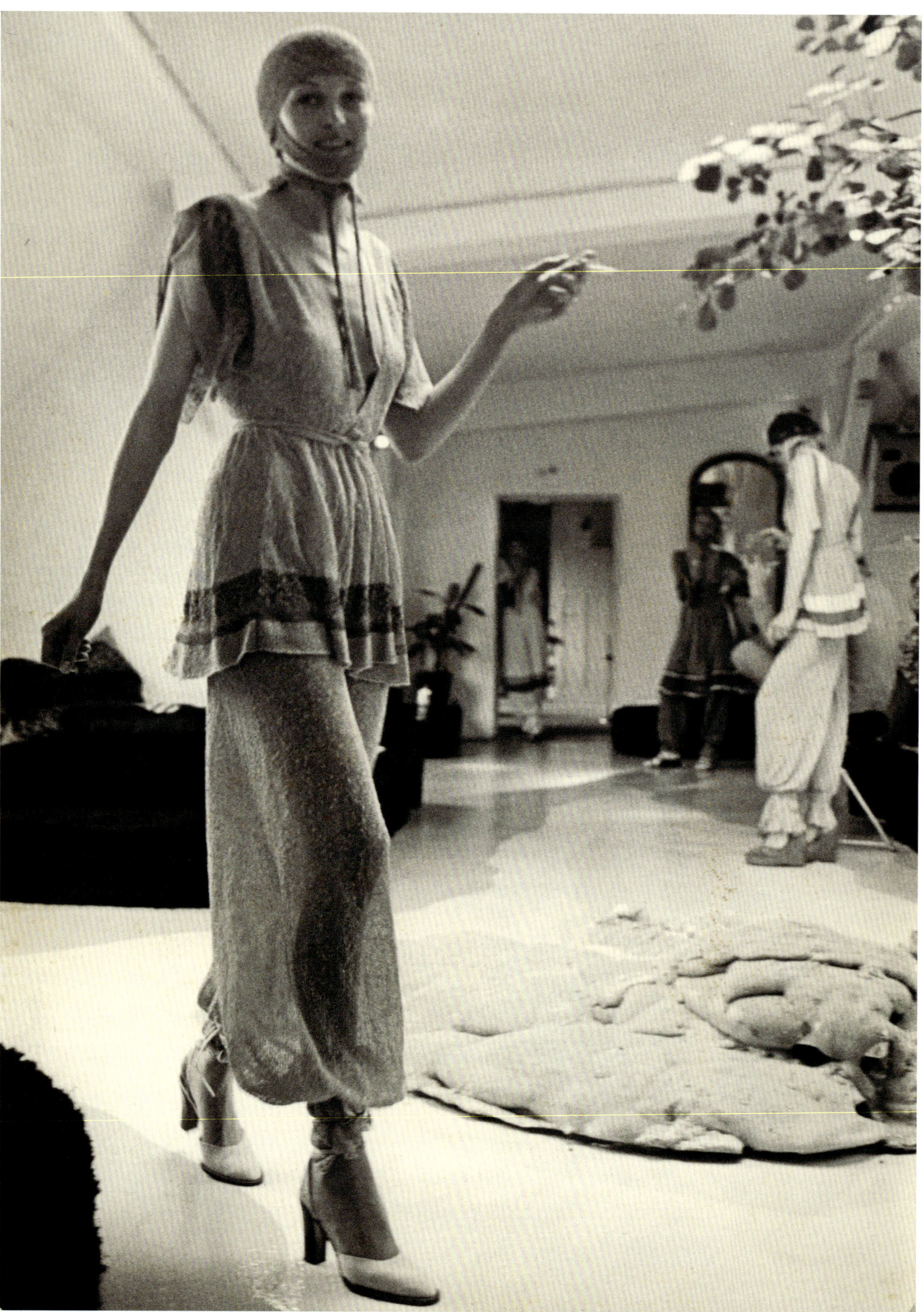

04

04 – 06
Esther Friedman
Probe zur Modenschau *Shake your Hips* in der fabrikneu, Strickdesigns von Claudia Skoda
Rehearsal for the fashion show Shake your Hips *in the fabrikneu, knitwear designs by Claudia Skoda*
1976
Silbergelatine-Vintageprints
17 x 11,9 cm

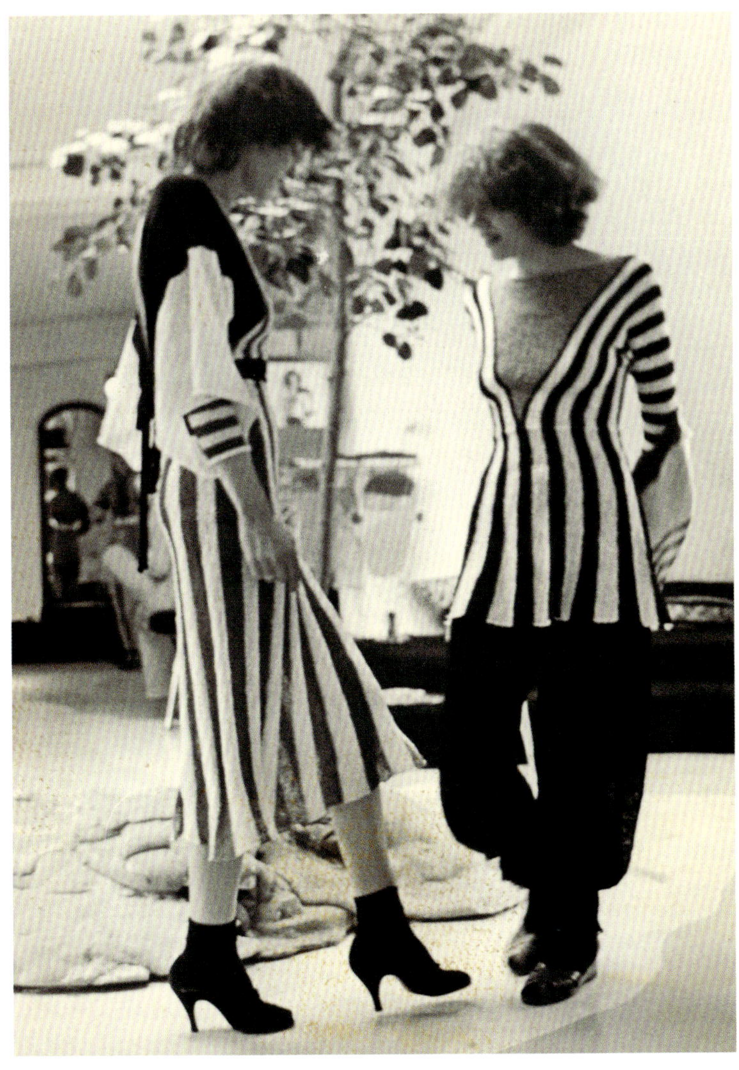

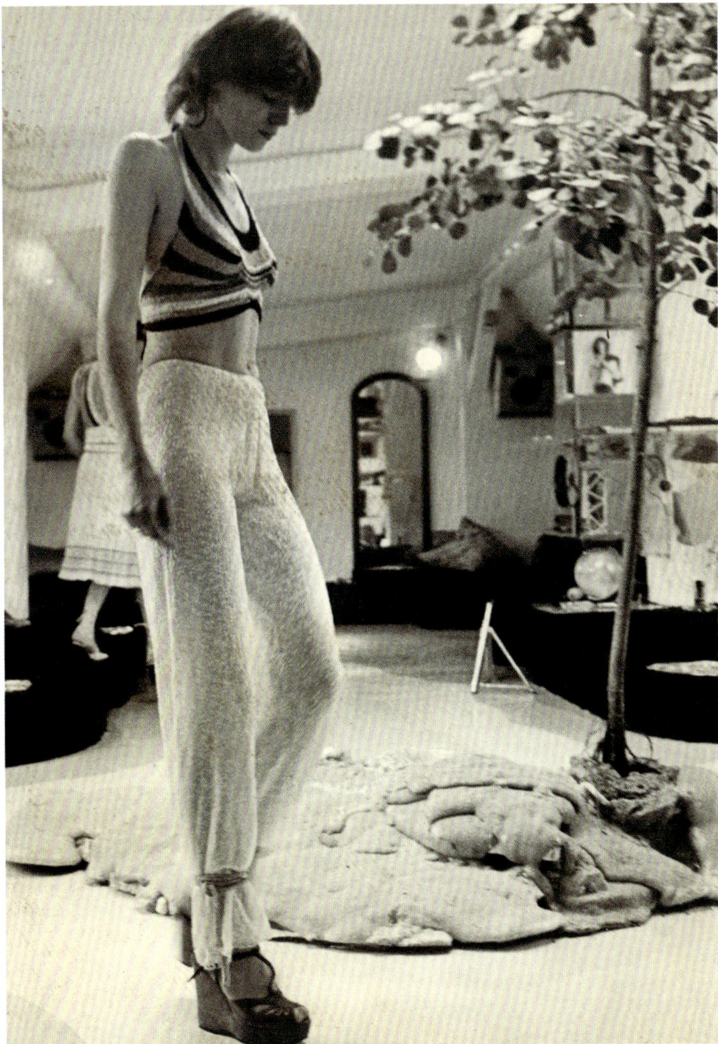

05
06

07
08

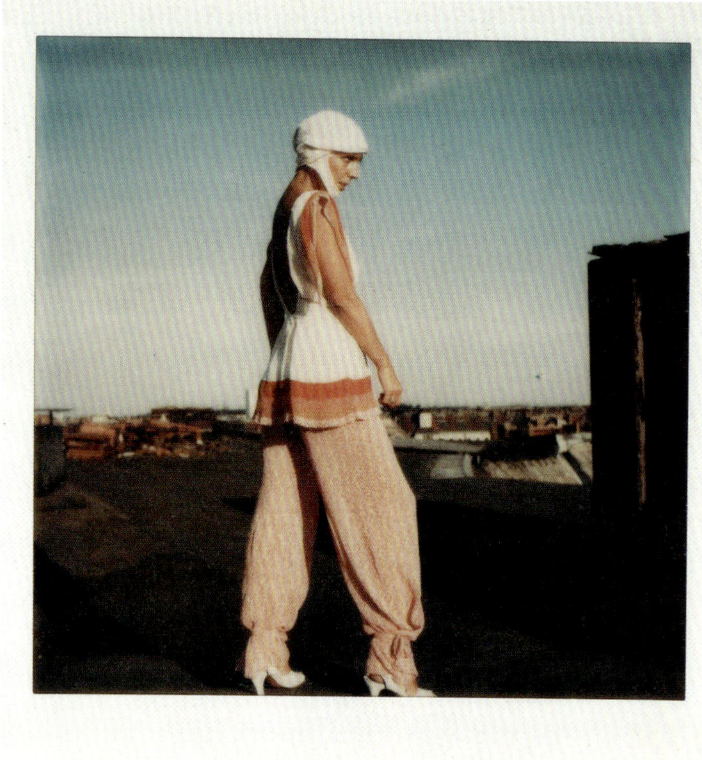

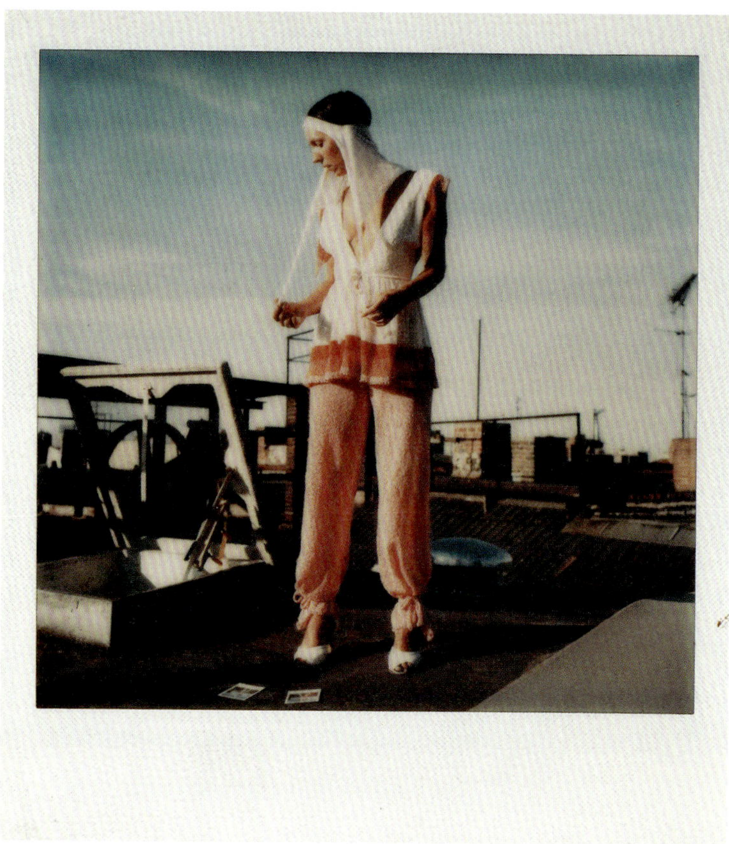

09

07 — 09
Fotograf*in unbekannt
Claudia Skoda auf dem Dach der fabrikneu
in Strickensemble der Kollektion »Shake your Hips«
Claudia Skoda on the roof of fabrikneu
wearing a knitwear ensemble from the collection "Shake your Hips"
1976
Polaroids
10,8 x 8,8 cm

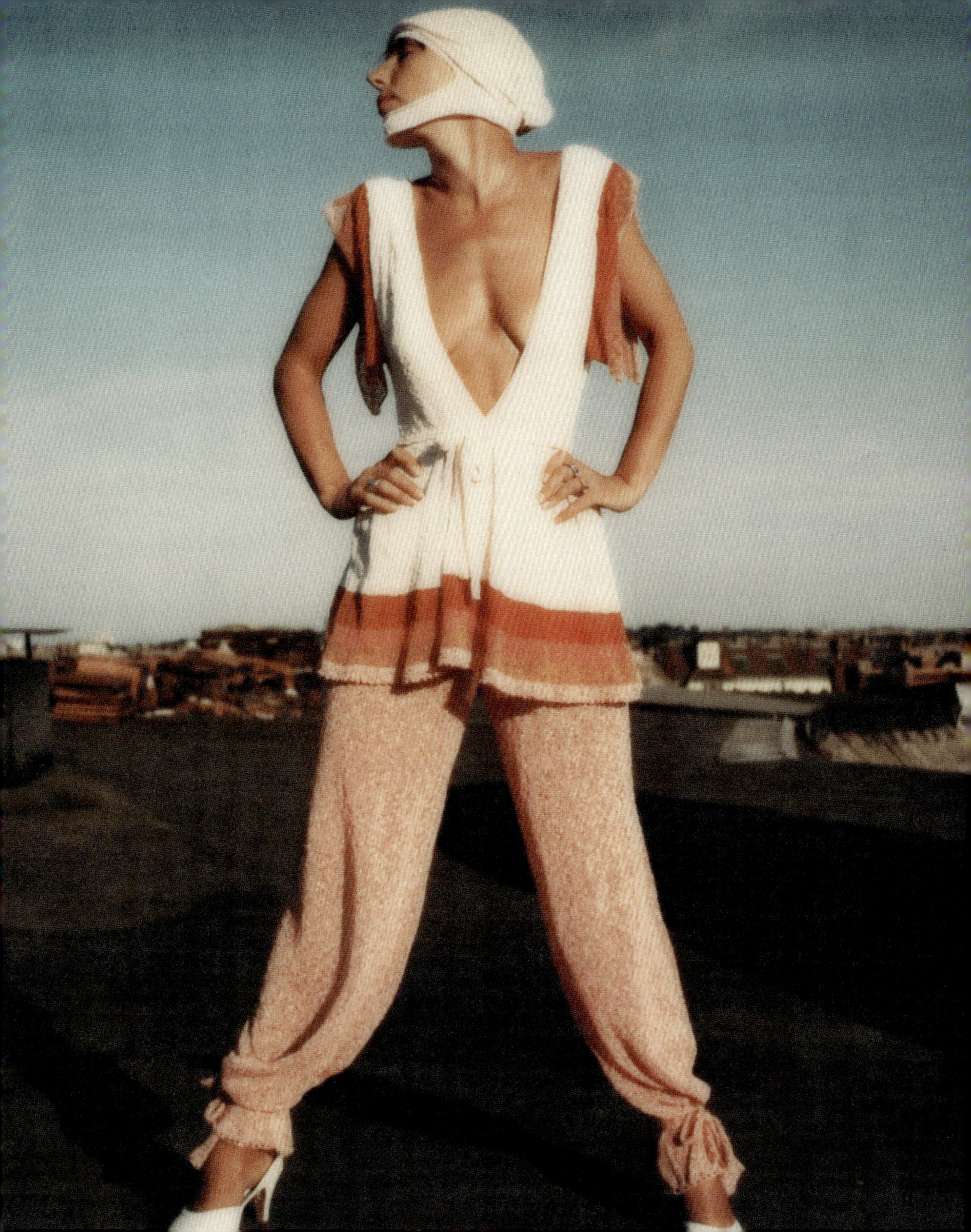

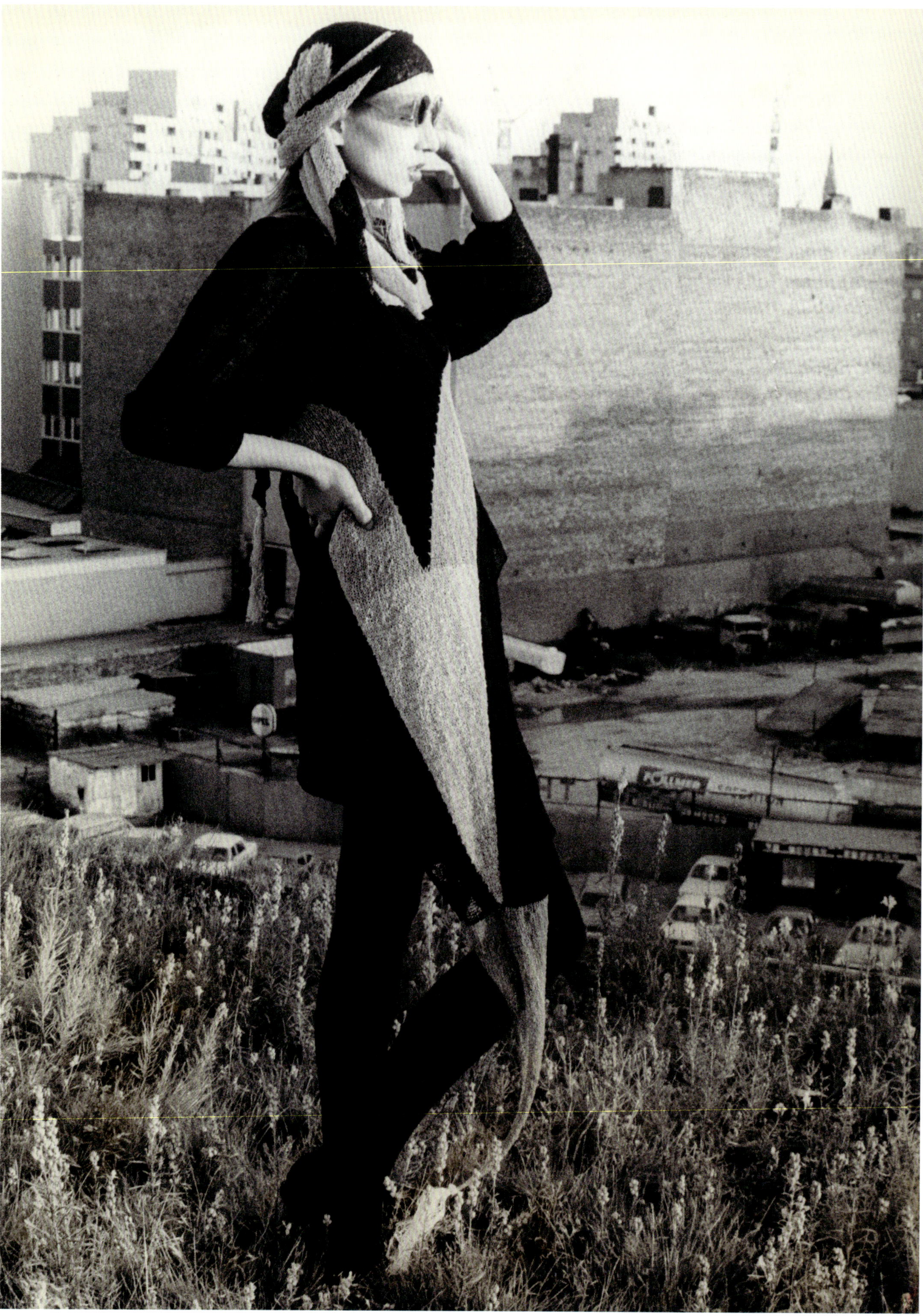

10

10 – 12
Esther Friedman
Gaby in Strickdesigns von Claudia Skoda auf einem Dach in West-Berlin
Gaby wearing knitwear designs by Claudia Skoda on a roof in West Berlin
Ca. 1977/78
Silbergelatine-Vintageprints
29,2 x 21 cm

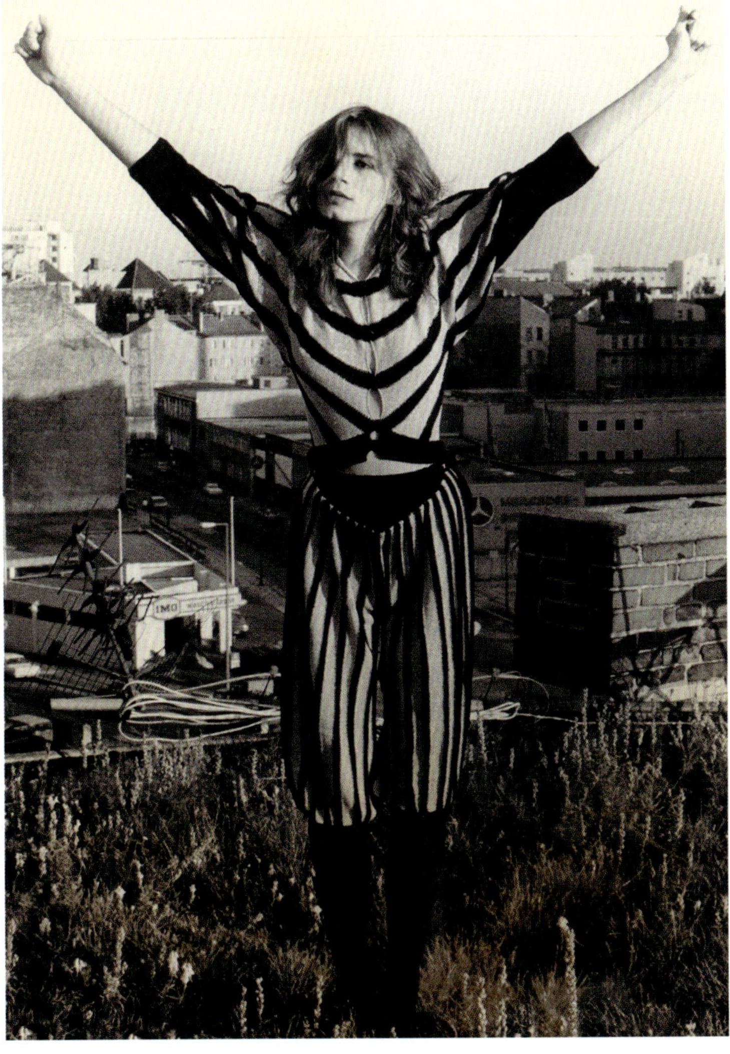

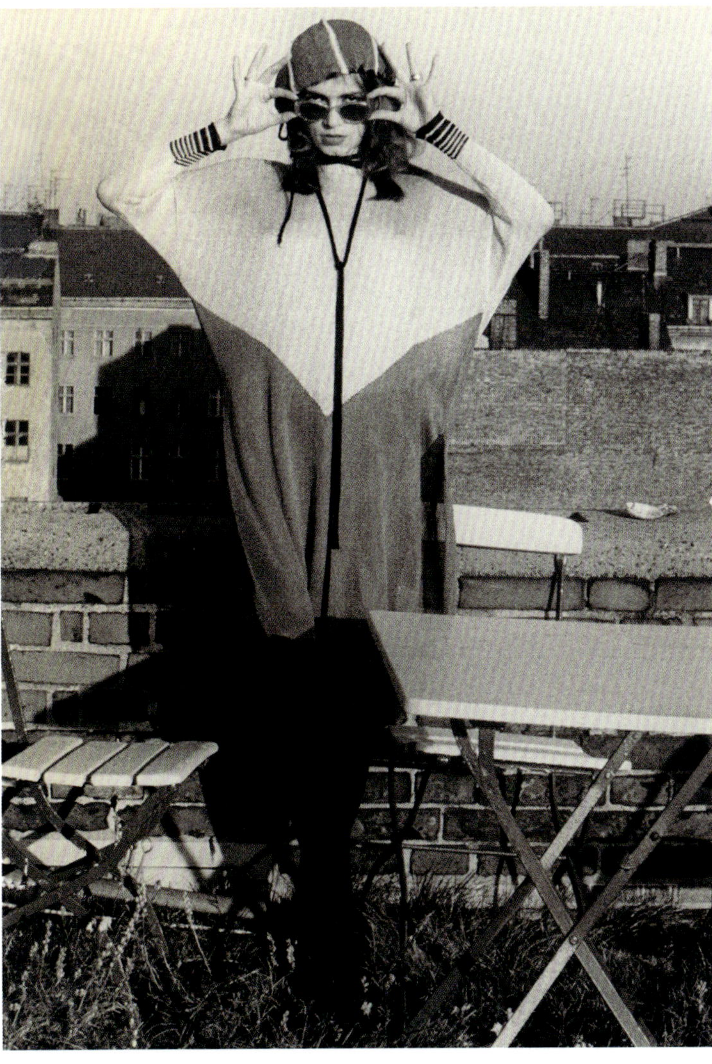

11
12

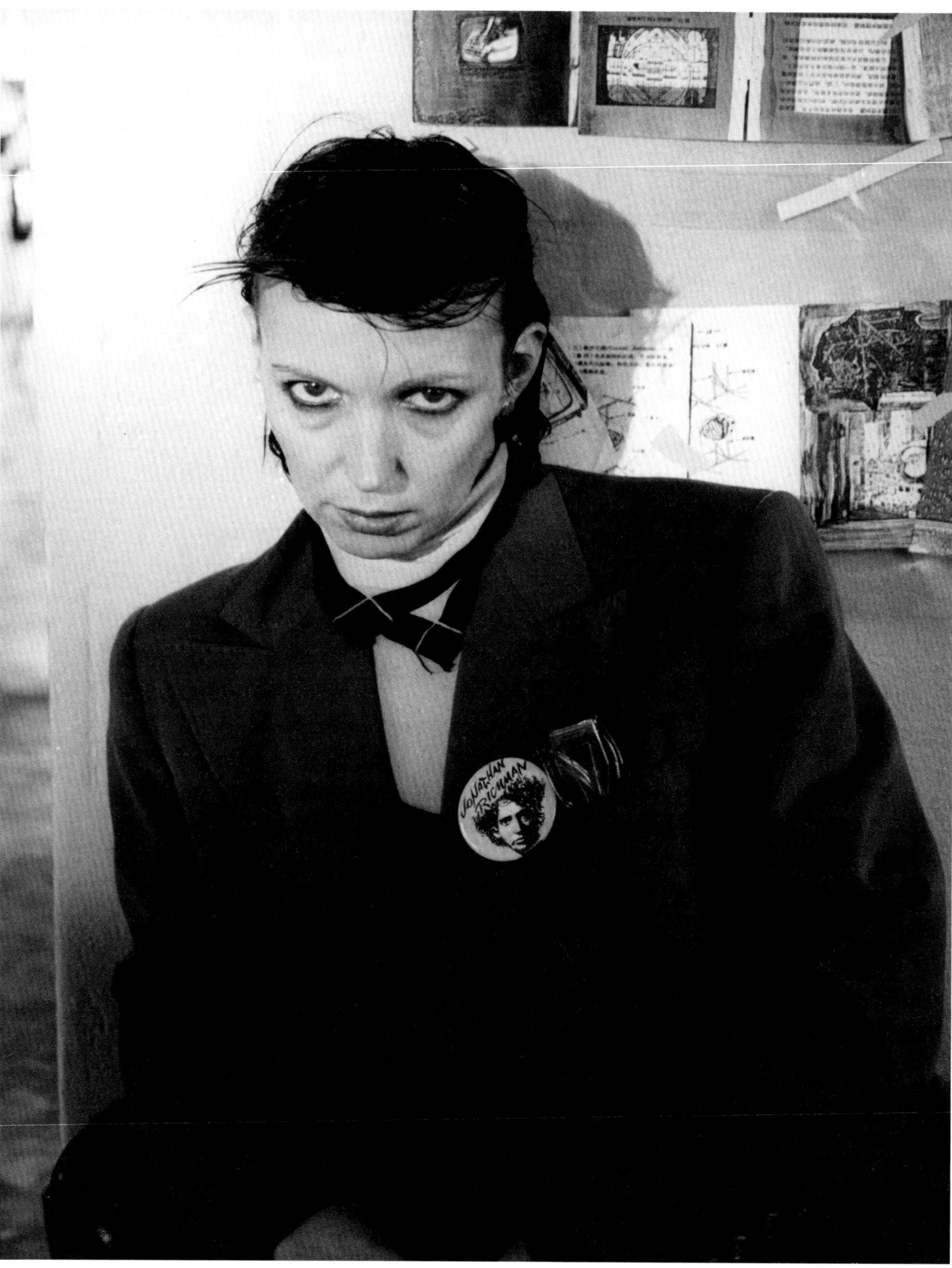

13

13 – 15
Martin Kippenberger
Porträtserie von Claudia Skoda
Series of portraits of Claudia Skoda
1977/78
Silbergelatine-Vintageprints
23,6 x 17,8 cm

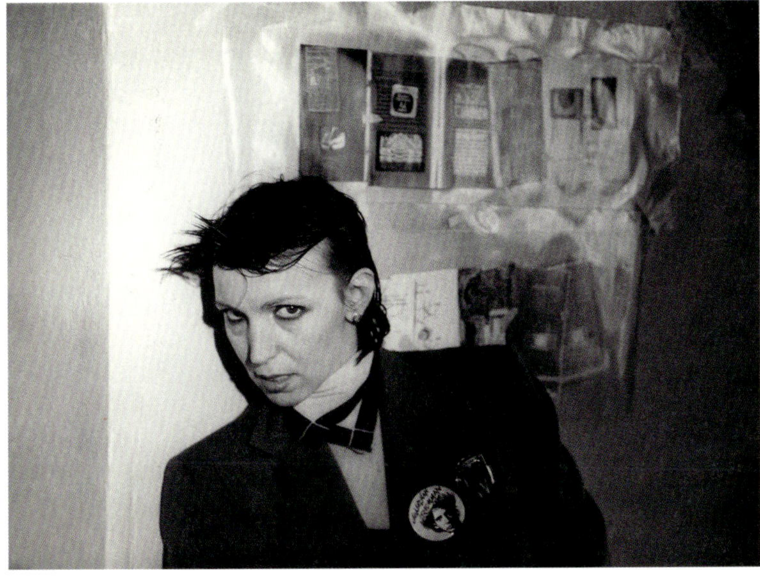

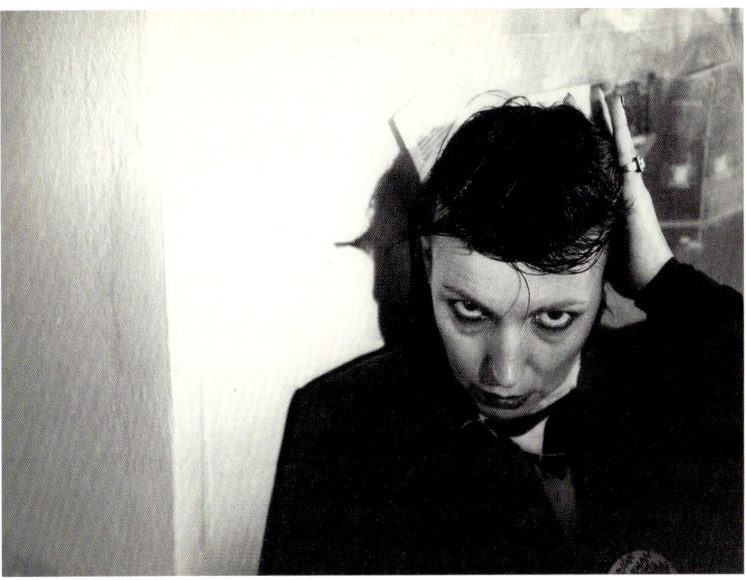

14
15

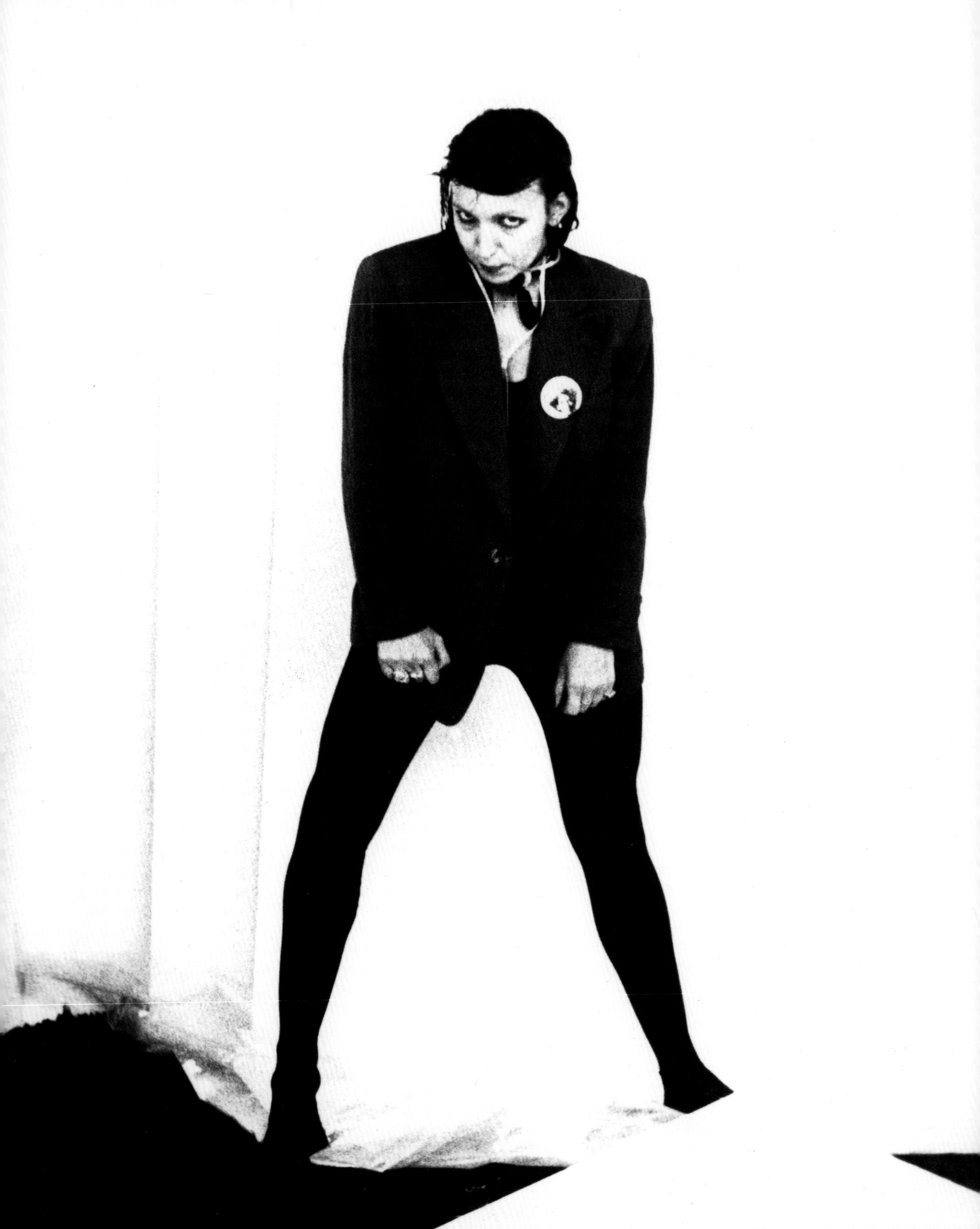

16
Martin Kippenberger
Porträt von Claudia Skoda
Portrait of Claudia Skoda
1977/78
Silbergelatine-Vintageprint
23,6 x 17,8 cm

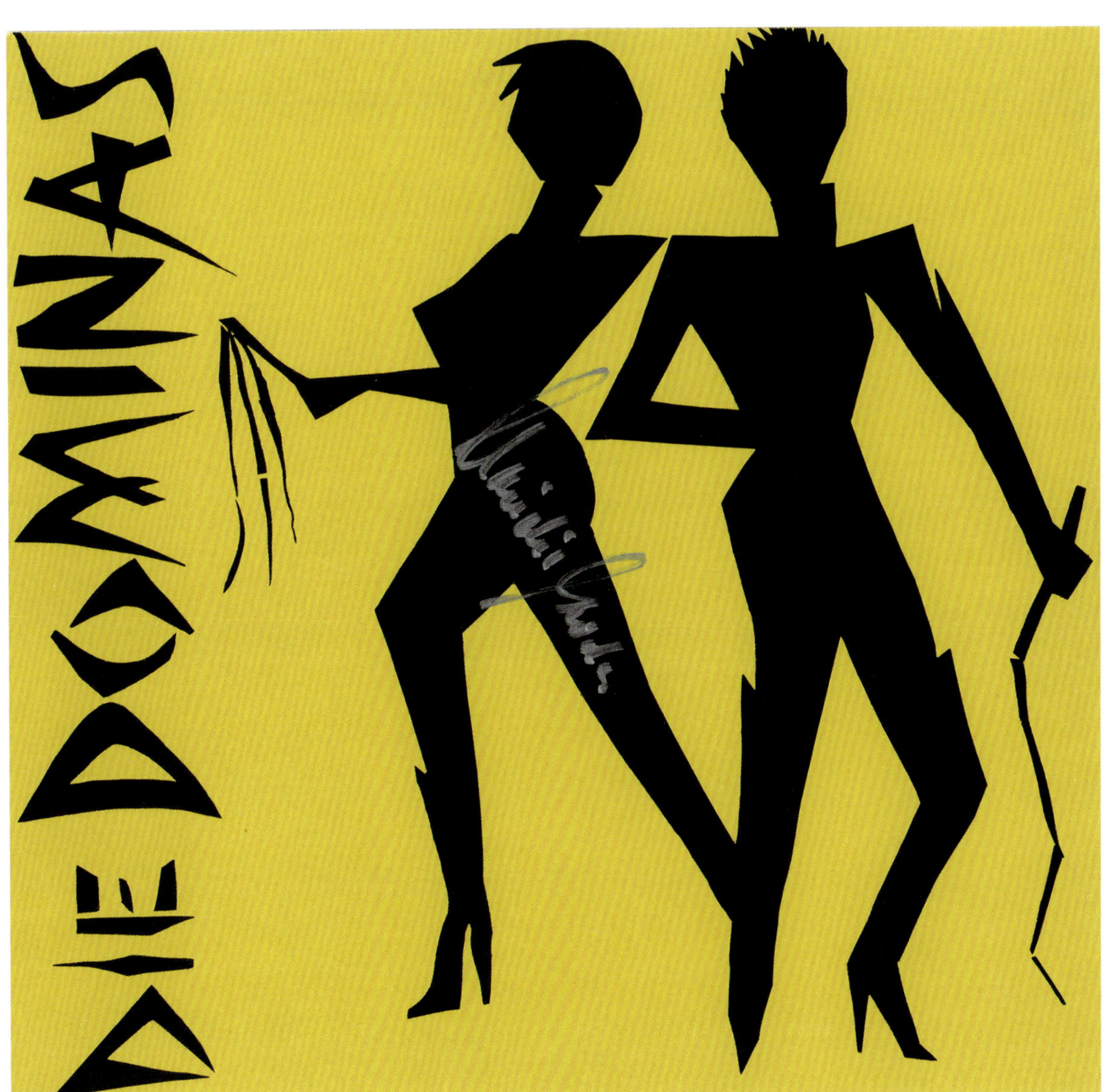

17

17
Karl Bartos und **Ralf Hütter** (Kraftwerk)
Grafikdesign für die EP *Die Dominas* von
Claudia Skoda und Rosie Müller
Graphic design for the EP Die Dominas *(The Dominatrices)*
by Claudia Skoda and Rosie Müller
1981
Offsetdruck
26,1 x 26,4 cm

18 + **19**
Martin Kippenberger
Porträtserie von Claudia Skoda mit Strickmaschine im U-Bahnhof Kottbusser Tor, Berlin
Portrait series of Claudia Skoda with her knitting machine in the Kottbusser Tor subway station, Berlin
Ca. 1976/77
Silbergelatine-Vintageprints
17,7 x 23,5 cm

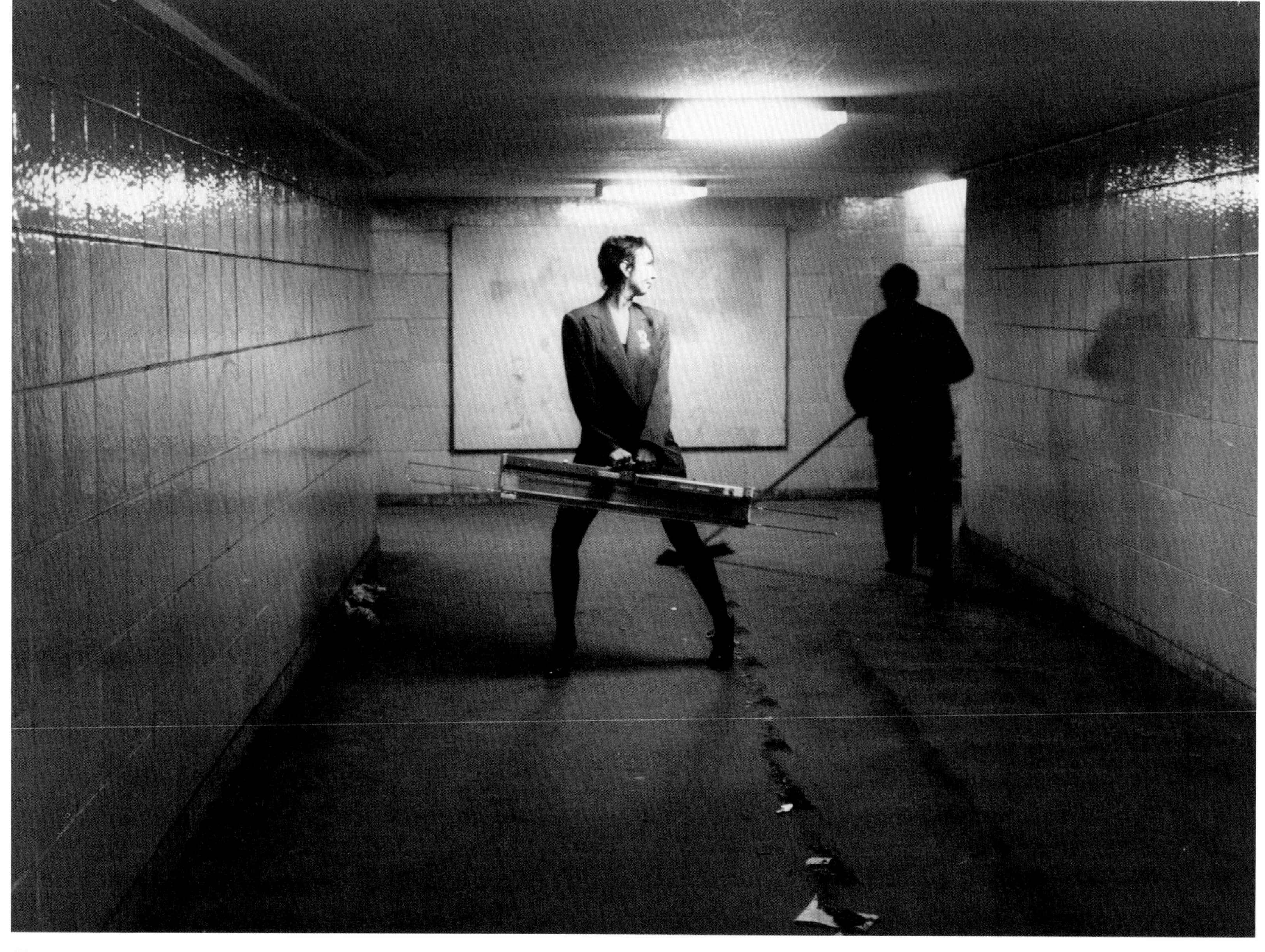

18

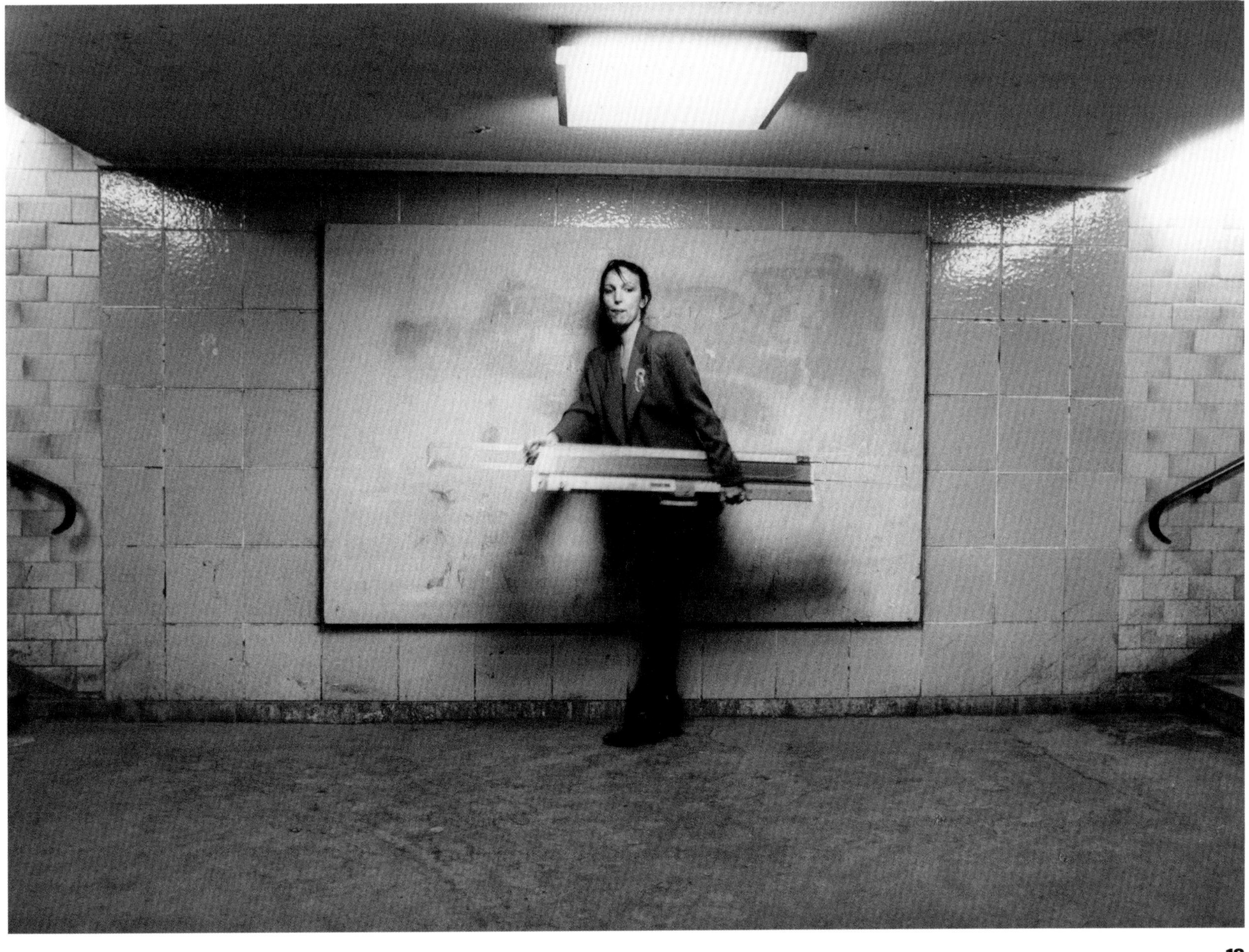

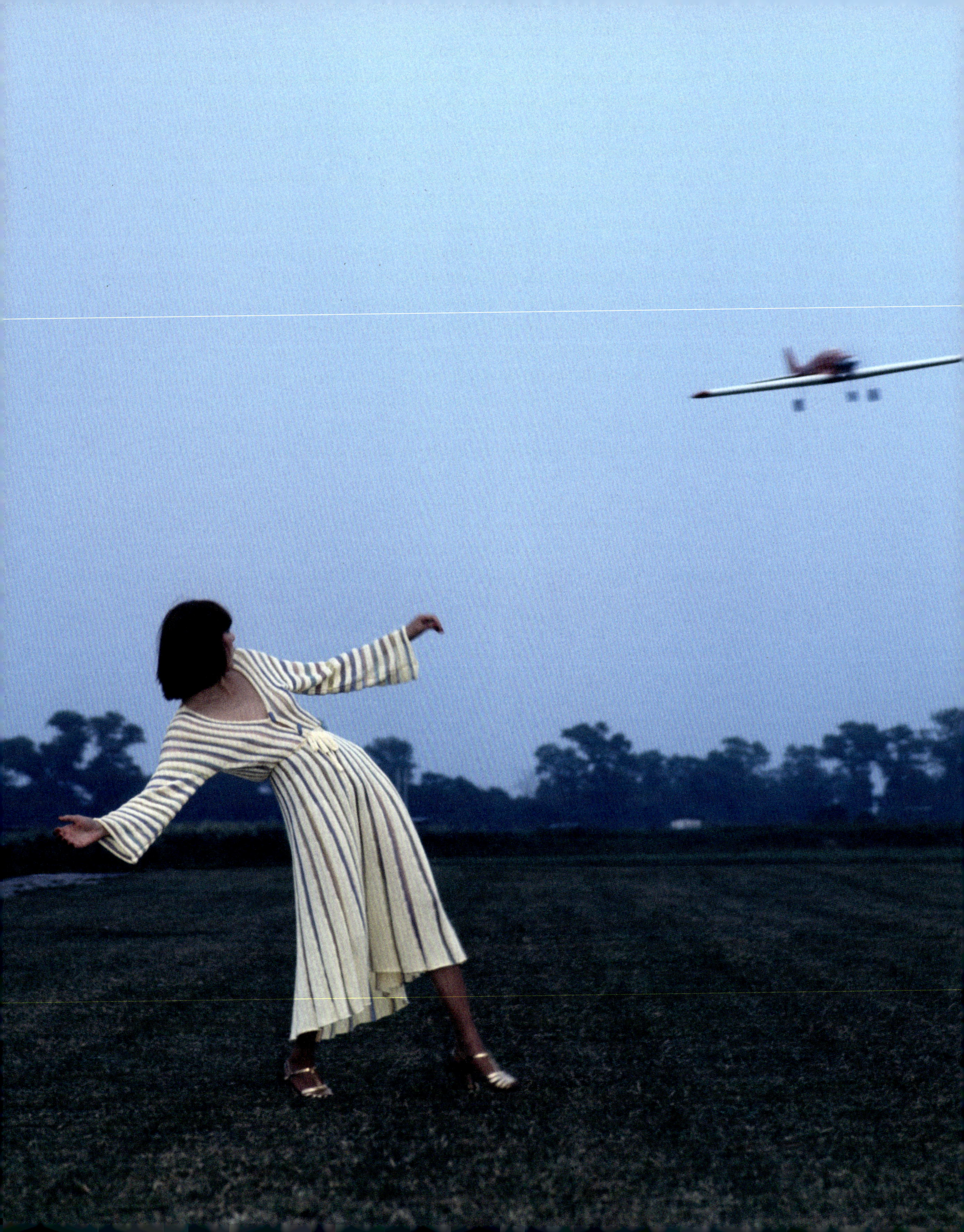

20 + 21
Esther Friedman
Jenny Capitain in Strickkleid von Claudia Skoda
Jenny Capitain in a knitted dress by Claudia Skoda
Ca. 1977/78
Diapositive
2,4 x 3,6 cm

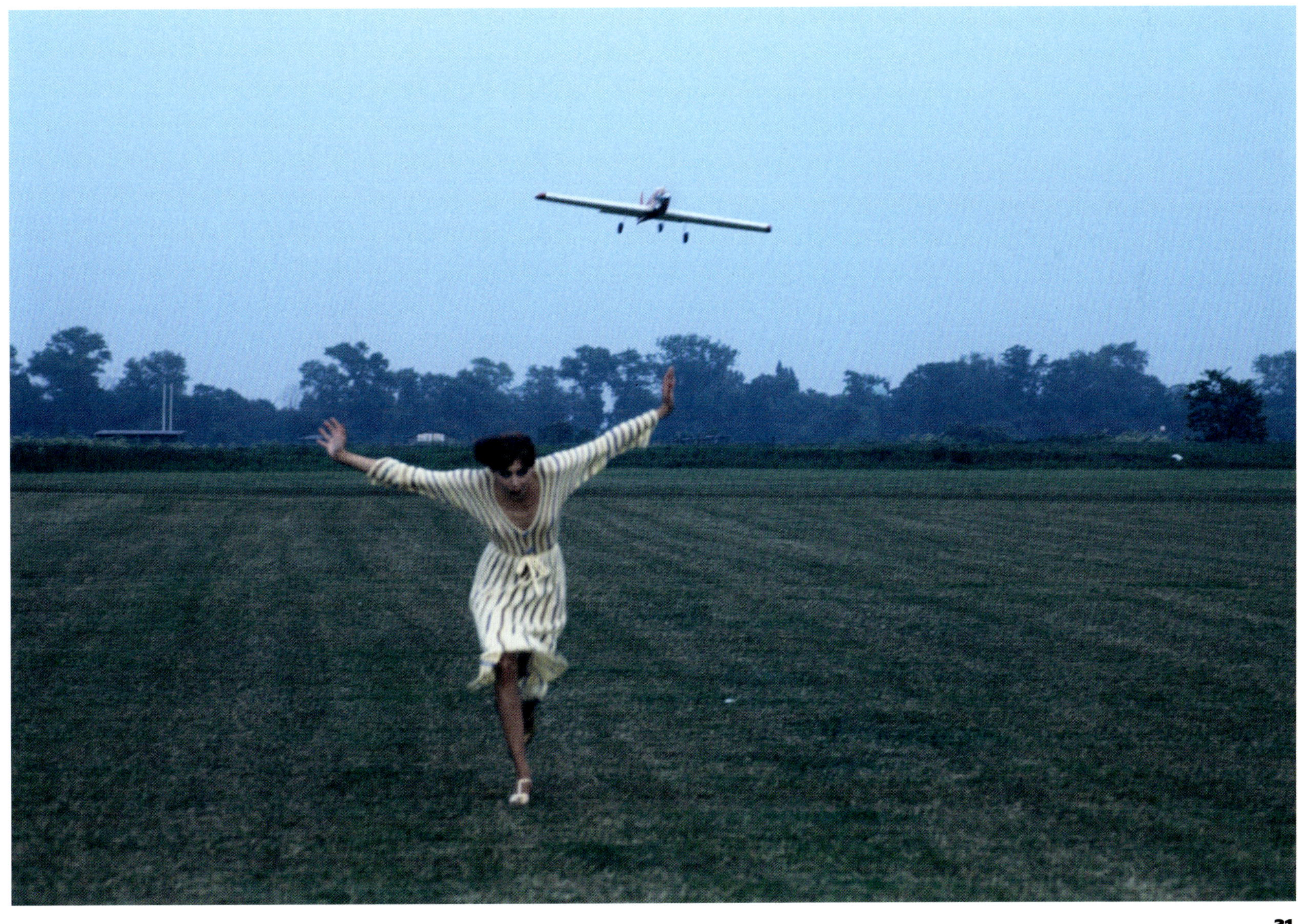

21

22 + **23**
Fotograf*in unbekannt
Jenny Capitain und Joyce auf der Modenschau
Neues Spiel, Strickdesigns von Claudia Skoda
Jenny Capitain and Joyce at the fashion show
Neues Spiel *(New Game), knitwear designs by Claudia Skoda*
1976
Diapositive
3,6 x 2,4 cm

24
Ulrike Ottinger
Tabea Blumenschein in Strickleid von Claudia Skoda
aus der Kollektion »Neues Spiel«
Tabea Blumenschein in a knitted dress by Claudia Skoda from the collection "Neues Spiel" (New Game)
1976
C-Print
24 x 18 cm

2

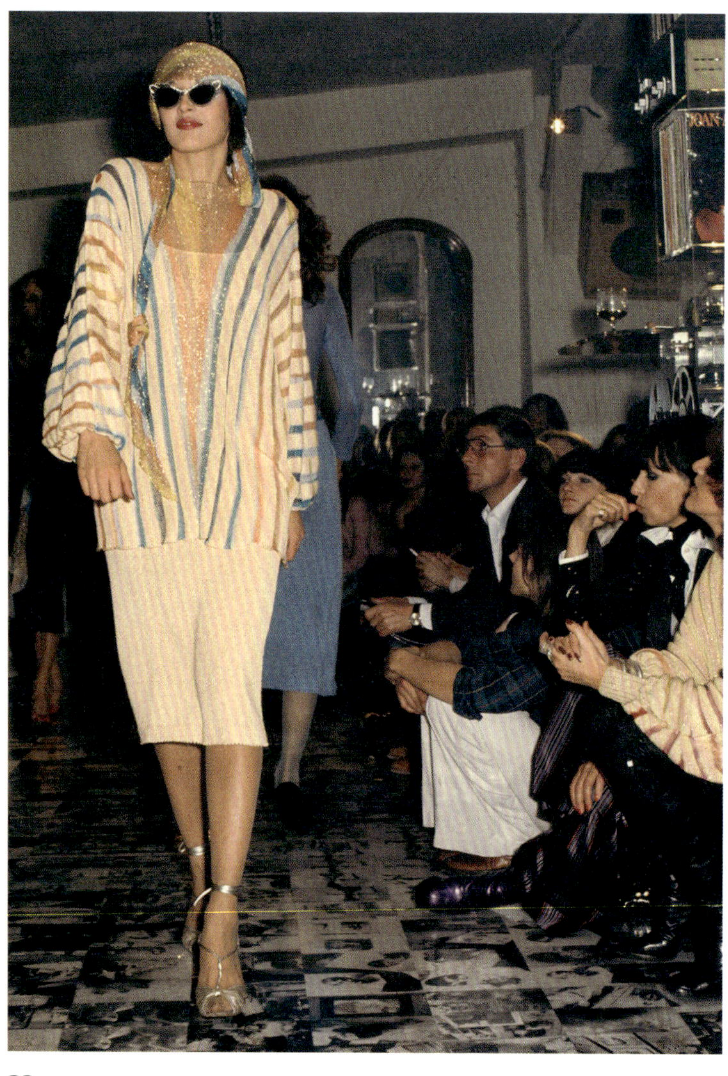

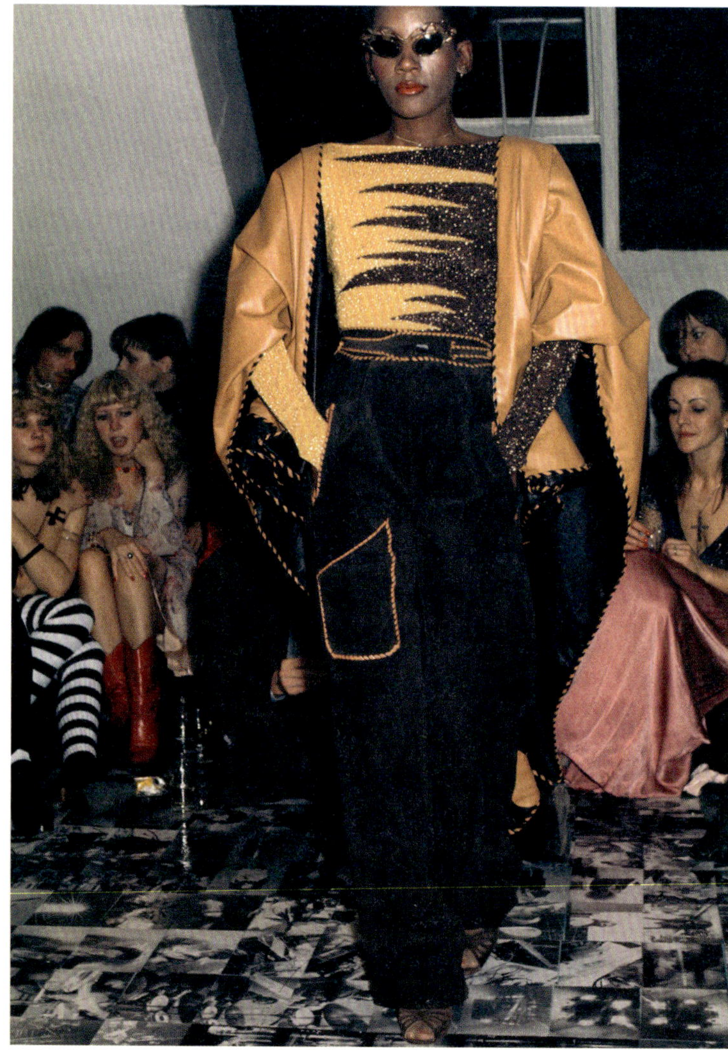

22
23

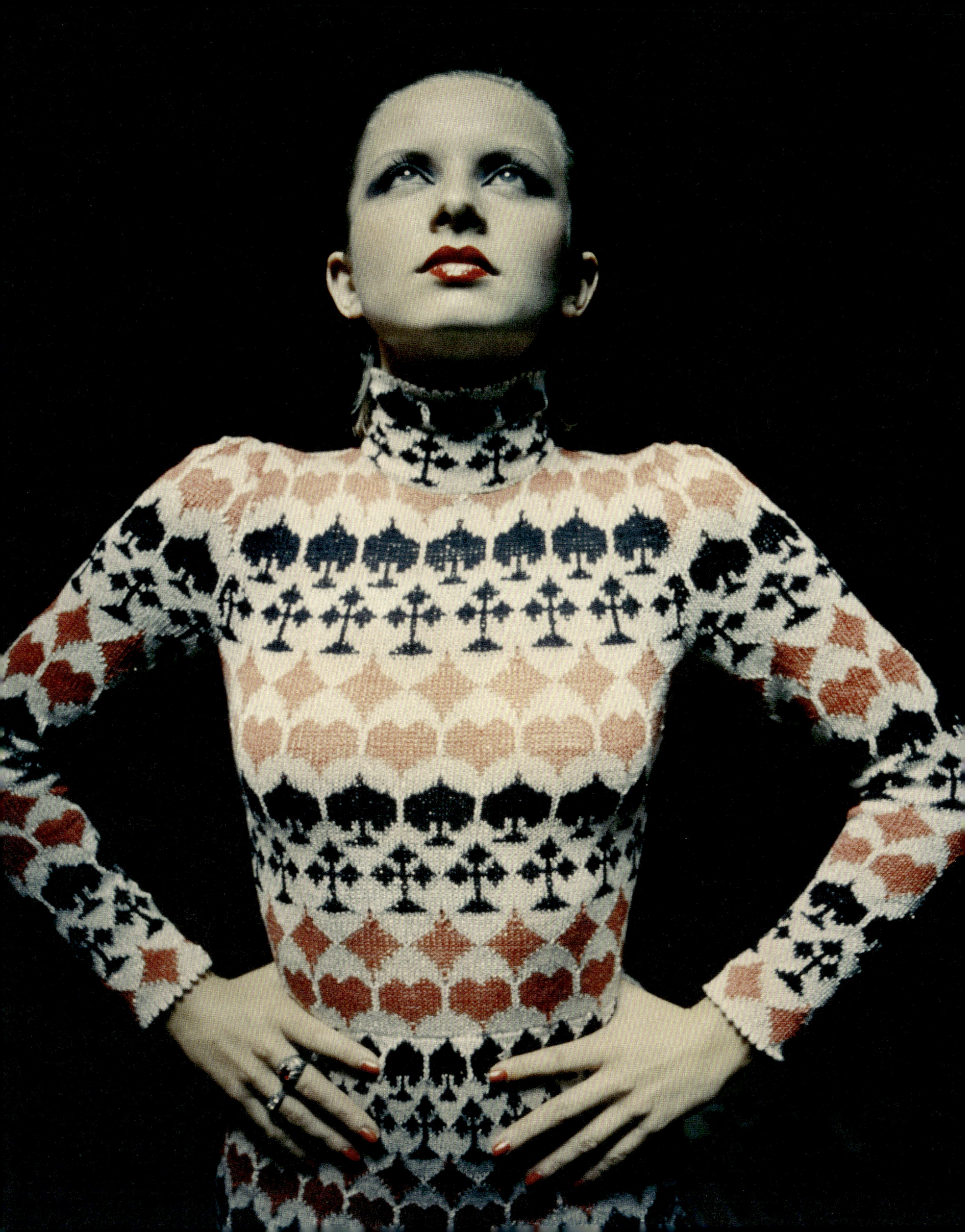

25
Rich Richter
Ramona in Strickkleid von Claudia Skoda
auf der Modenschau *Neues Spiel* in der fabrikneu
Ramona in a knitted dress by Claudia Skoda
at the fashion show Neues Spiel *(New Game) in fabrikneu*
1976
Silbergelatine-Vintageprint
23,9 x 16,9 cm

26
Rainer Jacob
Martin Kippenberger fotografiert Ramona und Jenny Capitain
auf der Modenschau *Neues Spiel*
Martin Kippenberger photographing Ramona and Jenny Capitain
at the fashion show Neues Spiel *(New Game)*
1976
Silbergelatine-Vintageprint
23,9 x 17,9 cm

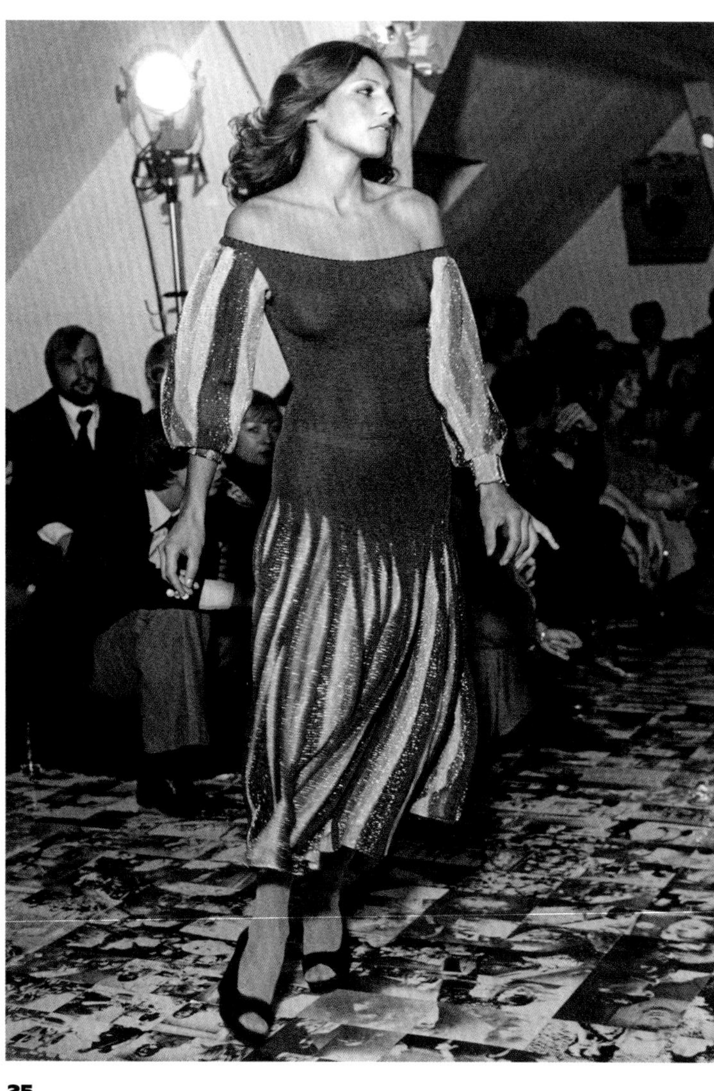

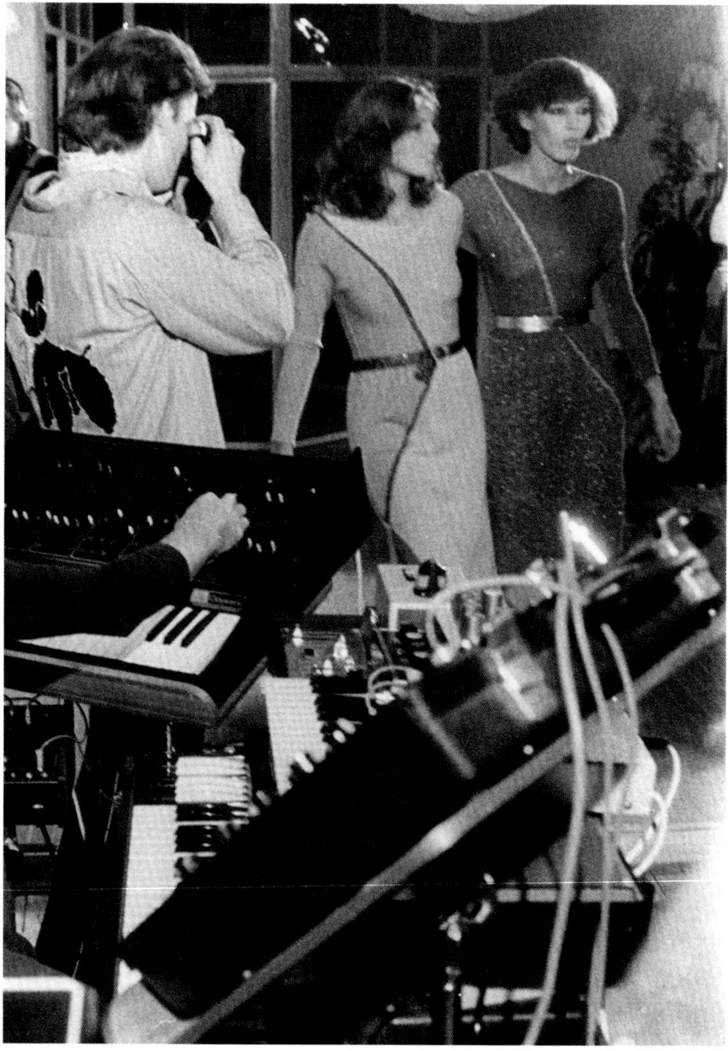

25
26

27 + 28
Rich Richter
Jenny Capitain, Joyce und Ramona in Strickdesigns von Claudia Skoda auf der Modenschau *Neues Spiel*
Jenny Capitain, Joyce, and Ramona in knitwear designs by Claudia Skoda at the fashion show Neues Spiel *(New Game)*
1976
Silbergelatine-Vintageprints
21,8 x 16,4 cm und 20,9 x 14,6 cm

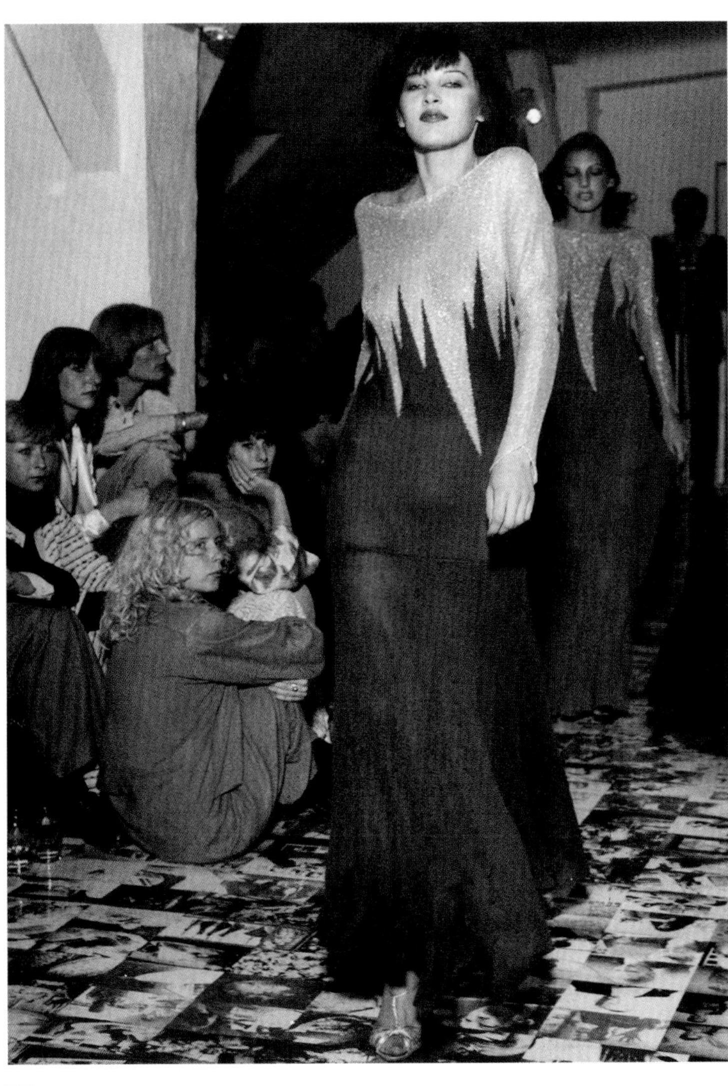

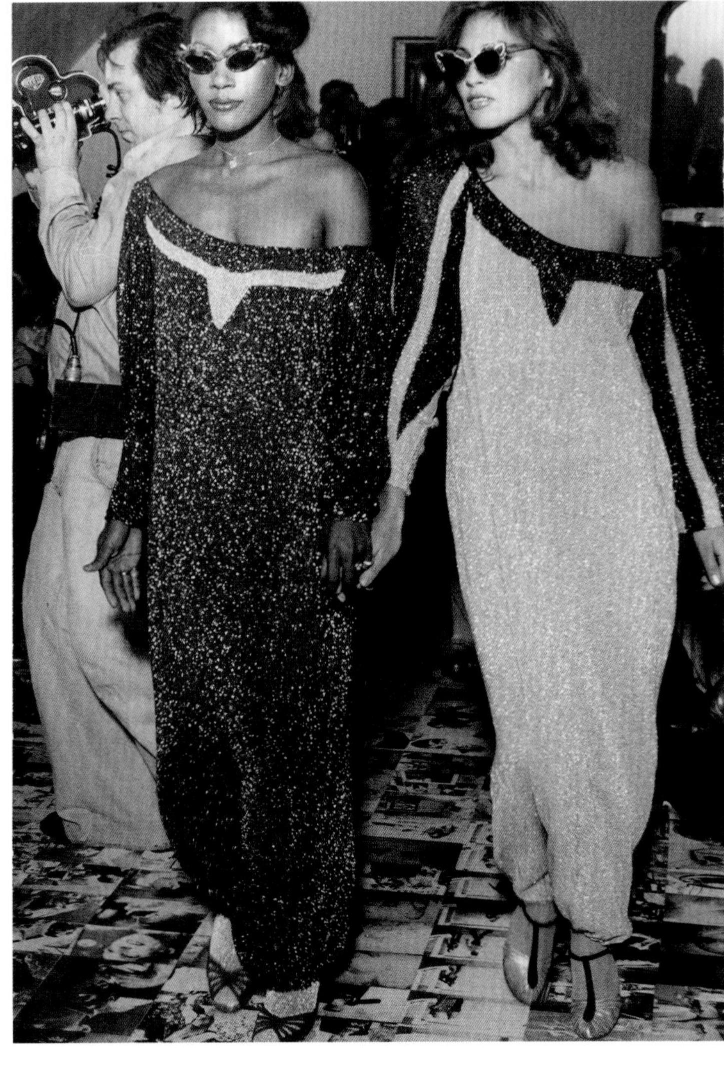

27
28

29 – 31
Rich Richter
Gaby, Nana u. a. in Strickdesigns von Claudia Skoda
auf der Modenschau *Pablo Picasso*
Gaby, Nana, and others wearing knitwear designs by Claudia Skoda
at the fashion show Pablo Picasso
1977
Silbergelatine-Vintageprints
24 x 18 cm

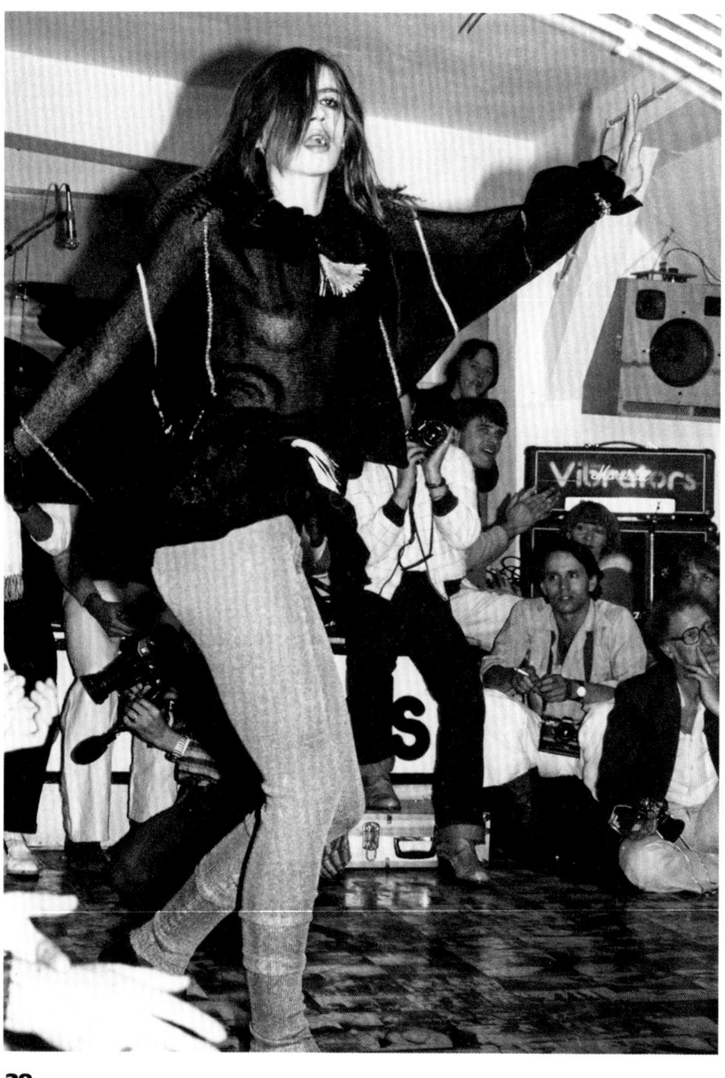

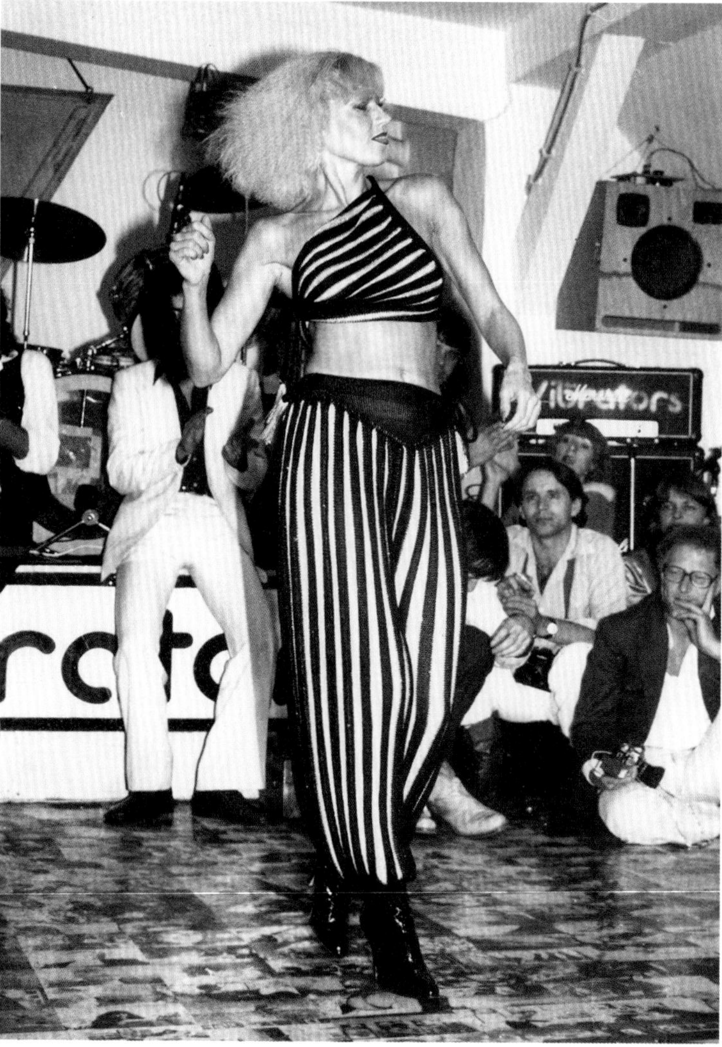

29
30

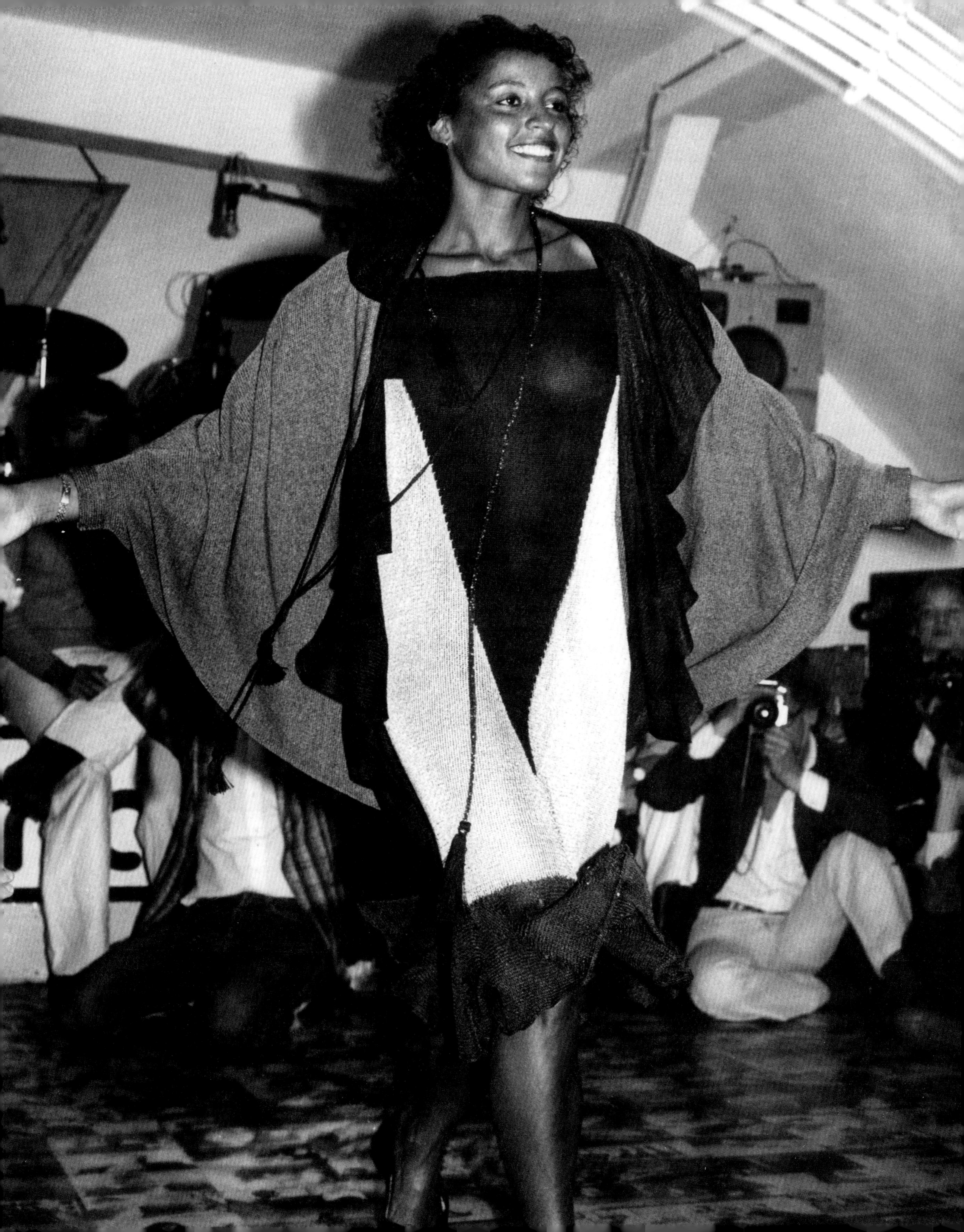

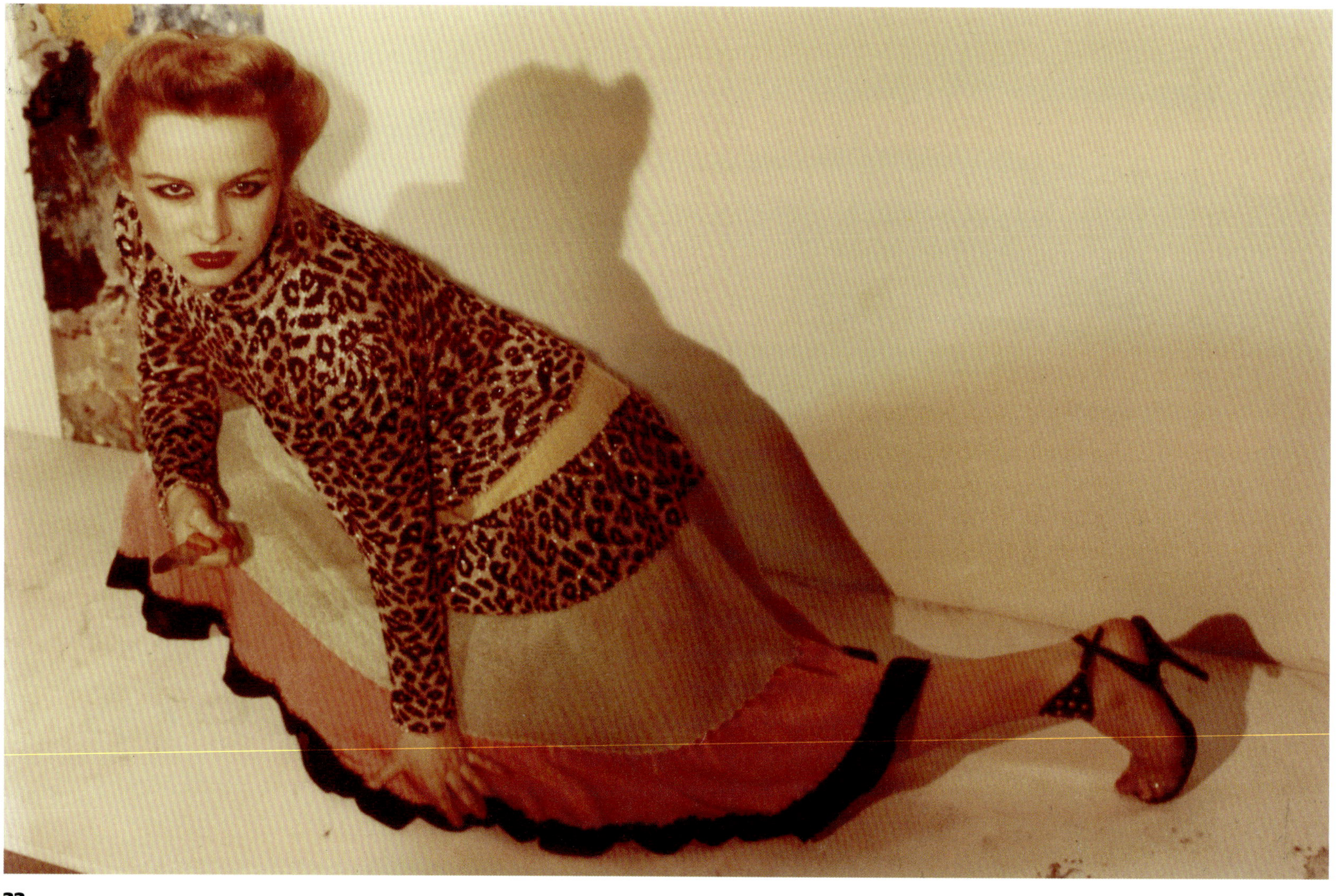

32
33

32 + **33**
Claudia Skoda
Tabea Blumenschein in Strickdesigns
von Claudia Skoda
Tabea Blumenschein wearing knitwear designs
by Claudia Skoda
Ca. 1978
C-Prints
16,9 x 24,8 cm

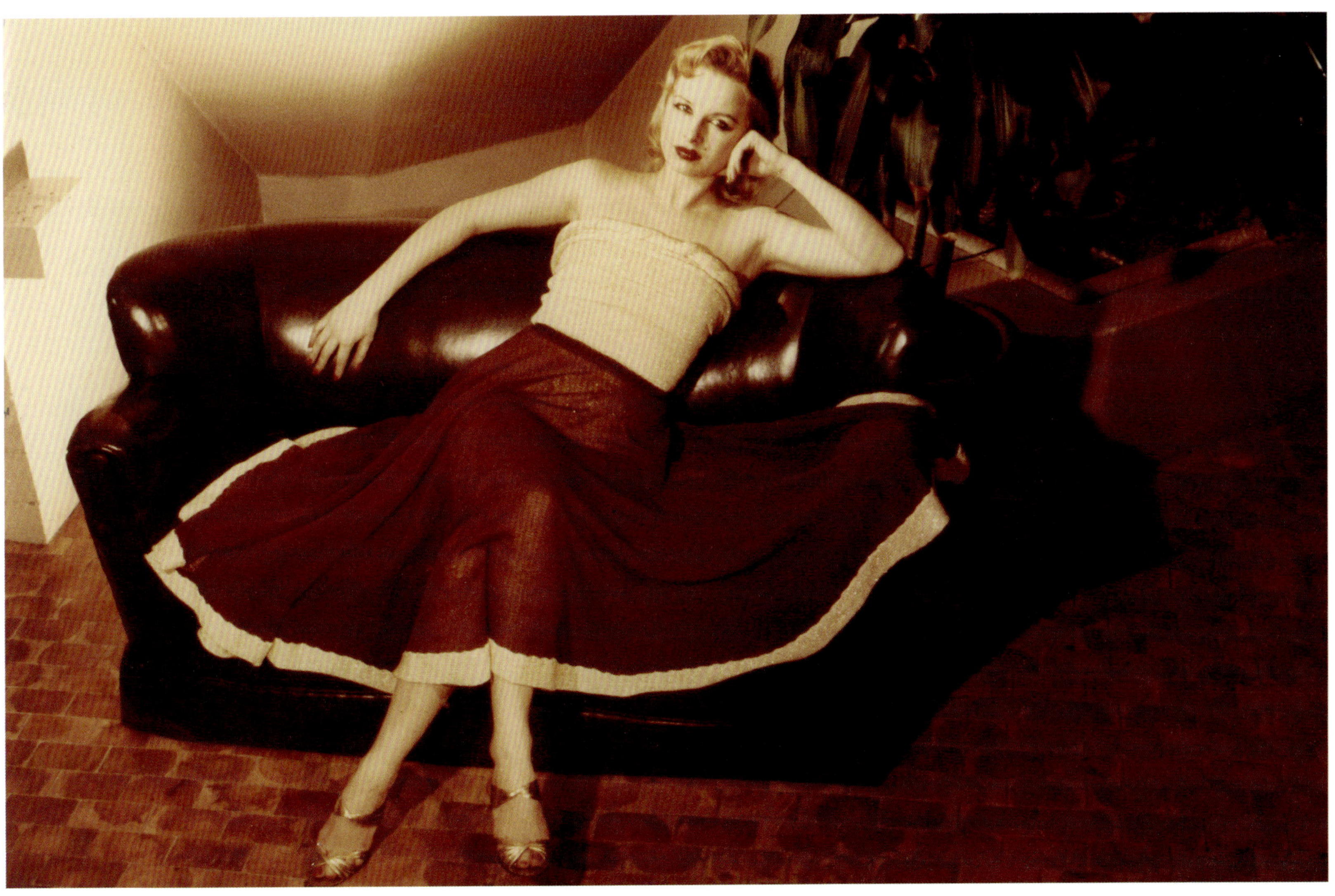

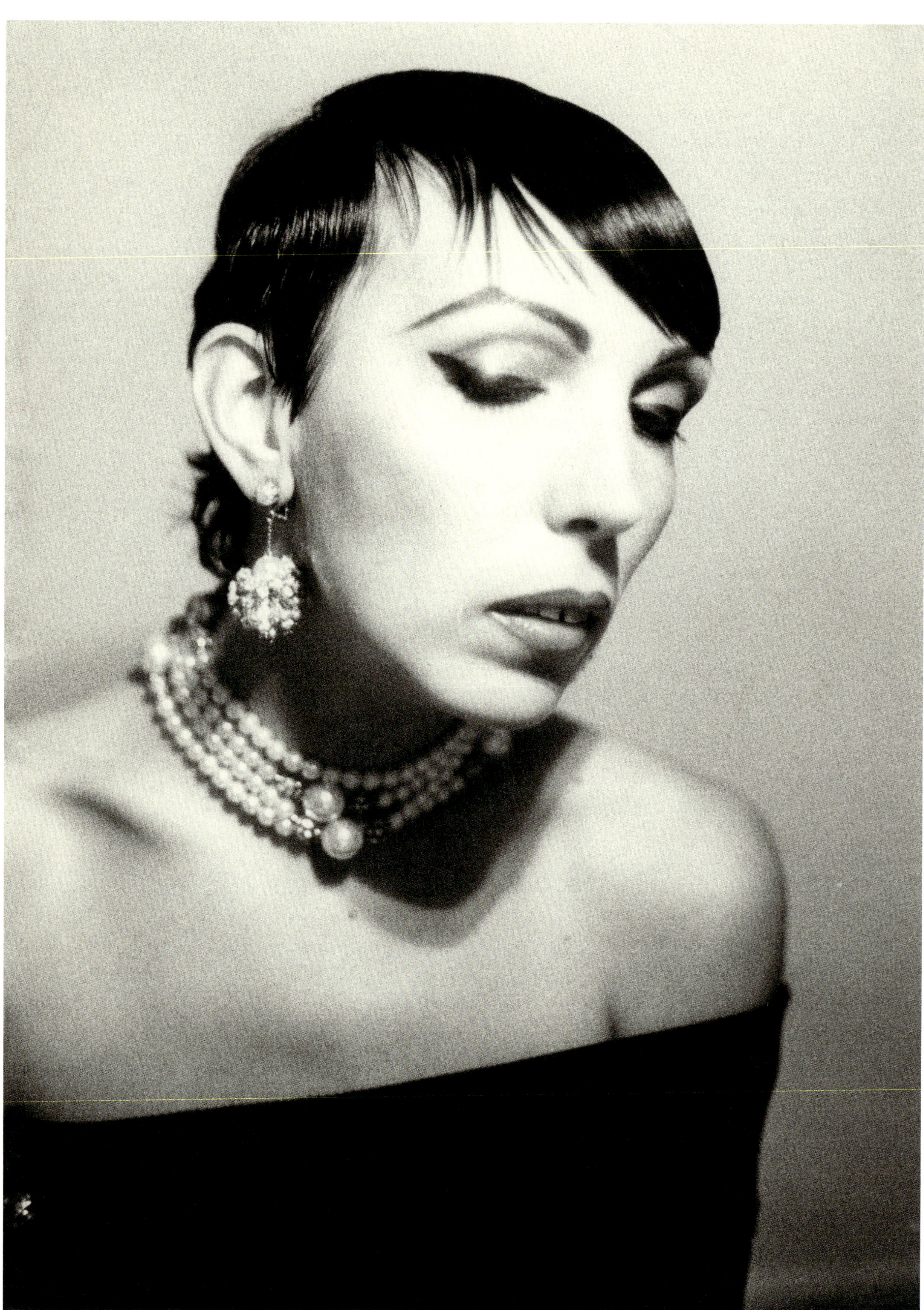

34

34 — 37
Ulrike Ottinger
Porträtserie von Claudia Skoda, sogenannte Nachtsession
Series of portraits of Claudia Skoda, so-called night session
1976
Silbergelatine-Vintageprints
30,8 x 21,7 cm

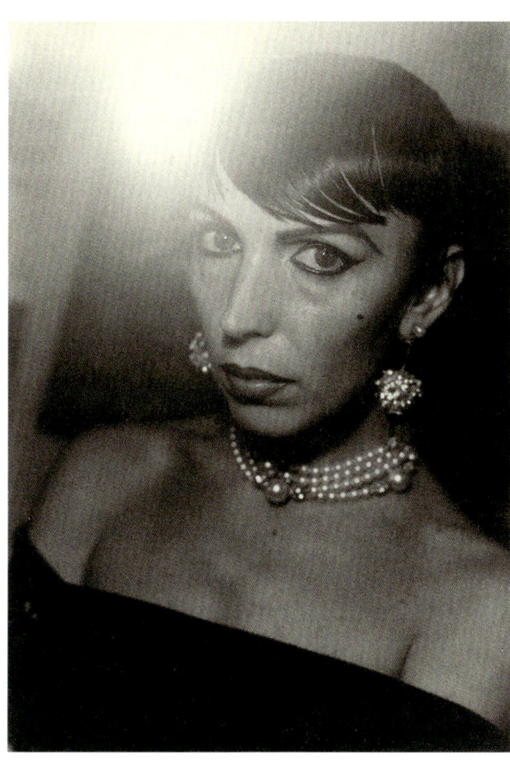

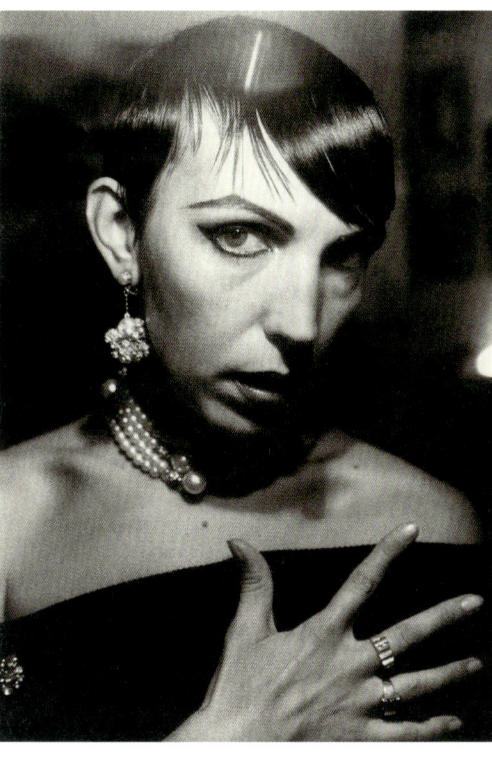

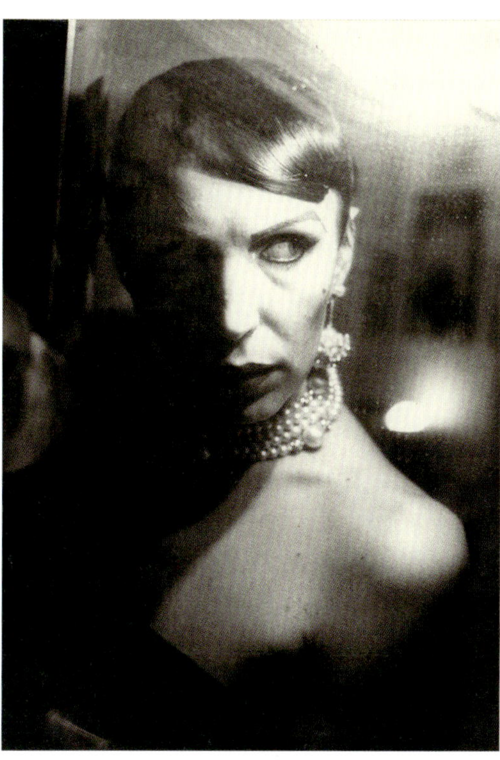

35
36
37

38

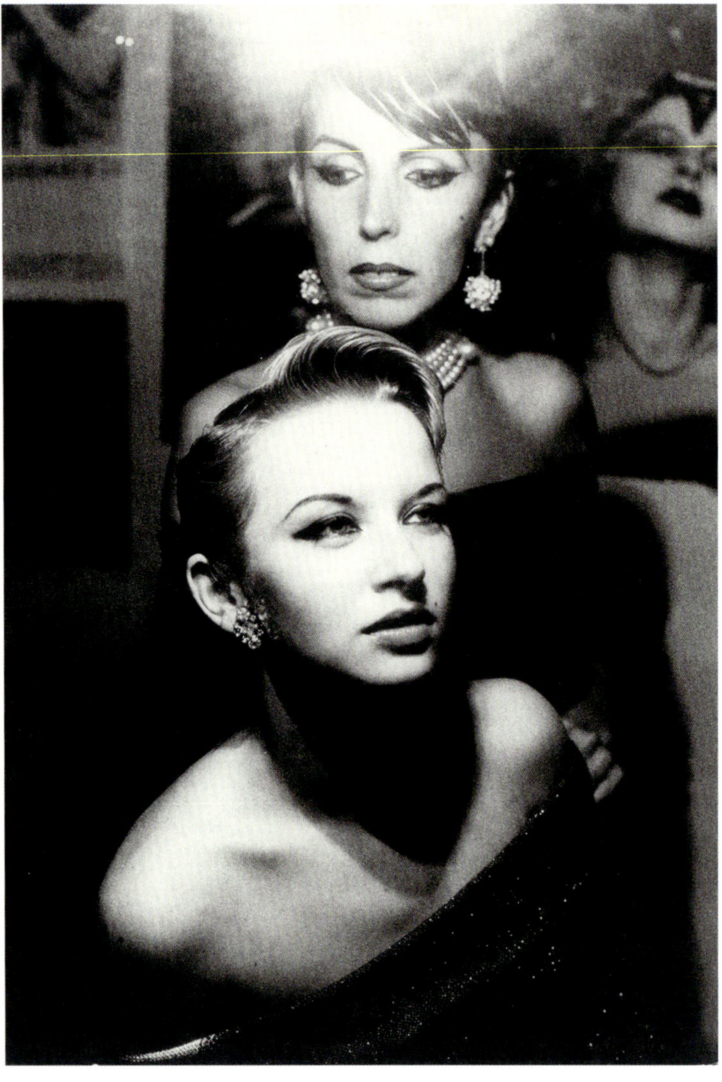

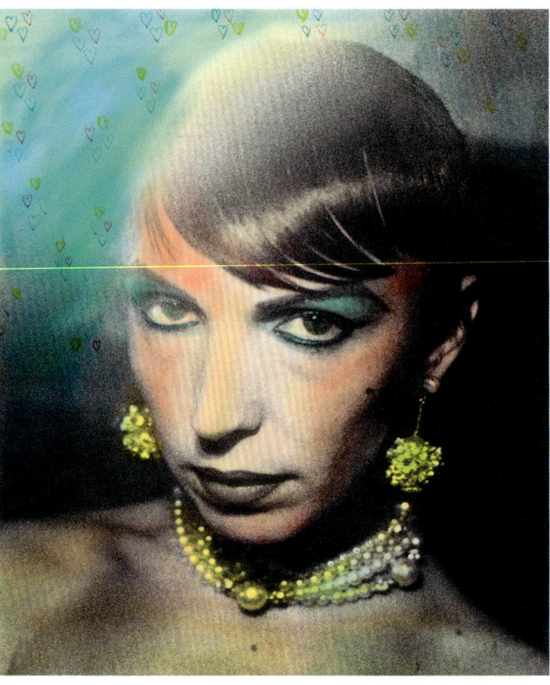

41

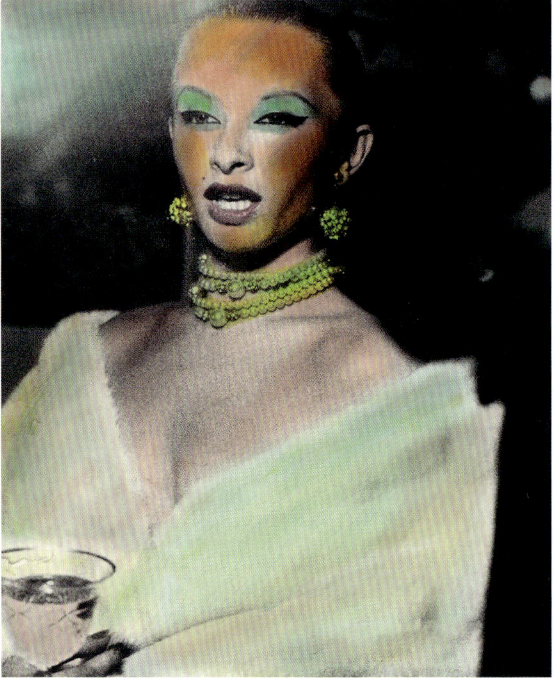

39
40

38
Ulrike Ottinger
Claudia Skoda und Tabea Blumenschein, sogenannte Nachtsession
Claudia Skoda and Tabea Blumenschein, so-called night session
1976
Silbergelatine-Vintageprint
30,8 x 21,3 cm

39 + 40
Ulrike Ottinger
Porträts von Claudia Skoda und Tabea Blumenschein, koloriert von Tabea Blumenschein
Portraits of Claudia Skoda and Tabea Blumenschein, colored by Tabea Blumenschein
1976
Silbergelatine-Vintageprints, koloriert
56,5 x 46,5 cm

41
Ulrike Ottinger
Porträt Claudia Skoda
Portrait of Claudia Skoda
1976
Silbergelatine-Vintageprint
29,7 x 24 cm

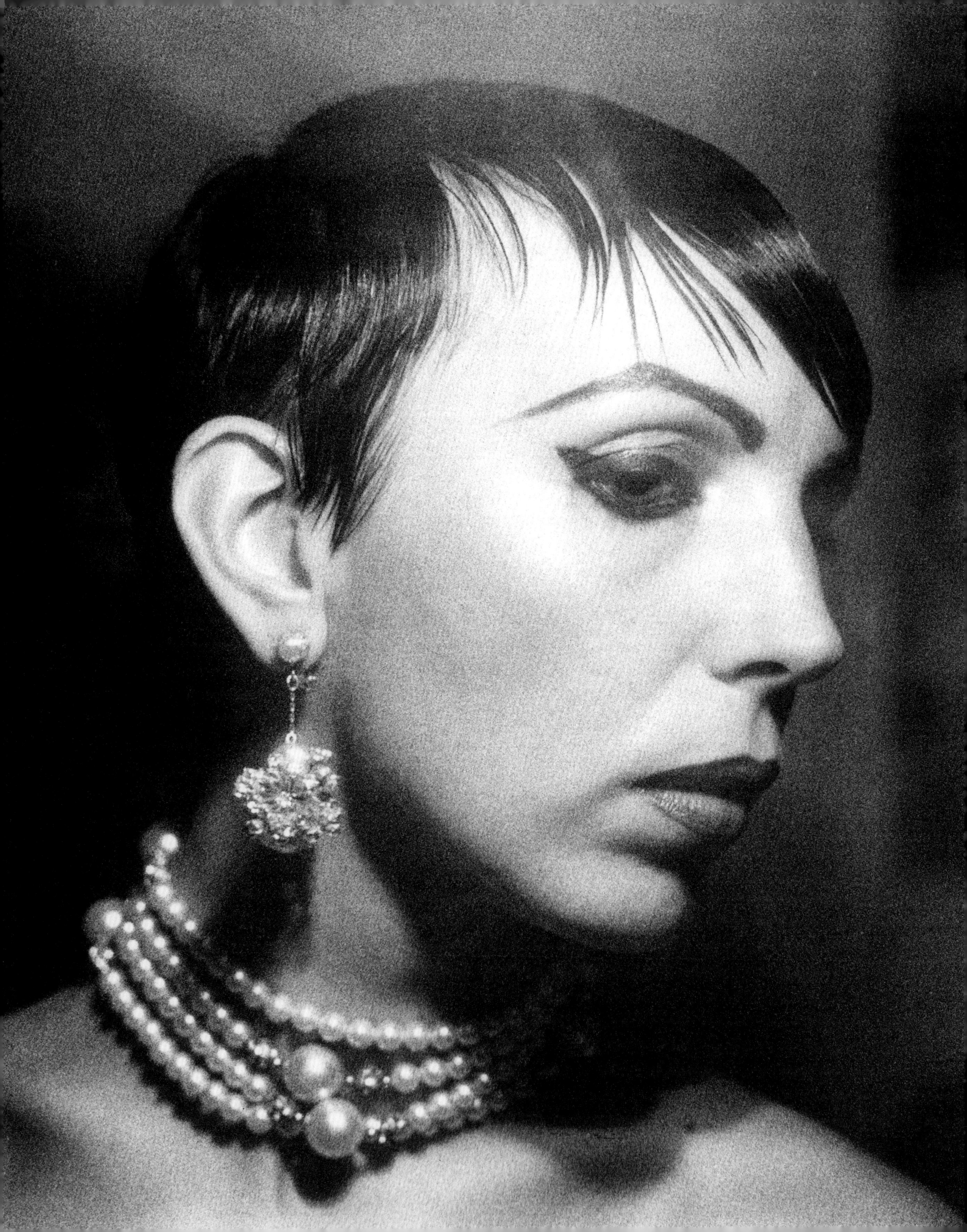

42 – 45
Ulrike Ottinger
Porträtserie von Claudia Skoda und Jenny Capitain
Portrait series of Claudia Skoda and Jenny Capitain
Ca. 1977/78
Silbergelatine-Vintageprints
30,8 x 23,9 cm

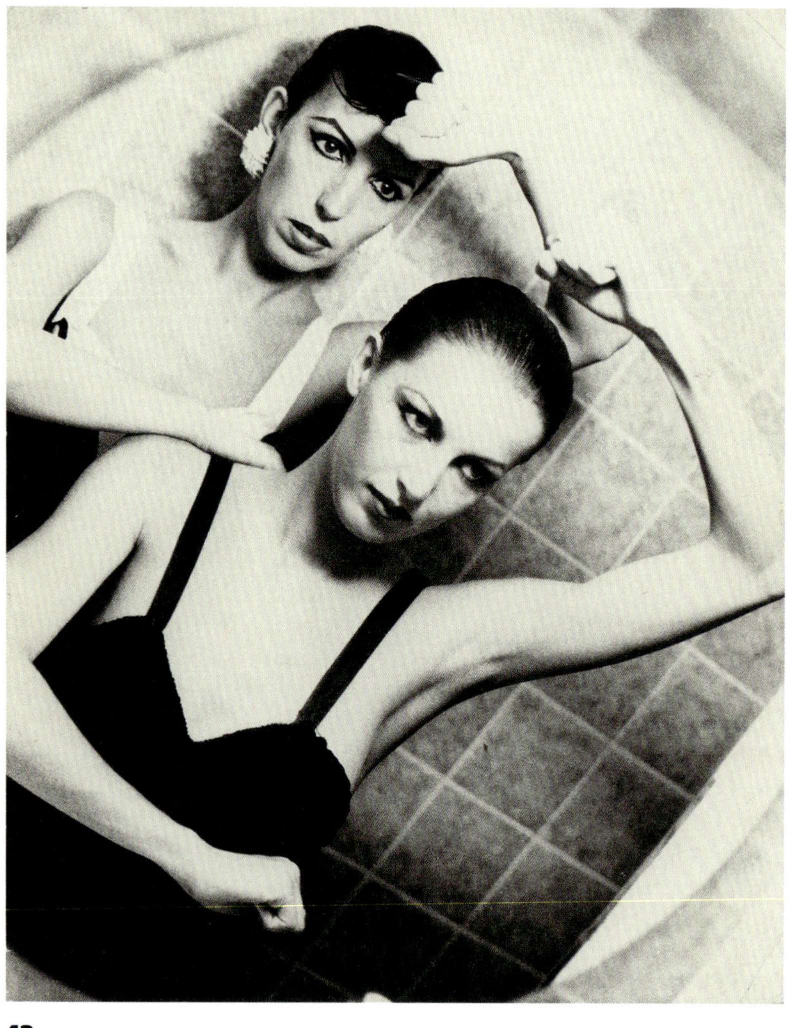

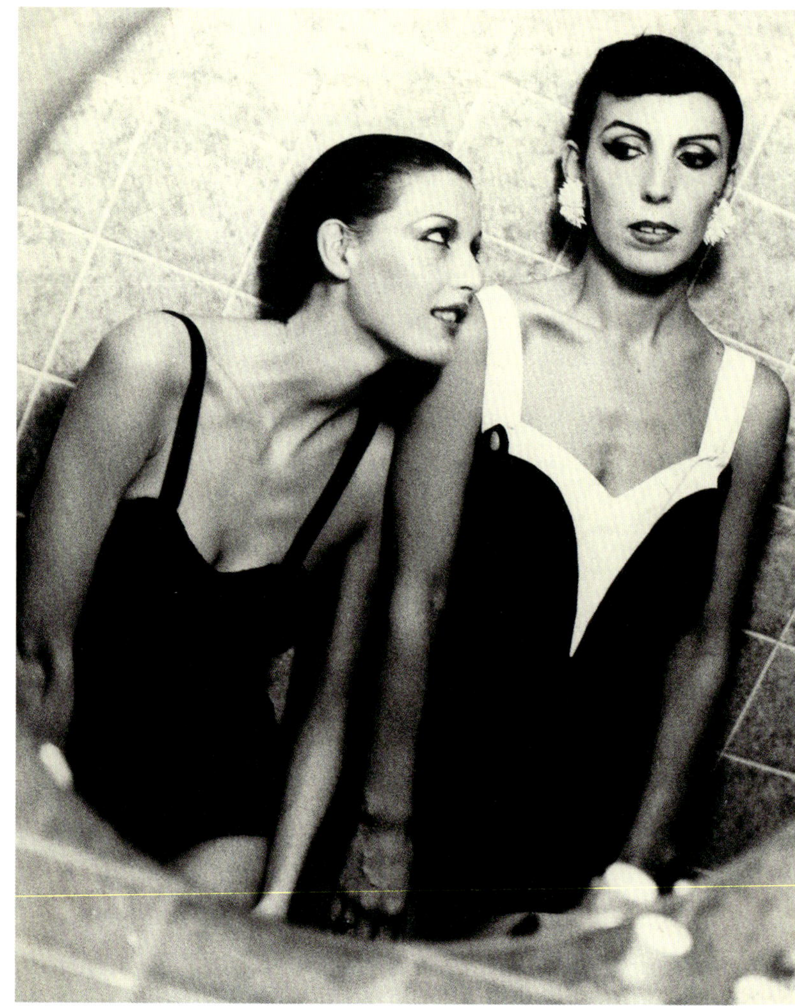

42
43

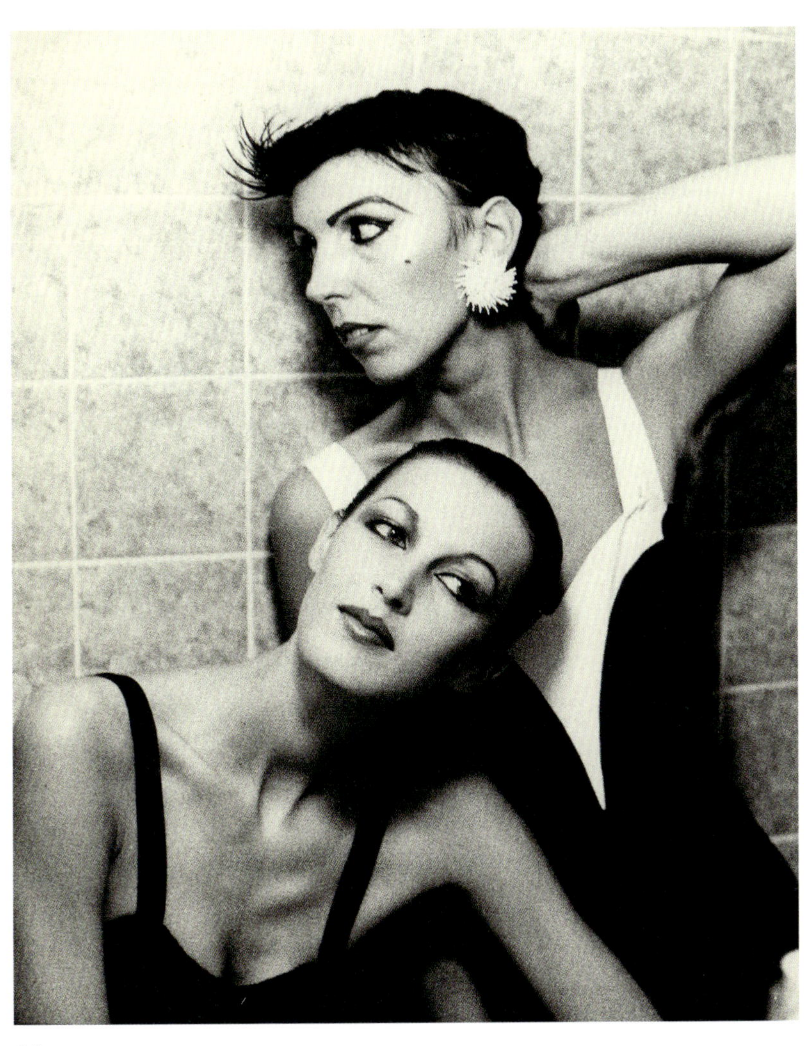

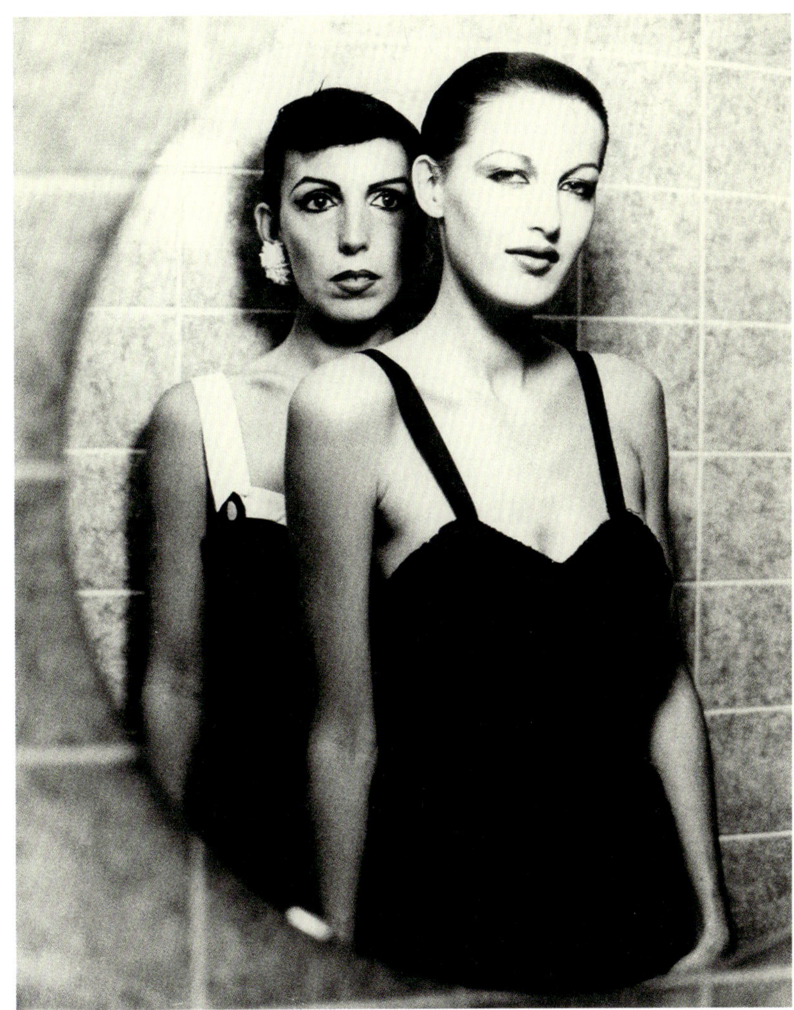

44
45

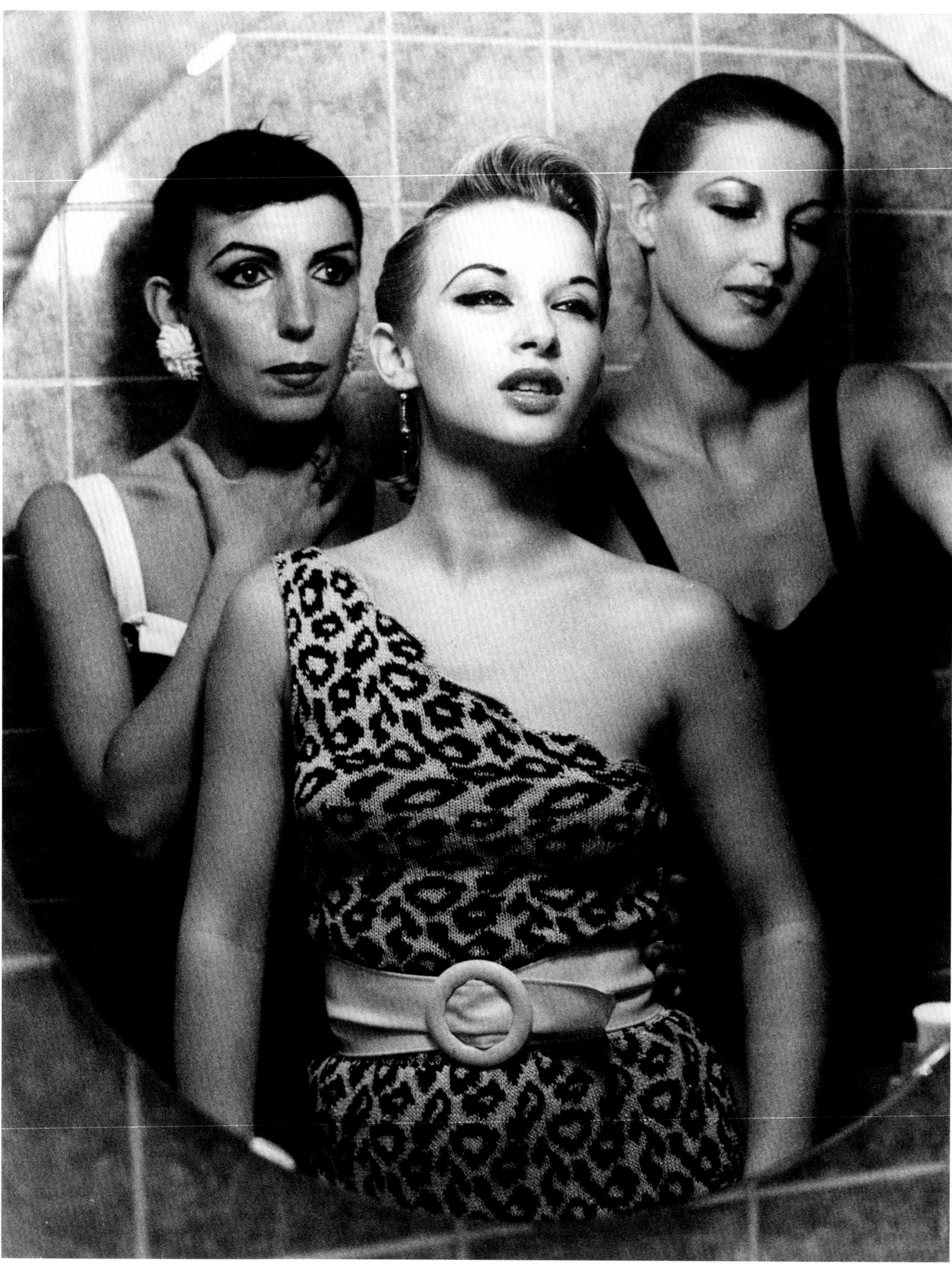

46

46 — 48
Ulrike Ottinger
Porträtserie von Claudia Skoda, Tabea Blumenschein und Jenny Capitain
Portrait series of Claudia Skoda, Tabea Blumenschein, and Jenny Capitain
Ca. 1977/78
Silbergelatine-Vintageprints
30,8 x 23,9 cm

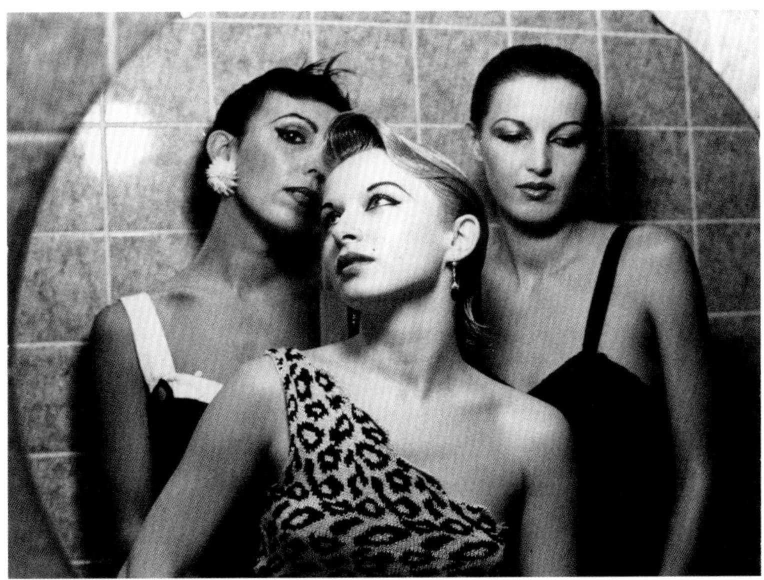

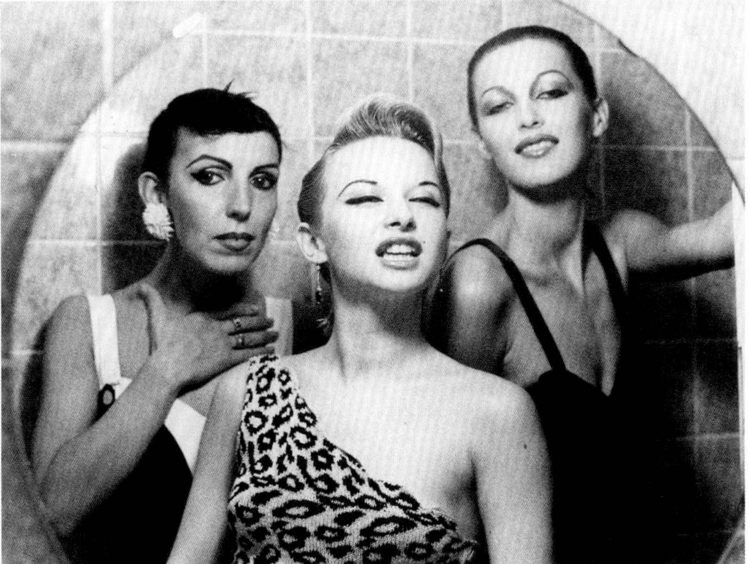

47
48

49 + 50
Ulrike Ottinger
Porträtserie mit Claudia Skoda und Tabea Blumenschein, sogenannte Nachtsession
Portrait series with Claudia Skoda and Tabea Blumenschein, so-called night session
Ca. 1976
Silbergelatine-Vintageprints
17,9 x 23,9 cm und 22,2 x 17,9 cm

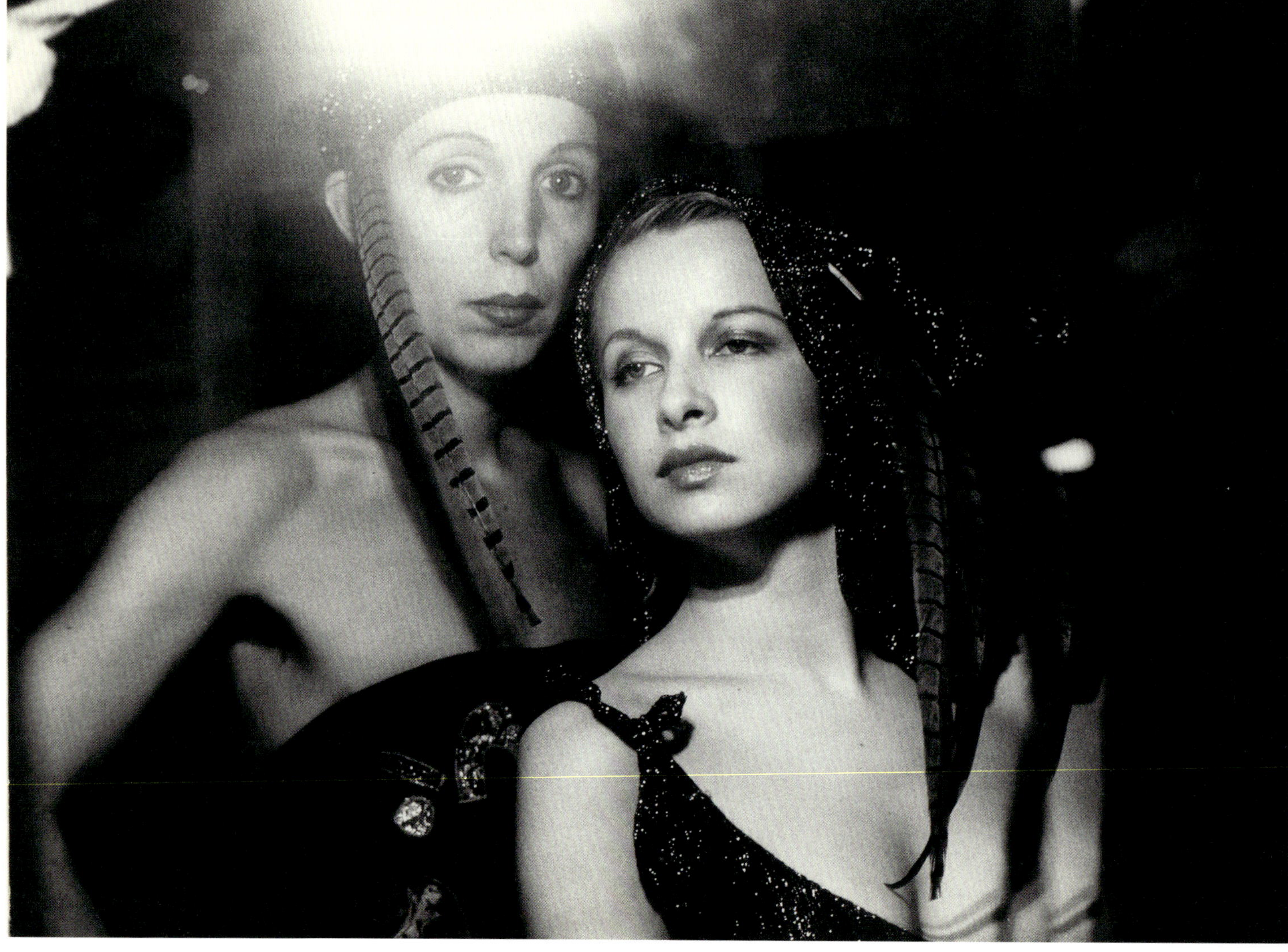

49

50

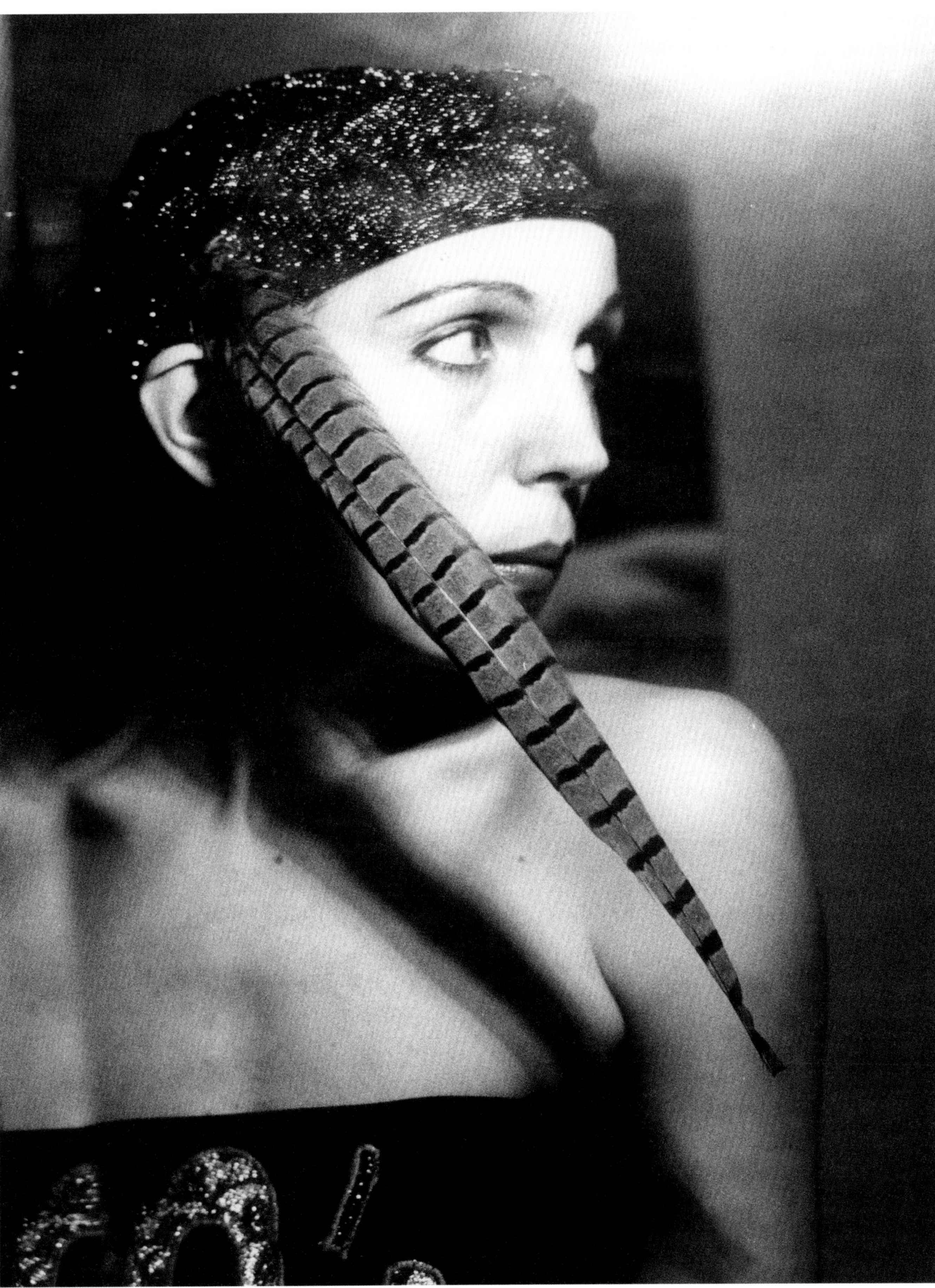

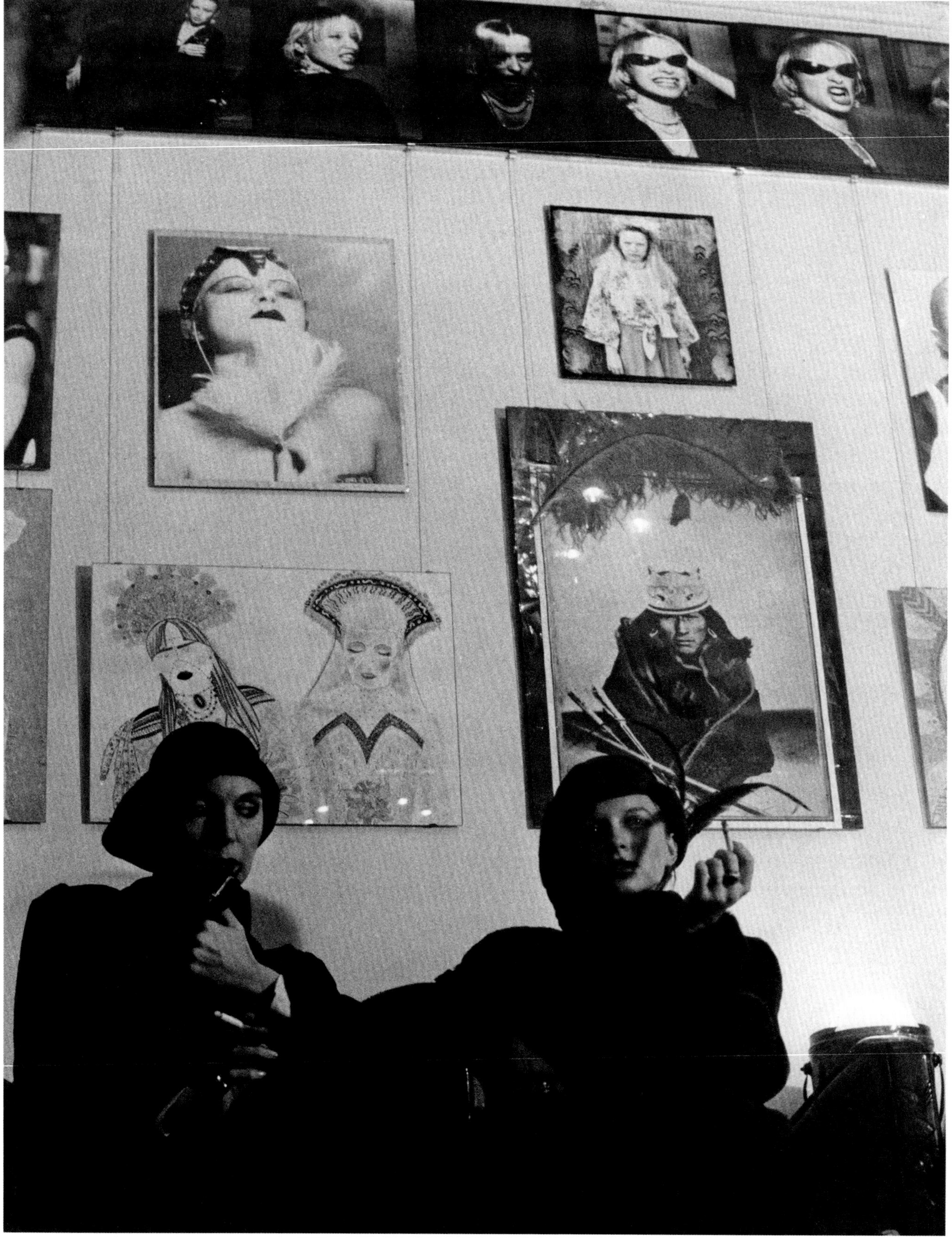

51

51 + 52
Ulrike Ottinger
Porträtserie mit Claudia Skoda und Tabea Blumenschein, sogenannte Nachtsession
Portrait series with Claudia Skoda and Tabea Blumenschein, so-called night session
Ca. 1976
Silbergelatine-Vintageprints
23,9 x 18 cm

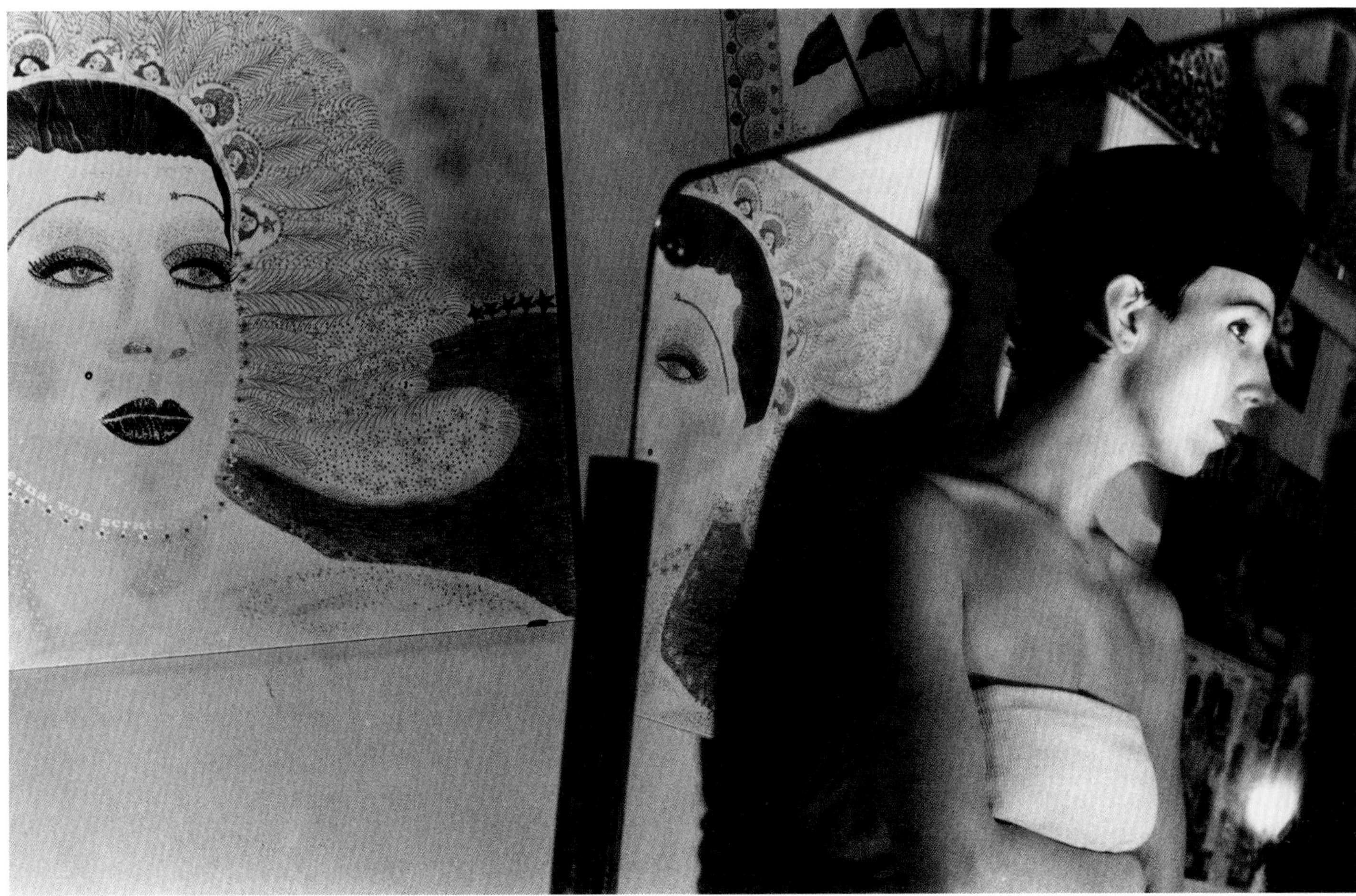

52

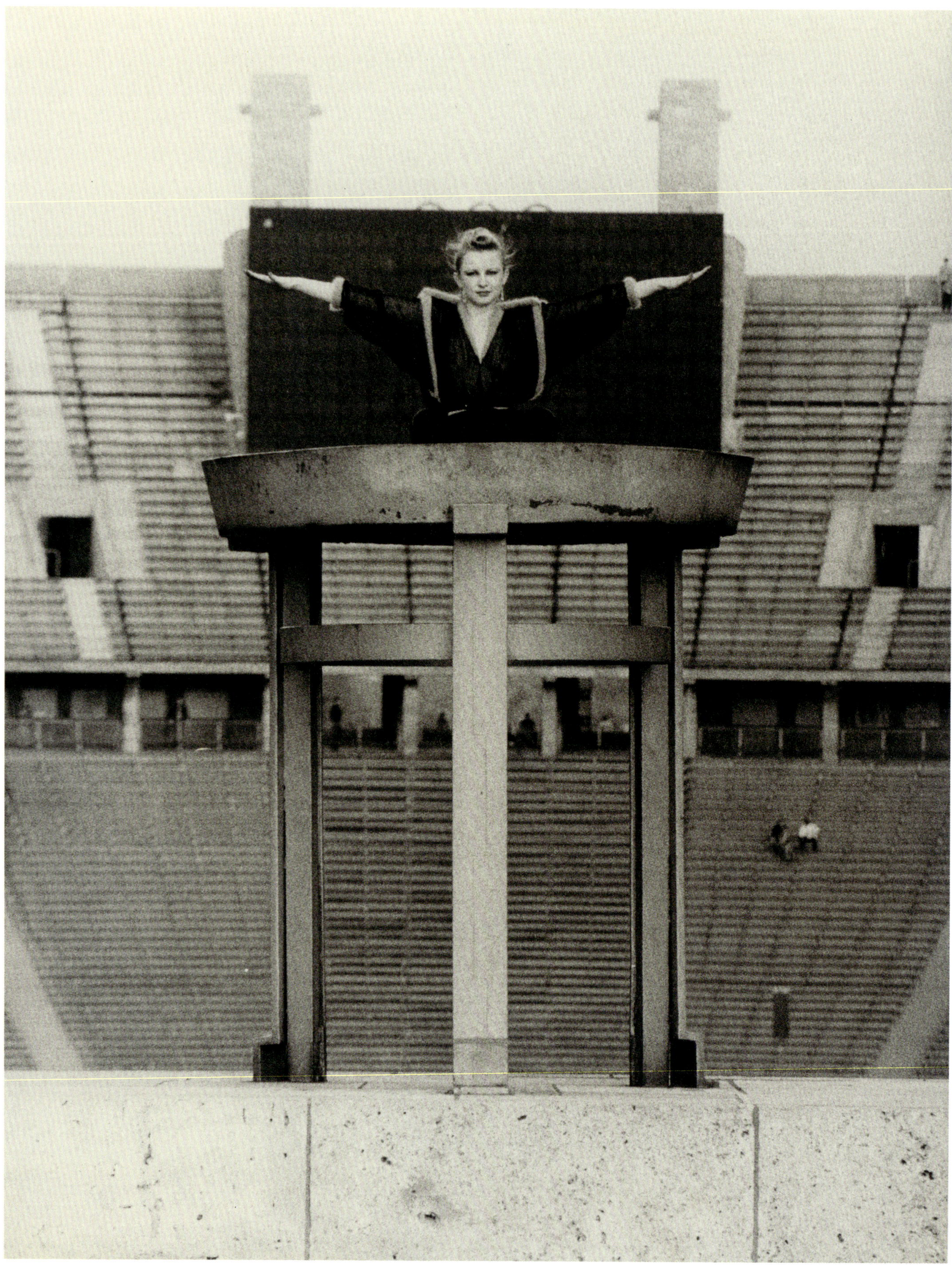

53

53 – 55
Fotograf*in unbekannt
Tabea Blumenschein im Berliner Olympiastadion, Strickdesign von Claudia Skoda
Tabea Blumenschein in the Olympiastadion in Berlin, knitwear design by Claudia Skoda
Ca. 1978
Silbergelatine-Vintageprints
23,9 x 17,6 cm

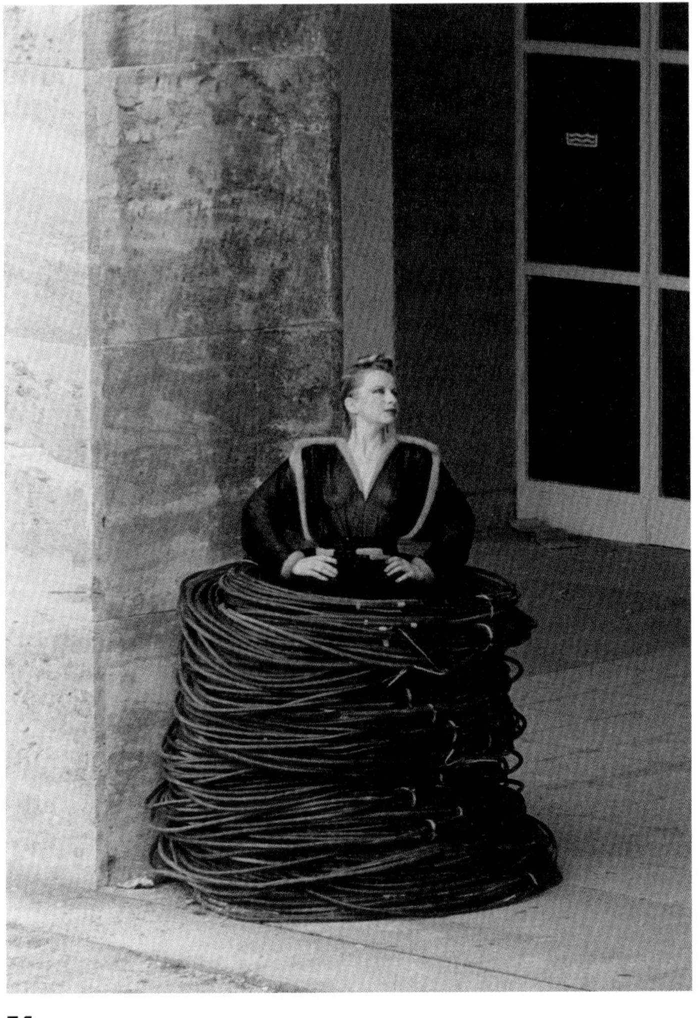

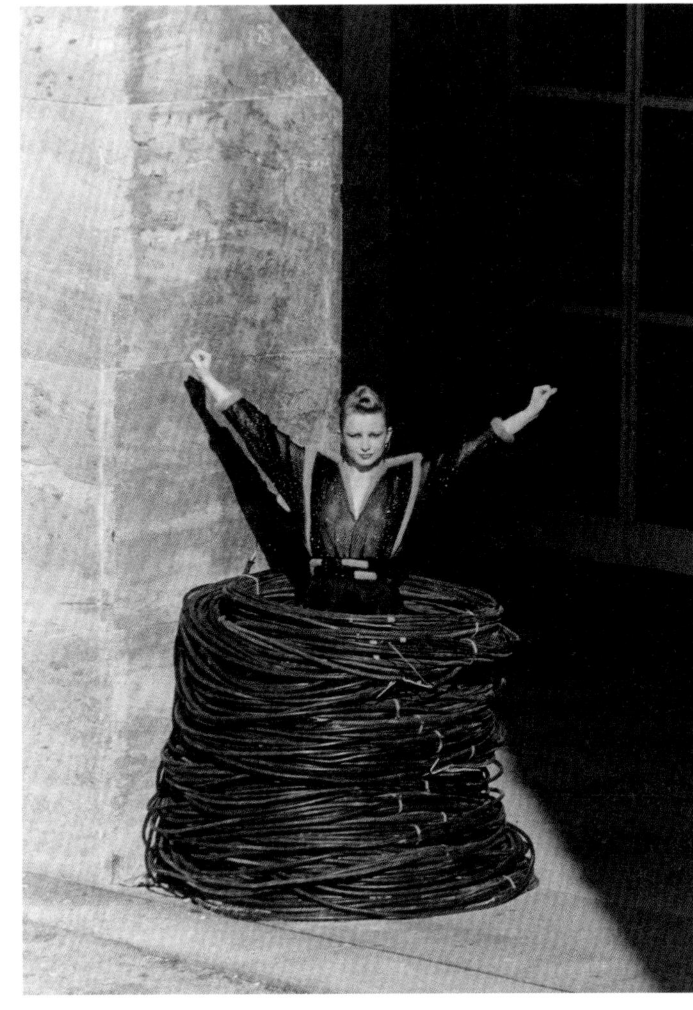

54
55

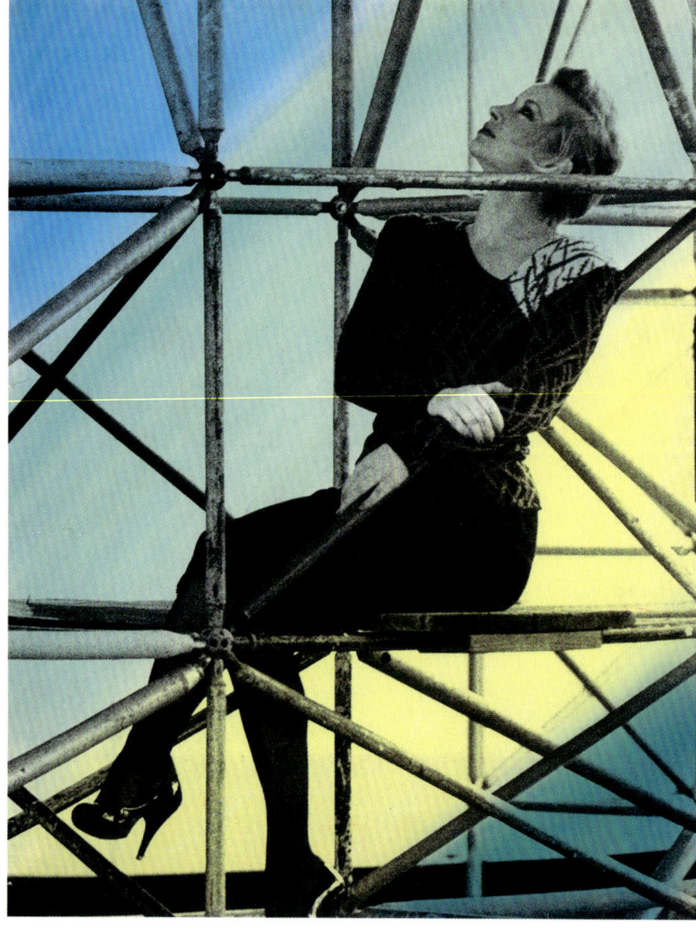

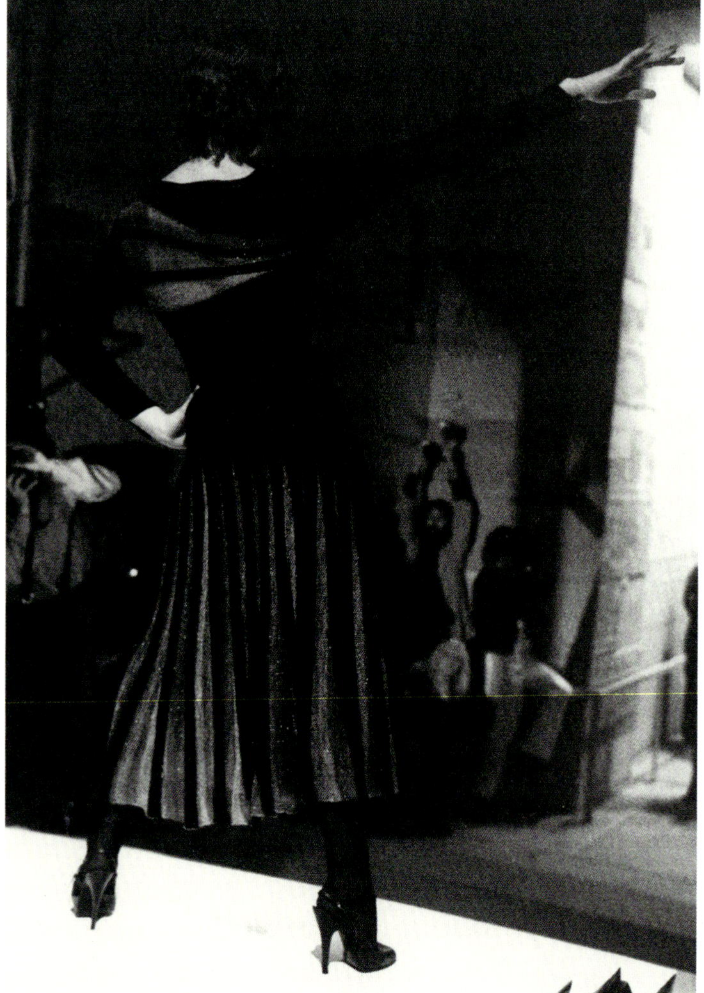

56
57

56
Fotograf*in unbekannt
Tabea Blumenschein in »Jazz«-Pullover, aus der Motivserie zum Plakat für die Modenschau *Laufsteg*, koloriert von Tabea Blumenschein
Tabea Blumenschein in a "Jazz" pullover, from the series of motifs for a poster for the fashion show Laufsteg *(Catwalk), colored by Tabea Blumenschein*
1978
Silbergelatine-Vintageprint, koloriert
40,2 x 30,3 cm

57+58
Fotograf*in unbekannt
Szenen aus der Modenschau *Laufsteg* im West-Berliner Ägyptischen Museum
Scenes from the fashion show Laufsteg *(Catwalk) in the Egyptian Museum of West Berlin*
1978
Silbergelatine-Vintageprints
17,8 x 12,6 cm

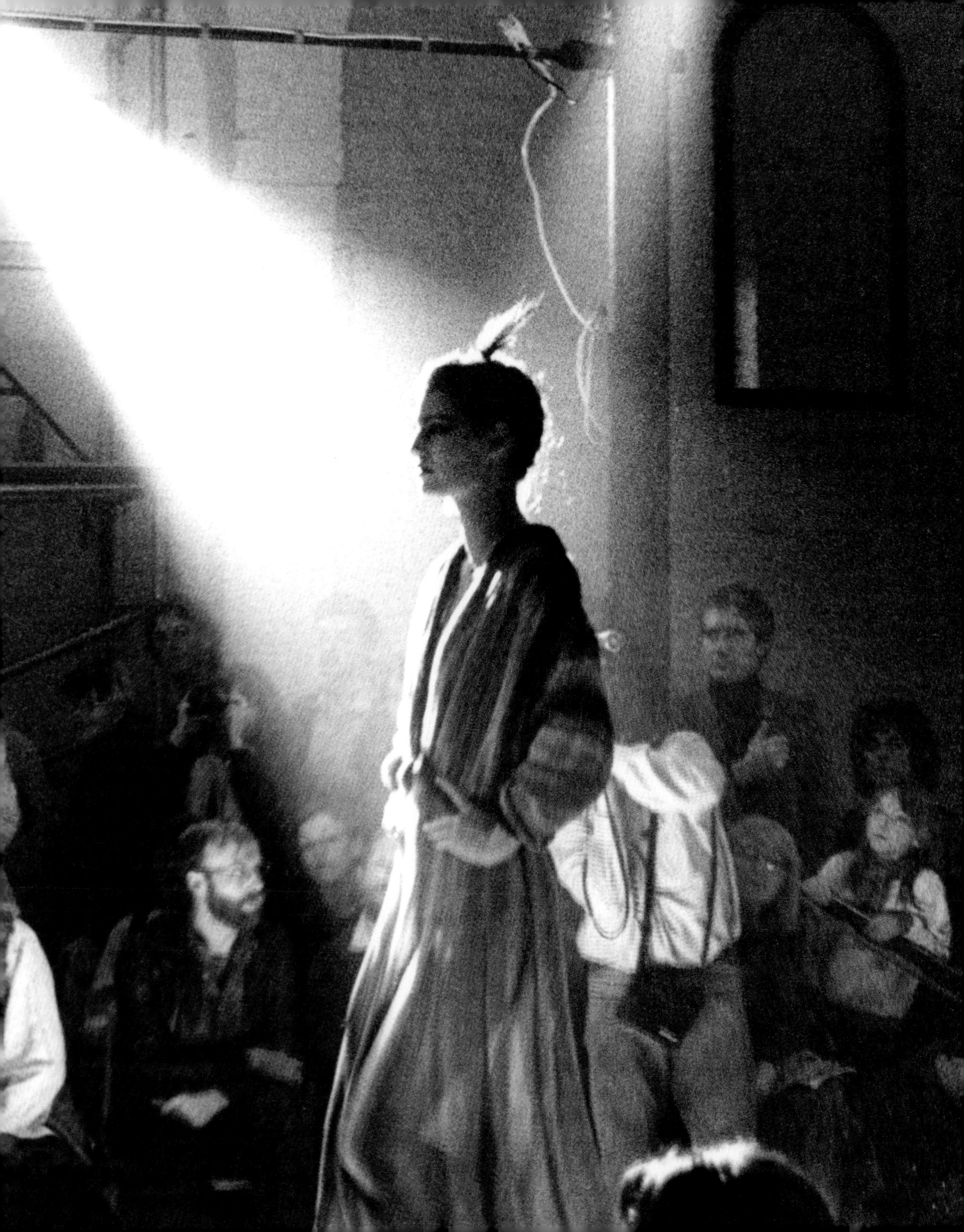

59 – 62
Fotograf*in unbekannt
Szenen aus der Modenschau *Laufsteg*
im West-Berliner Ägyptischen Museum
Scenes from the fashion show Laufsteg *(Catwalk)*
in the Egyptian Museum of West Berlin
1978
Silbergelatine-Vintageprints
17,8 x 12,6 cm

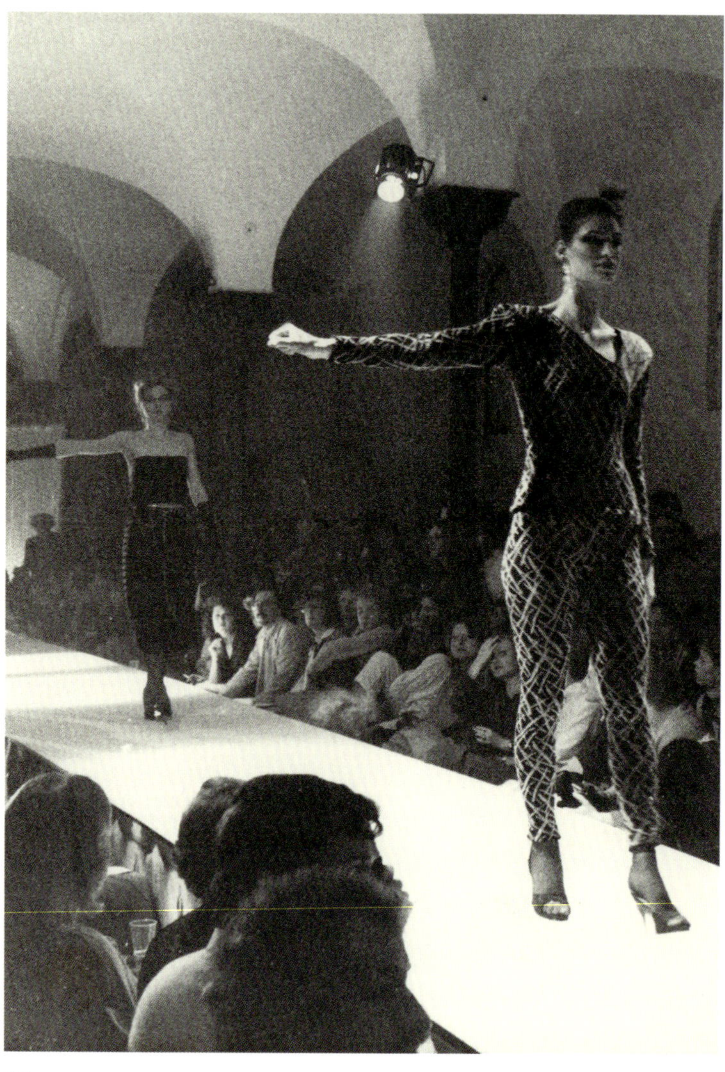

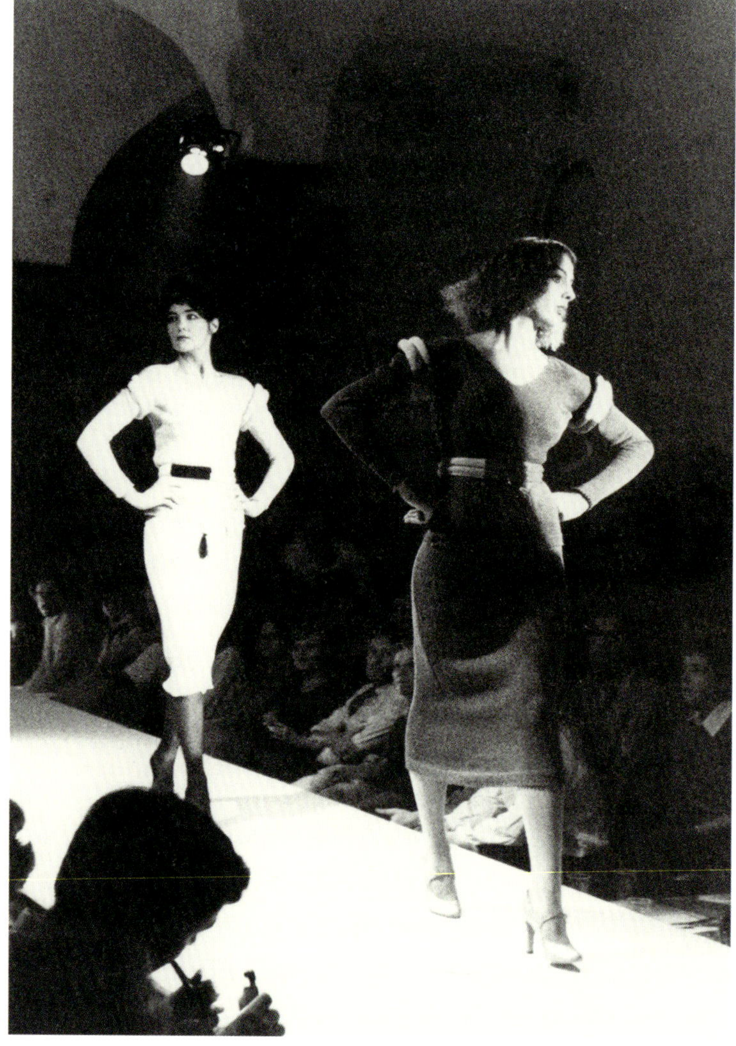

59
60

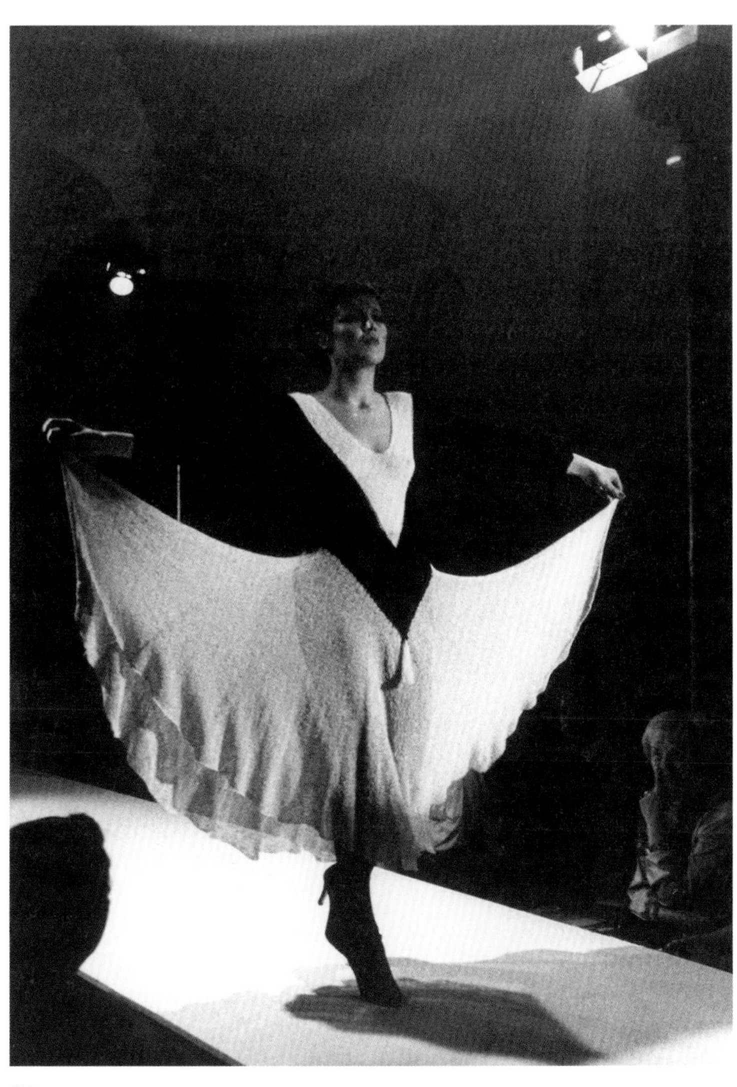

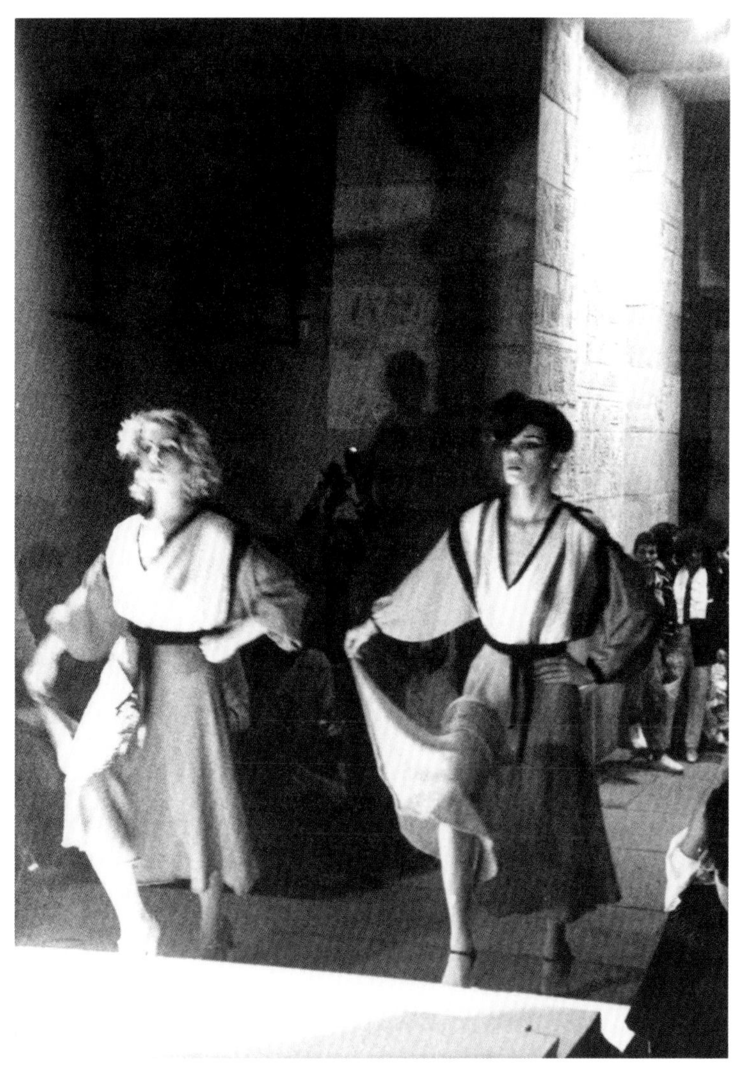

61
62

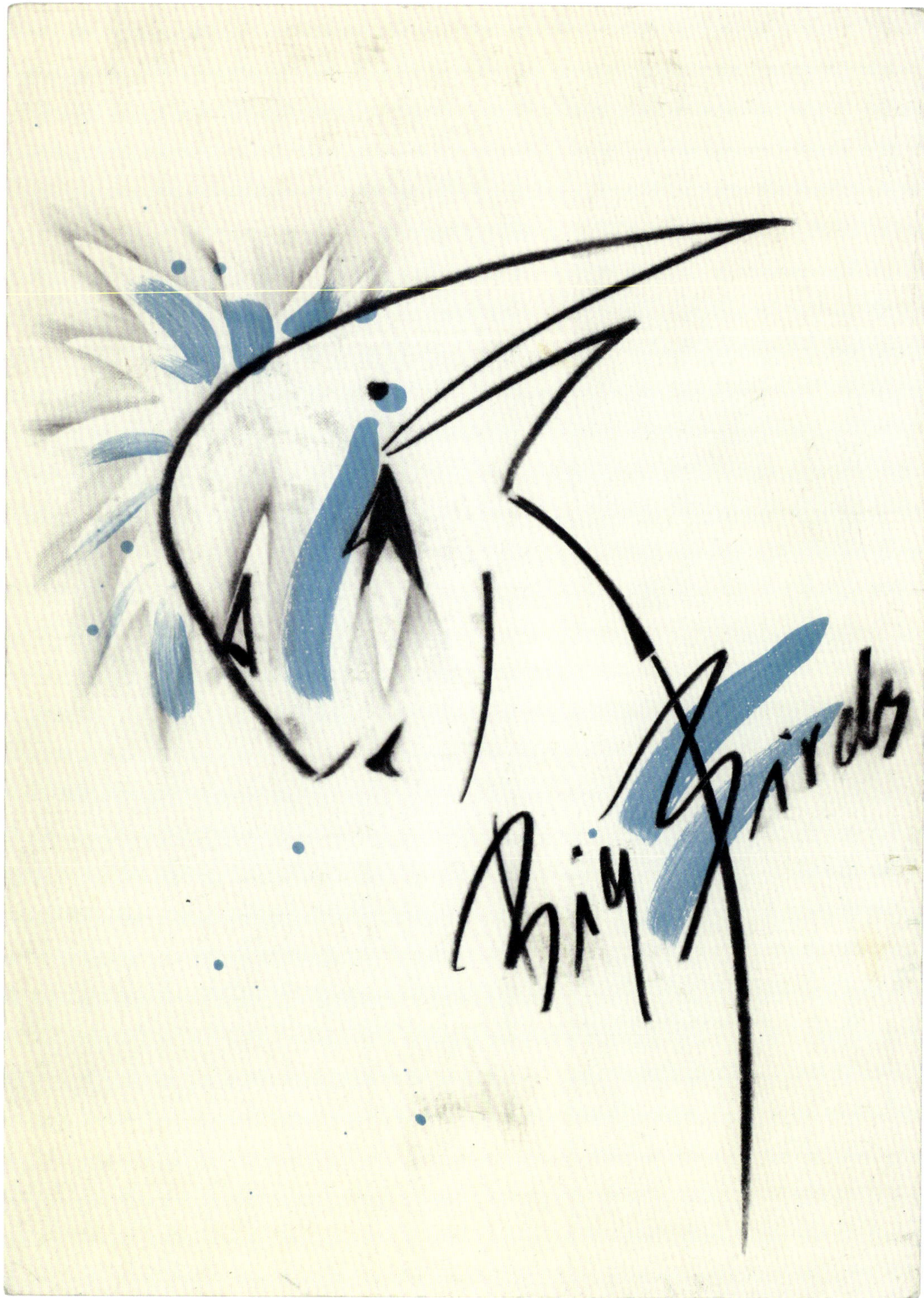

63

63
Claudia Skoda
Postkarte mit *Big Birds*-Motiv
Postcard with the Big Birds *motif*
1979
Offsetdruck
21 x 14,8 cm

64 – 66
Rüdiger Trautsch
Szenen aus der Modenschau *Big Birds* in der Berliner Kongresshalle
Scenes from the fashion show Big Birds *in the Kongresshalle in Berlin*
1979
Original-Abzüge auf technischem Papier
21,1 x 29,6 cm

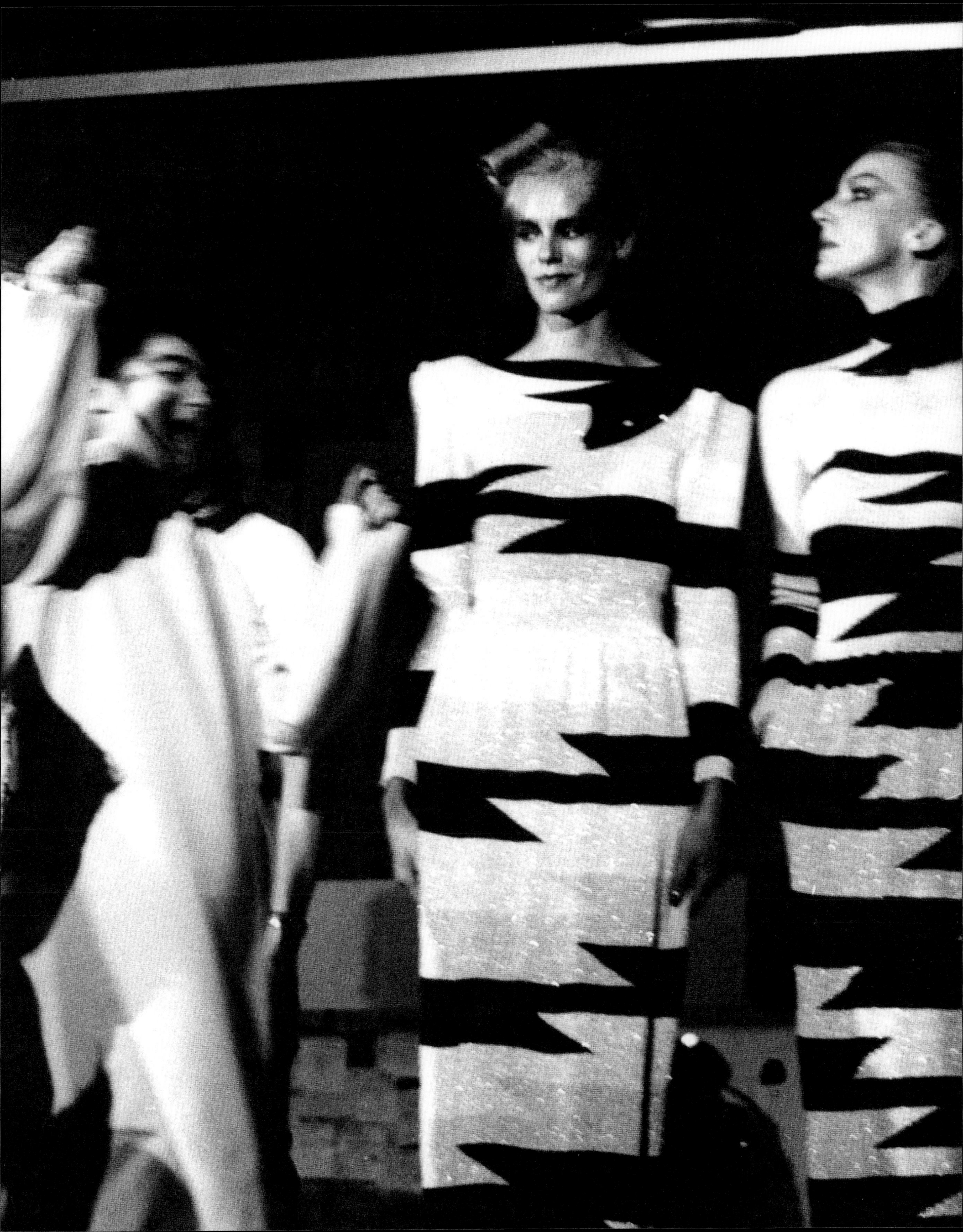

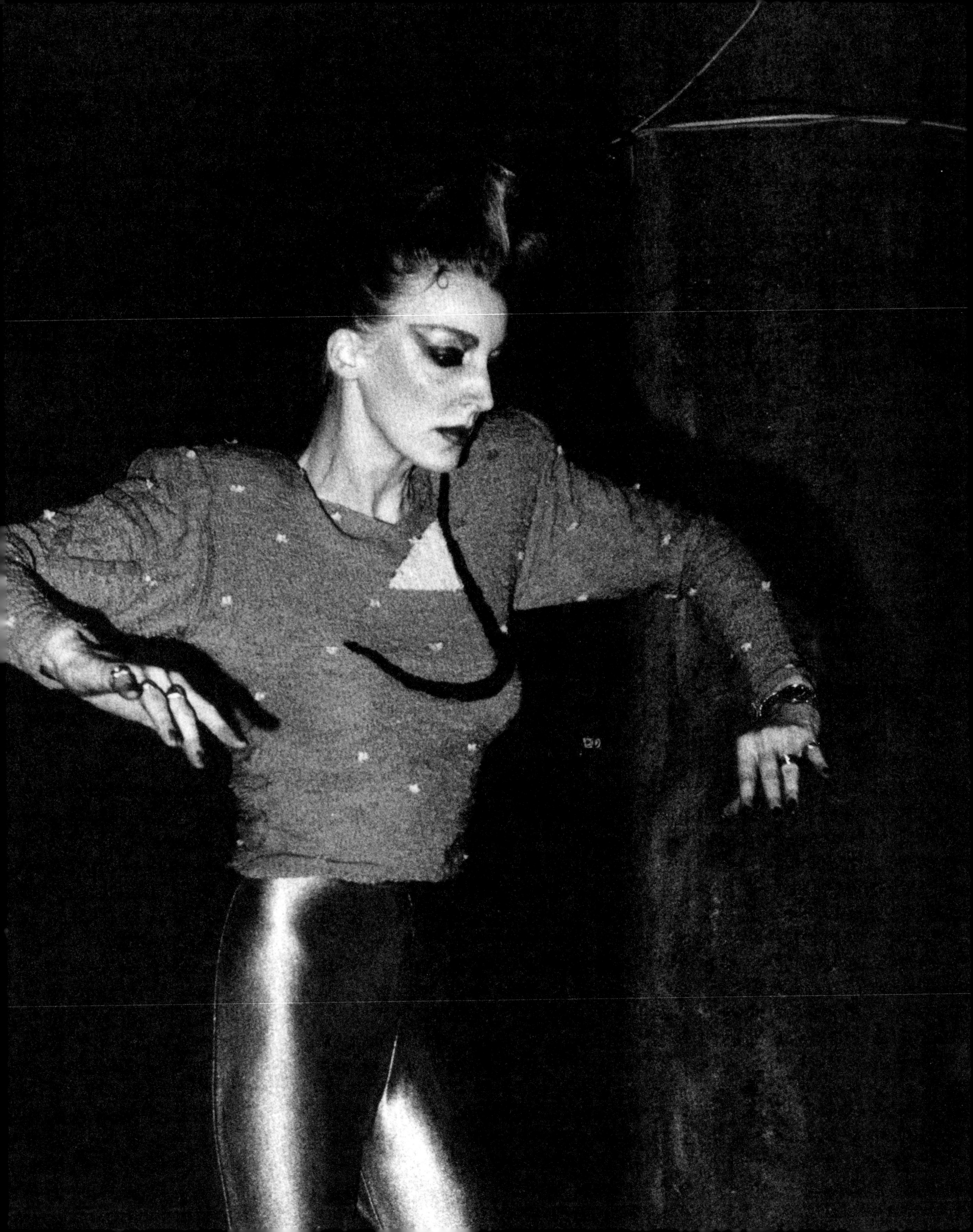

67
Helmut Metzner
Szene aus der Modenschau *Big Birds* in der Berliner Kongresshalle
Scenes from the fashion show Big Birds *in the Kongresshalle in Berlin*
1979
Silbergelatine-Vintageprint
29,5 x 40,1 cm

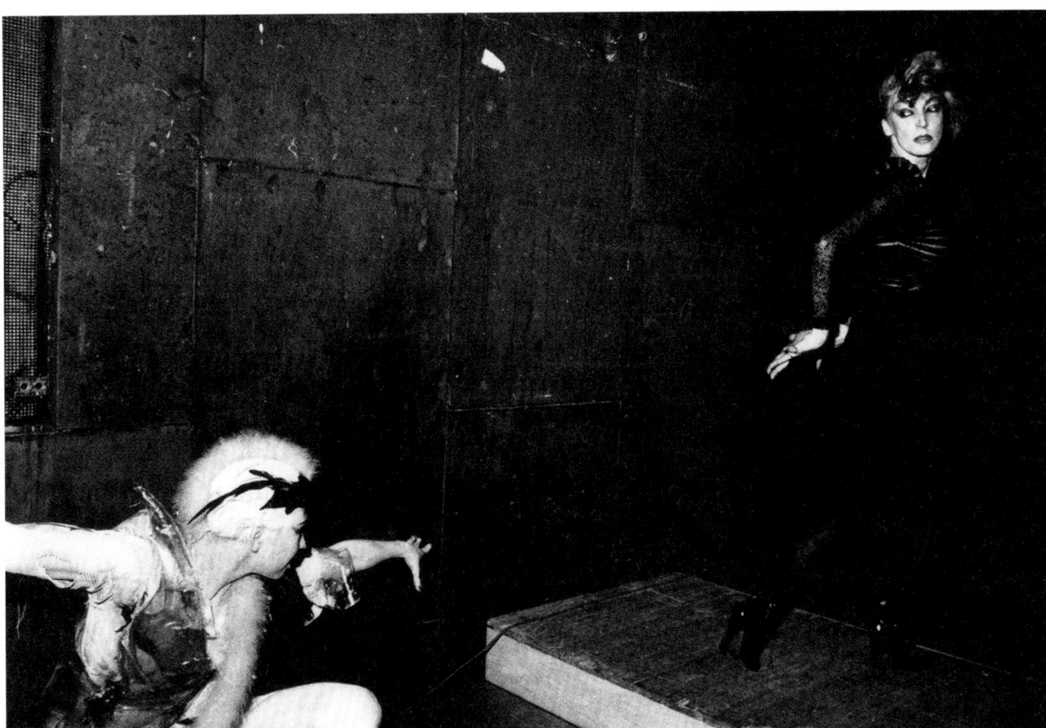

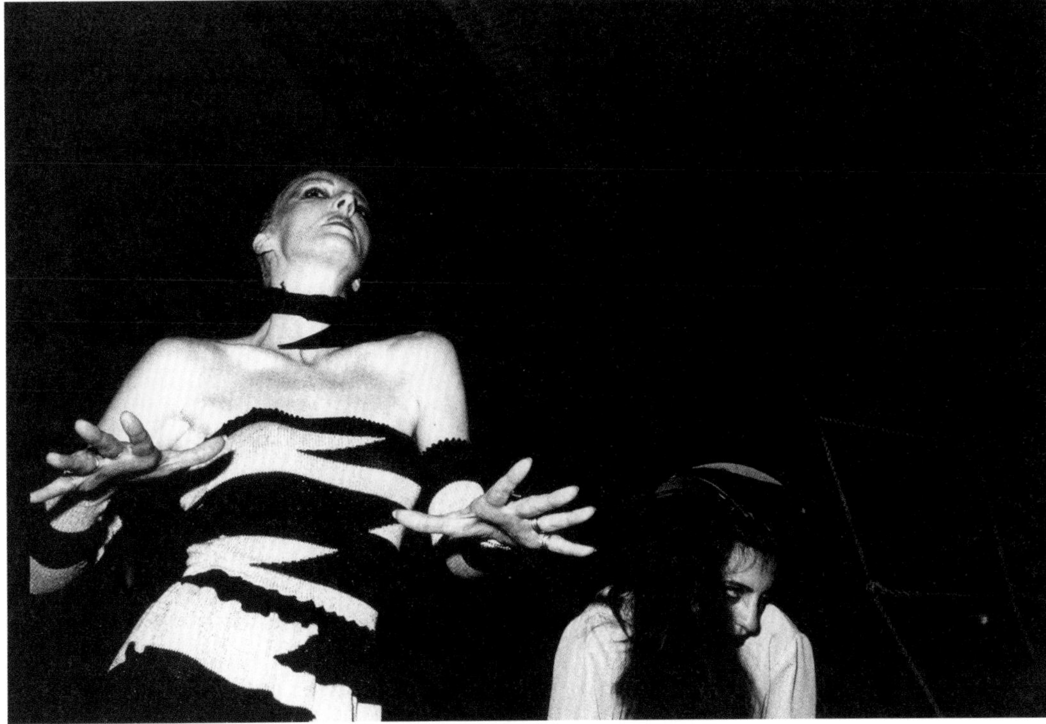

66
67

68 – 73
Rüdiger Trautsch
Szenen aus der Modenschau *Big Birds* in der Berliner Kongresshalle
Scenes from the fashion show Big Birds *in the Kongresshalle in Berlin*
1979
Original-Abzüge auf technischem Papier
21,1 x 29,6 cm

68
69

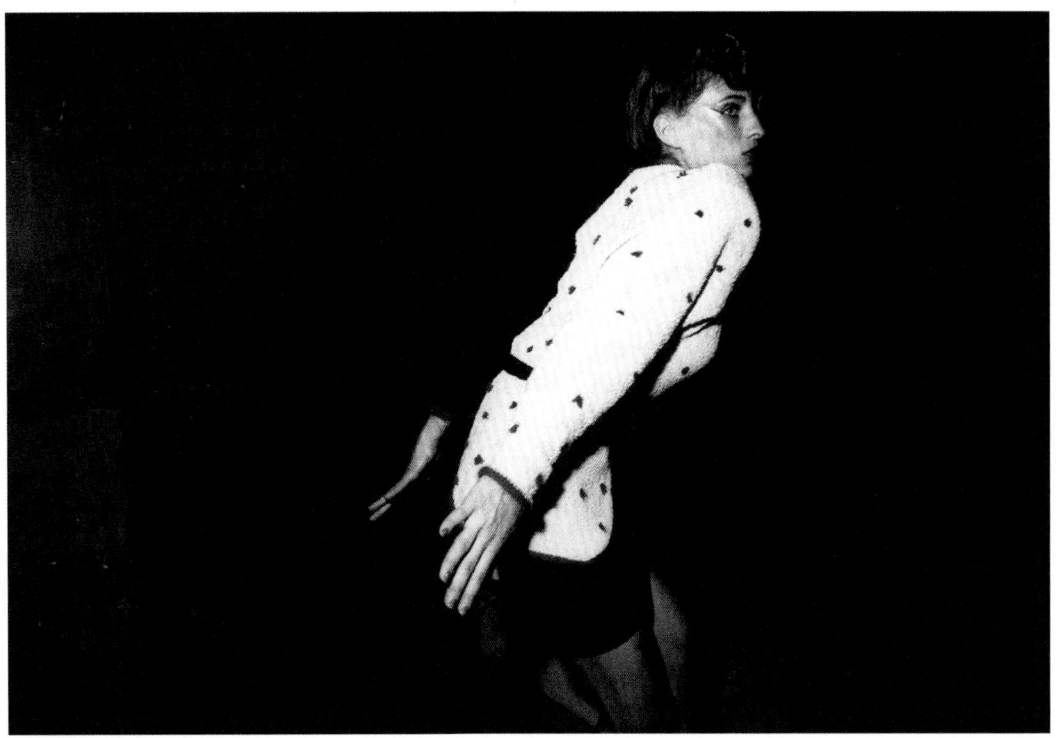

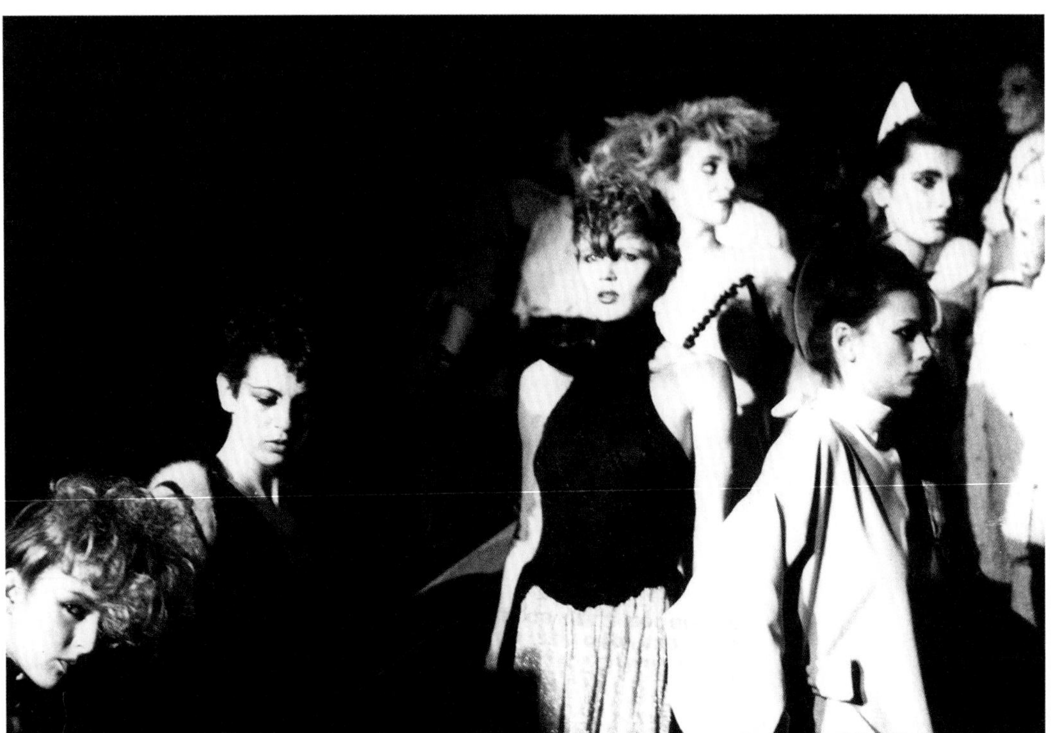

70

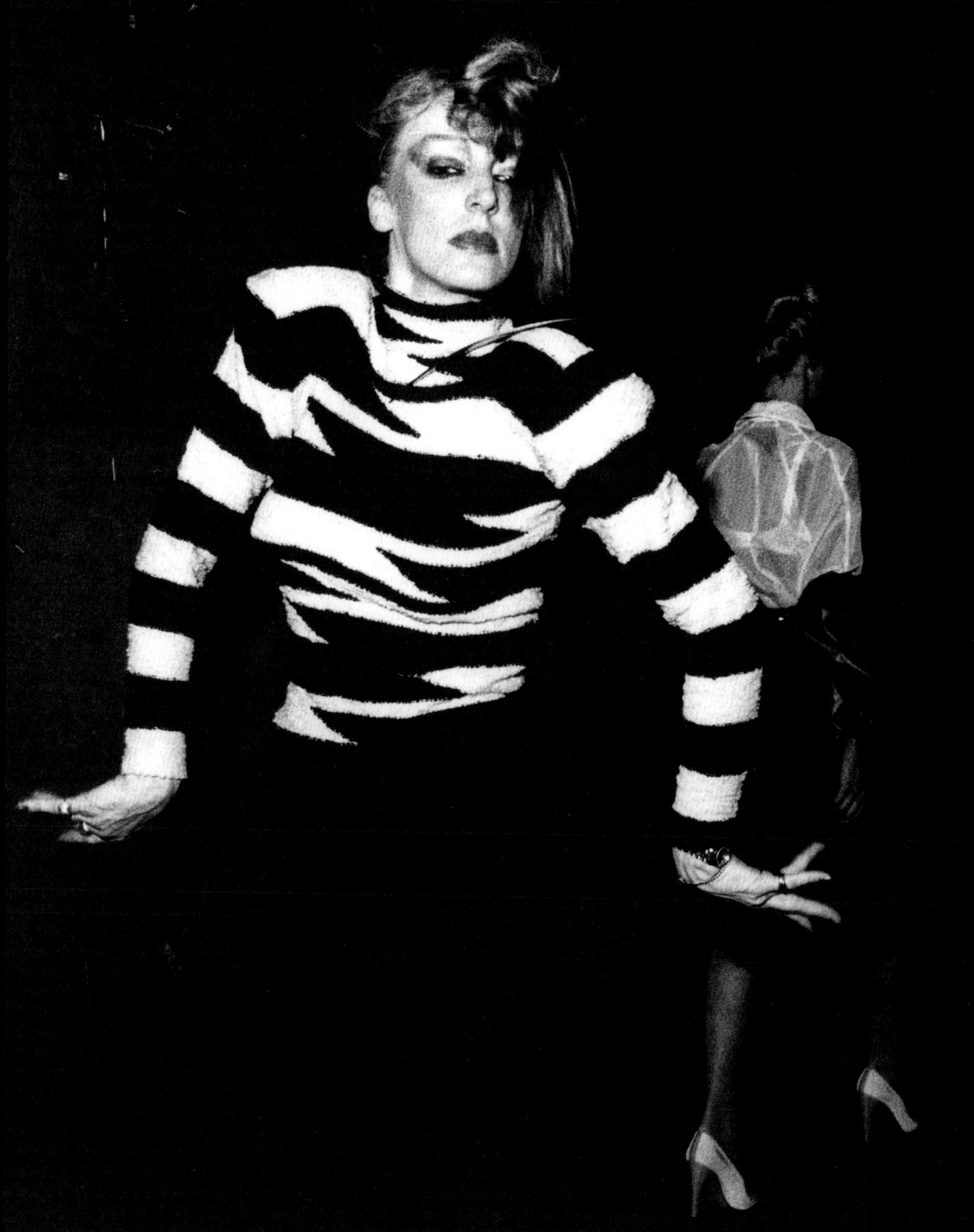

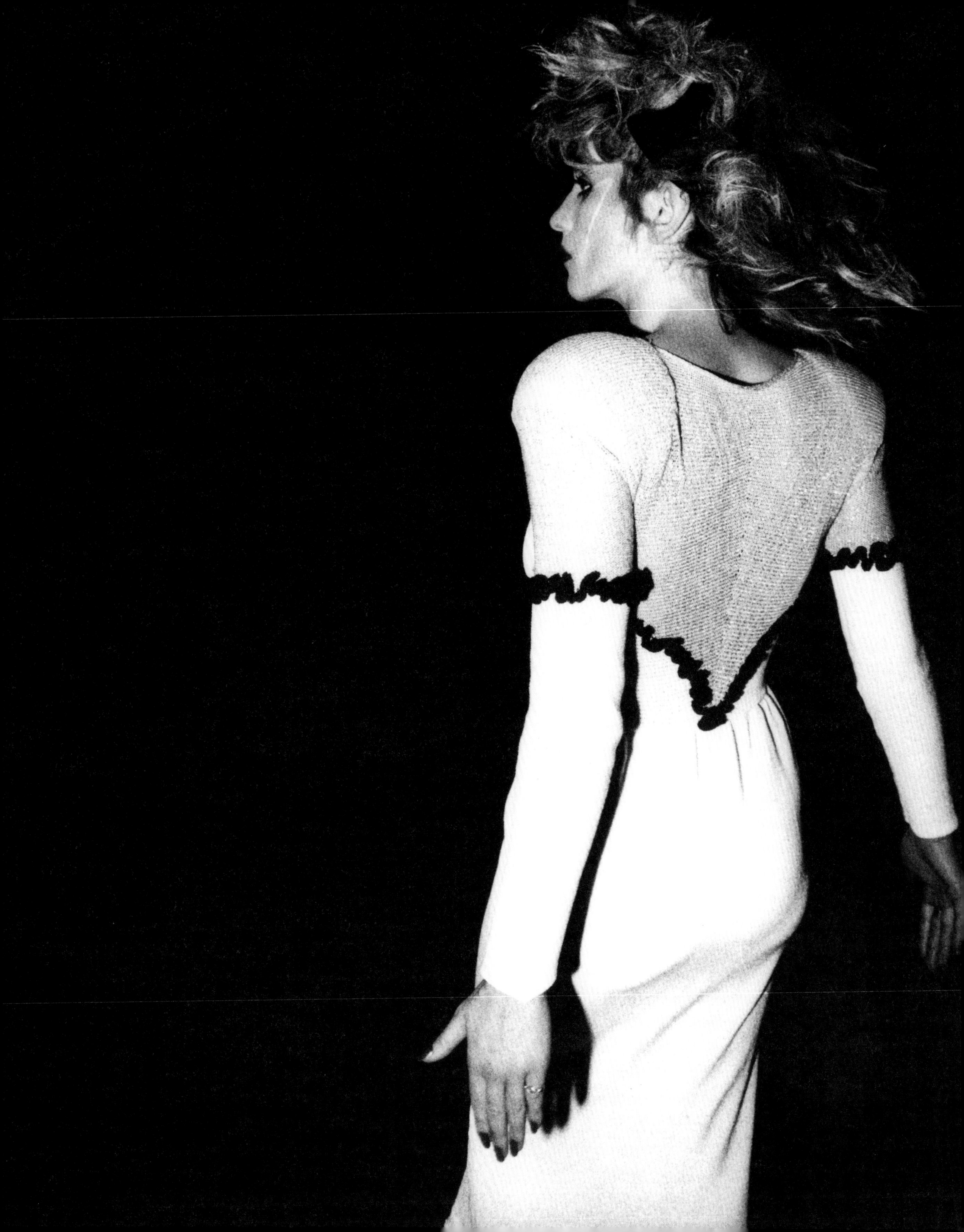

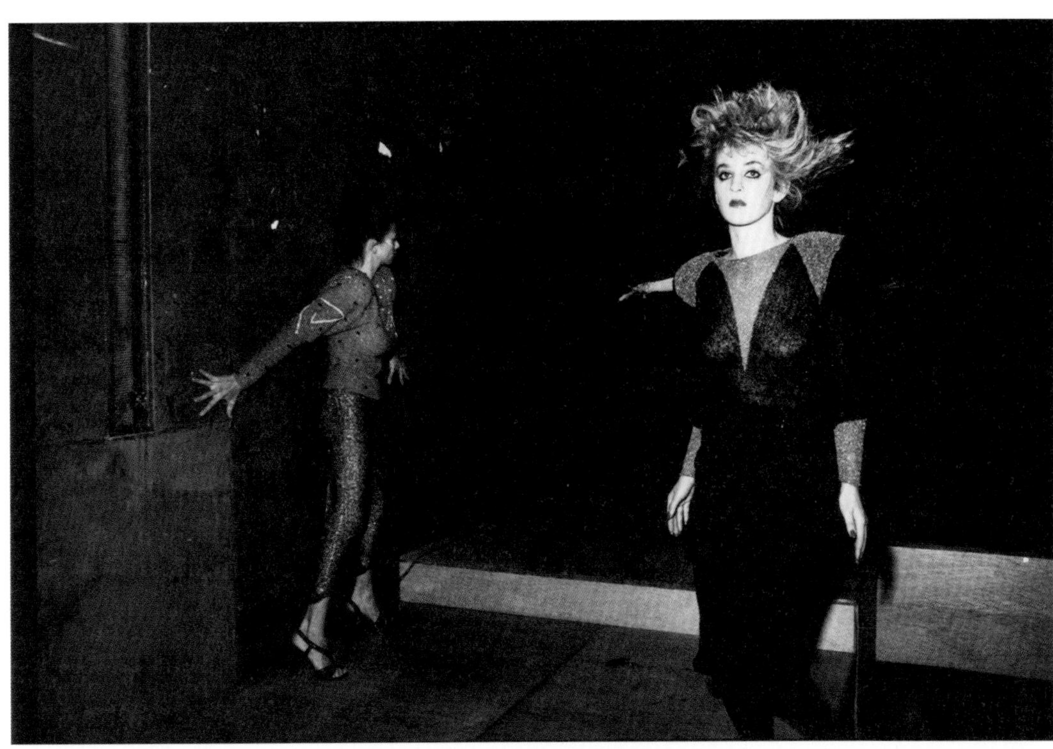

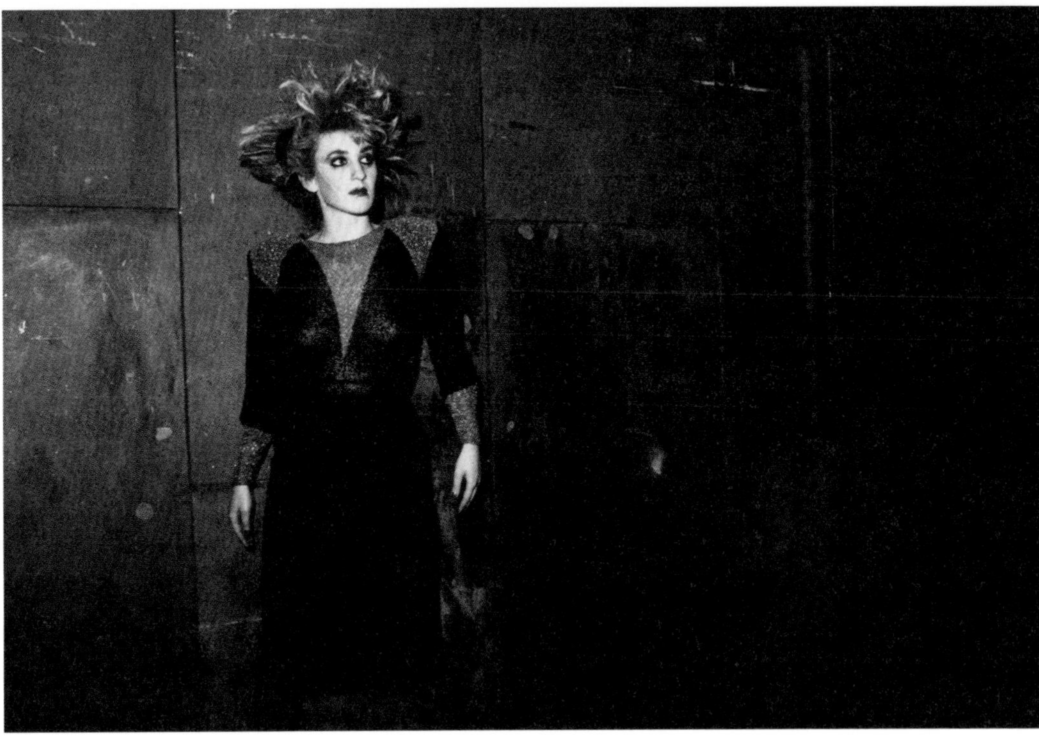

72
73

74 – 80
Luciano Castelli
Irene Staub alias Lady Shiva in Strickdesigns der Kollektion »Fruits« von Claudia Skoda
Irene Staub alias Lady Shiva in knitwear designs from the collection "Fruits" by Claudia Skoda
Ca. 1978
Silbergelatine-Vintageprints
29,1 x 20,5 cm

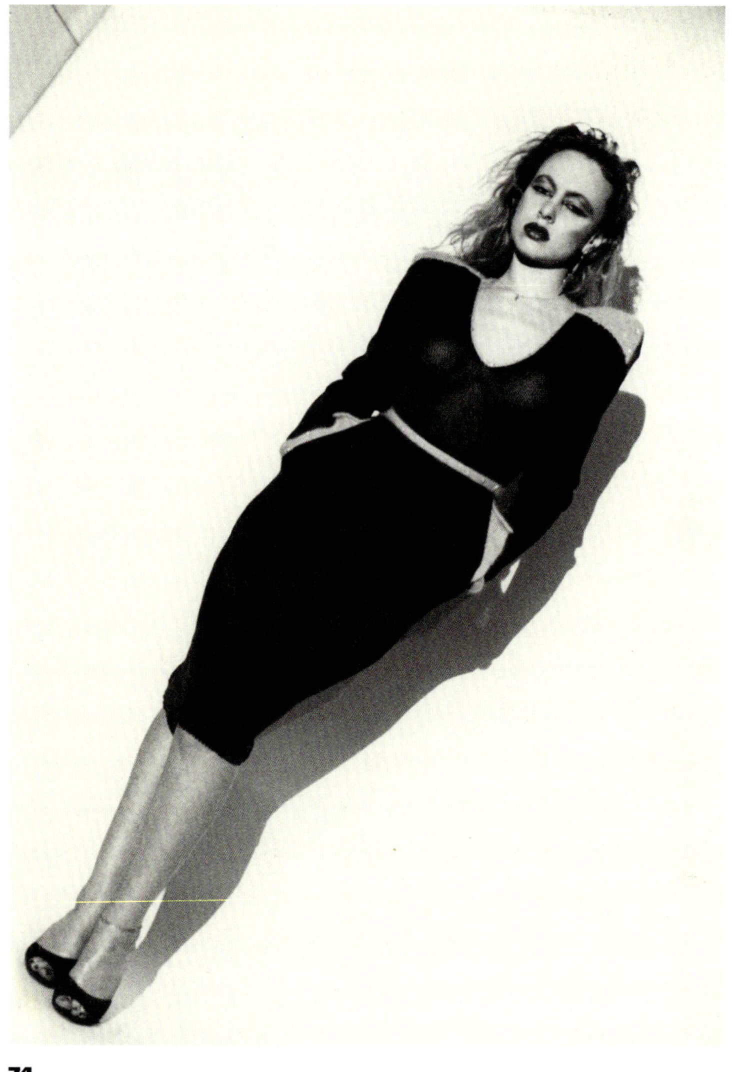

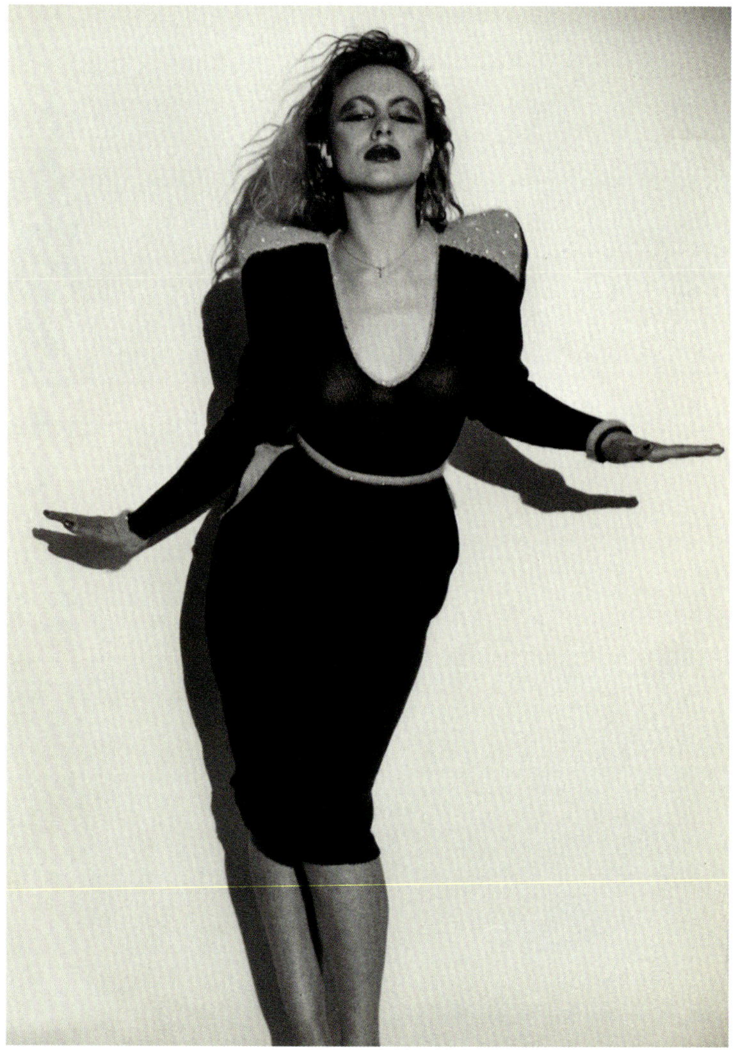

74
75

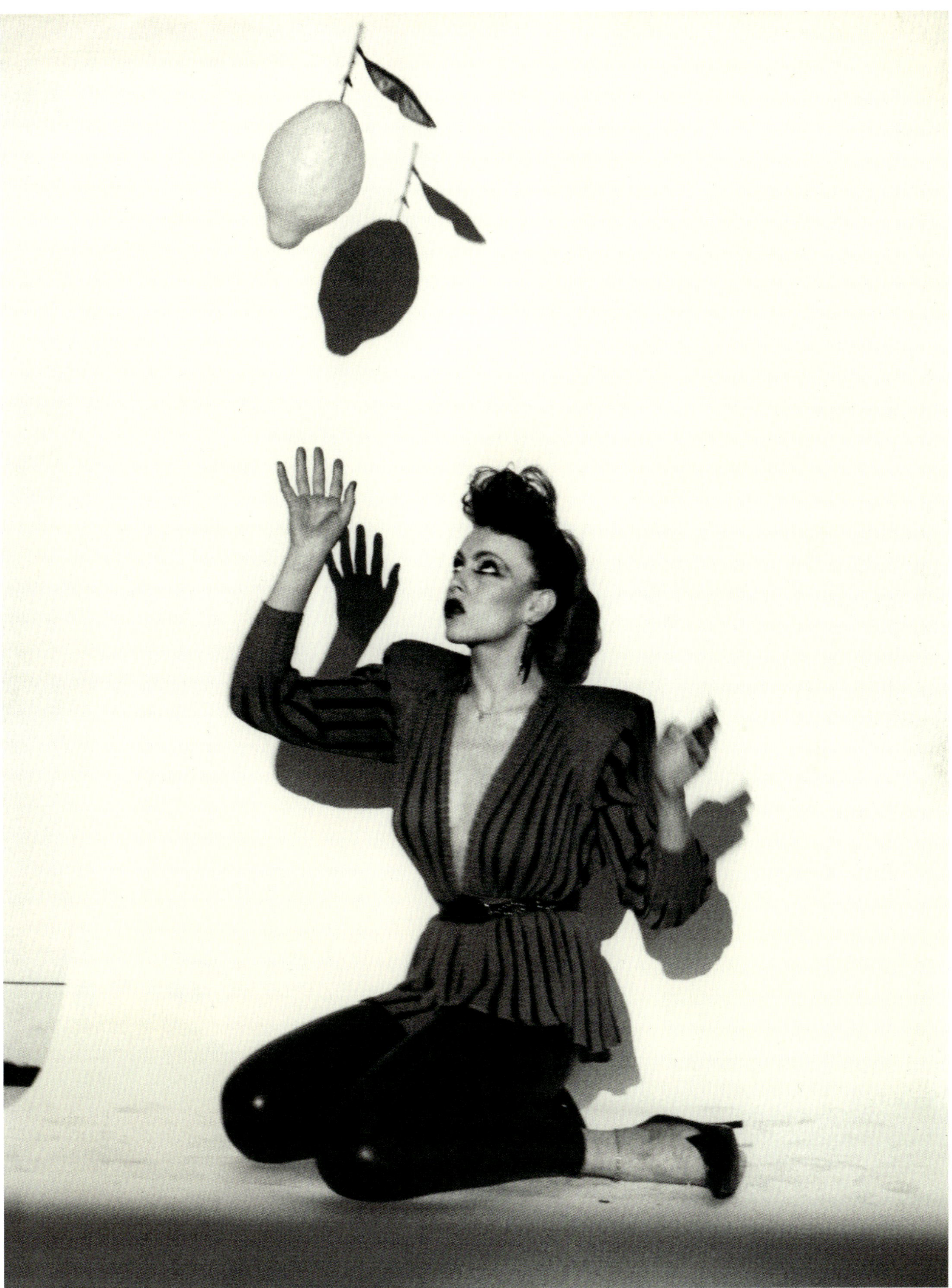

76

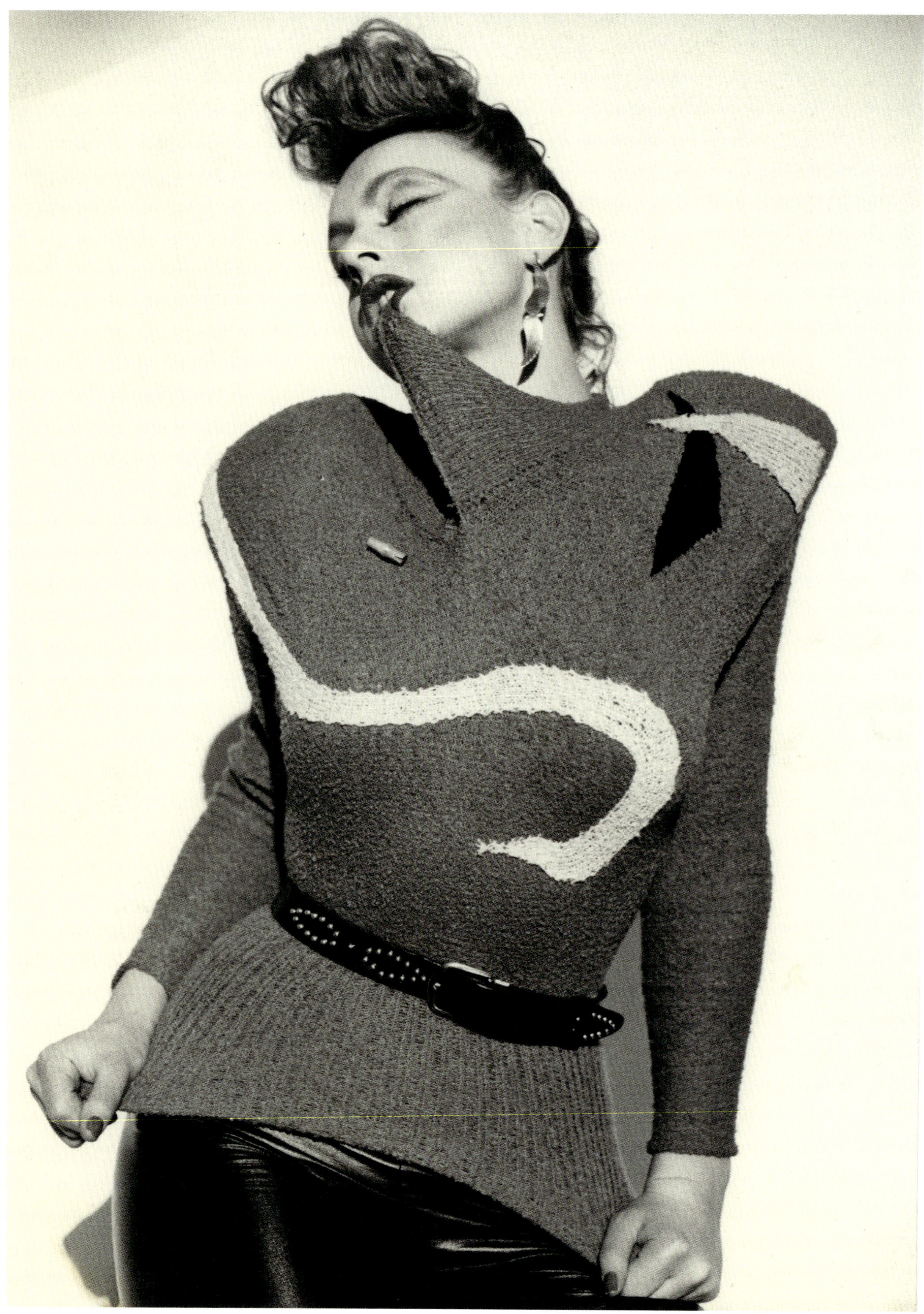

77

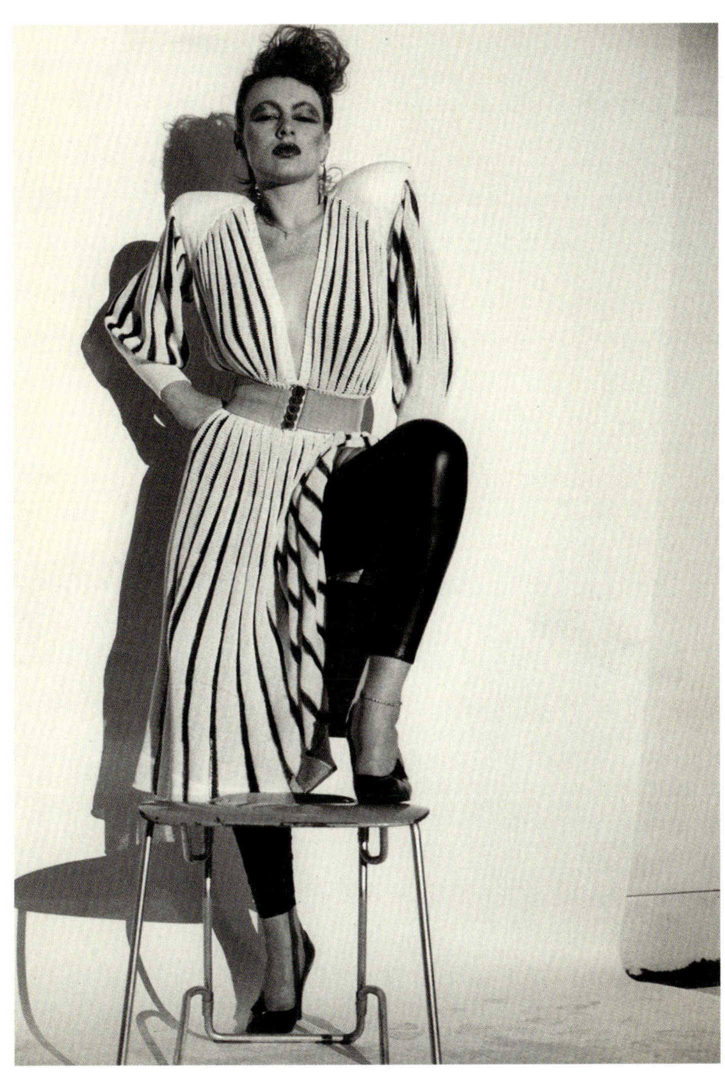

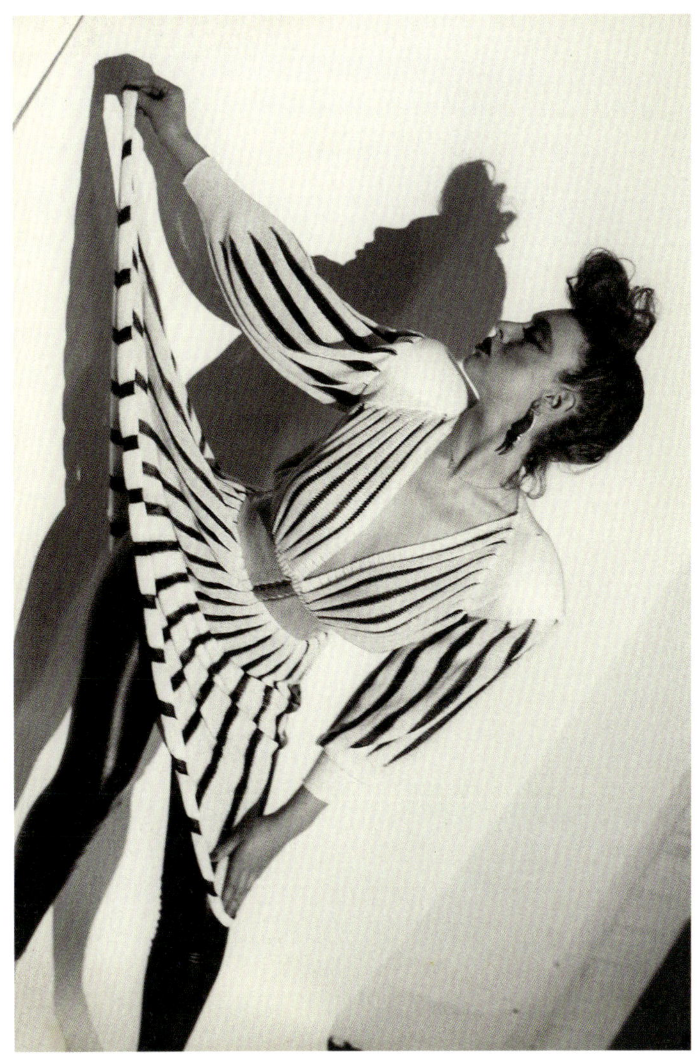

78
79

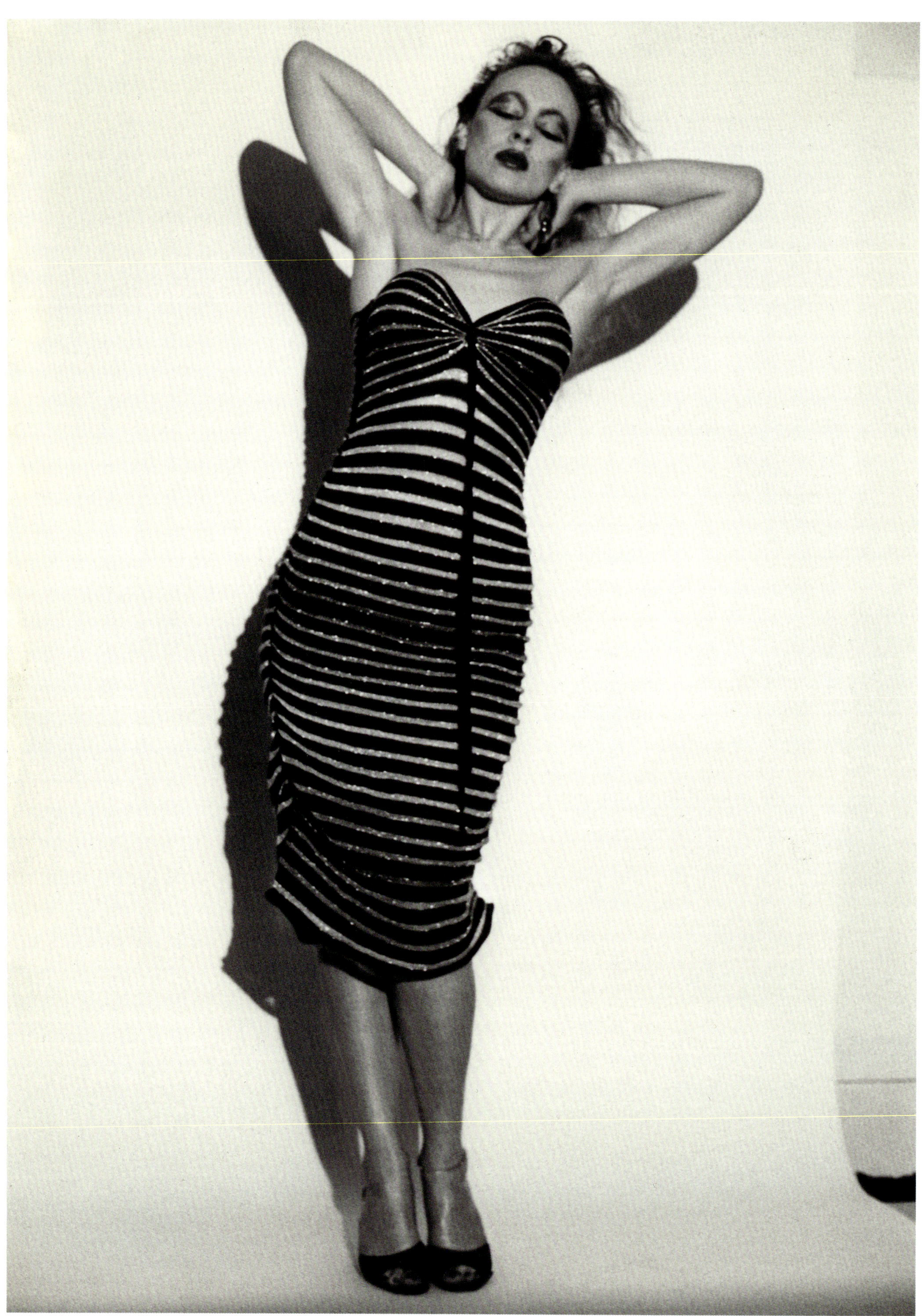

80

81 + **82**
Detlef Maugsch
Irene Staub alias Lady Shiva in Strickjacke der Kollektion »Mobil« von Claudia Skoda
Irene Staub alias Lady Shiva in a knitted jacket from the collection "Mobil" by Claudia Skoda
Ca. 1981
Diapositive
2,4 x 3,6 cm

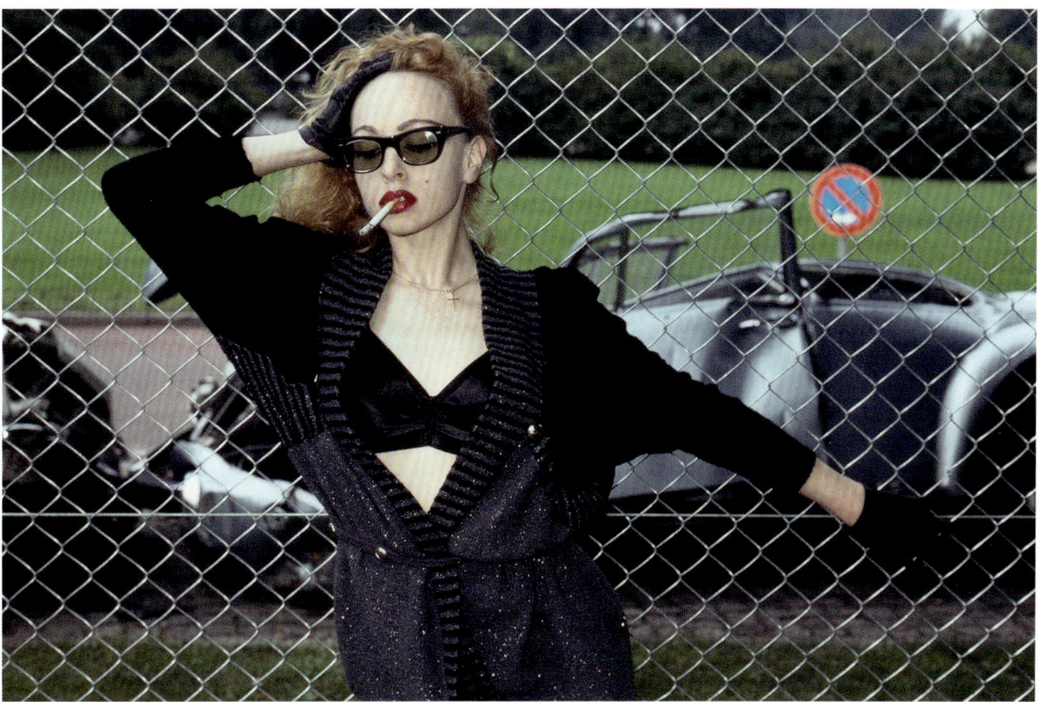

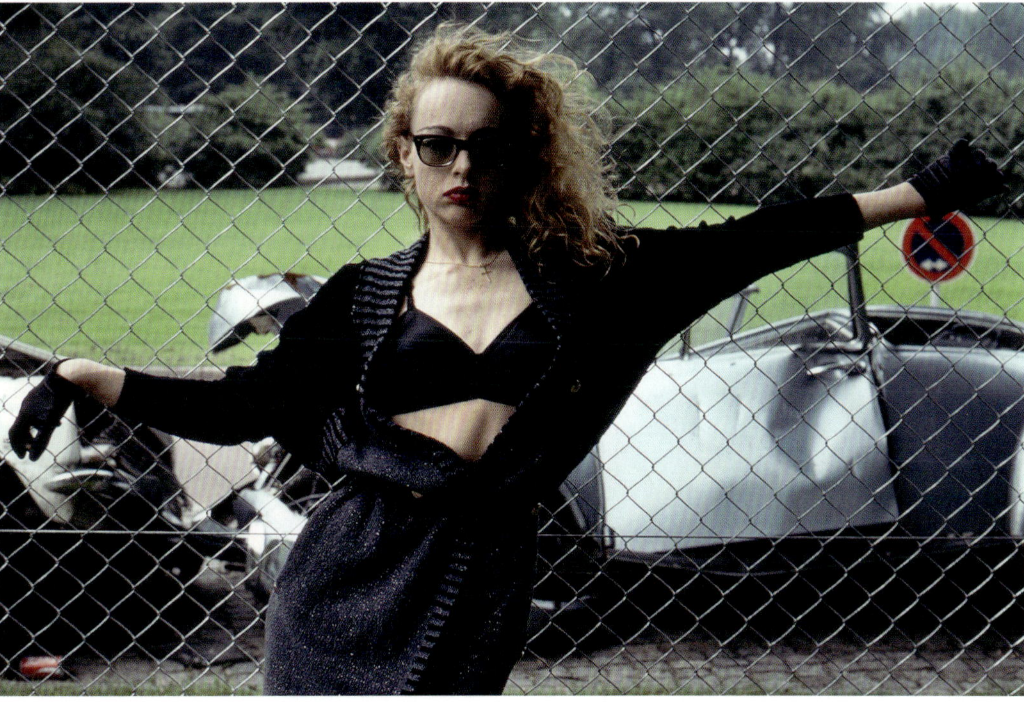

81
82

83 – 85
Detlef Maugsch
Irene Staub alias Lady Shiva in Strickdesigns der Kollektion »Mobil« von Claudia Skoda
Irene Staub alias Lady Shiva in knitted garments from the collection "Mobil" by Claudia Skoda
Ca. 1981
Diapositive
2,4 x 3,6 cm

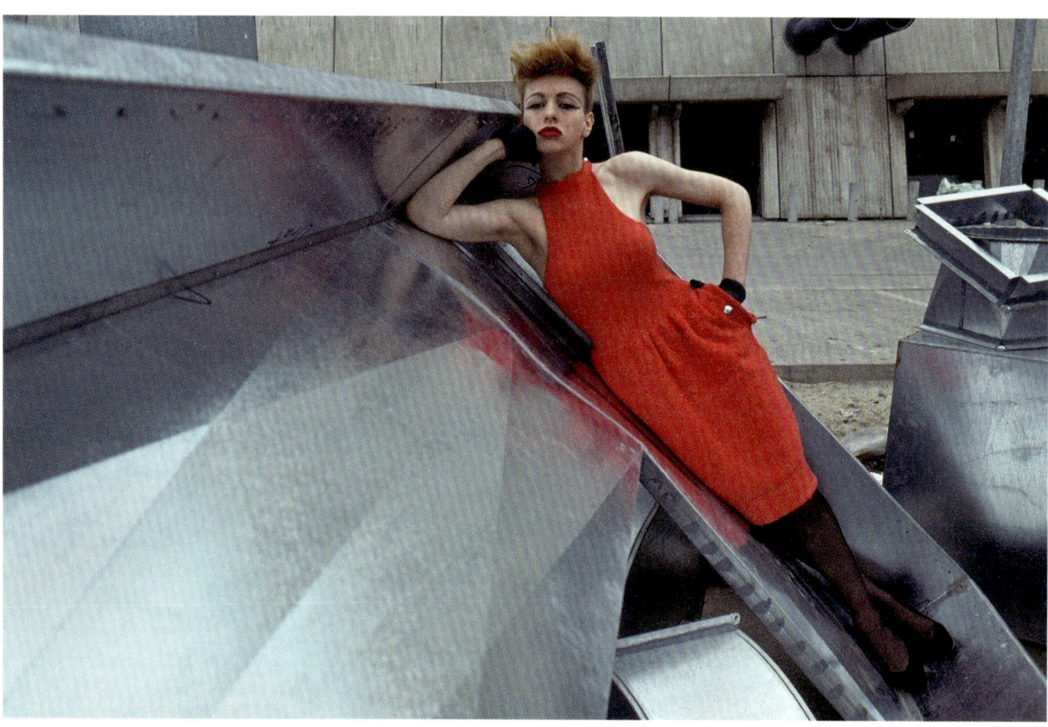

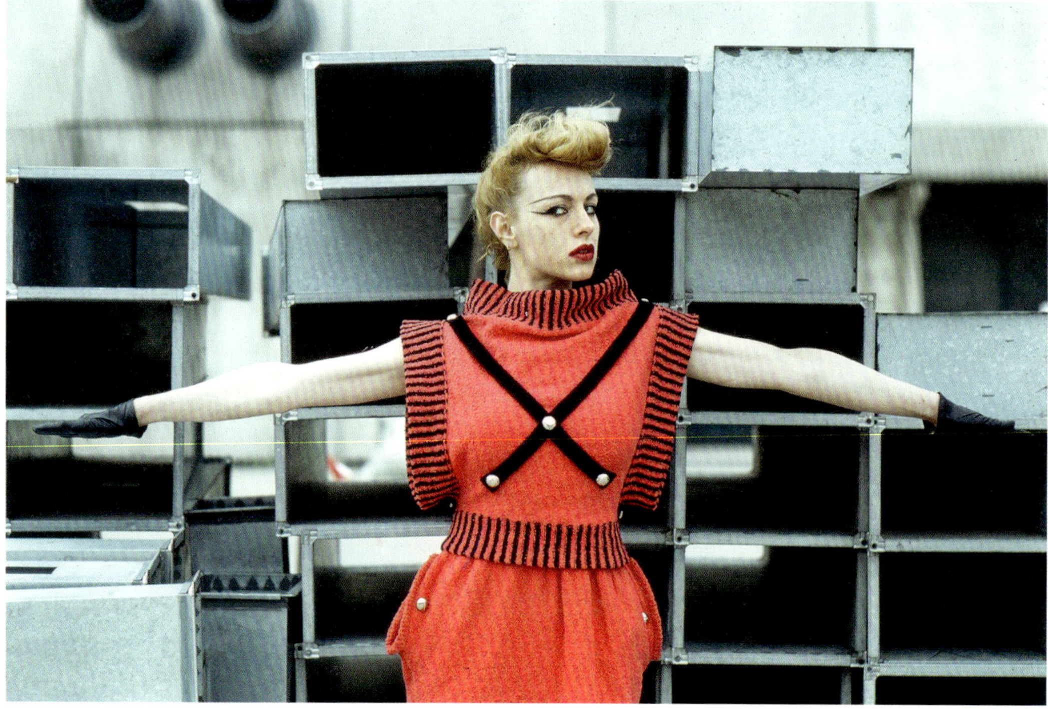

83
84

85

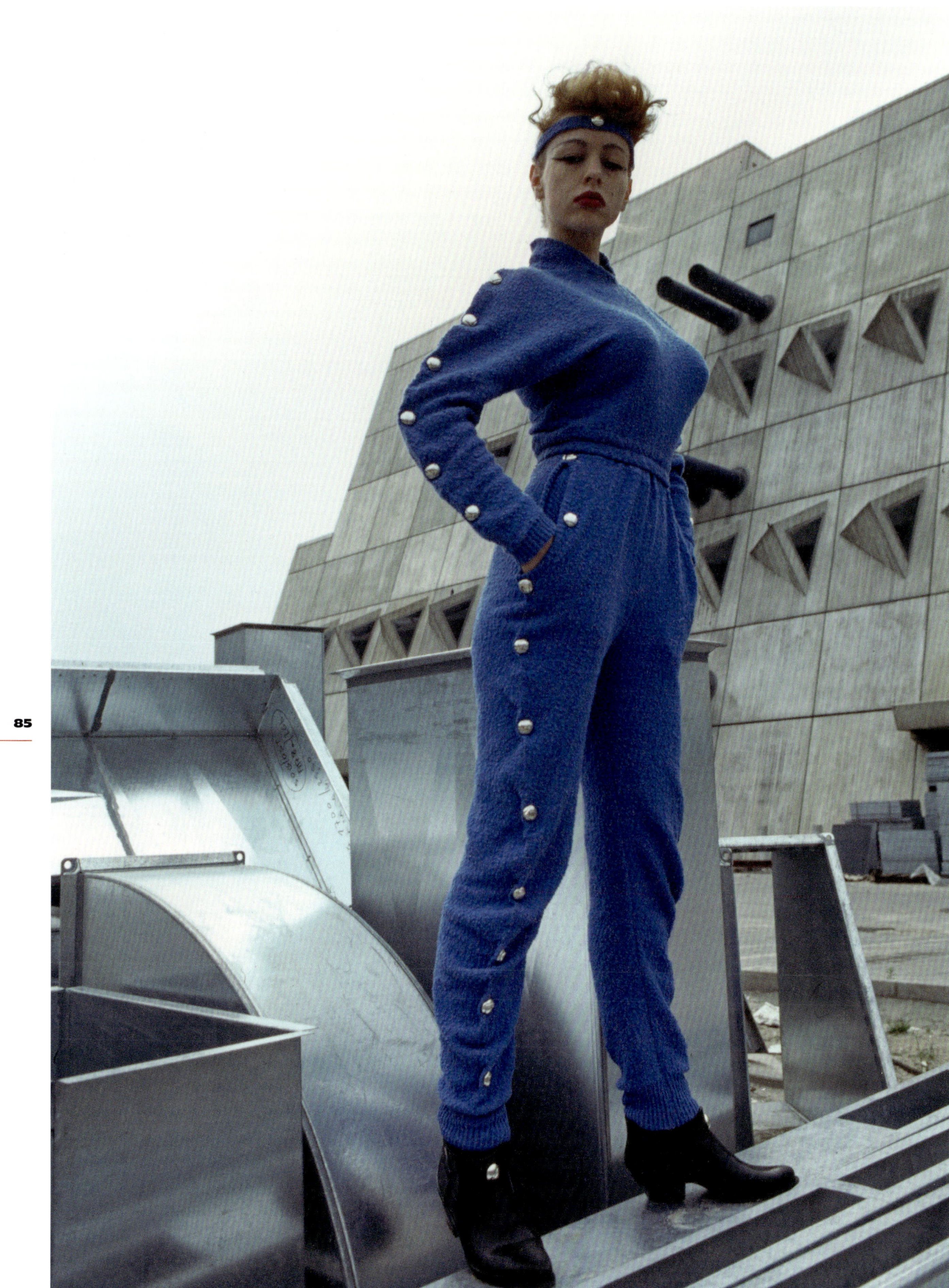

86
87

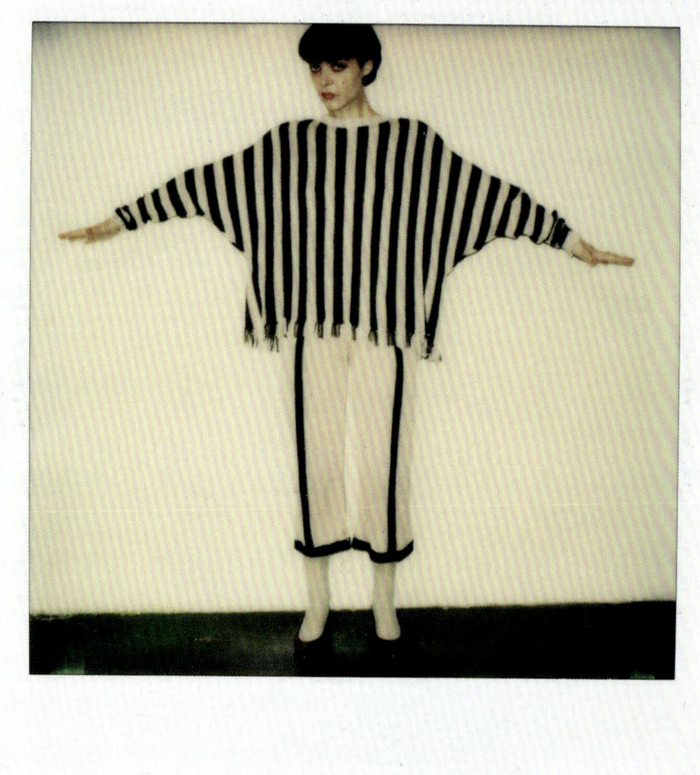

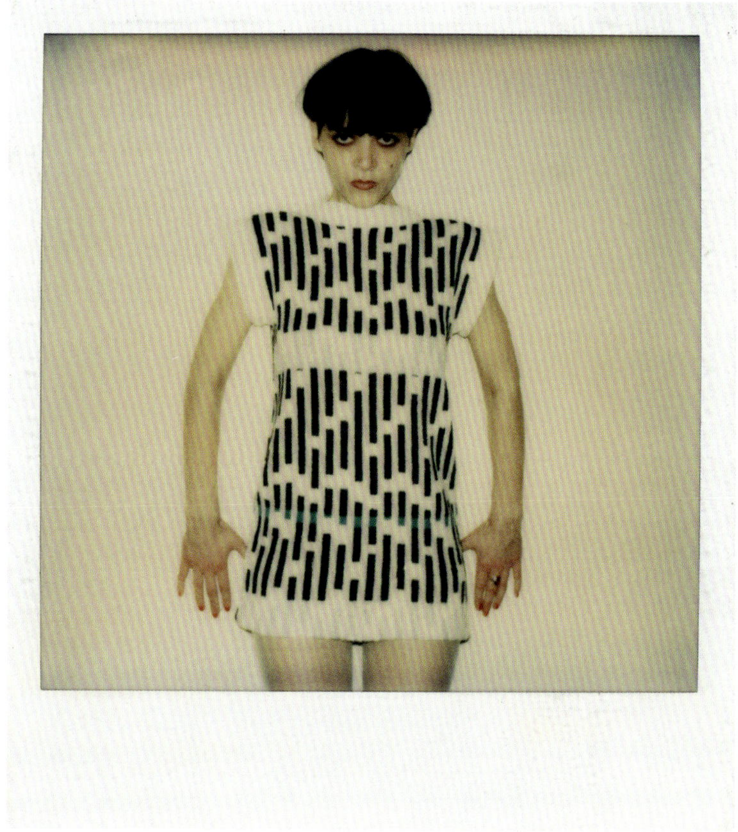

86 – 91
Claudia Skoda u. a.
Elisabeth Recker und Claudia Skoda in Strickdesigns von Claudia Skoda aus der Kollektion »Bildstörung«
Elisabeth Recker and Claudia Skoda wearing knitwear designs by Claudia Skoda from the collection "Bildstörung" (Image Disturbance)
Ca. 1980
Polaroids
10,8 x 8,8 cm

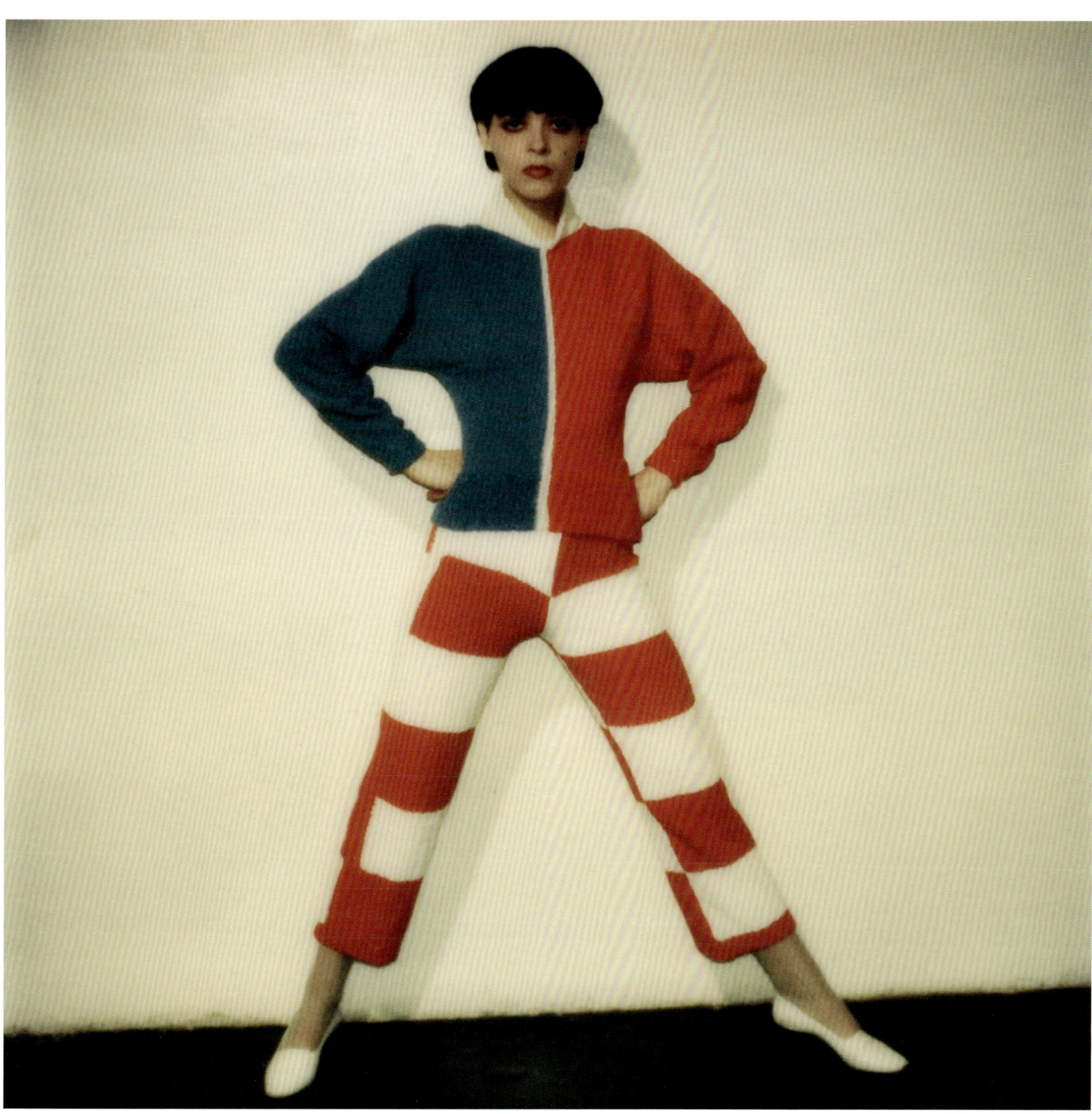

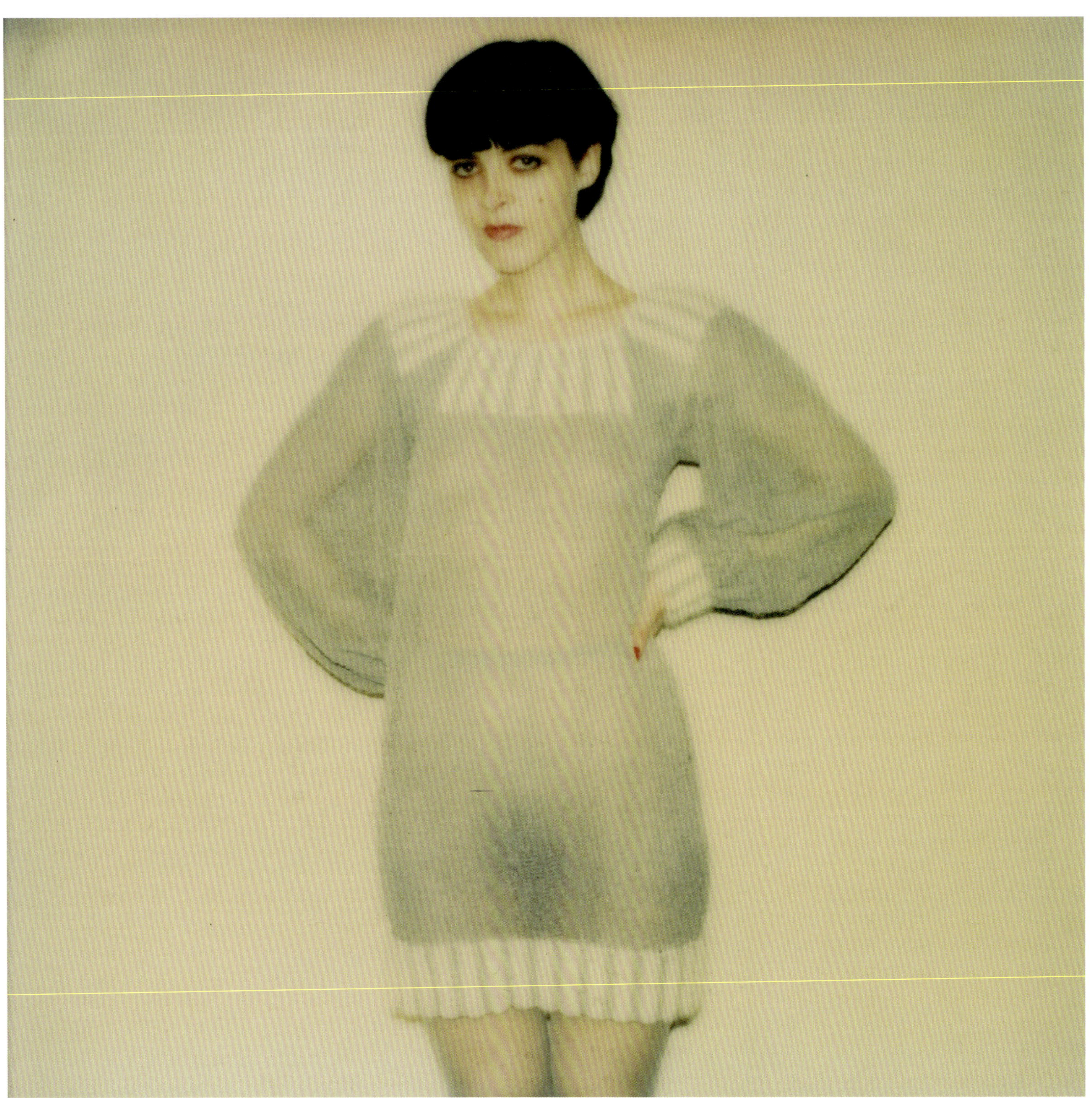

89

90
91

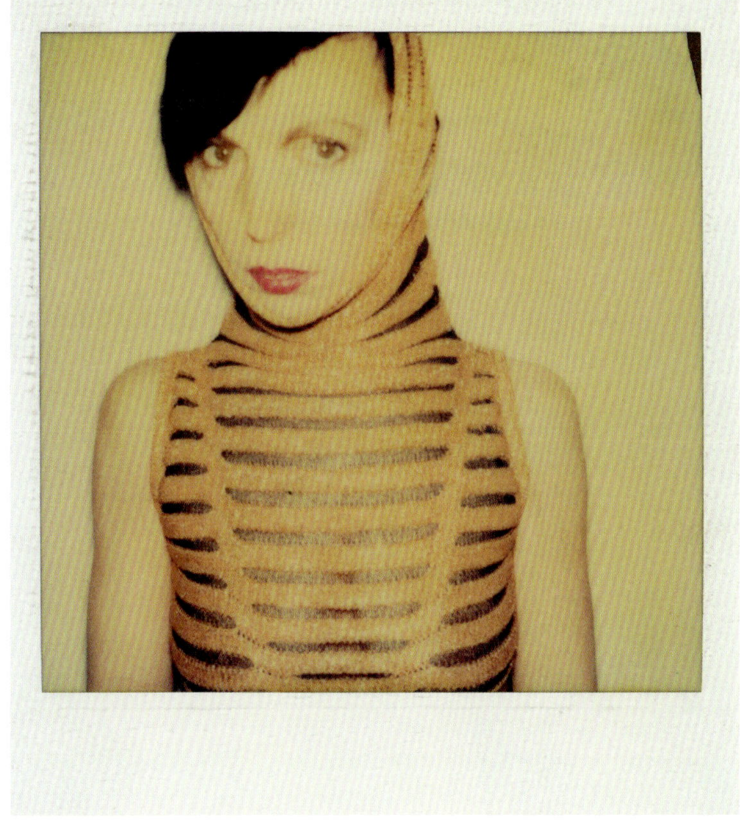

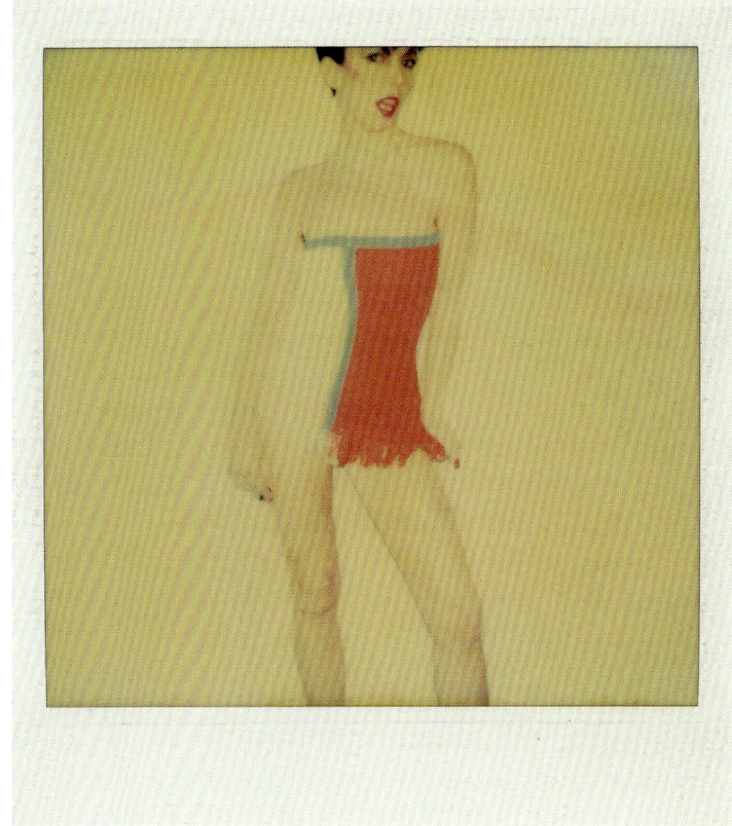

92 – 97
Fotograf*in unbekannt
Szenen aus der Modenschau *Trommelfeuer*
im Martin-Gropius-Bau, Berlin
Scenes from the fashion show Trommelfeuer *(Barrage)*
in the Martin-Gropius-Bau in Berlin
1982
C-Prints
27,7 x 20,5 cm

94

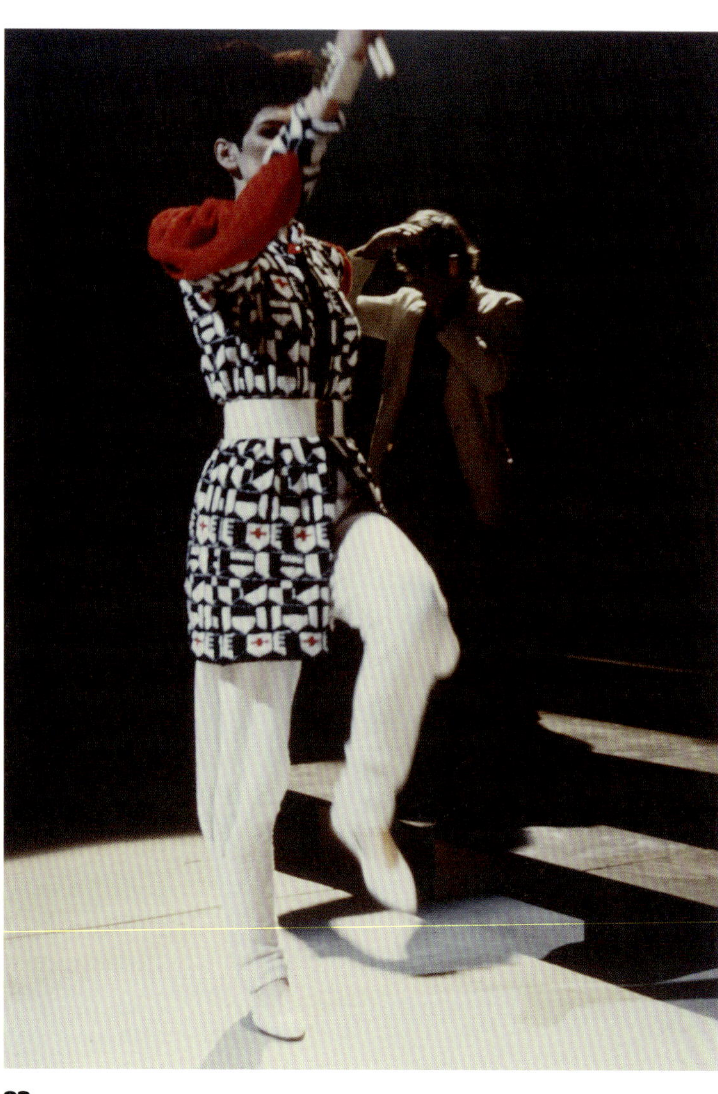

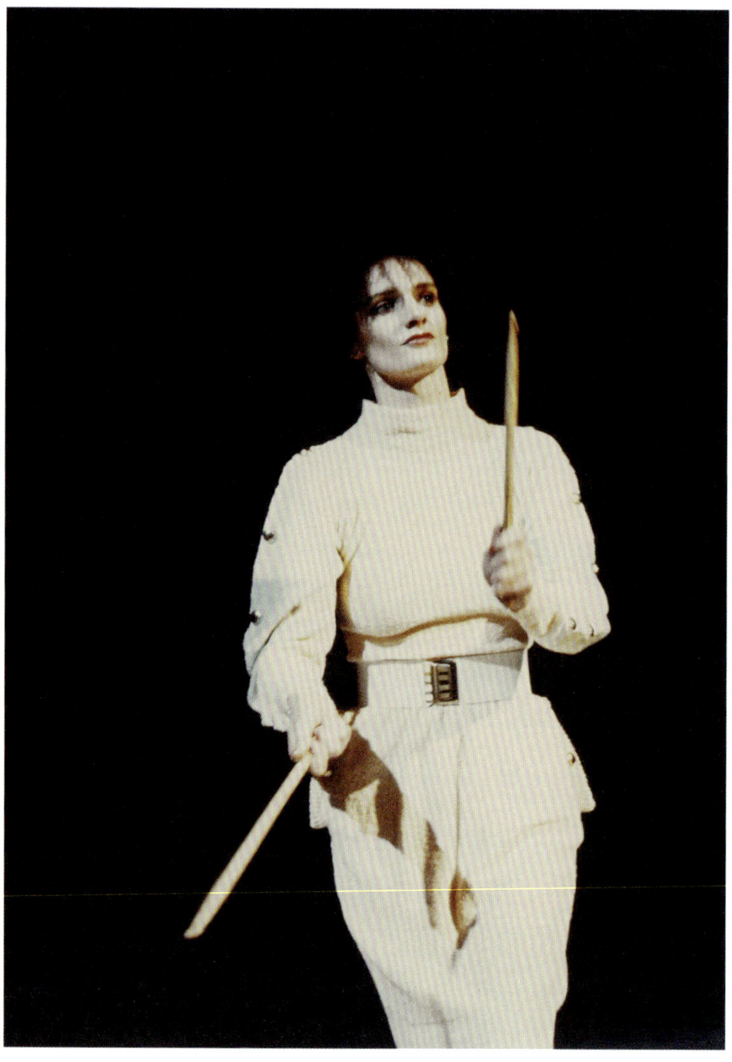

92
93

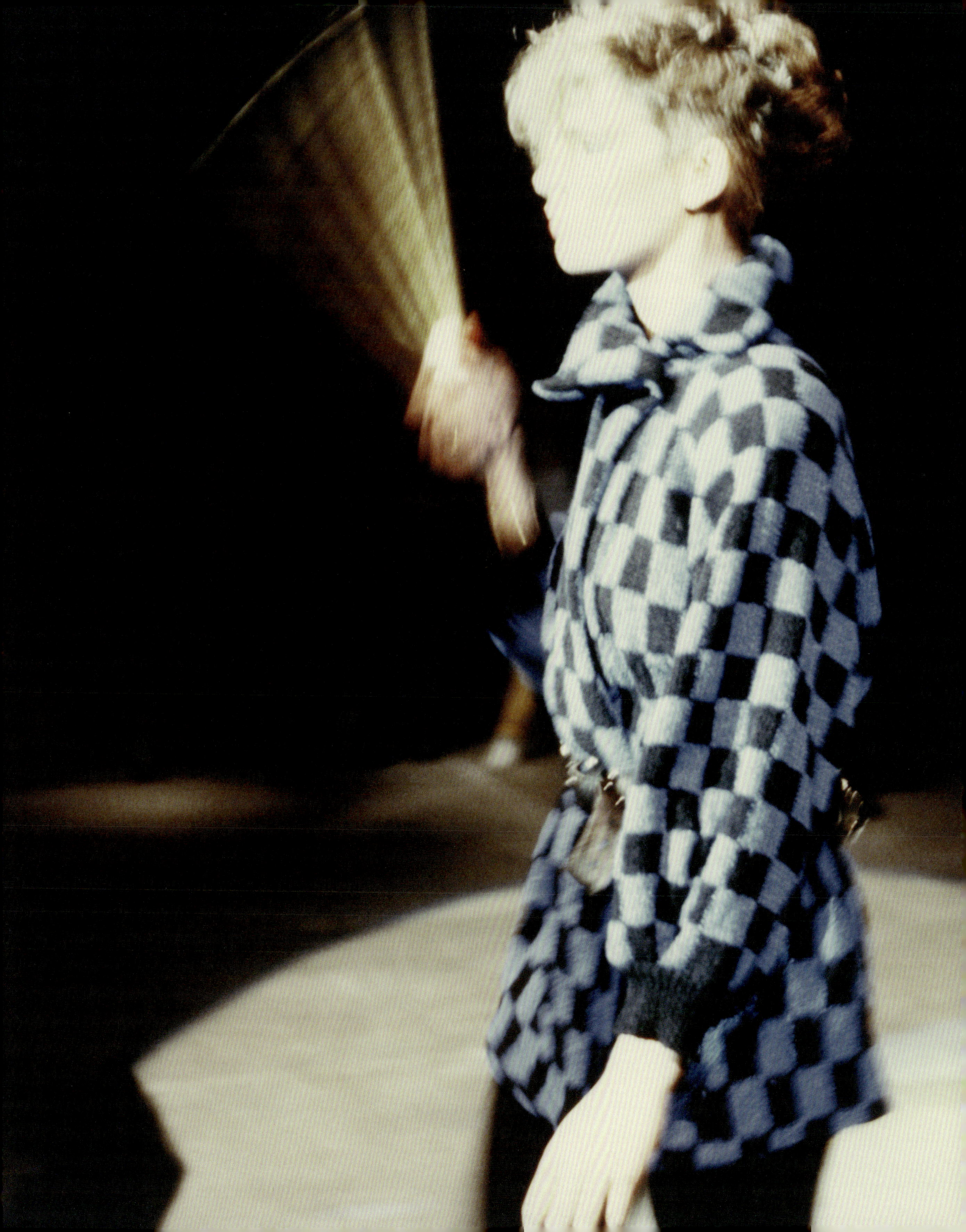

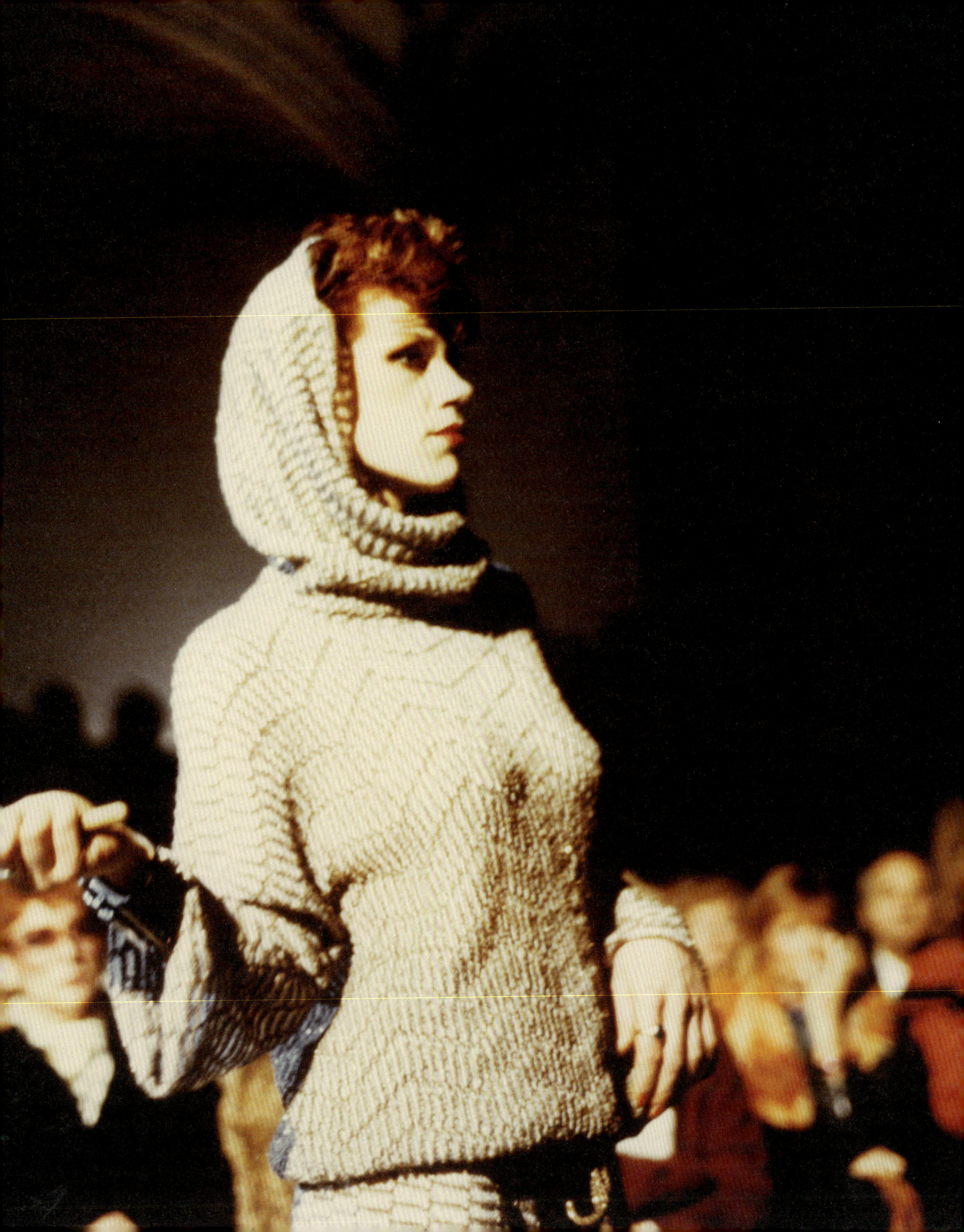

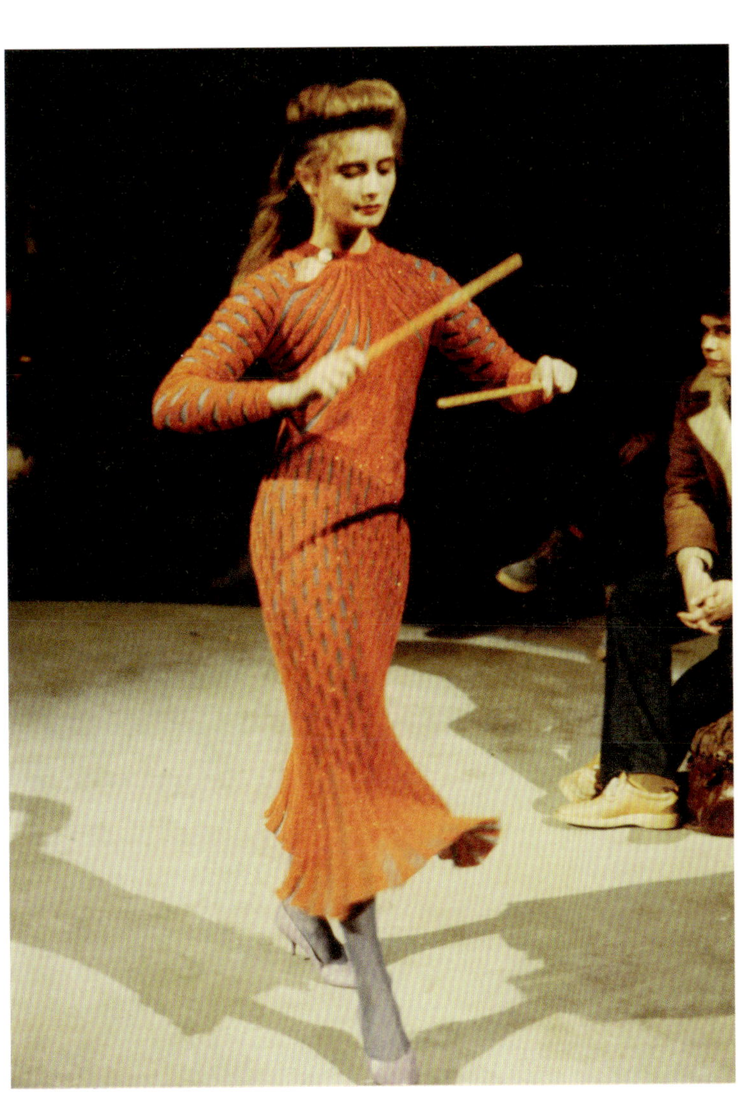

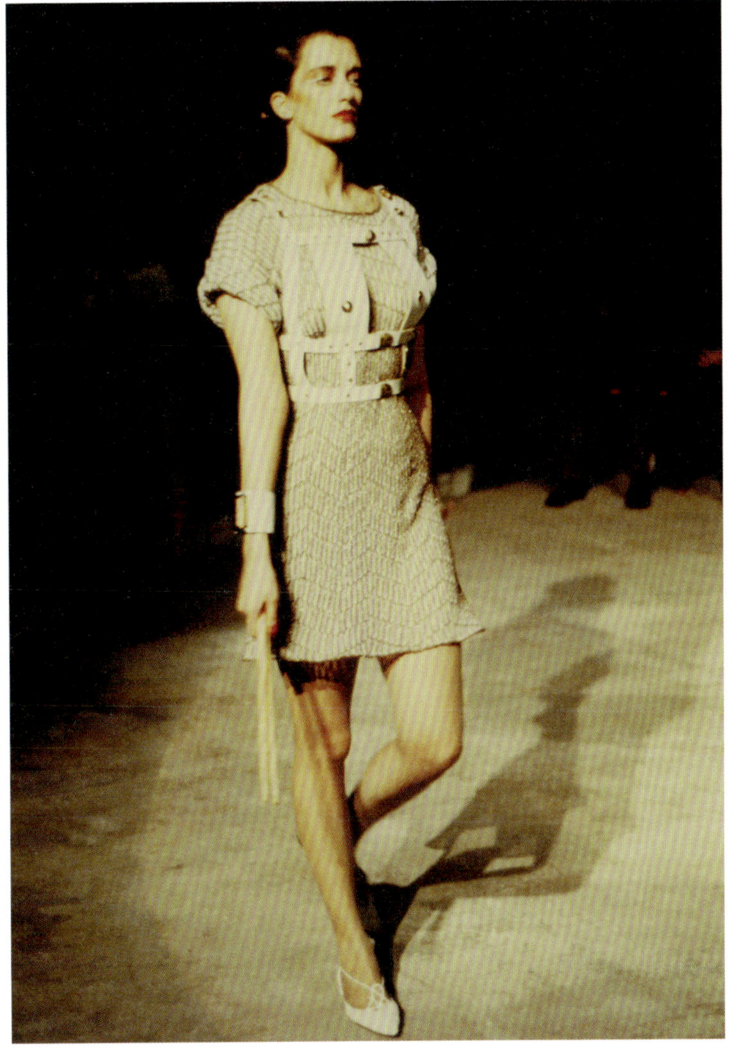

96
97

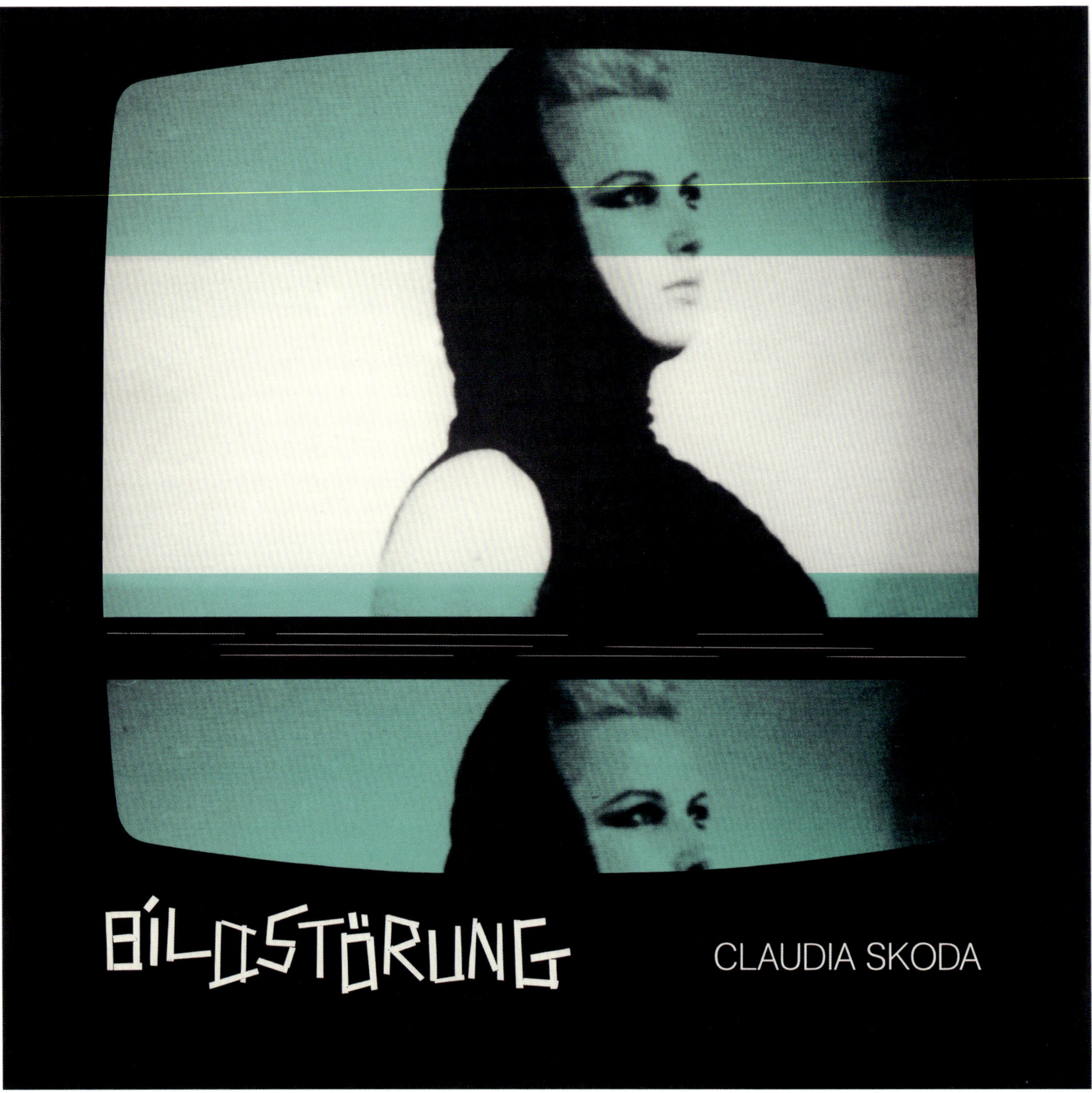

98

98
Claudia Skoda
Plakat »Bildstörung«
Poster "Bildstörung" (Image Disturbance)
Ca. 1981/82
Offsetdruck
53,9 x 53,9 cm

99 – 101
Claudia Skoda
Tabea Blumenschein im Video *Bildstörung*,
Pullover »Eurovision« von Claudia Skoda
Tabea Blumenschein in the video Bildstörung (Image Disturbance), Pullover "Eurovision" by Claudia Skoda
Ca. 1981/82
Silbergelatine-Vintageprints
17,6 x 23,8 cm

99

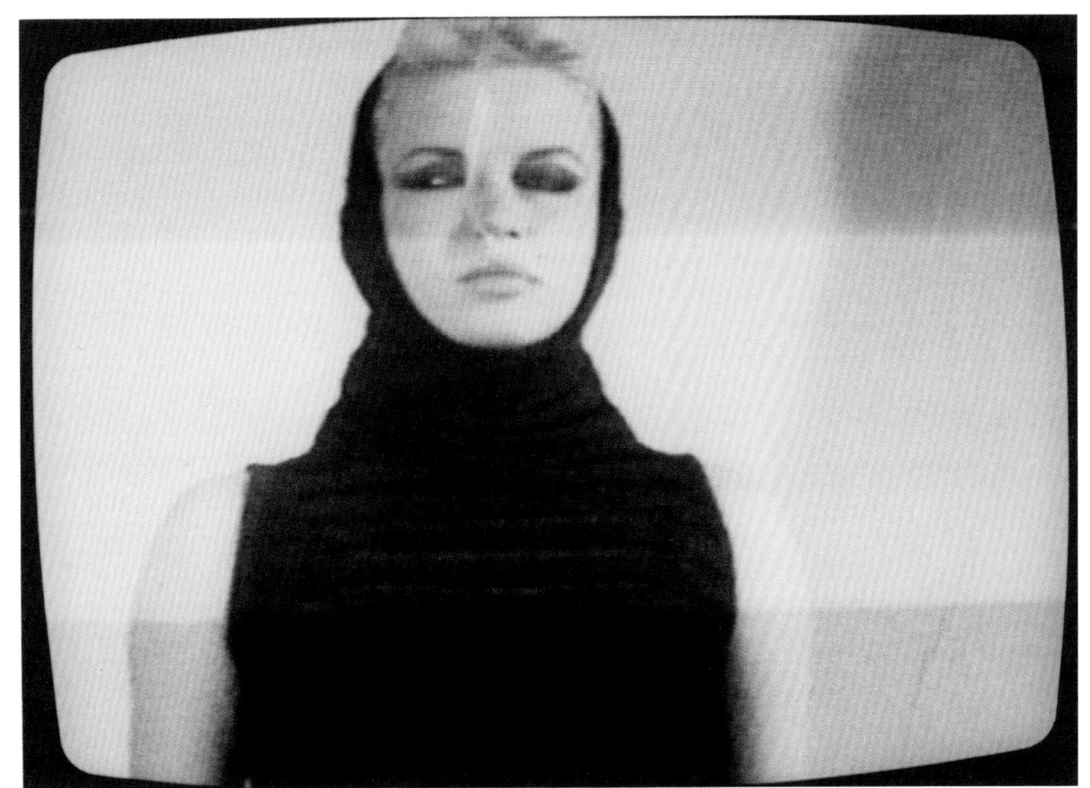

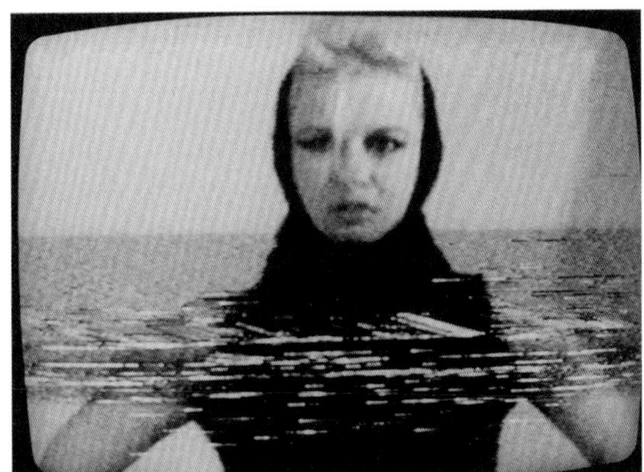

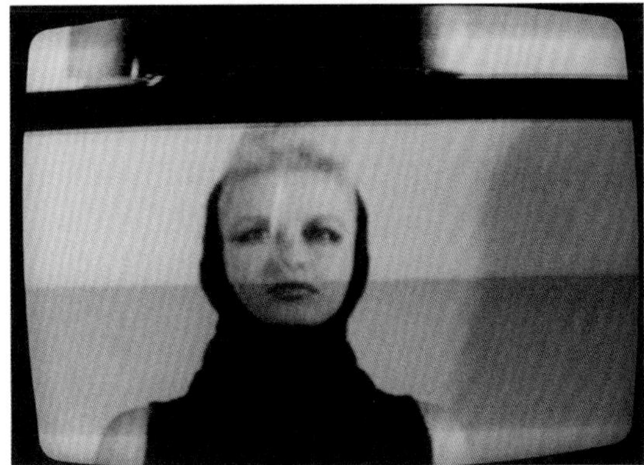

100
101

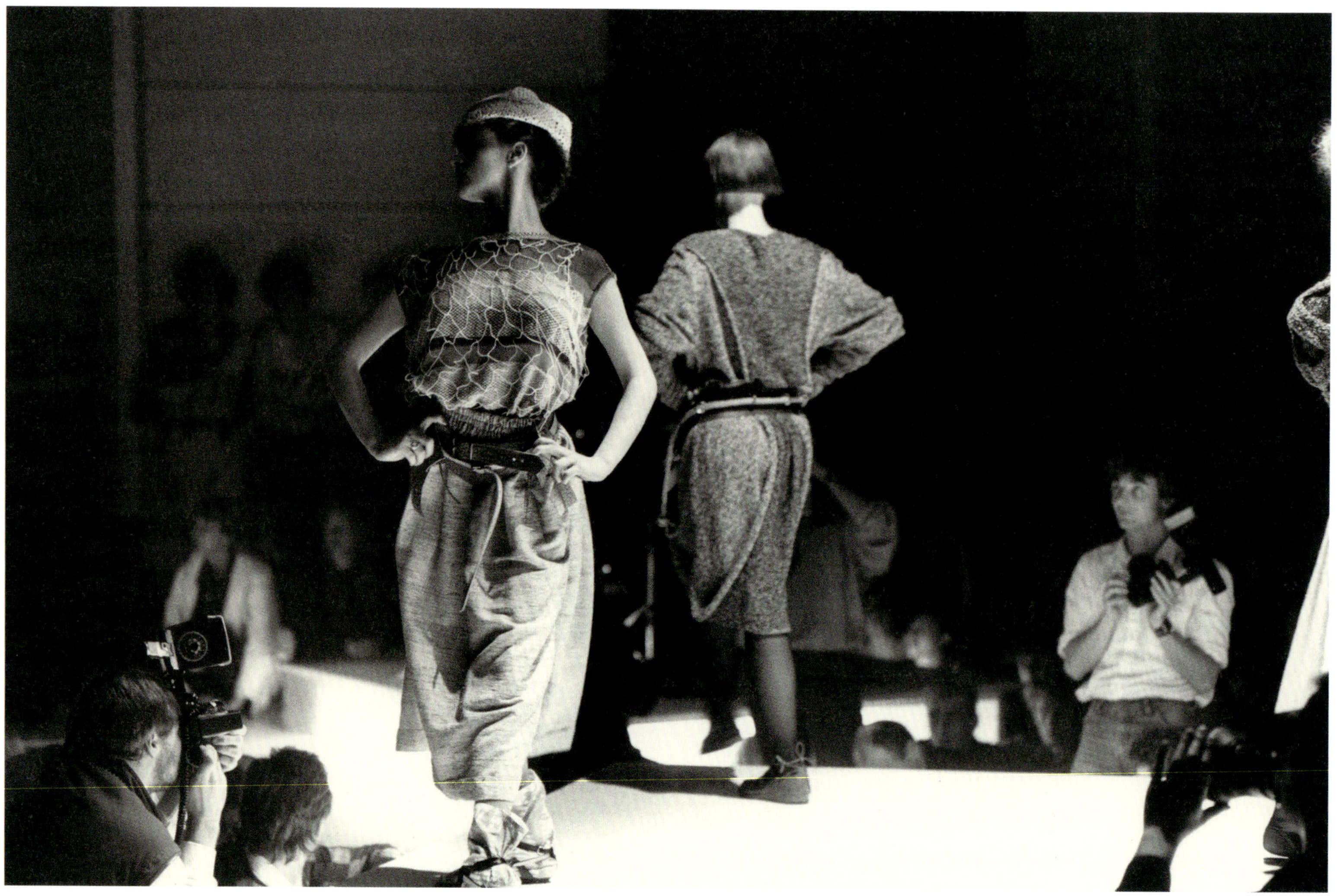

102 + **103**
Tom Jacobi
Szenen aus der Modenschau *Veits Fights*
im Lichthof der Technischen Universität, Berlin
Scenes from the fashion show Veits Fights
in the atrium of the Technischen Universität, Berlin
1983
Silbergelatine-Vintageprints
23,7 x 30,3 cm

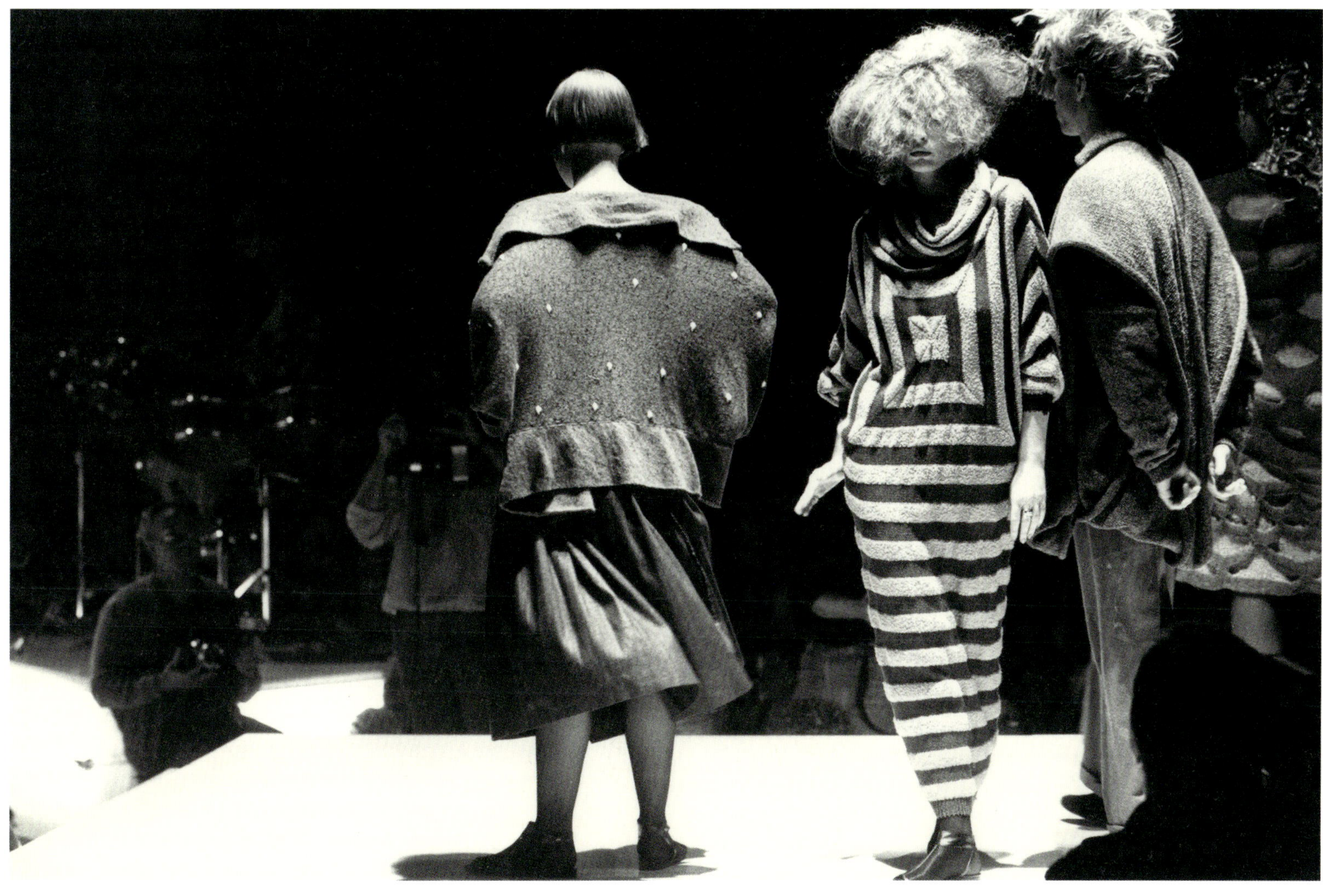

103

104 – 109
Silke Grossmann
Bilder für Claudia Skoda, in Zusammenarbeit mit Cynthia Beatt (Kollektion »Veits Fights«)
Images for Claudia Skoda, in collaboration with Cynthia Beatt (collection "Veits Fights")
1983
Silbergelatine-Vintageprints
20,9 x 30,2 cm

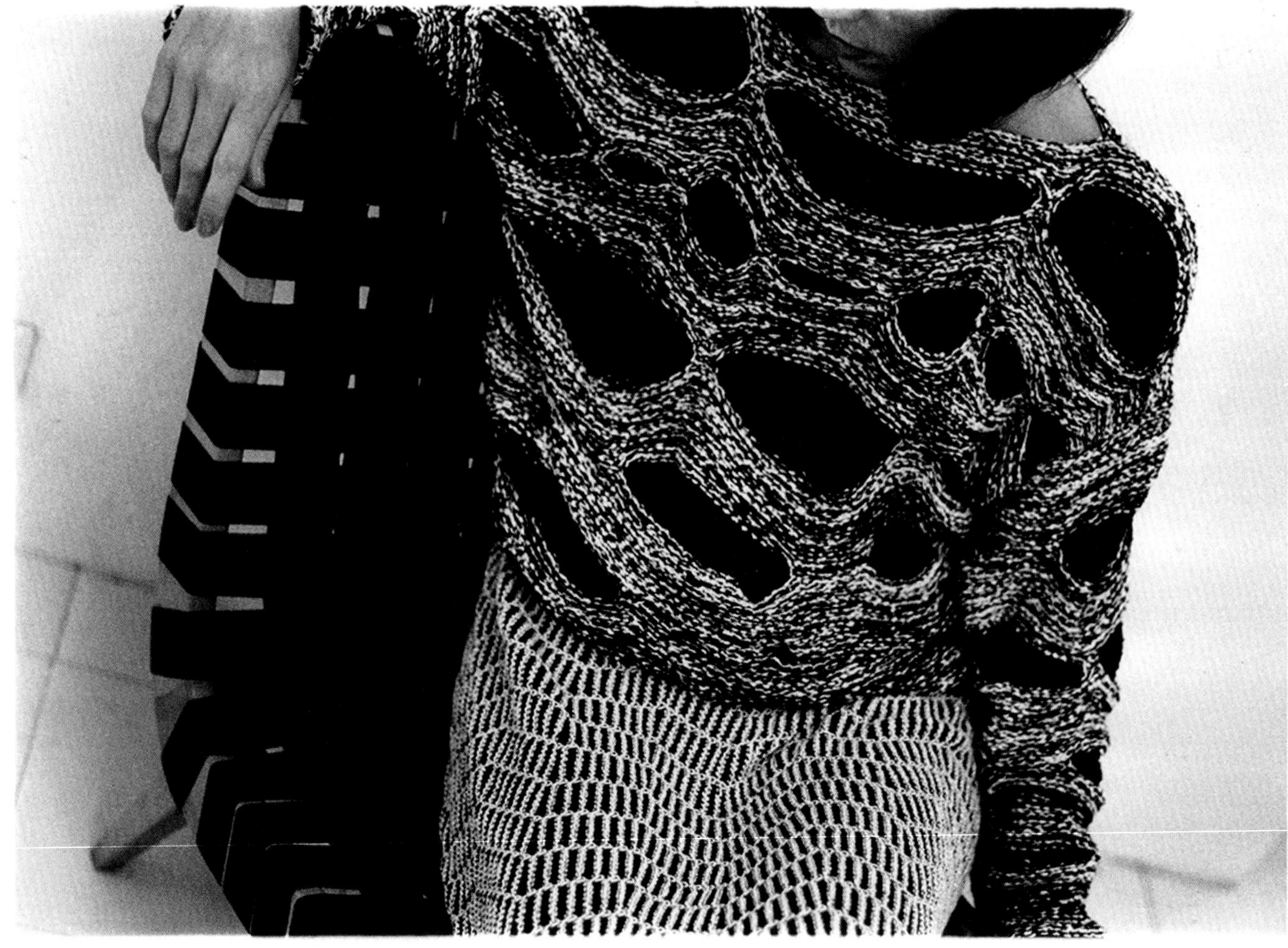

104

105

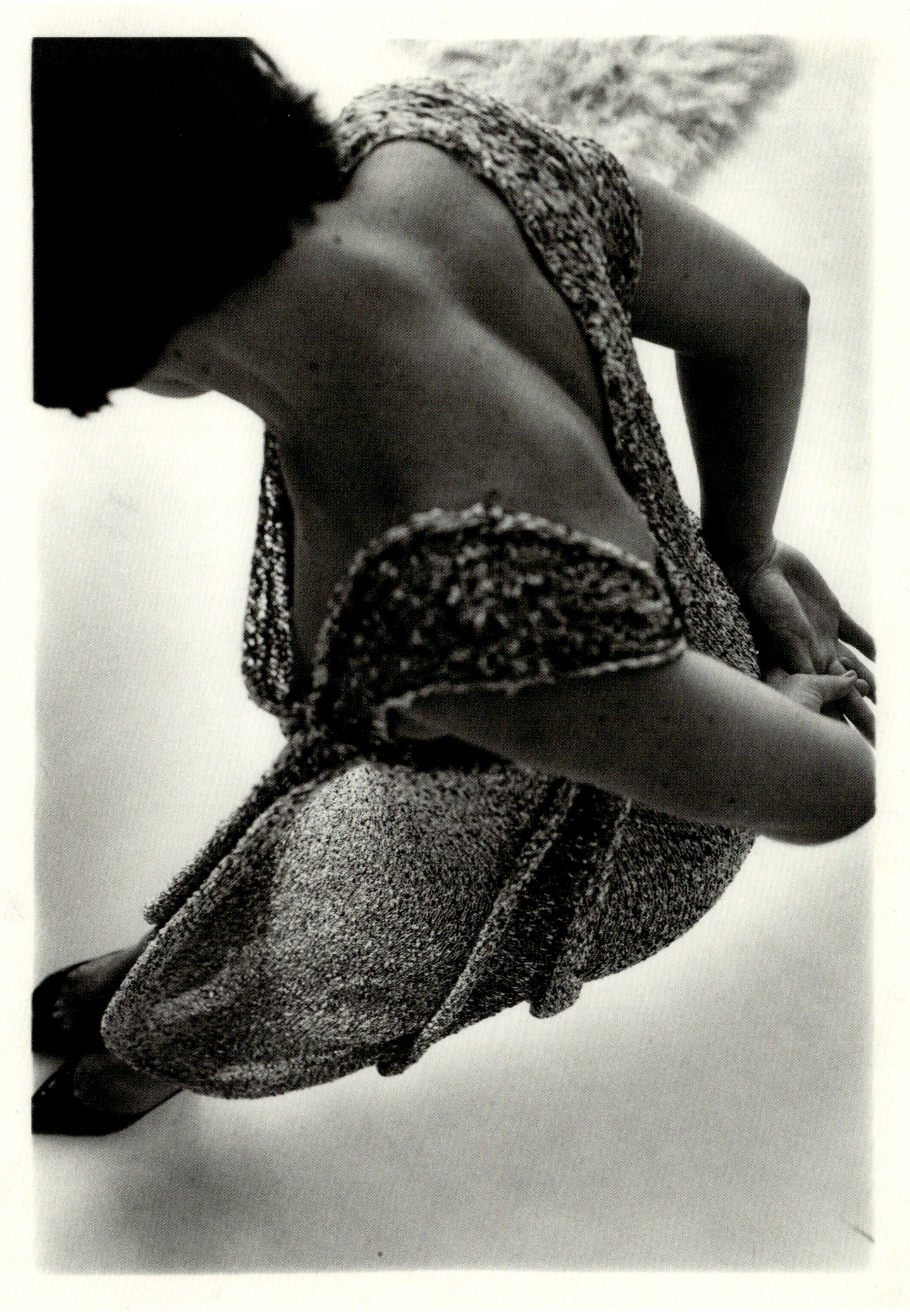

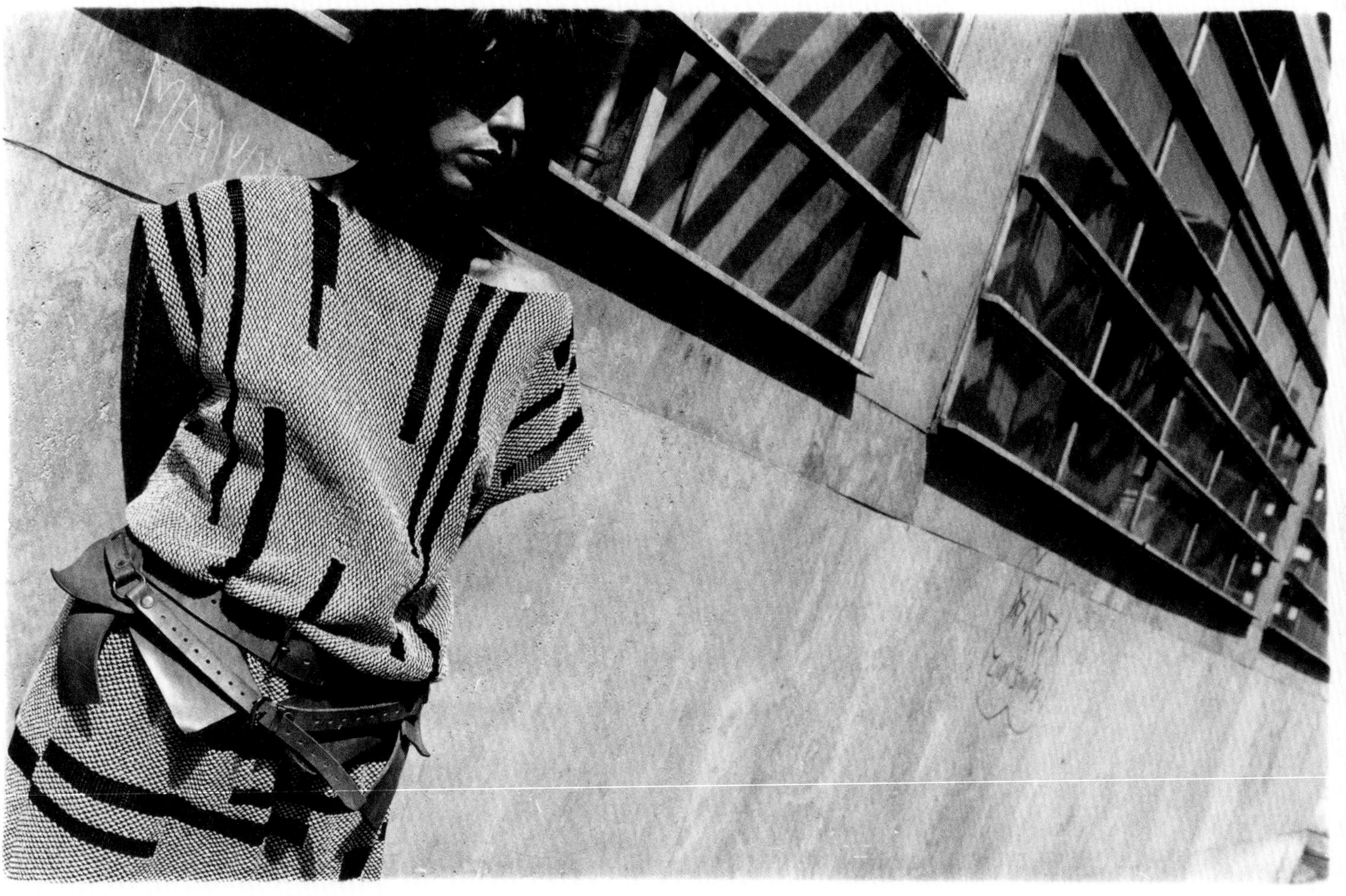

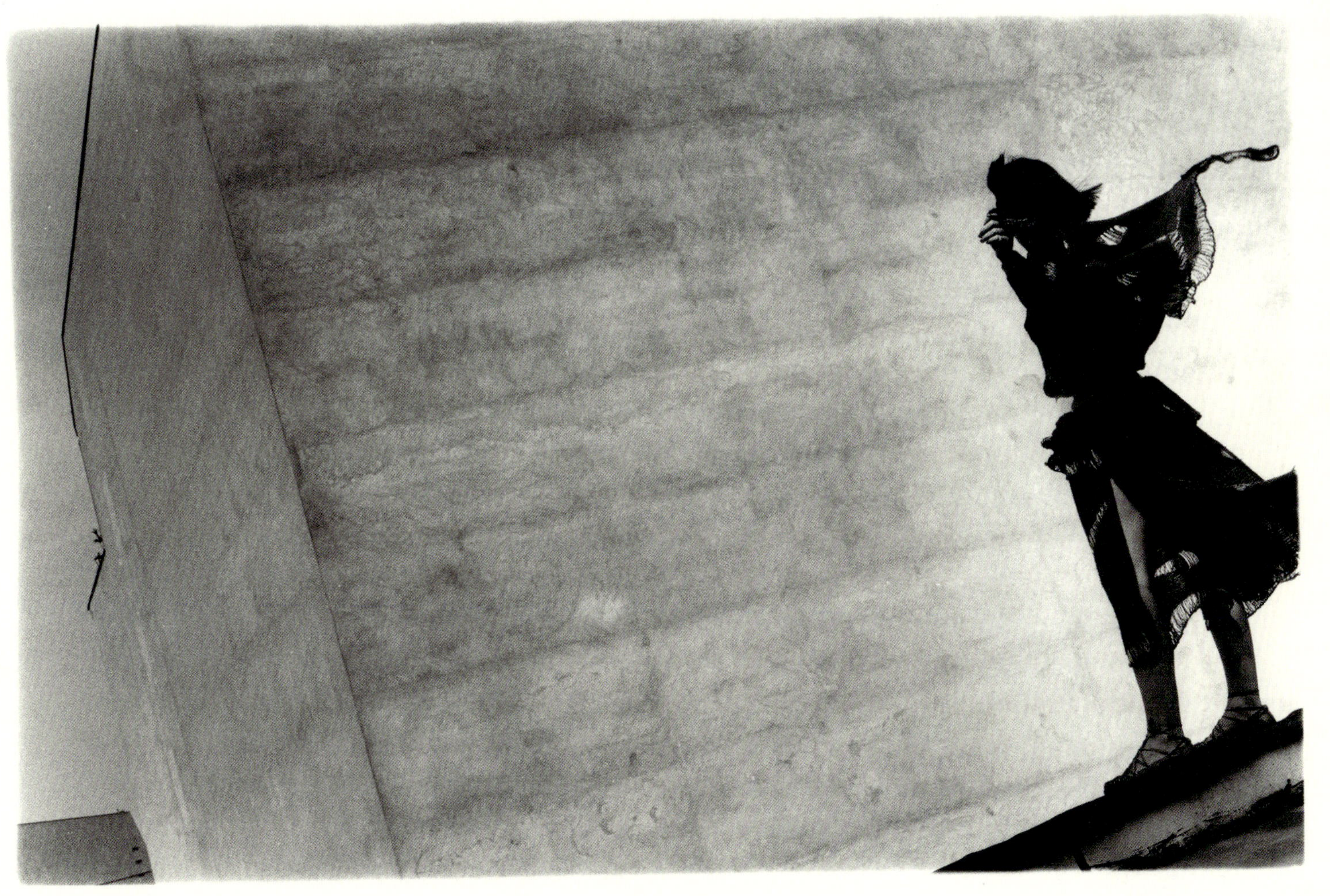

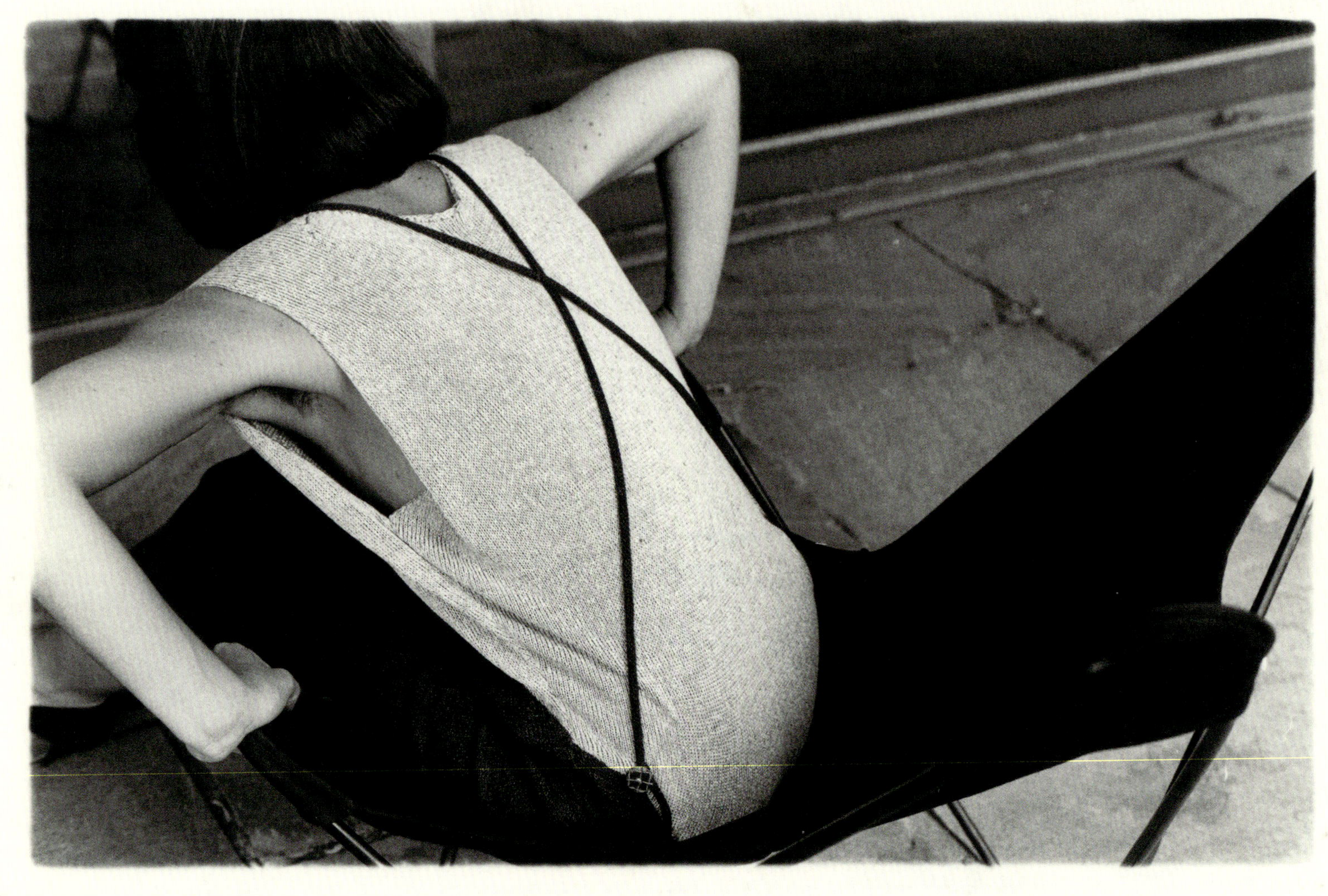

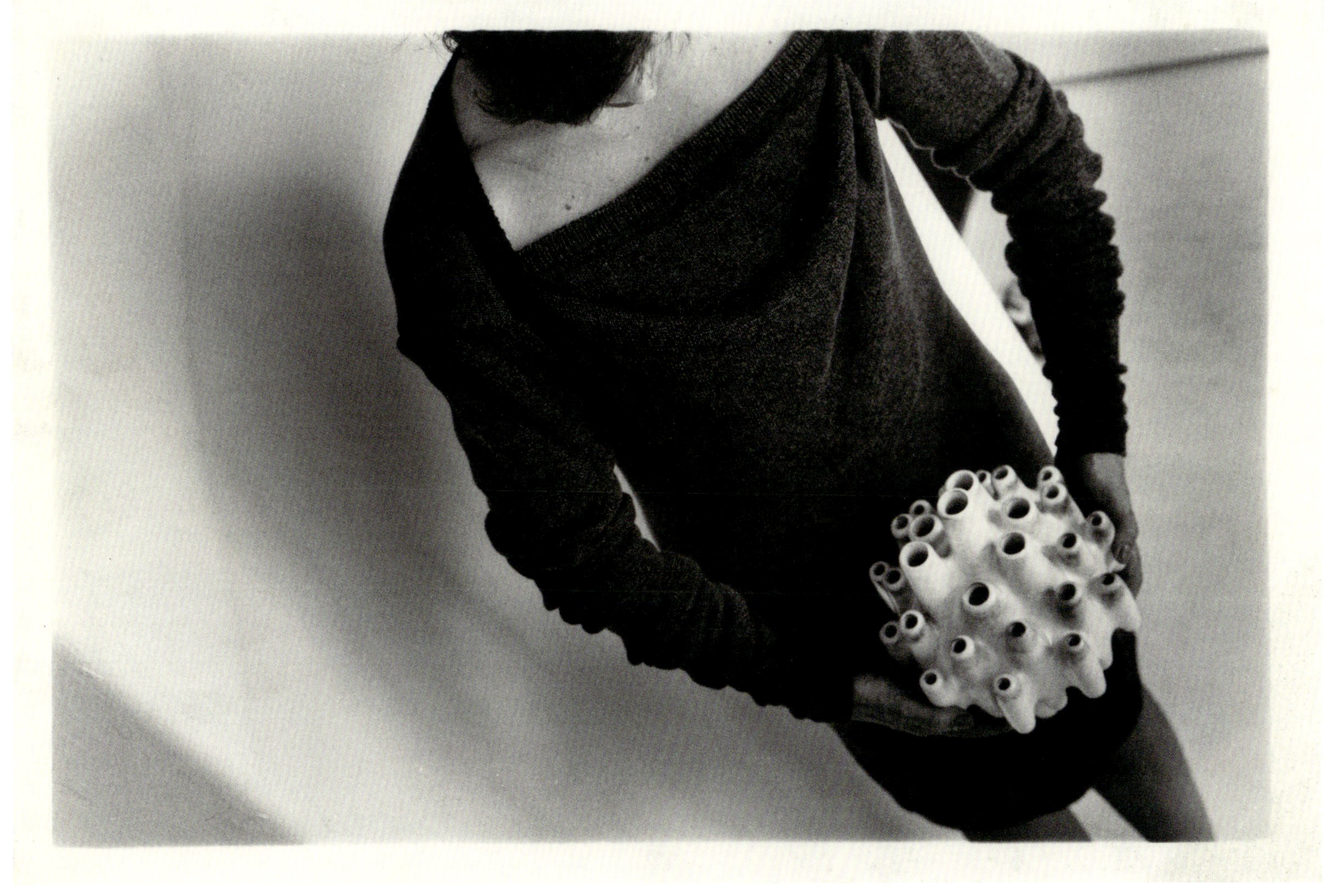

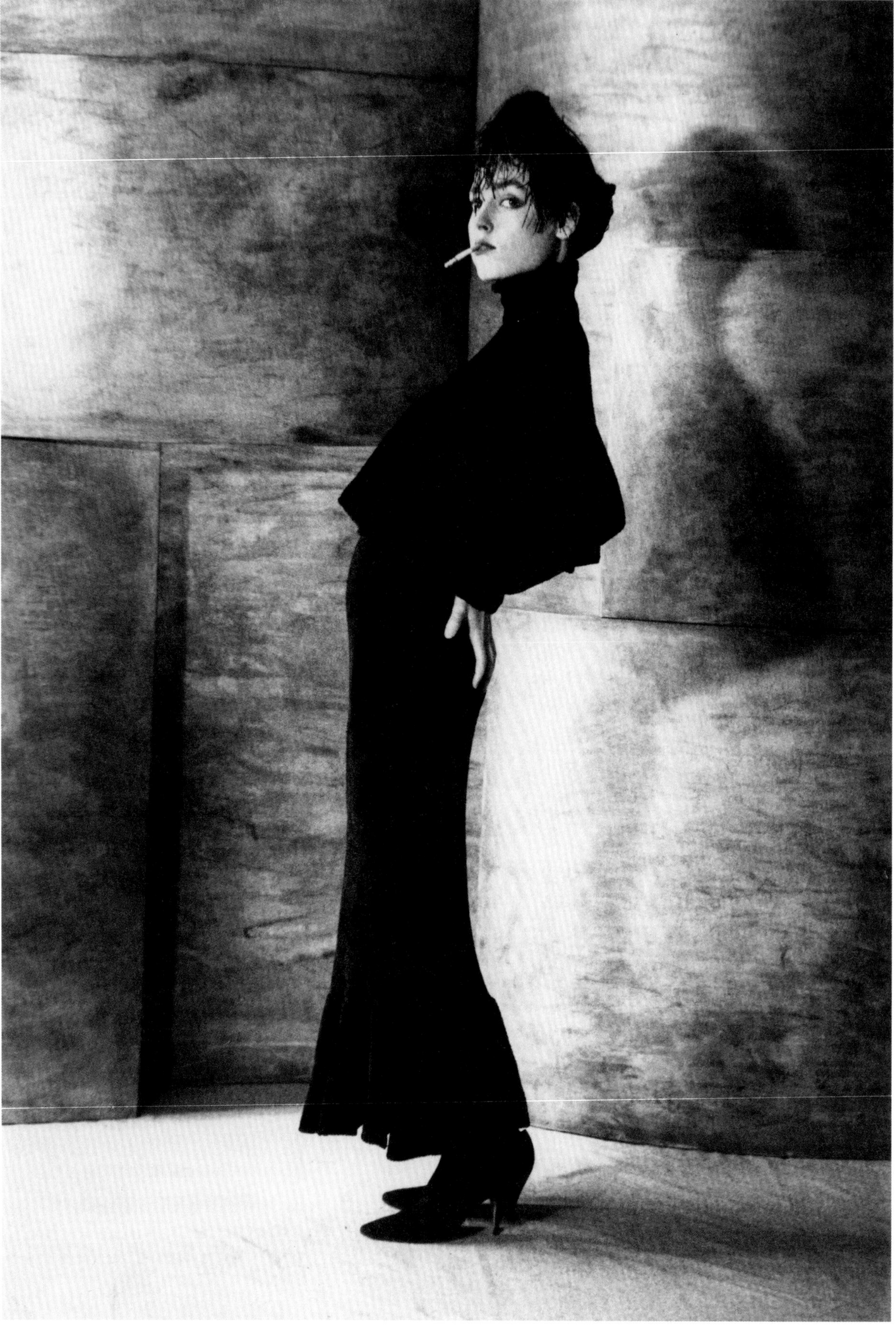

110

110 + **111**
François Cadière
Model in Strickdesigns von Claudia Skoda
Model wearing knitwear designs by Claudia Skoda
1991
Silbergelatine-Vintageprints
23,8 x 16 cm

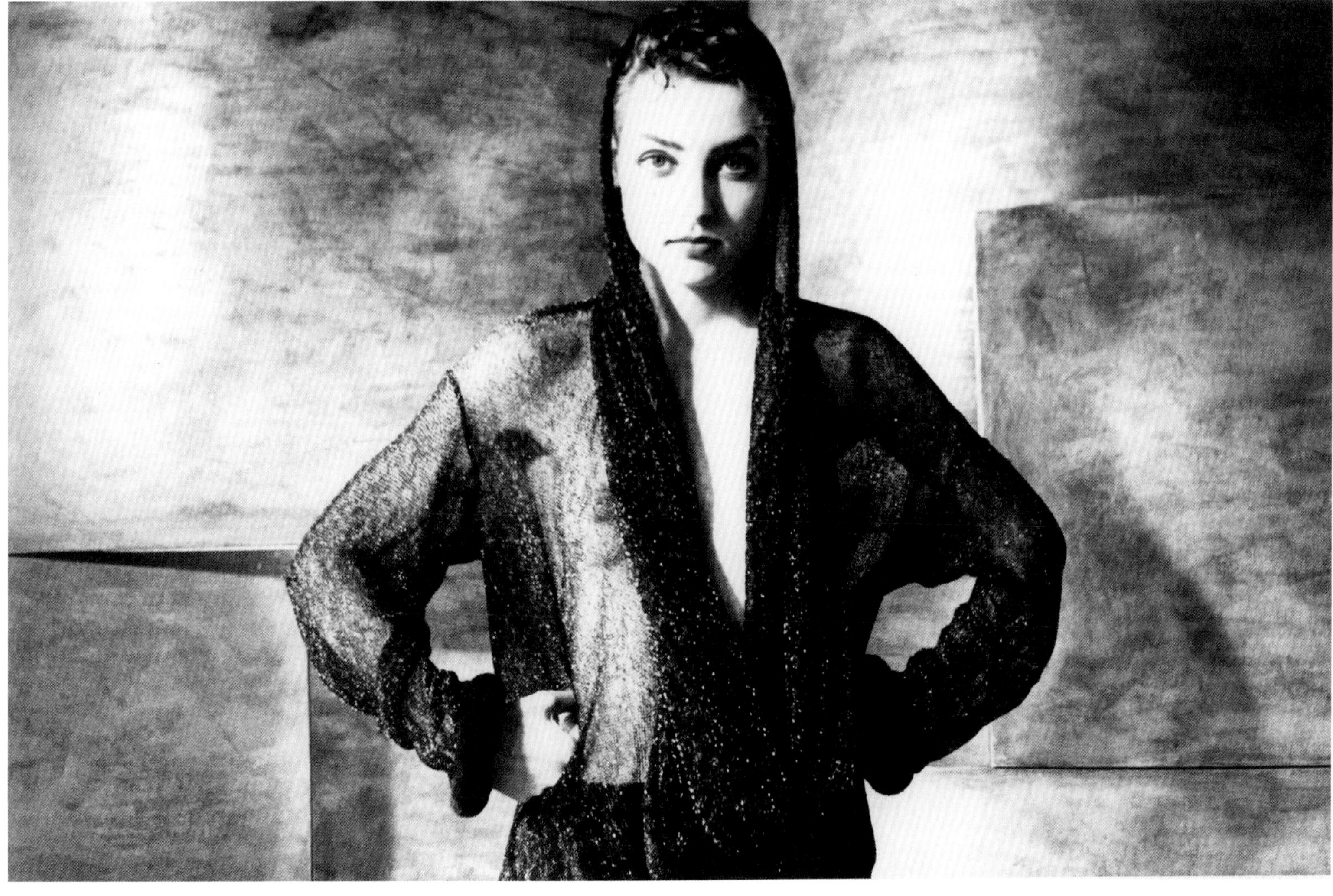

111

112 – 114
Andreas Ruth
Anne Carlisle und Karin Luner in Strickdesigns der Kollektion »Cleaning« von Claudia Skoda
Anne Carlisle and Karin Luner wearing knitwear designs from the collection "Cleaning" by Claudia Skoda
1985
Silbergelatine-Vintageprints
35,5 x 27,9 cm und 35,5 x 24,8 cm

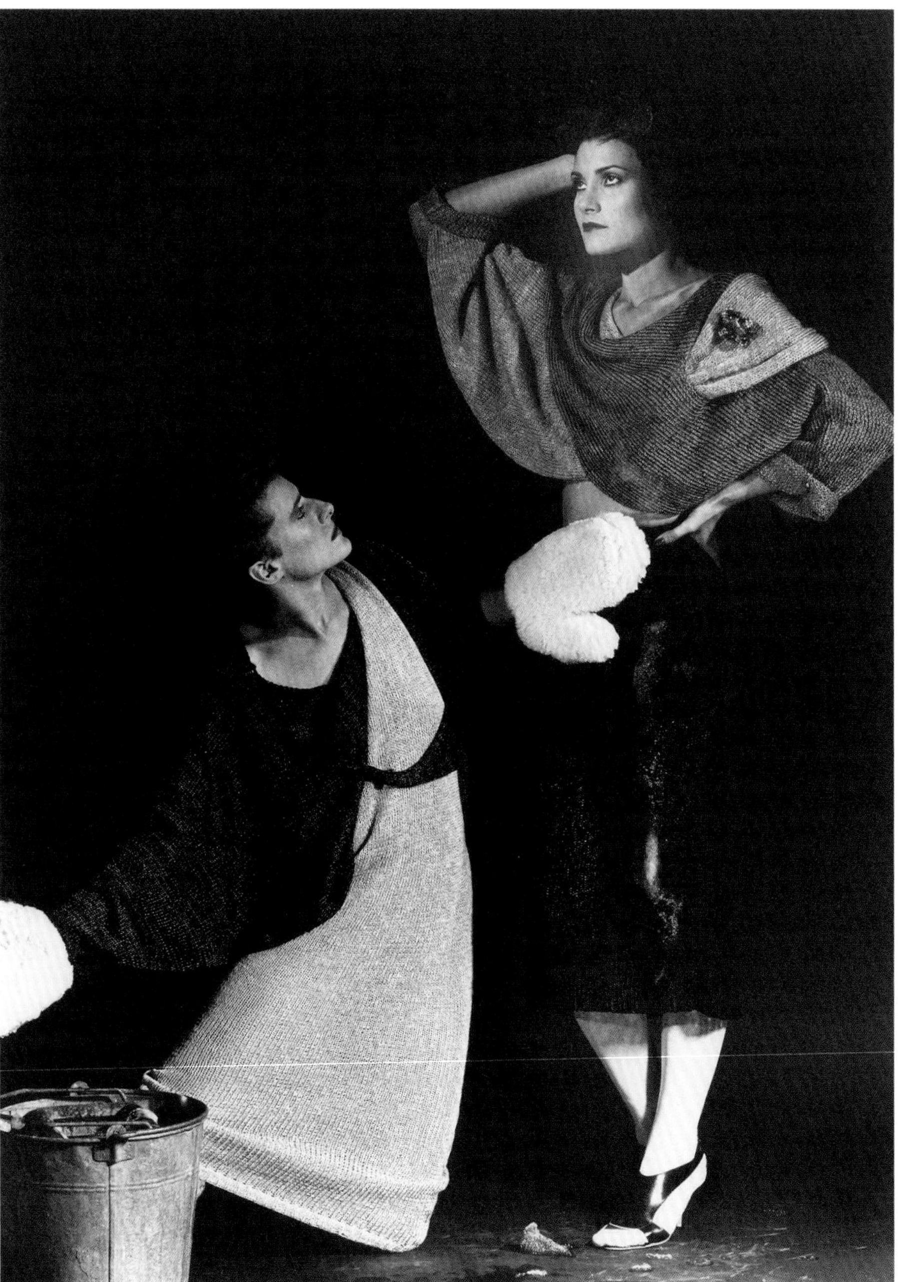

112

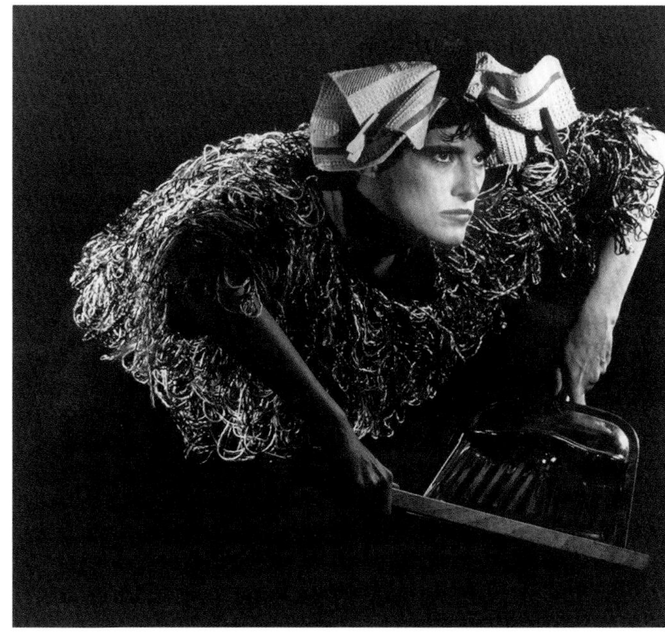

113

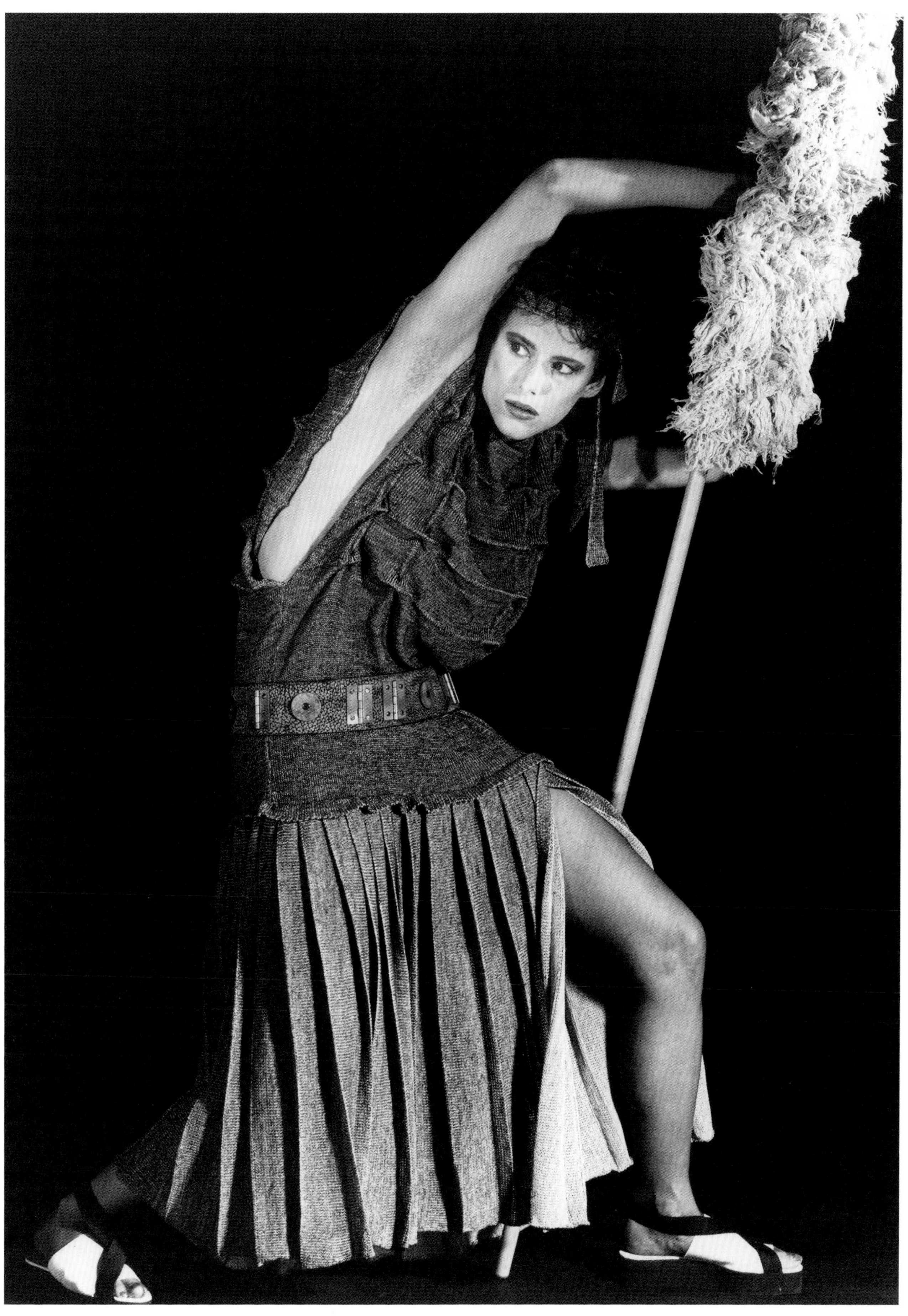

115 + 116
Ronnie Randall
Marina Grosvenor und Fetisch Terranova in Strickpullovern der Kollektion »Weather« von Claudia Skoda
Marina Grosvenor and Fetisch Terranova wearing knitted pullovers from the collection "Weather" by Claudia Skoda
1985
Diapositive
3,6 x 2,4 cm

117
Ronnie Randall
Käthe Kruse von Die Tödliche Doris in Strickpullover der Kollektion »Weather« von Claudia Skoda
Käthe Kruse of Die Tödliche Doris wearing a knitted pullover from the collection "Weather" by Claudia Skoda
1985
Silbergelatine-Vintageprint
24 x 17,7 cm

11

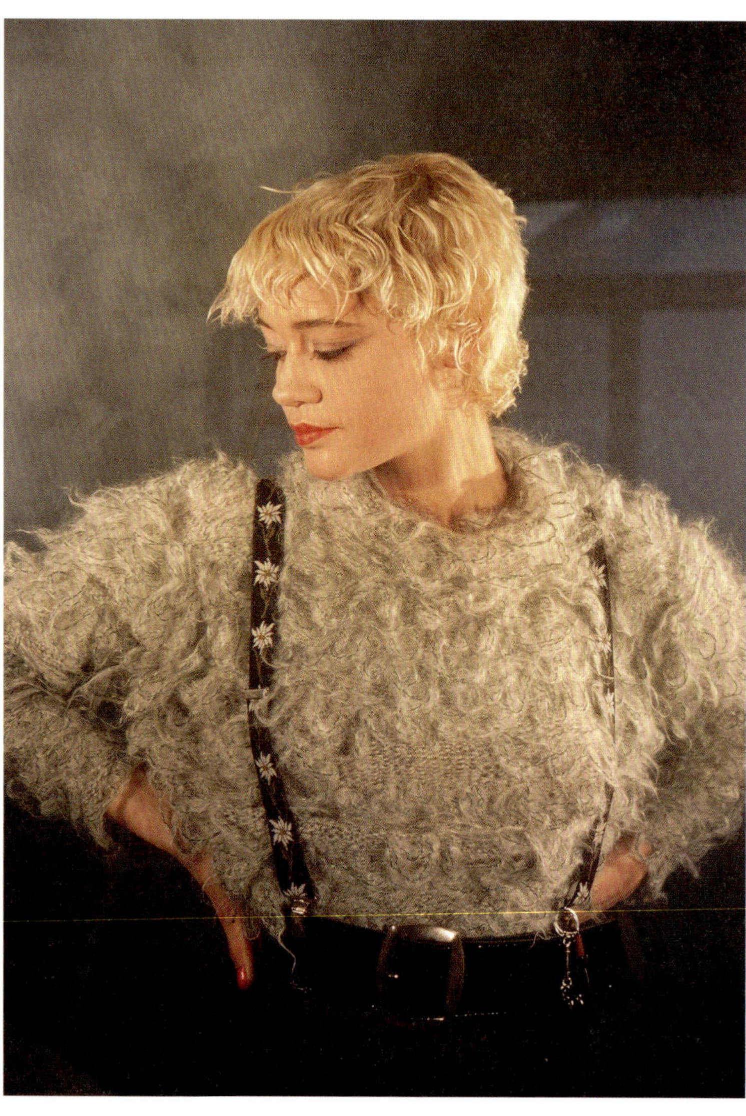

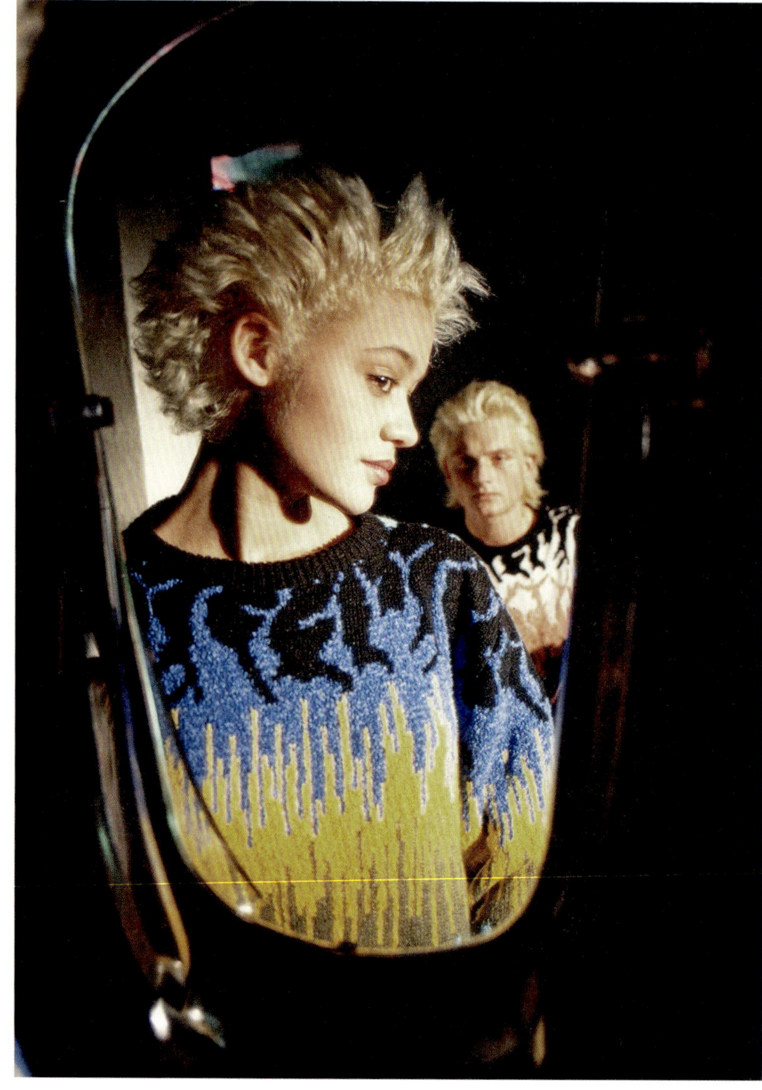

115
116

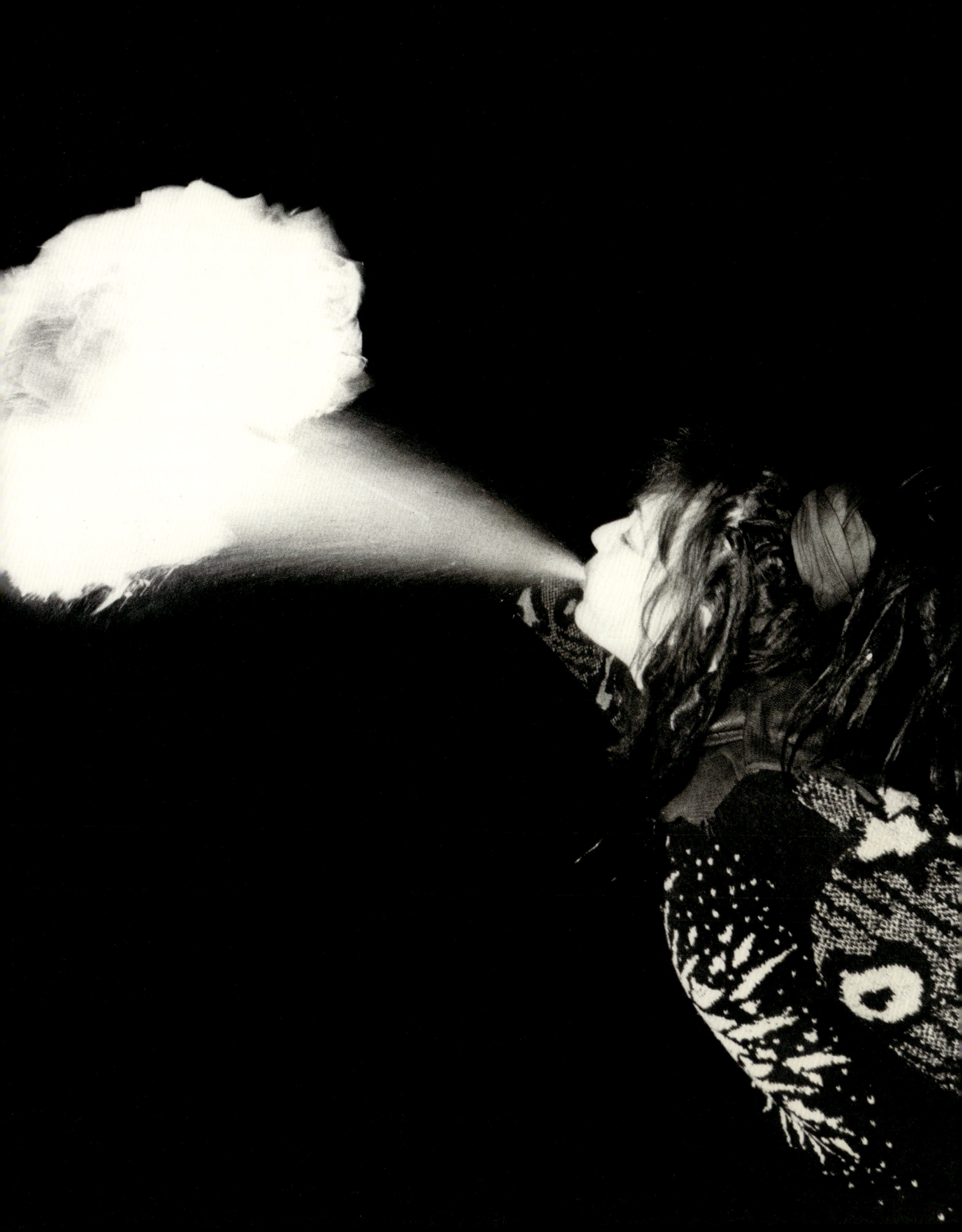

118 – 120
Ronald Siemoneit
Porträtserie von Claudia Skoda in der fabrikneu
Series of portraits of Claudia Skoda in fabrikneu
Ca. 1984
Silbergelatine-Vintageprints
20,7 x 30,3 cm

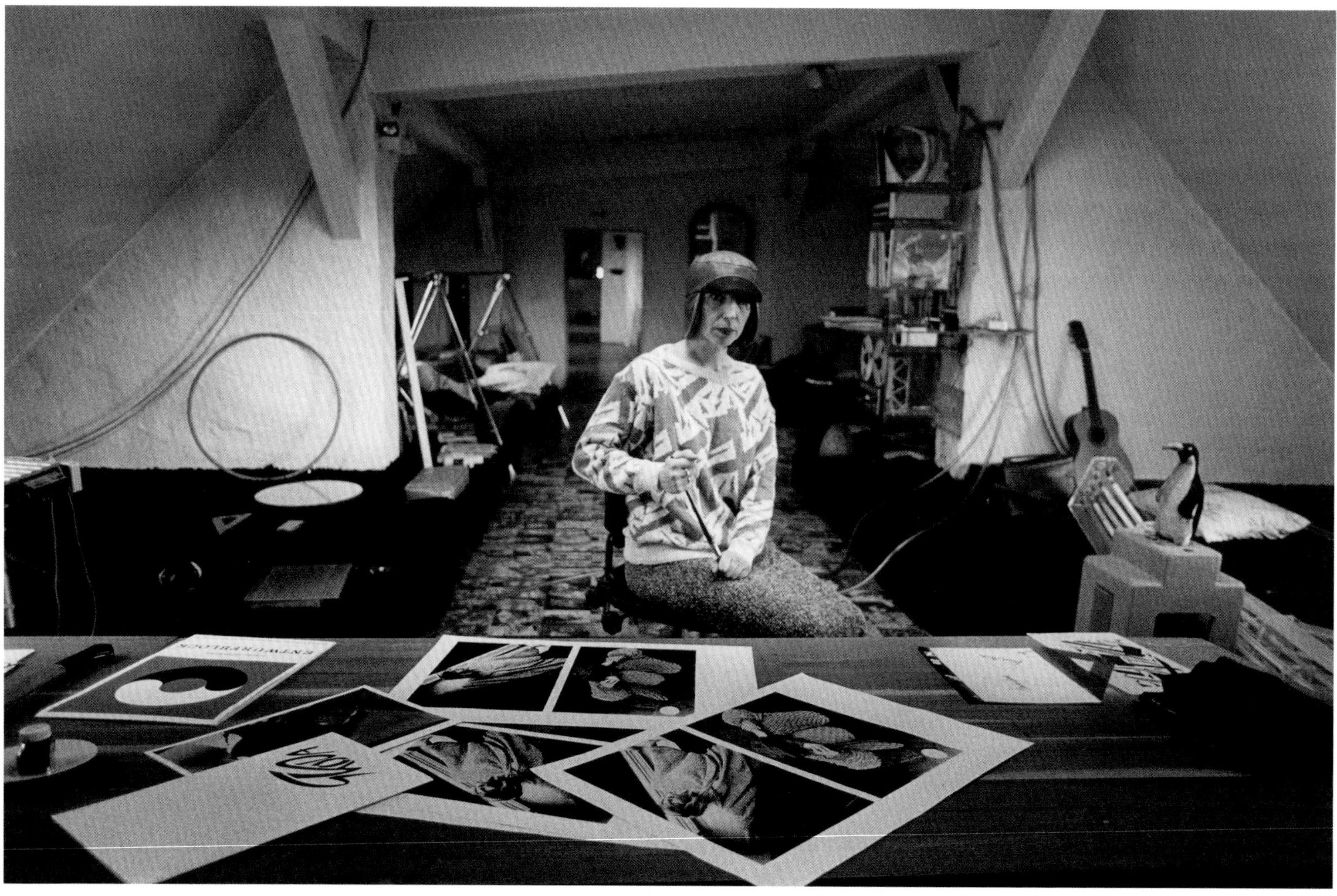

118
119
120

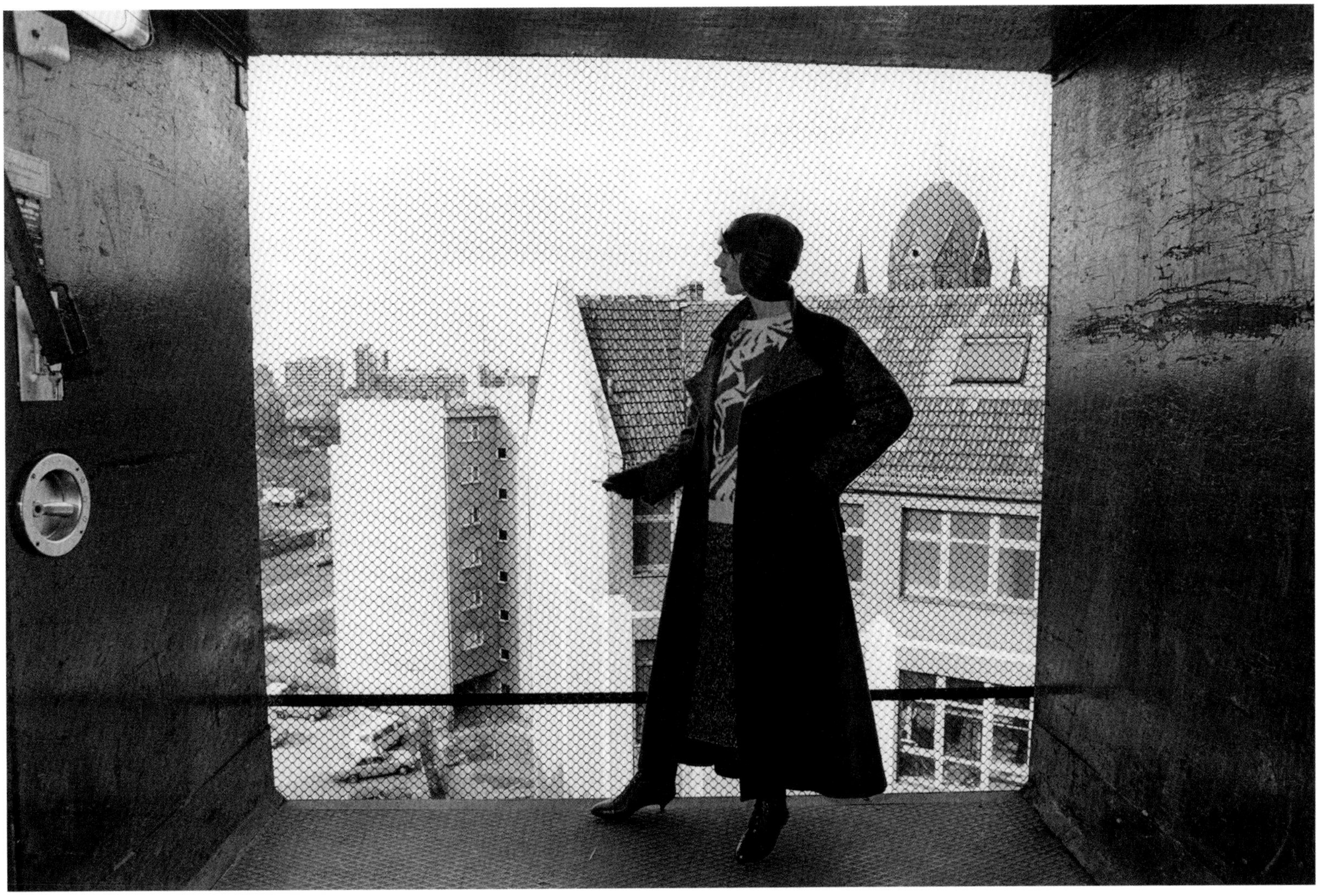

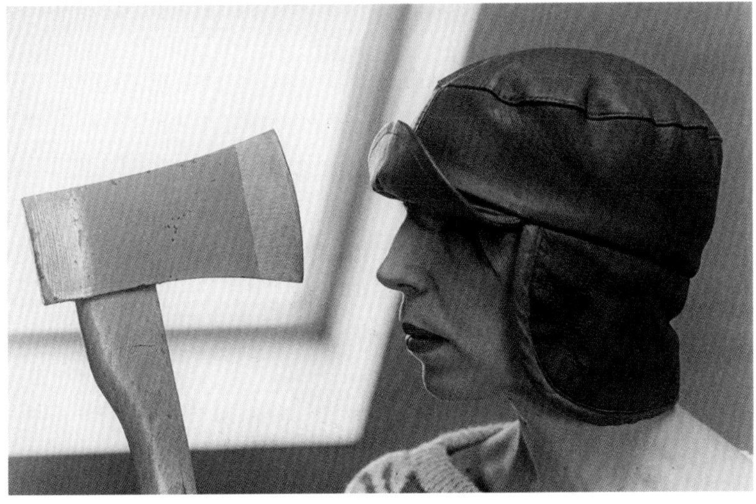

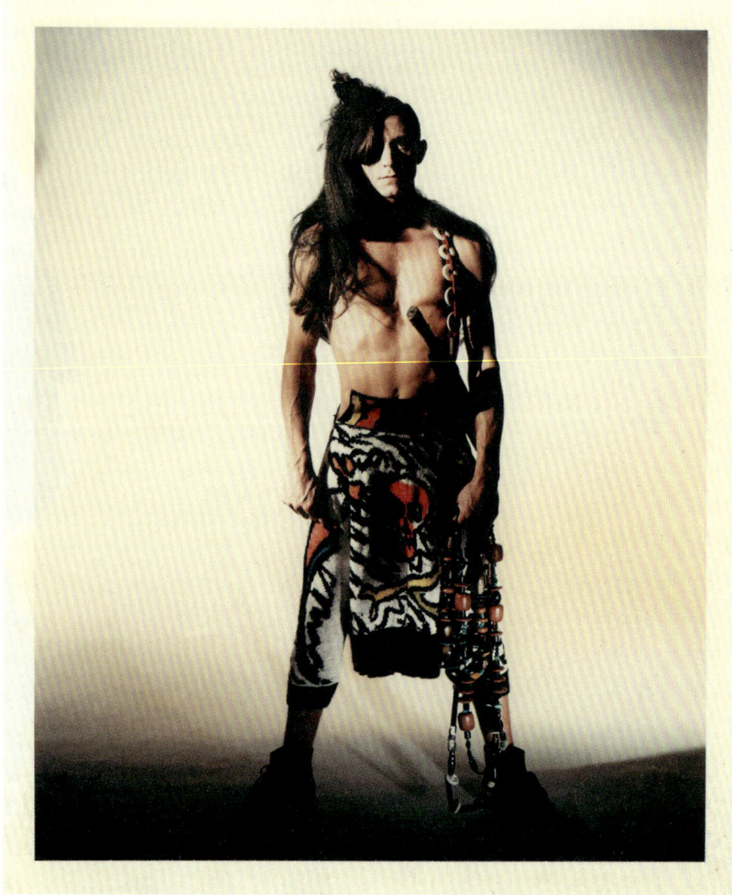

121

121
Peter Godry
Luciano Castelli im »Piraten«-Pullover
der Künstleredition »Masterpieces« von Claudia Skoda
Luciano Castelli wearing his "Pirate" pullover
from the artist's edition "Masterpieces" by Claudia Skoda
1986
Großpolaroid
27,3 x 21,4 cm

122
Bodo Dretzke
Anne Jud in ihrem »One Dollar«-Ensemble
der Künstleredition »Masterpieces« von Claudia Skoda
Anne Jud in her "One Dollar" ensemble
from the artist's edition "Masterpieces" by Claudia Skoda
1987
Silbergelatine-Vintageprint
17,7 x 12 cm

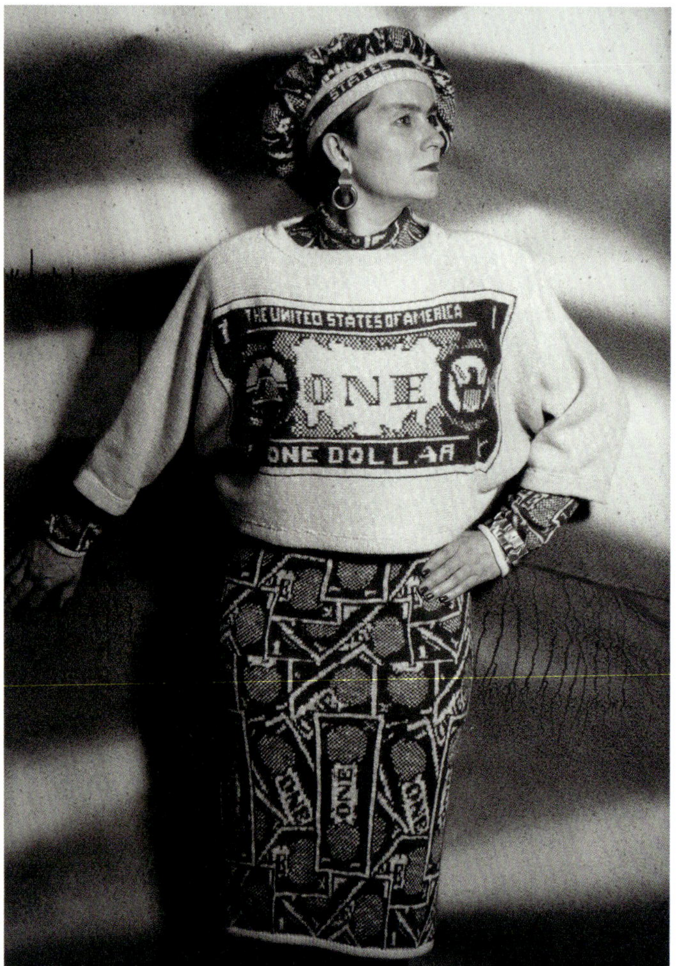

122

123
Michael James O'Brien
Claudia Skoda in eigenem Strickpullunder
mit »Street workers«-Motiv
Claudia Skoda wearing one of her knitted pullovers
with the "street workers" motif
Ca. 1983
Silbergelatine-Vintageprint
25,3 x 20,4 cm

123

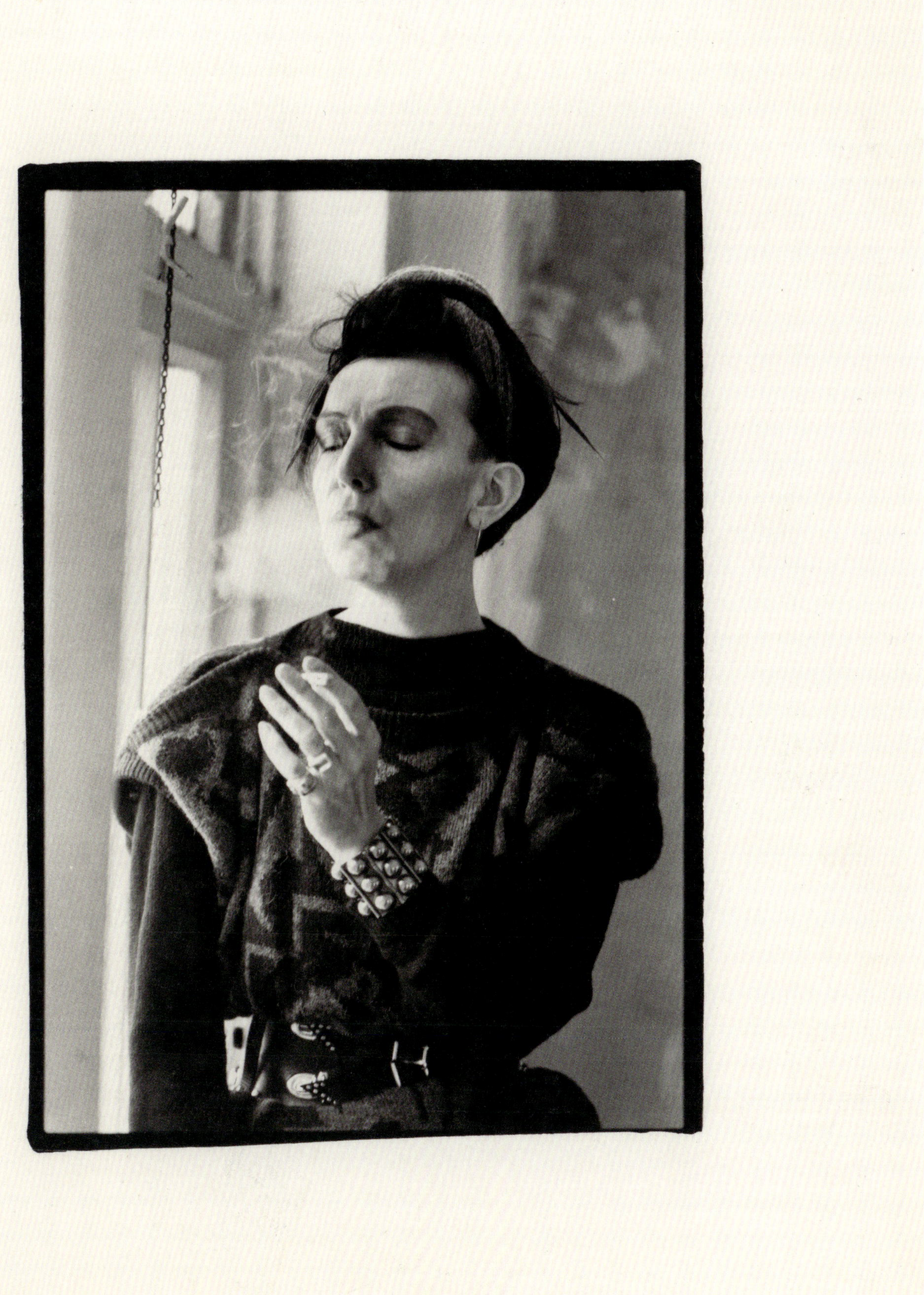

ANNEX

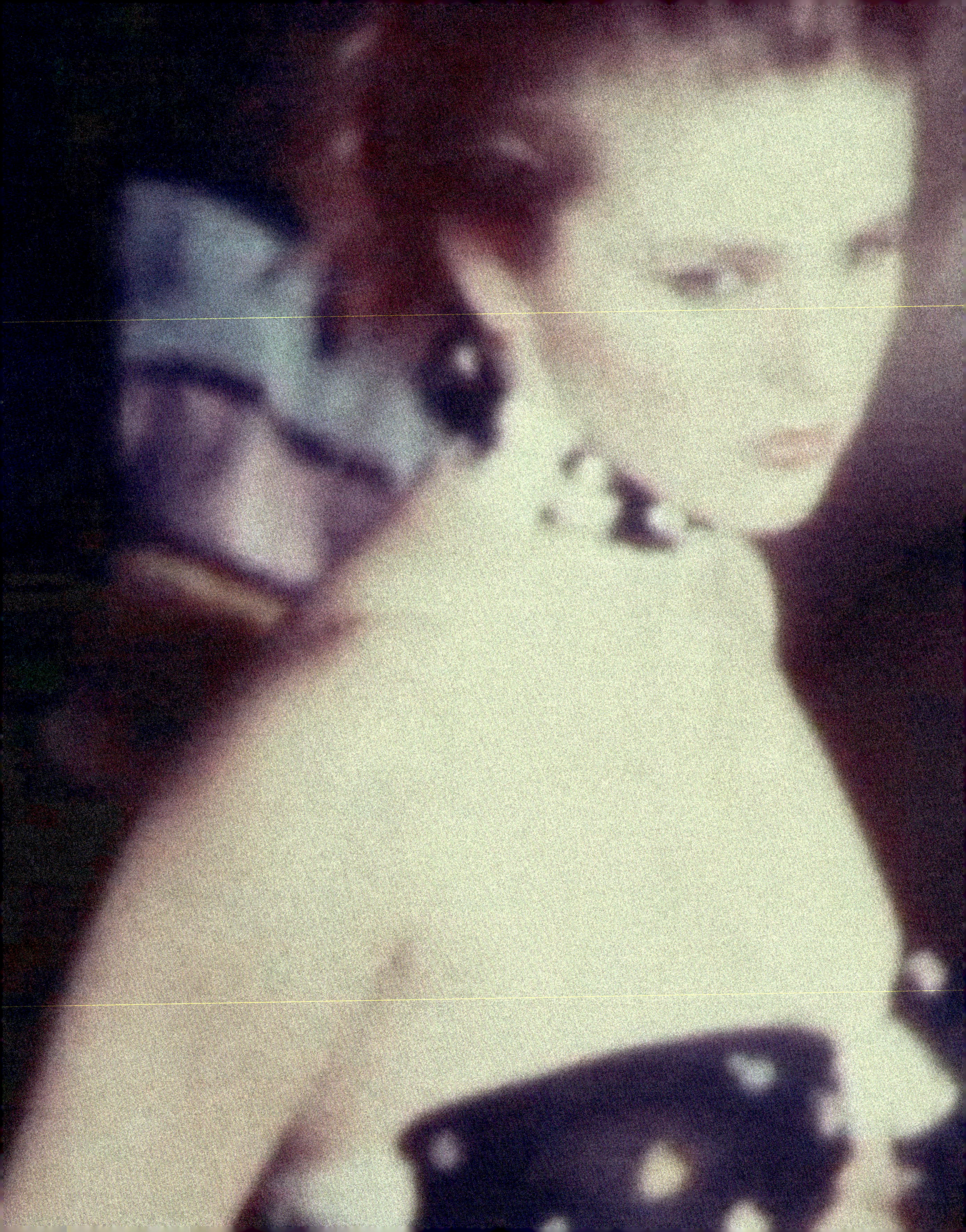

DOKUMENTATION AUDIOVISUELLER MEDIEN

Documentation of audio-visual media

Christine Kisorsy

Das Auswahlkriterium für die hier gelisteten audiovisuellen Dokumente war, dass Claudia Skoda selbst oder ihre Arbeit im Vordergrund stehen. Dabei sind vom Experimentalfilm über das Musikvideo, vom Fernsehbeitrag über die Dokumentation von Modenschauen und Performances bis zu Spielfilmen alle Formate vertreten. Der zeitliche Schwerpunkt liegt auf den 1970er- und 1980er-Jahren, es werden darüber hinaus auch Aufnahmen bis in die frühen 2000er-Jahre berücksichtigt.

Neben dem Film- und Videomaterial sowie Fernsehmitschnitten aus Claudia Skodas Privatarchiv und ihren eigenen Angaben existieren keine Verzeichnisse, die eine Basis für die Recherche hätten darstellen können. Der größte Teil der hier aufgeführten audiovisuellen Dokumente befindet sich entweder in Privatbesitz oder in nicht direkt öffentlich zugänglichen beziehungsweise bisher nicht erschlossenen institutionellen Archiven. Als besondere Herausforderung kamen technische und konservatorische Hürden bei der Sichtung des Materials hinzu, das vom analogen Super-8-Film bis zu diversen Videoformaten wie U-Matic, Betamax und VHS reicht.

Die nun vorliegende Dokumentation der audiovisuellen Quellen ermöglicht erstmals einen Überblick über die Entwicklung der medialen Präsenz Claudia Skodas und eröffnet weitergehende, kultur- und modegeschichtliche Forschungsperspektiven.

The selection criterion for the audiovisual documents listed here was that either Claudia Skoda herself or her work must stand in the foreground. All formats are represented, from experimental films, music videos, and television programs, all the way to documentaries of fashion shows and performances, as well as feature films. The temporal focus is on the 1970s and 1980s, but material extending into the early 2000s is included as well.

Apart from films, videos, and television recordings from Claudia Skoda's private archive and her own explanatory notes, no inventory exists that could have served as the basis for this research.

Most of the audiovisual documents listed here are found either in private collections or in institutional archives that are not directly or publicly accessible, or have not yet been cataloged or inventoried. In surveying the material (which ranged from analog Super 8 film to various video formats such as U-Matic, Betamax, and VHS), technical and conservational obstacles represented a special challenge.

For the first time ever, this documentation of audiovisual sources provides an overview of Claudia Skoda's developing media presence, and opens up new and promising research perspective in the fields of cultural and fashion history.

Super-8-Filme / Super 8 films

Titel / *Title*:
Billard
Ort / *Location*:
Berlin, Atrium
Datum / *Date*:
1974
Produktion, Schnitt / *Production, Editing*:
Reinhard Bock
Kamera / *DoP*:
Reinhard Bock, Klaus Krüger
Mitwirkende / *Cast*:
Claudia Skoda, Jenny Capitain, Flipper Monika, Jürgen Skoda, Klaus Krüger, Reinhard Bock
Farbe, im Original stumm / *Colour, silent in the original*

Titel / *Title*:
Kreuzberg Fashion
Ort / *Location*:
Berlin
Datum / *Date*:
1974
Produktion, Kamera, Schnitt / *Production, DoP, Editing*:
Reinhard Bock
Mitwirkende / *Cast*:
Angelik Riemer, Claudia Skoda, Jenny Capitain
Farbe, im Original stumm / *Colour, silent in the original*

Titel / *Title*:
Mode im Hof
Ort / *Location*:
Berlin
Datum / *Date*:
1974
Produktion, Kamera, Schnitt / *Production, DoP, Editing*:
Reinhard Bock
Mitwirkende / *Cast*:
Thomas, Jenny Capitain, Claudia Skoda, Angelik Riemer, Gabi Larifari, N. N.
Farbe, im Original stumm / *Colour, silent in the original*

Mode-Performances / Fashion performances

Titel / *Title*:
Shake your Hips
Ort / *Location*:
Berlin, fabrikneu
Datum / *Date*:
24.4.1976
Produktion, Kamera, Schnitt / *Production, DoP, Editing*:
Reinhard Bock
Musik / *Music*:
Live-DJ: **Klaus Krüger aka Kruger aka Krieger**
Mitwirkende / *Cast*:
Claudia Skoda, Models Susanne und / *and* **Nana, Jenny Capitain, Klaus Krüger, Jürgen Skoda**
Farbe, Ton / *Colour, sound*

Titel / *Title*:
Pablo Picasso
Ort / *Location*:
Berlin, fabrikneu
Datum / *Date*:
September 1977
Produktion, Kamera, Schnitt / *Production, DoP, Editing*:
Reinhard Bock
Musik / *Music*:
Intro live by **The Vibrators,**
Catwalk-Music: **Jonathan Richmond**
Mitwirkende / *Cast*:
Claudia Skoda, Hella Utesch, Tabea Blumenschein, Models Jenny Capitain, Nana Breiting u. a.
Farbe, Ton / *Colour, Sound*

Titel / *Title*:
Wild Thing
Ort / *Location*:
Berlin, fabrikneu
Datum / *Date*:
1978
Produktion, Kamera, Schnitt / *Production, DoP, Editing*:
Reinhard Bock
Musik / *Music*:
The Troggs

Titelfotos / *Title photos*:
Martin Kippenberger
Titelidee / *Credits*:
Udo Rothe
Mitwirkende / *Cast*:
Susanne Wiebe, Helga Wacker, Rosie Müller
Farbe, Ton / *Colour, sound*

Titel / *Title*:
Big Birds
Ort / *Location*:
Berlin, Kongresshalle
(heute HKW – Haus der Kulturen der Welt)
Datum / *Date*:
11.11.1979
Musik / *Music*:
Manuel Göttsching
Kamera, Schnitt / *DoP, Editing*:
Reinhard Bock
Bühnenbau / *Stage-Construction*:
Jürgen Skoda, Udo Rothe
Technik / *Technician*:
Jürgen Skoda
Choreografie / *Choreography*:
Claudia Skoda, Tabea Blumenschein, Sharon
Artistik / *Artistry*:
Luciano Castelli, Salomé, Emu
Frisuren / *Hairstyling*:
Jason's Hairpower
Mode / *Fashion*:
Claudia Skoda, Tabea Blumenschein
Vogelstimmenimitatorin / *Birdcall imitator*:
Rosie Müller
Farbe, Ton / *Colour, sound*

Titel / *Title*:
Bildstörung
Ort / *Location*:
Berlin
Datum / *Date*:
o. D. [um 1981/82]
Mitwirkende / *Cast*:
Tabea Blumenschein u. a.
Farbe, Ton / *Colour, sound*

Titel / *Title*:
Trommelfeuer
Ort / *Location*:
Berlin, Martin-Gropius-Bau
(ehemaliges Kunstgewerbemuseum)
Datum / *Date*:
30.1.1982
Realisation:
Jürgen Skoda
Musik / *Music*:
Klaus Krüger, Manuel Göttsching, Manu Troekes, Christine Hahn u. v. a. / *and many more*
Frisuren / *Hairstyling*:
Jason's Hairpower
Mitwirkende / *Cast*:
Claudia Skoda, Susanne Wiebe, Zazou, Tabea Blumenschein, Heidi Heidi, Hongkong Plez
Farbe, Ton / *Colour, sound*

Titel / *Title*:
Veits Fights – Internationale Musik-Modenschau junger Avantgarde Designer. Von Claudia Skoda – fabrikneu in Zusammenarbeit mit der Berliner Mode-Messe-Gesellschaft mbH
Ort / *Location*:
Berlin, Technische Universität, Lichthof Altbau
Datum / *Date*:
9.10.1983
Produktion / *Production*:
Berliner Mode-Messe-Gesellschaft mbH
Musik / *Music*:
Fight Guitar Orchester – Manuel Göttsching, Klaus Krüger u. v. a. / *and many more*
Kamera / *DoP*:
Heiner Mühlenbrock
Schnitt / *Editing*:
Gunther Gude
Technik, Gestaltung / *Technique, Design*:
Jürgen Skoda
Choreografie / *Choreography*:
Judith Flex
Frisuren / *Hairstyling*:
Jason's Hairpower
Make-up/ *Make-Up*:
Tabea Blumenschein
Farbe, Ton / *Colour, sound*

Titel / *Title*:
Masterpieces
Ort / *Location*:
Berlin, Flughafen Tempelhof
Datum / *Date*:
o. D. [1986]

Titel / *Title*:
Kunst und Papier auf dem Laufsteg im Rahmen der Ausstellung The Swimmer in the Econo-Mist – Deep Diving for Whales
Ort / *Location*:
Berlin, Deutsche Guggenheim
Datum / *Date*:
15.5.1998
Produktion / *Production*:
Deutsche Bank TV, Abteilung für Mitarbeiterkommunikation
Bildregie / *Vision Control*:
Herbert Eisenschenk
Autor*innen / *Authors*:
Ariane Grigoleit, Svenja Simon, Brita Färber, Friedhelm Hütte
Farbe, Ton / *Colour, sound*

Modenschauen / Fashion shows

Titel / *Title*:
1. Deutsche Designer Schau
Ort / *Location*:
Berlin, Neue Nationalgalerie
Datum / *Date*:
25.2.1984
Veranstalter / *Organizer*:
Berliner Mode-Messe-Gesellschaft mbH
Visagist / *Make-Up*:
René Koch
Frisuren / *Hair-Styling*:
Horst Chudy
Bühnenaufbau / *Stage-Design*:
Kai Gonda
Lichttechnik / *Lighting Technician*:
Bernd Knemöller
Showkonzeption / *Show Concept*:
Fashion Lights, Helmut Lang
Kamera, Schnitt / *DoP, Editing*:
Gunther Gude

Titel / *Title*:
5. Berliner Mode-Tage – Schau der Berliner Stylisten 1985
Ort / *Location*:
Berlin, HdK (Hochschule der Künste)
Datum / *Date*:
24.2.1985
Veranstalter / *Organizer*:
Berliner Mode-Messe-Gesellschaft mbH
Kamera, Schnitt / *DoP, Editing*:
Gunther Gude

Titel / *Title*:
6. Berliner Mode-Tage – Deutsche Designer Schau
Ort / *Location*:
Berlin
Datum / *Date*:
17.8.1985
Veranstalter / *Organizer*:
Berliner Mode-Messe-Gesellschaft mbH
Realisation:
Ted Linow
Visagist / *Make-Up*:
Philipe Le Lann
Frisuren / *Hairstyling*:
Udo Walz
Technik / *Technician*:
Bernd Knemöller
Bühnenaufbau / *Stage-Design*:
Kai Gonda
Kamera, Schnitt / *DoP, Editing*:
Gunther Gude

Titel / *Title*:
Mode-Festival-Berlin – Deutsche Designer Schau
Ort / *Location*:
Berlin, Studio Akademie der Künste

Datum / *Date*:
30.8.1986
Veranstalter / *Organizer*:
Berliner Mode-Messe-Gesellschaft mbH
Choreografie / *Choreography*:
Ted Linow
Visagist / *Make-Up*:
Philipe Le Lann
Frisuren / *Hairstyling*:
Udo Walz
Musik / *Music*:
Group 66, Special Guest:
Joey Arias, New York
Technik / *Technician*:
Bernd Knemöller
Bühnenaufbau / *Stage-Design*:
Kai Gonda
Kamera, Schnitt / *DoP, Editing*:
Gunther Gude

Titel / *Title*:
136. Berliner Durchreise – Bilder der Mode
Ort / *Location*:
Berlin, Theater des Westens
Datum / *Date*:
22.9.1986
Kamera, Schnitt / *DoP, Editing*:
Gunther Gude

Titel / *Title*:
Deutsche Designer Schau Berlin – On Stage Winter 87/88
Ort / *Location*:
Berlin
Datum / *Date*:
28.2.1987
Veranstalter / *Organizer*:
Berliner Mode-Messe-Gesellschaft mbH

Titel / *Title*:
Dressrelation
Ort / *Location*:
Berlin, ICC
Datum / *Date*:
Oktober 1988

Musikvideo / Musicvideo

Titel / *Title*:
I bin a Domina
Ort / *Location*:
Berlin
Datum / *Date*:
1981
Produktion / *Production*:
fabrikneu
Regie, Kamera, Schnitt / *Direction, DoP, Editing*:
Gunther Gude
Musik / *Music*:
Manuel Göttsching und / *and* **Die Dominas**
Mitwirkende / *Cast*:
Die Dominas, Claudia Skoda, Rosie Müller, Eff Jott Krüger (Ideal), **Mark Eins** (DIN A Testbild)

Spielfilme / Feature films

Titel / *Title*:
Madame X – Eine absolute Herrscherin
Datum / *Date*:
1977
Produktion / *Production*:
Autorenfilm (Ulrike Ottinger, Tabea Blumenschein)
Drehbuch, Regie, Kamera / *Screenplay, Direction, DoP*:
Ulrike Ottinger
Kostüme / *Costume Design*:
Tabea Blumenschein, Hella Utesch, Claudia Skoda
Redaktion / *Editor*:
Sybille Hubatschek-Rahn
Skript / *Script*:
Peggy von Schnottgenberg (aka Frank Ripploh), Cynthia Beatt
Schnitt / *Editing*:
Dörte Völz
Ton / *Sound Editor*:
Christian Moldt
Tonmischung / *Sound Mixer*:
Hans-Dieter Schwarz

Mitwirkende / *Cast*:
Tabea Blumenschein, Monika von Cube, Roswitha Janz, Irena von Lichtenstein, Lutze, Mona, Yvonne Rainer, Claudia Skoda, Mackay Taylor, Hella Utesch, Cynthia Beatt, Jenny Capitain, Ulf Kaufmann, H. G. von Lenthe, Jean Matelot, Peggy von Schnottgenberg, Adelheid Westphal, Mireille Wunderly

Ton / *Sound*:
Doris Renneberg
Tonmischung / *Sound Mixer*:
Mathias Ludwig, Manon Kitter
Produktionsleiter / *Unit Production Manager*:
Rainer Baumert, Bärbel Kreimes-Lück
Redaktion / *Editor*:
Rolf Bergmann

Titel / *Title*:
Zagarbata
Datum / *Date*:
1984/85
Produktion / *Production*:
Tabea Blumenschein Filmproduktion (Berlin) im Auftrag des Zweiten Deutschen Fernsehens
Regie, Drehbuch / *Direction, Script*:
Tabea Blumenschein
Redaktion / *Editor*:
Sybille Hubatschek-Rahn
Kamera / *DoP*:
Christoph Dreher
Schnitt / *Editing*:
Ellen El Malki
Schnittassistenz / *Assistent Editors*:
Bettina Böhler, Barbara Kirchner
Musik / *Music*:
Die Tödliche Doris, Böhse Onkelz
Mitwirkende / *Cast*:
Freddy Welfens, Claudia Skoda, Sue Proebster, Elmar Gessler, Reinhard Wilhelmi

Dokumentationen / Documentations

Titel / *Title*:
Wilde Jahre West-Berlin – Punk auf der Insel
Datum / *Date*:
2015
Produktion / *Production*:
Rundfunk Berlin-Brandenburg
Autorin / *Author*:
Margarete Kreuzer
Kamera / *DoP*:
Stefan Logemann

Titel / *Title*:
Fabrikneu – Eine Dokumentation über eine intermediale Arbeitsgruppe in Berlin im Jahre 1973
Datum / *Date*:
2017
Produktion, Regie, Schnitt / *Production, Direction, Editing*:
Reinhard Bock
Mitwirkende / *Cast*:
Angelik Riemer, Claudia Skoda, Jenny Capitain, Klaus Krüger, Reinhard Bock
Sprecherin / *Narrator*:
Hansi Jochmann
Musik / *Music*:
boKens: »Contasta« (1997), »Summernightblue« (2016); Klaus Krüger: »Schlagzeug 1«, »Schlagzeug 6« (1976)

Fernsehbeiträge / TV-Shows

Titel / *Title*:
Berliner Modejournal
Datum / *Date*:
28.10.1973
Produktion / *Production*:
Sender Freies Berlin
Ton / *Sound*:
Gerhard Jensen, Hans-Joachim König
Bildtechnik (TV) / *Video Technician*:
Hans-Otto Börner
Schnitt / *Editing*:
Ursula Veit, Helga Schmölling, Hannelore Hoefer
Kamera / *DoP*:
Harald Ebers, Diethelm Trapp, Peter Warnecke,

Dieter Krause, Günter Hertel, Michael Hopf, Heinz Krohn, Hans-Jochen Rabien
Aufnahmeleitung / *Production Manager*:
Ferry Putz
Produktionsleiter / *Unit Production Manager*:
Horst Borasch
Redaktion / *Editor*:
Dagmar Fambach
Regie / *Direction*:
Michael Bock

Titel / *Title*:
Berliner Fenster – Fabrikneue Menschen
Datum / *Date*:
3.5.1976
Produktion / *Production*:
Sender Freies Berlin
Kamera / *DoP*:
Hans Hessel, Horst Kandeler, Erhardt Kühne, Wolfram Seibt
Schnitt / *Editing*:
Regine Toepper
Ton / *Sound*:
Erwin Hamann, Klaus Vogeler
Aufnahmeleitung / *Production Manager*:
Norbert Scherdin
Produktionsleiter / *Unit Production Manager*:
Martin Stachowitz
Redaktion / *Editor*:
Annette Dietrich

Titel / *Title*:
Berliner Fenster – Modemacher
Datum / *Date*:
2.4.1979
Produktion / *Production*:
Sender Freies Berlin
Autorin / *Author*:
Gabriele Suren
Kamera / *DoP*:
Wolfram Seibt
Schnitt / *Editing*:
Barbara Herrmann
Ton / *Sound*:
Bernd Winter
Tonmischung / *Sound Mixer*:
Gerhard Jensen
Aufnahmeleitung / *Production Manager*:
Edgar Kühne
Produktionsleiter / *Unit Production Manager*:
Martin Stachowitz
Redaktion / *Editor*:
Annette Dietrich

Titel / *Title*:
Berliner Abendschau – Mode-Happening in der Kongresshalle
Datum / *Date*:
12.11.1979
Produktion / *Production*:
Sender Freies Berlin
Redaktion / *Editor*:
Roderich Boes
Autorin / *Author*:
Erika Lippki

Titel / *Title*:
Berliner Abendschau – Mode beginnt in Berlin
Datum / *Date*:
1.2.1982
Produktion / *Production*:
Sender Freies Berlin
Kamera / *DoP*:
Dietrich Bertram
Schnitt / *Editing*:
Hertha Tonke
Bildregie / *Vision Control*:
Rosemarie Hartwig
Redaktion / *Editor*:
Roderich Boes

Titel / *Title*:
III nach 9
Datum / *Date*:
16.11.1984
Produktion / *Production*:
Radio Bremen
Redaktion / *Editors*:
Jürgen Breest, Wolf Neubauer, Rolf B. Tiesler, Claudia Valentin

Titel / *Title*:
Aufbruch zum Durchbruch –
Eine Schau zum neuen deutschen Design
Datum / *Date*:
4.2.1986
Produktion / *Production*:
Westdeutscher Rundfunk
Idee, Moderation / *Idea, Presenter*:
Christian Borngräber
Buch / *Script*:
Christian Borngräber, Bob Rooyens
Musik / *Music*:
Einstürzende Neubauten,
Hongkong Syndikat
Technische Leitung / *Technical Manager*:
Wilfried Holland
Bildtechnik (TV) / *Video Technician*:
Walter Krötzsch, Manfred Sieberts, Helmut Berndt
Ton / *Sound*:
Günter Seidenberg, Franz Josef Zimmermann,
Peter Hüttner
Kamera / *DoP*:
Hans-Dieter Christ, Ulli Bohn,
Manfred Förstner, Peter-Jürgen Gersonde,
Andreas Müller-Lorey, Karl-Heinz Nitschke,
Manfred Ridders, Klaus Schomens
Schnitt / *Editors*:
Edith Wisskirchen, Sigrid Holland
Lichttechnik / *Lighting Technician*:
Hans-Dieter Baumann, Otto Münstermann,
Klaus Reiter
Szenenbild / *Production Design*:
Manfred Lütz, Robert Roos
Regieassistenz / *Assistant Director*:
Thomas Klees
Aufnahmeleitung / *Production Manager*:
Gisela Oelschlegel, Frank Hanslik
Produktionsleiter / *Unit Production Manager*:
Dieter Adenacker
Regie / *Director*:
Bob Rooyens
Redaktion / *Editor*:
Wibke von Bonin

Titel / *Title*:
Berlin am Abend –
Tele-Journal Modesommer '87
Datum / *Date*:
18.8.1986
Produktion / *Production*:
Sender Freies Berlin
Redaktion / *Editor*:
Rudolf Hochrein
Autor / *Author*:
Holger Senft

Titel / *Title*:
Abendschau – Guten Abend Berlin –
Modenschau am Weltkugelbrunnen auf dem Breitscheidplatz
Datum / *Date*:
19.8.1986
Produktion / *Production*:
Sender Freies Berlin
Bildregie / *Vision Control*:
Ursula Veit
Redaktion / *Editor*:
Peter Laubenthal

Titel / *Title*:
Frauengeschichten – Claudia Skoda –
Mode-Designerin
Datum / *Date*:
28.10.1986
Produktion / *Production*:
Bayerischer Rundfunk
Autor / *Author*:
Vido Voigt
Kamera / *DoP*:
Peter Carstiuc, Hans Löscher,
Claudia Hammerschmidt, Erich Hammerl
Ton / *Sound*:
Hermann Nüssel, Anton Vetter,
Reinhold Höllriegl
Tonmischung / *Sound Mixer*:
Karin Hufnagl-Schreyer
Schnitt / *Editing*:
Evelyn Schmidt
Redaktion / *Editor*:
Brigitte Schroedter

Titel / *Title*:
Tele-Journal —
Wolle — Modetrend stricken und Gestricktes
Datum / *Date*:
24.11.1986
Produktion / *Production*:
Sender Freies Berlin
Autorin / *Author*:
Brigitte Woelfl
Redaktion / *Editor*:
Alexander von Bentheim
Regie / *Direction*:
Rudolf Hochrein

Titel / *Title*:
Tagesthemen —
Proben zur Modenschau Dressed to Thrill
Datum / *Date*:
21.4.1988
Produktion / *Production*:
Arbeitsgemeinschaft der öffentlich-rechtlichen Rundfunkanstalten der Bundesrepublik Deutschland
Autorin / *Author*:
Renate Bütow

Titel / *Title*:
Berliner Abendschau —
Modenschau Dressed to Thrill
Datum / *Date*:
23.4.1988
Produktion / *Production*:
Sender Freies Berlin
Autorin / *Author*:
Erika Lippki
Kamera / *DoP*:
Dieter Kempf, Klaus Kessel, Beate Hinze
Schnitt / *Editing*:
Reinhard Kortum
Bildregie / *Vision Control*:
Rolf Seiler
Redaktion / *Editor*:
Siegfried Wiechmann

Titel / *Title*:
Dressater® — Dressed to Thrill
Datum / *Date*:
1.5.1988
Produktion / *Production*:
Sender Freies Berlin
Mitwirkende / *Cast*:
Joey Arias, Sara Stockbridge, Ulf Maria Kühne, Willi Cockran, Michael Clarke, Michael Hall, Quentin Clark
Musik / *Music*:
Steven Brown
Choreografie / *Choreography*:
George E. Younger
Grafik / *Illustration*:
Wolfgang Joop, Ward Merril, Arno Dietzsch
Visagisten / *Make-Up*:
Michael Hinz, Regis
Frisuren / *Hair Styling*:
Martin Jacobsen
Spezialeffekte / *Special Effects*:
Gerhard Voll
Beschallung, Hallenlicht / *Sound, Lighting*:
Böhm & Willig
Architektur / *Architects*:
Hans Kollhoff, Hubertus Duwensee
Gesamtleitung / *Head of Production*:
Claudia Skoda
Ton / *Sound*:
Wolfgang Basan, Gerhard Jensen-Nelson
Technik / *Technician*:
Eugen Möllecken
Schnitt / *Editing*:
Brigitte Kurde, Caroline Ilmer
Kamera / *DoP*:
Klaus Koenigsdoerfer, Günter Hertel, Heinz Krohn, Karl-Heinz Nitschke, Hans Jochen Rabien, Michael Burr
Aufnahmeleitung / *Production Manager*:
Vera Hesperova, Gabriele Hengst
Regieassistenz / *Assistant Director*:
Beate Radamm
Produktionsleiter / *Unit Production Manager*:
Andrä Kubaile
Redaktion / *Editor*:
Axel Beyer
Bildregie / *Vision Control*:
Horst Deuter

Titel / *Title*:
Berlin heute abend –
Neue Pläne von Claudia Skoda
Datum / *Date*:
3.1.1989
Produktion / *Production*:
Sender Freies Berlin
Redaktion / *Editor*:
Ulrich Pilz
Autor / *Author*:
Holger Senft

Titel / *Title*:
Ticket – Moda Berlin 1993
Datum / *Date*:
25.2.1993
Produktion / *Production*:
Sender Freies Berlin
Bildregie / *Vision Control*:
Goran Krainov
Produktionsleiter / *Unit Production Manager*:
Hugo Panczak
Redaktion / *Editors*:
Annette Dietrich, Peter Laubenthal

Titel / *Title*:
Interview mit Claudia Skoda
Datum / *Date*:
März 1993
Produktion / *Production*:
VOX

Titel / *Title*:
Recontre – Claudia Skoda im Gespräch mit der Schauspielerin Meret Becker
Datum / *Date*:
29.5.1993
Ort / *Location*:
Berlin, Spiegelzelt
(Bar jeder Vernunft)
Autor*innen / *Authors*:
Christopher Horner, Gilliane Le Gallic, Alain Maneval
Chefredakteurin / *Editor in Chief*:
Chantal Baschung
Produktionsleiterin / *Unit Production Manager*:
Michèle Graves
Co-Regisseur / *Co-Direction*:
Peter Henning
Drehteam / *Cinematographers*:
Peter Petrides, Knut Muhsik, Boris Kürschner, Christian Wegner, Norman Engel, Renate Genske
Schnitt / *Editing*:
Thomas Wellmann
Musik / *Music*:
Pascale Le Berre
Redaktion / *Editors*:
Klaus Wenger, Laurent Andres, Beatrice Aullen
Produktion / *Production*:
arte
Co-Produktion / *Co-Production*:
MA. JA. DE

Titel / *Title*:
Frau TV –
Claudia Skoda – Die Strickkönigin von Berlin
Datum / *Date*:
18.3.1999
Produktion / *Production*:
Westdeutscher Rundfunk
Autorin / *Author*:
Angelika Welz-Rommel
Redaktion / *Editors*:
Inge von Bönninghausen, Andrea Ernst

Titel / *Title*:
Der letzte Schrei – Modemacher in Berlin
Datum / *Date*:
13.5.2003
Produktion / *Production*:
Rundfunk Berlin-Brandenburg
Redaktion / *Editor*:
Meyen Wachholz
Produktionsleiter / *Unit Production Manager*:
Wolfdietrich Block
Autorin / *Author*:
Petra Dorrmann

Titel / *Title*:
Ticket — Claudia Skoda wird 60 Jahre
Datum / *Date*:
22.5.2003
Produktion / *Production*:
Sender Freies Berlin
Autorin / *Author*:
Margarete Kreuzer
Redaktion / *Editors*:
Christine Thalmann, Oliver Geldener
Bildregie / *Vision Control*:
Gabriele Linke
Produktionsleiter / *Unit Production Manager*:
Wolfdietrich Block

Titel / *Title*:
Café Trend — Trend-Tendenz: Claudia Skoda — Modedesignerin
Datum / *Date*:
9.11.2003
Produktion / *Production*:
Mitteldeutscher Rundfunk
Regie / *Direction*:
Christoph Bigalke
Autor*innen / *Authors*:
Margarete Kreuzer, Kristian Walter

Titel / *Title*:
Heimatjournal — Modemeile Mulackstraße
Datum / *Date*:
13.7.2013
Produktion / *Production*:
Rundfunk Berlin-Brandenburg
Kamera / *DoP*:
Günther Trept, Thomas Zahn, Babett Grossek, Kirsten Kohfal
Ton / *Sound*:
Lutz Hermann
Schnitt / *Editing*:
Ralf Küster, Jan Erdmann, Marcus Groß
Produktionsleiter*innen / *Unit Production Manager*:
Rainer Baumert, Anna Pia Nedelmann
Autor*innen / *Authors*:
Nana Rebhan, Marcus Groß, Joachim Ruetschl
Redaktion / *Editor*:
Konstanze Weidhaas
Leitung der Sendung / *Production Director*:
Birgit Bursch

Titel / *Title*:
Stilbruch — Modedesignerin Claudia Skoda
Datum / *Date*:
24.10.2013
Produktion / *Production*:
Rundfunk Berlin-Brandenburg
Autorin / *Author*:
Margarete Kreuzer
Kamera / *DoP*:
Wolfgang Lindig
Schnitt / *Editing*:
Angelika Bölling

Quellen:
Angaben im jeweiligen Filmvor- bzw. Abspann; Archive der jeweiligen Rundfunkanstalt; www.Filmportal.de; www. Filmdienst.de (letzter Abruf: 9.10.2020); Produktionsunterlagen im Archiv von Claudia Skoda, Berlin; Sammlung Gunther Gude im Audiovisuellen Zentrum (AVZ) der Technischen Universität Berlin; Sammlung Reinhard Bock, Berlin. Die englischen Übersetzungen basieren auf dem Branchenverzeichnis der Berlin-Brandenburg Film Commission (BBFC), www.bbfc.de.

Sources:
Information in the respective opening and/or closing credits; respective broadcasting company archives; www.Filmportal.de; www. Filmdienst.de (last access: 9 October, 2020); Production documents in the archive of Claudia Skoda, Berlin; Gunther Gude Collection in the Audiovisual Centre (AVZ) of the Technical University Berlin; Reinhard Bock Collection, Berlin. The English translations of the job titles and technical terms are based on the Business-Directory of the Berlin-Brandenburg Film Commission (BBFC), www.bbfc.de.

LITERATUR

Bibliography

A. B. 1985
A. B., Die Masche der Modemacher, in: Welt am Sonntag, 1.12.1985, S. 46

Adler 1982
Adler, Peter, Mode-Träume in der Mauerstadt, in: tip 1982, Heft 3, S. 3 f., 6–13

Adler 1983
Adler, Peter, Wende-Mode. Aufsteiger in einer subventionierten Industrie, in: Transatlantik Jg. 7, 1983, S. 17–21

Ahrens 1998
Ahrens, Inge, Bloß nicht zu fein, in: Die Zeit, Nr. 51, 10.12.1998, S. 81

Ahrens 1999
Ahrens, Inge, Wider den Muff in Berliner Kleidern, in: Die Welt, 2.2.1999, S. 15

Almeida Vergara 2015
Almeida Vergara, Manuel, Berliner Designerin nach der Einheit. Maschen für die Avantgarde, in: Der Tagesspiegel, 2.10.2015, hier URL: https://www.tagesspiegel.de/berlin/berliner-designerin-nach-der-einheit-maschen-fuer-die-avantgarde/12398214.html, letzter Abruf: 3.4.2020

Alvensleben 1980
Alvensleben, Christian von (Fotograf), Made in Germany, in: Professional Camera, Mai/Juni 1980, Heft 3, S. 36–45

Ammann 1996
Ammann, Jean-Christophe, »Walk on the wild side«. Einige Bemerkungen zu den Fotos von Luciano Castelli, in: Luciano Castelli. »Le Miroir du désir«, Ausst.-Kat. Paris, Paris 1996, S. 66

Ammann 2013
Ammann, Jean-Christophe, Transformer, in: Glam. The Performance of Style, Ausst.-Kat. Frankfurt a. M., hrsg. v. Darren Pih, Bielefeld 2013, S. 133–135

Armand-Ejima u. a. 2010
Armand-Ejima, Tamae, u. a., Kenzo, New York 2010

Aufbau 1984
Aufbau mit Löchern, in: Der Spiegel, Heft 41, 8.10.1984, S. 270–274

Ausst.-Kat. Antwerpen 2011
Unravel. Knitwear in Fashion, Ausst.-Kat. Antwerpen, hrsg. v. Karen van Godtsenhoven und Emmanuelle Dirix, Tielt 2011

Ausst.-Kat. Berlin 2001 a
Berliner Chic. Mode von 1820 bis 1990, Ausst.-Kat. Berlin, hrsg. v. Christine Waidenschlager, Berlin 2001

Ausst.-Kat. Berlin 2001 b
Luciano Castelli. Arbeiten aus den Jahren 1979 bis 1999, Ausst.-Kat. Berlin, hrsg. v. d. Galerie Michael Schultz OHG, Berlin 2001

Ausst.-Kat. Berlin 2011
Rainer Fetting. Berlin, Ausst.-Kat. Berlin, hrsg. v. d. Berlinischen Galerie, Landesmuseum für Moderne Kunst, Berlin 2011

Ausst.-Kat. Duderstadt 2013
Kippenberger Catwalk, Ausst.-Kat. Duderstadt, hrsg. v. Hans Georg Näder, Duderstadt 2013

Ausst.-Kat. Düsseldorf 2005
Martin Kippenberger. Eine Boden-Collage für Claudia Skoda 1976, Ausst.-Kat. Düsseldorf, hrsg. v. Petra Wenzel, Düsseldorf 2005

Ausst.-Kat. Essen 2010
A Star is Born. Fotografie und Rock seit Elvis, Ausst.-Kat. Essen, hrsg. v. Ute Eskildsen, Göttingen 2010

Ausst.-Kat. Florenz 2004
Excess. Fashion and the Underground in the '80s, Ausst.-Kat. Florenz, hrsg. v. Maria Luisa Frisa und Stefano Tonchi, Mailand 2004

Ausst.-Kat. Frankfurt a. M. 2010
Not in Fashion. Photography and Fashion in the 90s, Ausst.-Kat. Frankfurt a. M., hrsg. v. Susanne Gaensheimer, Bielefeld u. a. 2010

Ausst.-Kat. Frankfurt a. M. 2015
Die 80er. Figurative Malerei in der BRD, Ausst.-Kat. Frankfurt a. M., hrsg. v. Martin Engler, Frankfurt a. M. 2015

Ausst.-Kat. Gorizia 2006
Caleidoscopio Missoni, Ausst.-Kat. Gorizia, hrsg. v. Raffaela Sgubin, Gorizia 2006

Ausst.-Kat. Kraichtal u. a. 2005
Ulrike Ottinger. Bildarchive, Fotografien 1970–2005, Ausst.-Kat. Kraichtal u. a., hrsg. v. Ursula Blickle u. a., Nürnberg 2005

Ausst.-Kat. Mettingen 2013
Mythos Chanel, Ausst.-Kat. Mettingen, hrsg. v. Maria Spitz, Mettingen 2013

Ausst.-Kat. München 2012
Geschmacksache. Mode der 1970er-Jahre, Ausst.-Kat. München, hrsg. v. Isabella Beltin, München 2012

Ausst.-Kat. Salzburg 2011
Rollenbilder – Rollenspiele, Ausst.-Kat. Salzburg, hrsg. v. Toni Stooss und Esther Ruelfs, München 2011

Bäldle 1980
Bäldle, Peter, Avantgarde aus Berlin und München. Die Strickwelle auf dem Höhepunkt, in: Süddeutsche Zeitung, 6./7.12.1980, S. 125

Balthasar 1999
Balthasar, Susanne, Claudia Skodas Strick hat nichts von Rentnerbeige, in: Berliner Zeitung, 4.5.1999, S. 27

Barth 2008
Barth, Nadine, Berlin Fashion. Metropole der Mode, Köln 2008

Barth 2011
Barth, Nadine, German Fashion Design (1946–2012), Berlin 2011

Baumgärtel 2013
Baumgärtel, Tilman, Wenn Hacker stricken, in: Zeit-online, 23.6.2013, URL: https://www.zeit.de/digital/internet/2013-06/hardware-hacking-strickmaschinen, letzter Abruf: 3.4.2020

Big Birds 1980
Big Birds oder große bunte Vögel, in: Vogue, Nr. 3, 1980, S. 50

Binar/Mossina 2011
Binar, Natasha, und Mossina, Katia, Berlin Catwalks, Berlin und Moskau 2011

Black 2012
Black, Sandy, Knitting. Fashion, Industry, Craft, London 2012

Bookhagen 1986
Bookhagen, Renate, Das heimliche Feuerwerk. Notizen am Rande der Berliner Durchreise, in: Zitty 1986, Heft 6, S. 50

Brown 2013
Brown, Carol, Knitwear Design, London 2013

Brückner 1984
Brückner, Heike, Bequeme Superhüllen, in: Zitty 1984, Heft 8, S. 21

Buntenbach 2014
Buntenbach, Jörg, Mode Metropole Berlin, Berlin 2014

Burton 2017
Burton, Roger K., Rebel Threads. Clothing of the Bad, Beautiful & Misunderstood, London 2017

Cagli/Wieczorek 1985
Cagli, Josette, Berlin macht wieder Mode, mit Fotos von Jo Wieczorek, in: Journal für die Frau, Mai 1985, S. 32–36

Castelli 2014
Castelli, Luciano, Self-Portrait, 1973–1986, Zürich 2014

Chéroux/Eskildsen [Hrsg.] 2007
The Stamp of Fantasy. The Visual Inventiveness of Photographic Postcards, hrsg. v. Clément Chéroux und Ute Eskildsen, Göttingen 2007

Claudia Skoda 1985
Claudia Skoda – Sweater Girl, in: New York Talk, Juli 1985, S. 24

Collection 1983
Collection: Claudia Skoda. Design: Claudia Skoda, in: Fashion Guide, Juni 1983, S. 78

Conrad 1988
Conrad, Andreas, Das Gesamtkunstwerk als Overkill für die Augen, in: Der Tagesspiegel, 24.4.1988, S. 9

Davis 2015
Davis, Kathy, Should a Feminist Dance Tango? Some Reflections on the Experience and Politics of Passion, in: Feminist Theory Jg. 16, 2015, Heft 1, S. 3–21

DienstleistungsMarkt 1988
DienstleistungsMarkt Berlin Magazin 1988, S. 3

Dirix 2011
Dirix, Emmanuelle, Drop one, pick up two, drop one. Unravelling the Status of Knitwear in Fashion, in: Ausst.-Kat. Antwerpen 2011, S. 12–37

Dirix 2016
Dirix, Emmanuelle, High Fashion. The 20th Century Decade by Decade, London 2016

Dirix/Fiell 2014
Dirix, Emmanuelle, und Fiell, Charlotte, Fashion in the ’70s, London 2014

Dodenhoff/Heinlein [Hrsg.] 2019
Die Erfindung der Neuen Wilden, hrsg. v. Benjamin Dodenhoff und Ramona Heinlein, Köln 2019

Donofrio-Ferrezza/Hefferen 2008
Donofrio-Ferrezza, Lisa, und Hefferen, Marilyn, Designing a Knitwear Collection from Inspiration to Finished Garments, New York 2008

Dörre 2010
Dörre, Stefanie, Experimentell seit 1975. Die Modedesignerin Claudia Skoda, © Goethe-Institut e. V., Online-Redaktion, November 2010, URL: http://www.goethe.de/ins/gb/lp/prj/mtg/men/mod/sko/de6846078.htm, letzter Abruf: 3.4.2020

Dressater 1988
Dressater, ein neues Medium. Über die Kunst, sich zu kleiden. Mit der multimedialen Order »Dressed to thrill« als Show zur Eröffnung von Berlin – Kulturstadt Europas 1988 im April 1988, Berlin (West) 1988

Drews 1983 a
Drews, Ilse, Durchbruchsversuch, in: Der Tagesspiegel, 9.10.1983, S. 42

Drews 1983 b
Drews, Ilse, Aus den Trümmern geboren. Berliner Anti-Mode, in: Cosmopolitan 1983, Heft 12, S. 6

Drier 2006
Drier, Melissa, Berlin, Boldly, in: Sky, April 2006, S. 32

Duka 1982
Duka, John, Notes on Fashion, in: The New York Times, 1.6.1982, S. C8

Emmerling/Weh [Hrsg.] 2015
Geniale Dilletanten. Subkultur der 1980er Jahre in Deutschland, hrsg. v. Leonard Emmerling und Mathilde Weh, Ostfildern 2015

Engert 1981
Engert, Gabriele, Maschen aus dem Milljöh. Claudia Skoda, eine erfolgreiche Berlinerin, in: Die Zeit, Nr. 15, 3.4.1981, S. 68

Eskildsen 1987
Eskildsen, Ute, Places Faces Movement, in: Silke Grossmann. Orte, Gesichter, Bewegung (Aspects of Contemporary German Photography, hrsg. v. Goethe-Institut), München 1987

Farkas u. a. [Hrsg.] 2013
Nachtleben Berlin. 1974 bis heute, hrsg. v. Wolfgang Farkas u. a., Berlin 2013

Fassbender 2011
Fassbender, Guido, Im Grunde sind wir alle verhinderte Rockstars. Die Galerie am Moritzplatz und Berlin, in: Ausst.-Kat. Berlin 2011, S. 62–69

Felix 2005
Felix, Zdenek, Kippenbergers wiederentdeckte Performance, in: Ausst.-Kat. Düsseldorf 2005, S. 34–39

Frischer Modewind 1983
Frischer Modewind weht, in: Volksblatt Berlin (West), 11.10.1983

G. R. 1981
G. R., Avantgarde in Strick, in: Textil Mitteilungen, 30.1.1981, S. 4

Gläser 2008
Gläser, Heike, Claudia Skoda, in: Das Modebuch Berlin (44. Sonderausgabe des Berliner Stadtmagazins zitty, 2008/09), hrsg. v. Zitty Verlag, Berlin 2008, S. 36

Goridis 1994
Goridis, Uta, Nie wieder Kreuzberg, in: tip 1994, Heft 14, S. 98

Grossmann 1992
Grossmann, Silke, Photographien, mit einem Text von Frieda Grafe, Stuttgart 1992

Haas 1986
Haas, Jo de, Kreuzbergs Königin des Strick-Sets, in: Welt am Sonntag, 28.9.1986, S. 96

Haber 2001
Haber, Ruth, Die Modestadt Berlin nach 1945, in: Ausst.-Kat. Berlin 2001 a, S. 76–83

Hecke 1978
Roswitha Hecke, Liebes Leben. Bilder mit Irene, München 1978

Heggen 1983
Heggen, Rolf, Claudia Skoda, in: Frankfurter Allgemeine Magazin, 18.3.1983, Heft 159, S. 8–13

Hemmings [Hrsg.] 2010
In the Loop. Knitting Now, hrsg. v. Jessica Hemmings, London 2010

Honnef 1979
Honnef, Klaus, Es kommt der Autorenfotograf. Materialien und Gedanken zu einer neuen Ansicht über die Fotografie, in: In Deutschland. Aspekte gegenwärtiger Dokumentarfotografie, Ausst.-Kat. Bonn, hrsg. v. Klaus Honnef und Wilhelm Schürmann, Köln 1979, S. 8–32

Hünnebeck 1986
Hünnebeck, Hannelore, Galaktische Mode in kühnem Strick, in: Der Tagesspiegel, 21.9.1986, S. 51

Ideenfülle 1980
Ideenfülle soll das Geschäft ankurbeln, in: Textil Mitteilungen, Nr. 117, 26.9.1980, S. 1 f.

Igramhan/Marquis 1981
Igramhan, Fatima, und Marquis, Tessa, in: Voice, 23.–29.9.1981, o. S.

Ingram/Sark 2011
Ingram, Susan, und Sark, Katrina, Berliner Chic. A Locational History of Berlin Fashion, Bristol und Chicago 2011

Interview mit Claudia Skoda 1982
Angst vorm Auffallen? TIP-Interview mit Claudia Skoda, in: tip 1982, Heft 3, S. 60 f.

Interview mit Claudia Skoda 2004
Die Muse der Mode: Claudia Skoda. »Jetzt wird nicht mehr gequatscht, jetzt wird gezwitschert«. Ein Interview mit der Berliner Designerin Claudia Skoda, in: db ArtMag 2004, hier URL: http://db-artmag.com/archiv/2004/d/2/1/<190.html, letzter Abruf: 10.1.2018

Interview mit Claudia Skoda 2013 a
Apin, Nina, Wir waren wild und frei, in: taz am Wochenende, 7.9.2013, S. 46, hier URL: https://taz.de/!452969/, letzter Abruf: 3.4.2020

Interview mit Claudia Skoda 2013 b
Mösken, Anna Lena, und Weingärtner, Markus, Berlin, zu Tode geliebt. Von Schmargendorf in die Welt: Claudia Skoda ist bis heute die einzige Berliner Modedesignerin von Weltrang, in: Berliner Zeitung, 9.4.2013, S. 16

Interview mit Claudia Skoda 2013 c
Fabrikneu. Janine Dudenhöffer im Gespräch mit Claudia Skoda, in: Ausst.-Kat. Duderstadt 2013, S. 114–123

Interview mit Claudia Skoda 2017
Picciotto, Danielle de, Claudia Skoda: »Mode war noch nie so billig und inflationär wie heute und gleichzeitig so absurd teuer«, in: Kaput. Magazin für Insolvenz & Pop, 6.12.2017, URL: https://kaput-mag.com/stories-de/danielle-de-picciotto-friends-in-conversation_claudia-skoda-mode-war-noch-nie-so-billig-und-inflationaer-wie-heute-und-gleichzeitig-so-absurd-teuer/, letzter Abruf: 3.4.2020

Interview mit Manuel Göttsching 2006
Manuel Göttsching im Interview mit Jan Kedves, in: Zoo Magazine 2006, Heft 11, hier URL: https://www.ashra.com/press/pics/zoo_interview.pdf, letzter Abruf: 2.3.2020

Interview mit Ulrike Ottinger 2005
Gerald Matt im Gespräch mit Ulrike Ottinger, in: Ausst.-Kat. Kraichtal u. a. 2005, S. 135–141

JdH/Rie 1984
JdH/Rie, Für die Dame Gummiwürste, Opahemd und Schlabberlook, in: Berliner Morgenpost, 16.10.1984, S. 3

Joop 1985
Joop, Wolfgang, Was ich tun will und tun werde, in: Zeitmagazin, 18.10.1985, Heft 43, S. 8

Kamitsis 2011
Kamitsis, Lydia, Knitwear in French Fashion. From Gabrielle Chanel to Sonia Rykiel, in: Ausst.-Kat. Antwerpen 2011, S. 120–129

Knitted Genius 1984
Claudia Skoda. Knitted Genius, in: Key, Dez. 1984, o. S.

Köthe 1998
Köthe, Regina, Körperumspielend, ausgetüftelt und vielfältig gemustert. Berliner Strickdesignerinnen machen Mode, in: Der Tagesspiegel, 5.9.1998, S. B3

Ledermann 1983
Ledermann, Inge, Let's visit SoHo, in: Textil-Wirtschaft, 15.12.1983, Heft 50, S. 8

Lehmann 2005
Lehmann, Ulrich, Laufstege und Abwege, in: Ausst.-Kat. Düsseldorf 2005, S. 53–59

Liebel 2005
Liebel, Matthias, Luciano Castelli – 30 Jahre Malerei. Das malerische Œuvre des Künstlers von seinen Anfängen bis Ende der 90er Jahre, Diss. Bamberg 2005, hier URL: https://fis.uni-bamberg.de/handle/uniba/102, letzter Abruf: 29.5.2020

Loschek 2011 [1987]
Loschek, Ingrid, Reclams Mode- und Kostümlexikon, 6., erw. und aktualisierte Aufl., bearb. v. Gundula Wolter, Stuttgart 2011 (1987)

Mendes/Haye 1999
Mendes, Valerie, und Haye, Amy de la, 20th Century Fashion, London 1999

Mit Chic 1985
Mit Chic, Charme und Methode, in: tip, März 1985, S. 72D–E

Modisch 1985
Modisch führen viele Spuren nach Indien, in: Der Tagesspiegel, 20.8.1985, S. 11

Moffitt [Hrsg.] 1991
The Rudi Gernreich Book, hrsg. v. Peggy Moffitt, New York 1991

Müller 2013
Müller, Wolfgang, Subkultur Westberlin. 1979–1989. Freizeit, Hamburg 2013

Mut 2006
Mut zum, in: Elle, März 2006, S. 226–229

MyGuide Berlin [2019]
MyGuide Berlin: Claudia Skoda, URL: https://www.myguideberlin.com/shopping/claudia-skoda, letzter Abruf: 15.6.2020

Naylor 2013
Naylor, Tony, Manuel Göttsching. The Göttfather, in: The Guardian [Website], 30.8.2013, URL: https://www.theguardian.com/music/2013/aug/30/manuel-gottsching-gottfather, letzter Abruf: 4.1.2020

Olfers 2010
Olfers, Sophie von, Einleitung – Gedächtnistest, in: Ausst.-Kat. Frankfurt a. M. 2010, S. 292–295

On and Off 1982
On and Off The Avenue: Christmas Gifts For Women, in: The New Yorker, November 1982, S. 73–103

P. A. 1983
P. A., Kampf mit Skoda, in: tip 1983, Heft 21, S. 18 f.

Palmano 1985
Palmano, Cindy, o. T., in: Paper, New York, März 1985, o. S.

Prunk 1981
Prunk und Pracht in Strick, in: Textil Mitteilungen, Nr. 115, 25.9.1981, S. 37

Quick 1997
Quick, Harriet, Catwalking. A History of the Fashion Model, New York 1997

Radical Chic! 1989/90
Radical Chic! Das Zeitdokument Berliner Design- und Modebewegungen Jg. 1, 1989/90

Radical Chic! 1991/92
Radical Chic! Das Zeitdokument Berliner Design- und Modebewegungen Jg. 2, 1991/92

Riepl 1984
Riepl, Maggie, Claudia Skoda im Mode-Trend, in: Berliner Morgenpost, 7.10.1984, S. 2

Riepl 1988
Riepl, Maggie, Modischer Urschrei im Hamburger Bahnhof, in: Berliner Morgenpost, 24.4.1988, S. 37

Rink 2014
Rink, Martina, Fashion Germany, München u. a. 2014

Roy 1985
Roy, Corinne, Le plus beau gris de l'Europe, in: Europ, Dezember 1985, S. 45

Rudolf 1985
Rudolf, Monika, Die ungezähmte Wollust der Claudia Skoda, in: Textil-Wirtschaft, 21.2.1985, Heft 8, S. 133

S., Walter, 1984
S., Walter, Fashion Dateline: Paris, Milan, Tokyo, Ares, in: New York Talk, November 1984, S. 25

Sage mir 1987
Sage mir, wie Du heißt, und ich sage Dir, wer Du bist, in: Quintessenz-Journal Jg. 17, 1987, S. 1118

Saillard [Hrsg.] 2009
Sonia Rykiel, hrsg. v. Olivier Saillard, New York 2009

Sainderichin 1989
Sainderichin, Ginette, Kenzo, Paris 1989

Salomé 2016
Salomé, Schwimmer und Seerosen. 1982–2011, München 2016

Saram 1976
Saram, Vera de, Es glitzert am Kreuzberger Modehimmel, in: Der Tagesspiegel, 24.10.1976

Savage 2013
Savage, Jon, Symbols Clashing Everywhere. Punk Fashion 1975–1980, in: Punk. Chaos to Couture, Ausst.-Kat. New York, hrsg. v. Andrew Bolton und Eugenia Bell, New Haven 2013, S. 25–35

Schipp 2005
Schipp, Anke, Ein Boden für die Boheme, in: Frankfurter Allgemeine Zeitung, 31.1.2005, hier URL: https://www.faz.net/aktuell/feuilleton/kunst/kunst-ein-boden-fuer-die-boheme-1208130.html, letzter Abruf: 3.4.2020

Schneider 2013
Schneider, Stephanie, Berliner Modedesigner. Die Menschen hinter dem Label #6: Claudia Skoda. Mit dem Lustprinzip in den Mode-Olymp, in: Verführer. Das Beste aus Berlin, 28.11.2013, URL: https://www.verführer.berlin/berliner-modedesign-claudia-skoda/, letzter Abruf: 3.4.2020

Schulze 2012
Schulze, Holger, Fokussierung und Historisierung. Über die 25. Transmediale, Berlin 2012, in: Texte zur Kunst [Webblog], 29.1.2012, URL: https://www.textezurkunst.de/articles/holger-schulze-transmediale-2012-gansing/, letzter Abruf: 2.3.2020

Schumacher 2018
Schumacher, Sven, Im Zentrum der Peripherie, in: Lerchenfeld, Februar 2018, Heft 42, S. 50–54

Sieben 1978
Sieben, Irene, Mode-Roboter unter ägyptischem Tempeltor, in: Berliner Morgenpost, 19.10.1978, S. 16

Siepmann 2001
Siepmann, Julia, Skoda gestrickt statt Golf lackiert, in: Welt am Sonntag, Nr. 34, 2001, o. S.

Sinclair 2015
Sinclair, Rose, Textiles and Fashion. Materials, Design and Technology (Woodhead Publishing Series in Textiles, 126), Amsterdam u. a. 2015

Skoda 2007–2015
Offizielle Website von Claudia Skoda, © 2007–2015, www.claudiaskoda.com, letzter Abruf: 3.4.2020

Skov 2018
Skov, Marie Arleth, Punk Art. An Exploration, Diss. Kopenhagen 2018

Slaski 2018
Slaski, Jacek, Gespräche mit Genialen Dilletanten. Jochen Arbeit, Jim Avignon, Claudia Skoda [u. v. a.], Berlin 2018

Soho 1986
Soho. A Guide – a Documentary. Art – Design – Fashion – History, New York 1986

Stanfill [Hrsg.] 2013
80s Fashion. From Club to Catwalk, hrsg. v. Sonnet Stanfill, London 2013

Sudjic 1990
Sudjic, Deyan, Rei Kawakubo and Comme des Garçons, London 1990

Teipel 2001
Teipel, Jürgen, Verschwende Deine Jugend. Ein Doku-Roman über den deutschen Punk und New Wave, Frankfurt a. M. 2001

The Face 1982
The Face Guide To Berlin, in: The Face, Juli 1982, S. 20

W. M. 1978
W. M., Extreme Schau, in: tip 1978, Heft 22, S. 6

Wagner 1993
Wagner, Gretel, Die Mode in Berlin, in: Berlin en vogue. Berliner Mode in der Photographie, Ausst.-Kat. Berlin u. a., hrsg. v. F. C. Gundlach und Uli Richter, Tübingen und Berlin 1993

Waldt 2008
Waldt, Anton, Claudia Skoda. Die zickige Eleganz der 70er, in: De:Bug, 14.7.2008, Heft 122, hier URL: https://de-bug.de/mode/archives/712.html, letzter Abruf: 29.5.2020

Weber/Weber 2014 [1974]
Weber, Marcus Oliver, und Weber, Klaus-Peter, Wirkerei und Strickerei. Technologien – Bindungen – Produktionsbeispiele, 6., völlig überarb. und aktualisierte Aufl., Frankfurt a. M. 2014 (1974)

Whitney 1977
Whitney, Craig R., Living Abroad. West Berlin, in: The New York Times, 19.1.1977, S. 51

Wolff 1975
Wolff, Renate, Letzter Schrei der Woll-Lust, in: Zeitmagazin, 5.12.1975, Heft 50, S. 16–18

Wolff 1983
Wolff, Renate, Woll-Lust hinter Gittern, in: Zeitmagazin, 14.1.1983, Heft 3, S. 16 f.

Wottreng 2013
Wottreng, Willi, Lady Shiva. Aufbruch auf High Heels, Zürich 2013

AUTORINNEN
Authors

Heidi Blöcher ist seit 2007 als Restauratorin am Kunstgewerbemuseum der Staatlichen Museen zu Berlin tätig. Zuvor arbeitete sie in der Restaurierung des Historischen Museums der Stadt Frankfurt am Main, des Germanischen Nationalmuseums in Nürnberg und des Bayerischen Landesamtes für Denkmalpflege in Bamberg. Begleitend studierte sie Kunstgeschichte und Literaturwissenschaft an den Universitäten in Karlsruhe, Frankfurt am Main und Bamberg. 2006 promovierte sie an der Universität Koblenz-Landau über die Mitren des Hohen Mittelalters.

Heidi Blöcher *has worked as a conservator at the Kunstgewerbemuseum (Museum of Arts and Crafts) of the Berlin State Museums since 2007. Prior to that, she worked as a conservator at the Historisches Museum Frankfurt, the Germanisches Nationalmuseum in Nuremberg, and the Bayerisches Landesamt für Denkmalpflege in Bamberg. She studied art history and literature at the universities in Karlsruhe, Frankfurt am Main, and Bamberg. In 2006, she completed her doctorate at the University of Koblenz Landau on miters in the High Middle Ages.*

Britta Bommert leitet seit 2017 die Sammlung Modebild – Lipperheidesche Kostümbibliothek der Kunstbibliothek, Staatliche Museen zu Berlin. Als wissenschaftliche Mitarbeiterin war sie zuvor an dem von der Deutschen Forschungsgemeinschaft (DFG) geförderten Forschungs- und Digitalisierungsprojekt »German Sales 1901 bis 1929« tätig und publizierte über Mode und Produktdesign. Ihr Studium an der Universität zu Köln hat sie mit einer Promotion zu Ausstellungsentwürfen von Ludwig Mies van der Rohe und Walter Gropius im internationalen Vergleich abgeschlossen.

Britta Bommert *has been head of the Fashion Image Collection – Lipperheide Costume Library of the Kunstbibliothek (Art Library) of the Berlin State Museums since 2017. Prior to that, she was a research associate with the research and digitalization project "German Sales 1901–1929," sponsored by the Deutsche Forschungsgemeinschaft (DFG), and has published on fashion and product design. She concluded her studies at Cologne University with a PhD that compared the exhibition designs of Ludwig Mies van der Rohe and Walter Gropius in international contexts.*

Christine Kisorsy arbeitet seit vielen Jahren als freie Dokumentarin, Fotografin und Kuratorin im musealen, journalistischen und künstlerischen Kontext. Sie studierte Dokumentation an der Fachhochschule Hannover und war ab 1993 wissenschaftliche Mitarbeiterin der Stiftung Deutsche Kinemathek – Museum für Film und Fernsehen Berlin. 2001 folgte eine Ausbildung zur Fotografin sowie 2011 eine Weiterbildung im Fach »Kuratieren« an der Universität der Künste Berlin.

Christine Kisorsy *has worked for many years as a freelance documentalist, photographer, and curator in museum, journalistic, and artistic contexts. She studied documentation at the Hannover University of Applied Sciences and Arts, and was a research associate with the Stiftung Deutsche Kinemathek – Museum für Film und Fernsehen Berlin, beginning in 1993. She received training as a photographer beginning in 2001, and in 2011, further training in curating at the Berlin University of the Arts.*

Fiona McGovern ist Kunsthistorikerin, Autorin und Kuratorin. Ihre Arbeits- und Forschungsschwerpunkte liegen unter anderem auf (künstlerischer) Ausstellungsgeschichte und -theorie, Ethiken des Kuratierens sowie interdisziplinären Ansätzen in den Künsten seit den 1960er-Jahren. Derzeit lehrt sie als Juniorprofessorin für Kuratorische Praxis und Kunstvermittlung an der Universität Hildesheim.

Fiona McGovern *is an art historian, author, and curator. Her work and research emphases include (artistic) exhibition history and theory, the ethics of curating, as well as interdisciplinary approaches in the arts since the 1960s. Currently, she is a junior professor for curatorial practice and art education at the University of Hildesheim.*

Esther Ruelfs leitet seit 2012 die Sammlung für Fotografie und neue Medien am Museum für Kunst und Gewerbe Hamburg. Sie hat Kunstgeschichte, Philosophie und Germanistik studiert und über Herbert List promoviert. Zu ihren Publikationen gehören unter anderem *Amateur. Vom Bauhaus zu Instagram* (2019), *Machen Sie mich schön, Madame d'Ora* (2018), *Den Körper aktivieren. Mortifikation und Verlebendigung bei Herbert List* (2015), *ReVision. Die Sammlung Fotografie im Museum für Kunst und Gewerbe Hamburg* (2016) sowie *Fette Beute. Reichtum zeigen* (2014).

Esther Ruelfs *has been head of the Collection of Photography and New Media at the Museum für Kunst und Gewerbe Hamburg since 2012. She studied art history, philosophy, and German languages and literature, earning a PhD with a dissertation on Herbert List. Among her publications are:* Amateur: Vom Bauhaus zu Instagram *(2019),* Machen Sie mich schön, Madame d'Ora *(2018),* Den Körper aktivieren. Mortifikation und Verlebendigung bei Herbert List *(2015),* ReVision: Photography at the Museum für Kunst und Gewerbe Hamburg *(2016), and* Fette Beute. Reichtum zeigen *(2014).*

Marie Arleth Skov ist eine dänische Kunsthistorikerin, Autorin und Kuratorin mit Wohnsitz in Berlin. Sie arbeitet zu den Themen Musik, Kunst und Sexualität mit Schwerpunkten auf dem Surrealismus sowie der Punkbewegung der 1970er- bis 1980er-Jahre. Nach dem Studium an der Freien Universität Berlin promovierte sie in einem Cotutelle-Verfahren an der Universität Leipzig und der University of Copenhagen. Mit Valeska Hageney leitete sie den Projektraum REH Kunst in Berlin. Sie ist Partnerin im internationalen Punk Scholars Network.

Marie Arleth Skov *is a Danish art historian, author, and curator based in Berlin. She works on music, art, and sexuality, with emphases on Surrealism as well as the Punk movement of the 1970s and 1980s. After studies at the Freie Universität Berlin, she earned a joint PhD from the universities of Leipzig and Copenhagen. Together with Valeska Hageney, she headed the project space REH Kunst in Berlin. She is an associate with the international Punk Scholars Network.*

ABBILDUNGSNACHWEIS
Photo credits

Die Bildrechte liegen bei den jeweiligen Urheber*innen der abgebildeten Werke, mit folgenden Ausnahmen:
The image rights reside with the respective artists of the reproduced works, with the following exceptions:

© Estate of Martin Kippenberger, Galerie Gisela Capitain, Cologne: S. 18, S. 82, S. 132 [13], S. 133 [14, 15], S. 134 [16], S. 136 [18], S. 137 [19], Cover hinten
© Man Ray 2015 Trust / VG Bild-Kunst, Bonn 2020: S. 84 [1]
© Nachlass Daniel Josefsohn: S. 90 [6]

Die Geltendmachung der Ansprüche gem. § 60h UrhG für die Wiedergabe von Abbildungen der Exponate erfolgt durch die VG Bild-Kunst.
The assertion of claims according to § 60h UrhG for the reproduction of images of the exhibited objects is administered by VG Bild-Kunst.

Alle abgebildeten Werke stammen aus dem Privatarchiv Claudia Skodas, mit Ausnahme der folgenden:
All of the reproduced works are from the private archive of Claudia Skoda, with the following exceptions:

Archiv Ulrike Ottinger: S. 86 [2] (Reproduktion: Studio Ulrike Ottinger), S. 101 [1] (Reproduktion: Dietmar Katz)
Detlef Maugsch: S. 50, S. 179 [81, 82], S. 180 [83, 84], S. 181 [85] (alle Reproduktionen: Dietmar Katz)
Kunstwerkeerhaltungsfond Anne Jud: S. 208 [123] (Reproduktion: Dietmar Katz)
Nachlass Daniel Josefsohn: S. 90 [6]
Privatarchiv Esther Friedman: S. 37 [5] (Reproduktion: Dietmar Katz)
Privatarchiv Manuel Göttsching: S. 190 [98] (Reproduktion: Dietmar Katz)
Reproduktion S. 84 [1] aus: Chéroux/Eskildsen [Hrsg.] 2007, S. 112
Rich Richter: S. 20 [1 a, 1 b], S. 98, S. 103 [3 a, 3 b], S. 142 [25], S. 143 [27, 28], S. 144 [29, 30], S. 145 [31] (alle Reproduktionen: Dietmar Katz)
Sammlung Modebild – Lipperheidesche Kostümbibliothek, Kunstbibliothek, Dietmar Katz: S. 69 [1, 2 a, 2 b], S. 70 [3–6]
Stiftung Stadtmuseum Berlin: S. 82 (Reproduktion: Dorin Alexandru Ionita, Berlin)
Tom Vack: S. 75 [9]
Townes/Shoko Kawaida: S. 105 [5] (Reproduktion: Dietmar Katz)
Zeitverlag Gerd Bucerius GmbH & Co. KG: S. 53 [1]

Auf folgenden Seiten sind Fotografien ausschnitthaft abgebildet:
Excerpts of photographs are shown on the following pages:
Cover vorn, S. 14, S. 16, S. 18, S. 30, S. 50, S. 66, S. 98, S. 125, S. 129, S. 134, S. 138, S. 141, S. 145, S. 163, S. 167 f., S. 171 f., S. 187 f., S. 205, Cover hinten

Cover (vorn / *front*):
Ulrike Ottinger
Porträt von Claudia Skoda, sogenannte Nachtsession
Portrait of Claudia Skoda at a so-called night session
1976

Cover (hinten / *back*):
Martin Kippenberger
Claudia Skoda mit Strickmaschine im U-Bhf. Kottbusser Tor, Berlin
Claudia Skoda with her knitting machine, Kottbusser Tor subway station, Berlin
Ca. 1976/77

Screenshots aus den Super-8-Filmen von Reinhard Bock:
Screenshots from the Super 8 films by Reinhard Bock:
Shake your Hips (1976): S. 1–9; *Mode im Hof* (1974): S. 116–122; *Big Birds* (1979): S. 212, S. 234–240
(Bearbeitung / *Editing* Screenshots: LMN)

Erläuterung zur Benennung von Models:
Wenn die Identität der abgelichteten Models ermittelt werden konnte, sind sie namentlich benannt. Nicht immer jedoch ist der Nachname bekannt, oder es wurde dem Wunsch der abgebildeten Person entsprochen, nur den Vor- oder Rufnamen aufzuführen.

Note concerning the naming of models:
Where possible, the models appearing in photographs have been identified by name. Their surnames are not always known, however, and in some cases, the depicted individuals wish to be identified by their first or given names only.

IMPRESSUM
Colophon

Diese Publikation erscheint anlässlich der Ausstellung:
Published on the occasion of the exhibition:

Claudia Skoda. Dressed to Thrill

18. Dezember 2020 – 11. April 2021
18 December 2020 – 11 April 2021

Eine Sonderausstellung der Kunstbibliothek in Kooperation mit dem Kunstgewerbemuseum – Staatliche Museen zu Berlin, gefördert vom Hauptstadtkulturfonds
A special exhibition of the Kunstbibliothek in cooperation with the Kunstgewerbemuseum – Staatliche Museen zu Berlin, supported by Hauptstadtkulturfonds

Direktion / *Directors*
Moritz Wullen, Sabine Thümmler

Ausstellung / Exhibition

Kuratorinnen / *Curators*
Britta Bommert, Marie Arleth Skov

Sammlungsverwaltung / *Collection management*
Hildegard Ringena

Restaurierung / *Restoration*
Imke Henningsen, Jorinde Jentzsch (Assistenz / *assistance*)

Ausstellungsarchitektur / *Exhibition architecture*
Marion Stenzel

Ausstellungsgrafik / *Exhibition design*
Julia Volkmar Spatial and Graphic Design, Bettina Gojowczyk

Werbegrafik / *Advertising graphics*
LMN-Berlin.com [Günter Karl Bose, Uwe Langner]

Ausstellungsaufbau / *Exhibition montage*
Thomas Schreiber, Ingo Valls

Ausstellungssekretariat / *Exhibition administration*
Katrin Käding, Charlotte Piontkowitz

Publikation / Publication

Für die Staatlichen Museen zu Berlin herausgegeben von
For the Staatliche Museen zu Berlin edited by
Britta Bommert

Idee und Konzept / *Idea and Concept*
Britta Bommert

Redaktion / *Review*
Britta Bommert, Marie Arleth Skov

Recherche / *Research*
Hildegard Ringena

Publikationsmanagement / *Publication management*
Sigrid Wollmeiner, Teresa Laudert, Marika Mäder

Lektorat deutsch / *Copyediting German*
Almut Otto

Übersetzung / *Translation*
Ian Pepper

Endkorrektorat englisch / *English editing*
Christina Wheeler

Typografie und Gestaltung / *Typography and design*
LMN-Berlin.com [Günter Karl Bose, Uwe Langner]

Papier / *Paper* GardaPat 13 Bianka

Schrift / *Typeface* Augereau Antiqua, Klub, Univers

Gesamtherstellung / *Production*
Druckerei Kettler, Bönen

Erschienen im / *Published by*
Verlag Kettler, Dortmund – www.verlag-kettler.de

Kunstbibliothek – Staatliche Museen zu Berlin
Matthäikirchplatz 6, 10785 Berlin
www.smb.museum/kb

Bibliografische Information der Deutschen Nationalbibliothek: Die Deutsche Nationalbibliothek verzeichnet diese Publikation in der Deutschen Nationalbibliografie; detaillierte bibliografische Daten sind im Internet über *http://dnb.d-nb.de* abrufbar.

Bibliographic information by the German National Library: The German National Library lists this publication in the German National Bibliography. Detailed bibliographic data are available at http://dnb.dnb.de.

Dieser Publikation ist ein Einleger beigegeben /
An insert is enclosed with this publication:
Wolfgang Joop, (NOT) ALL ABOUT Claudia S., 2019/20

Printed in Germany
ISBN 978-3-86206-829-6

Gefördert durch / *Supported by*

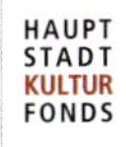

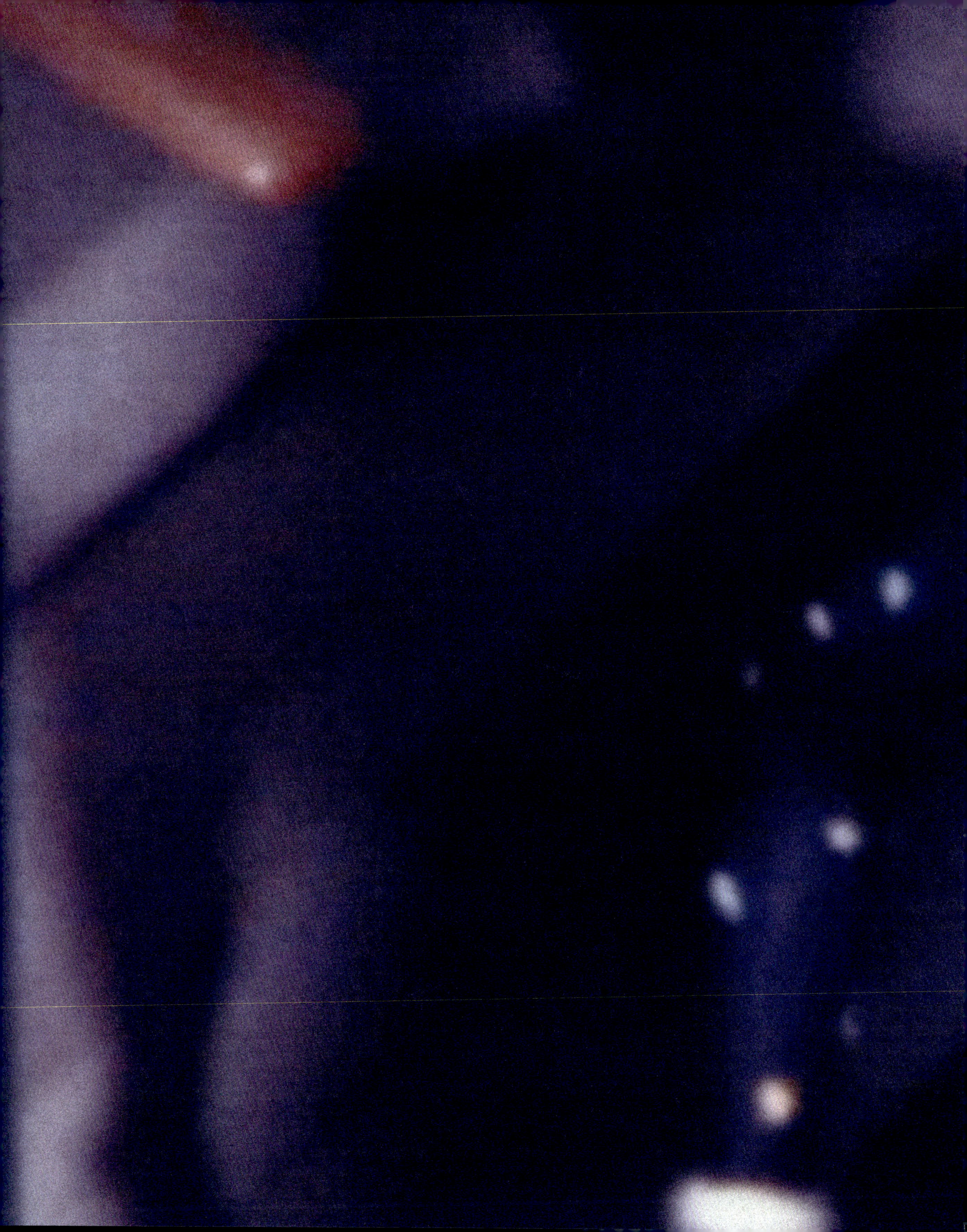

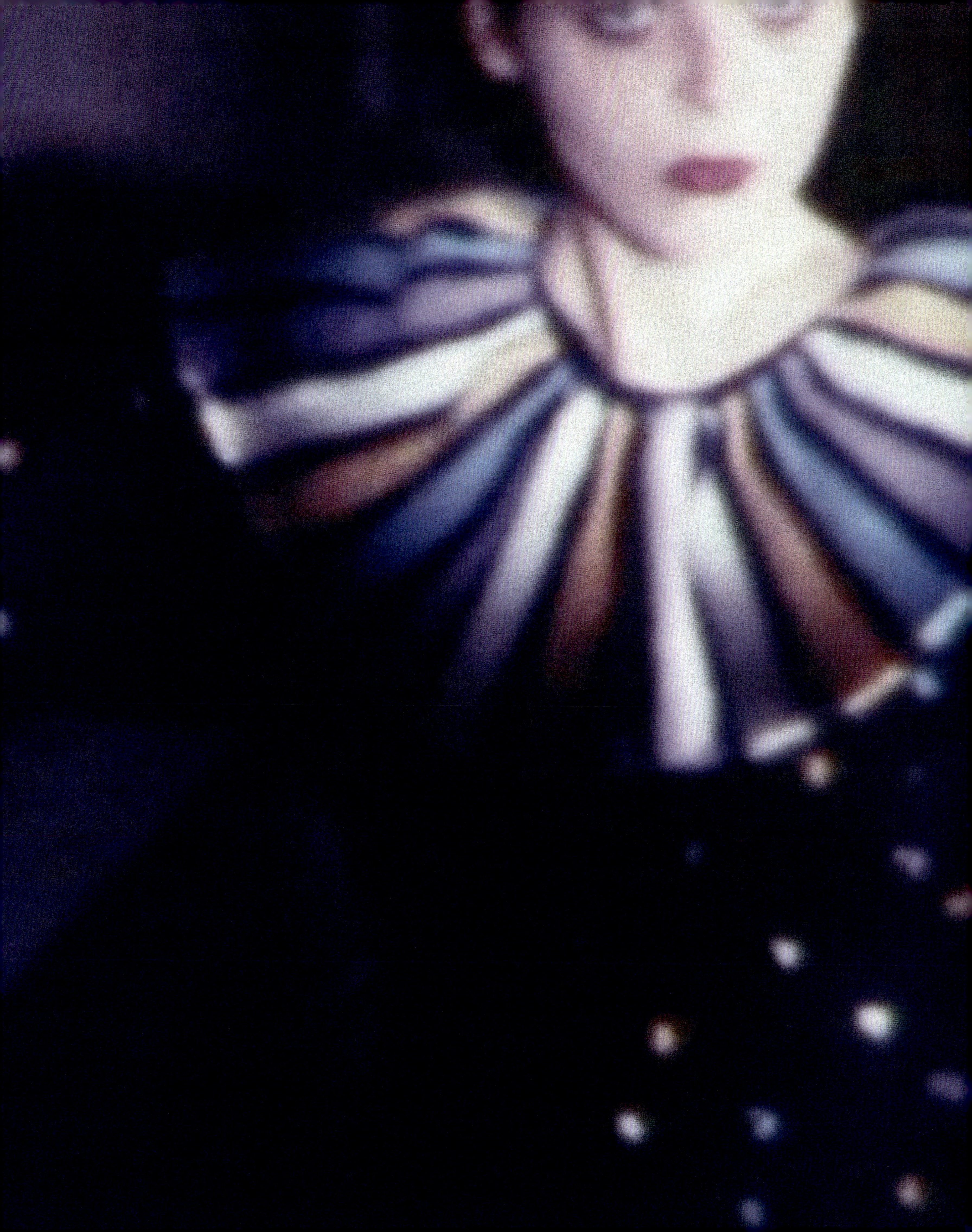

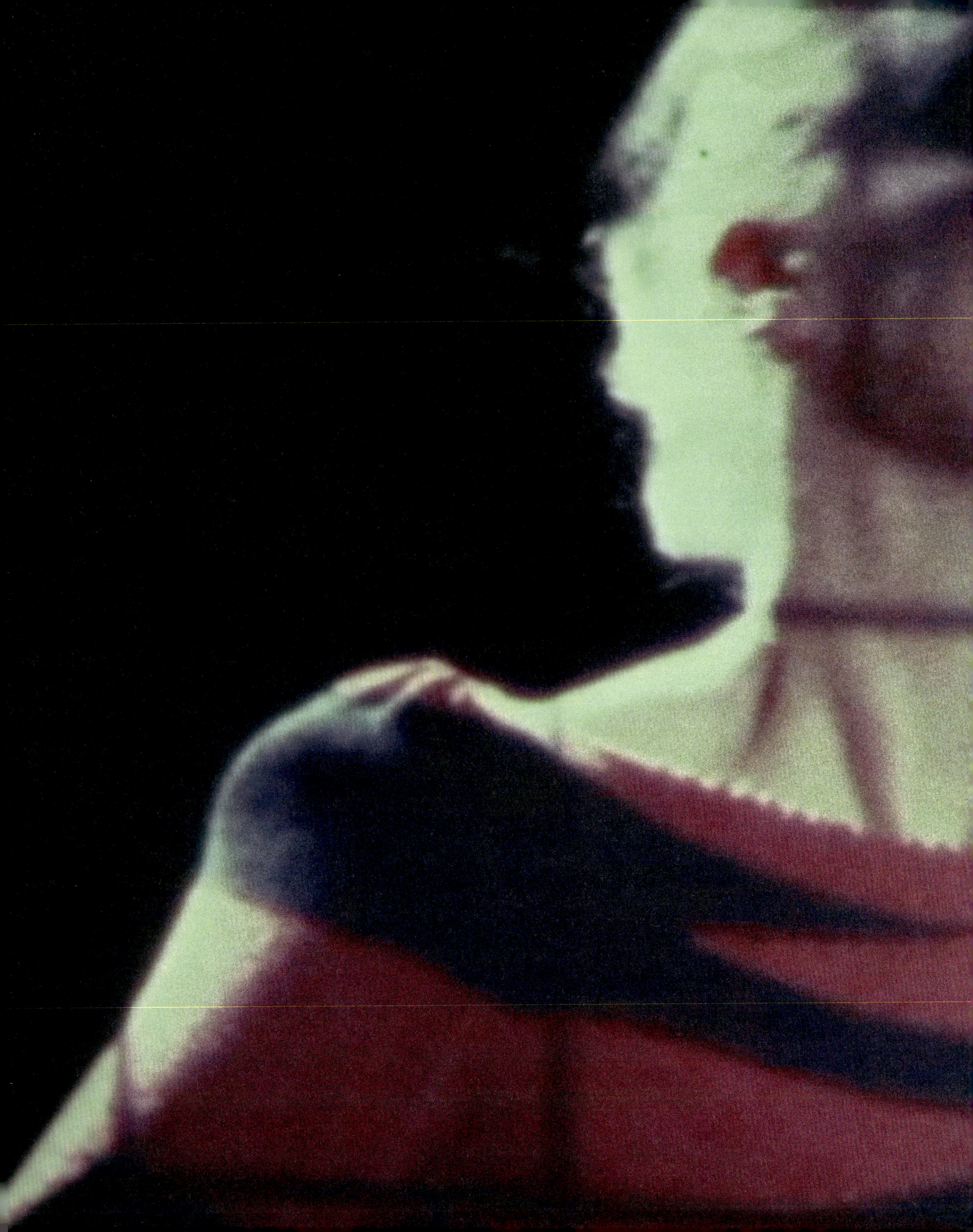

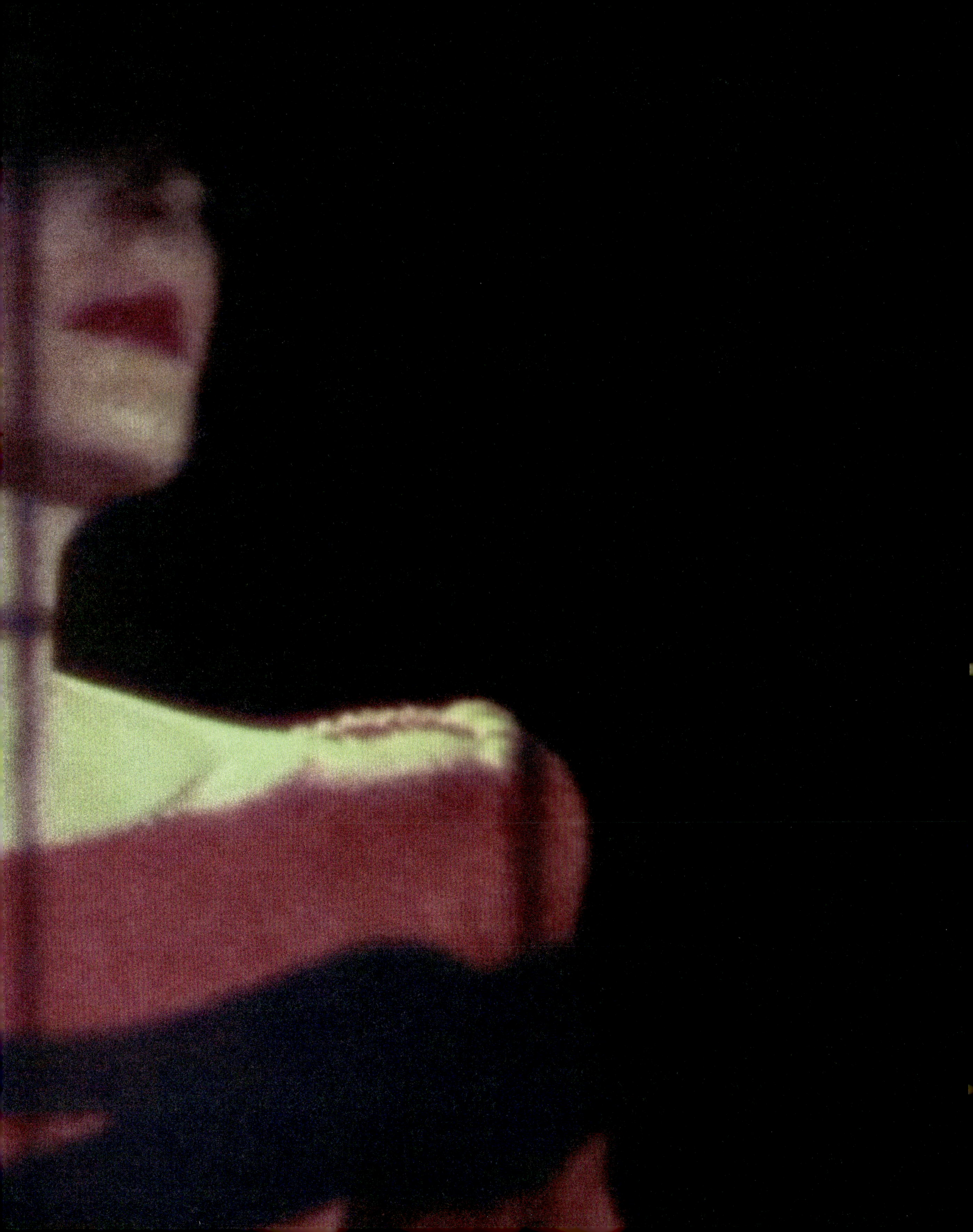

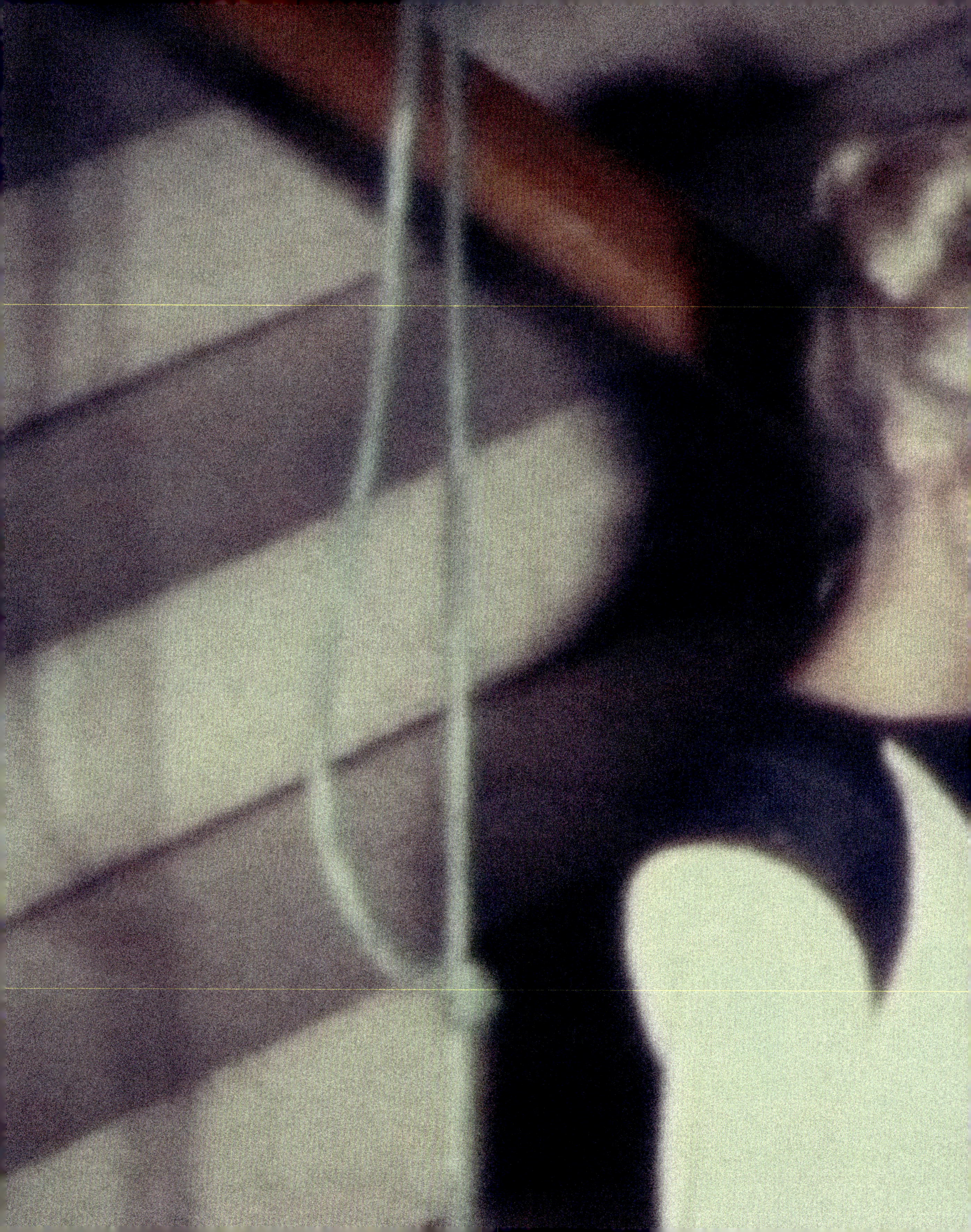

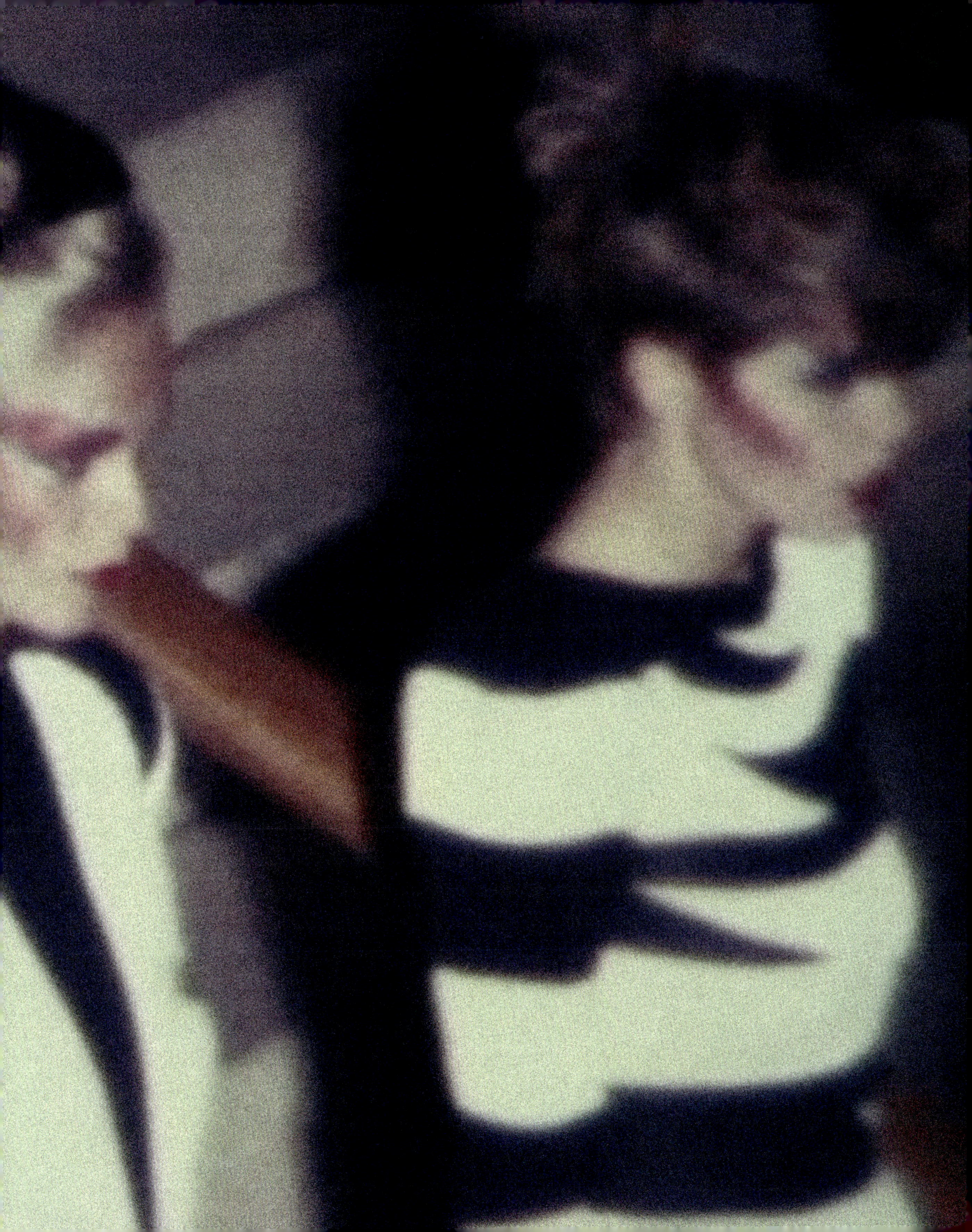

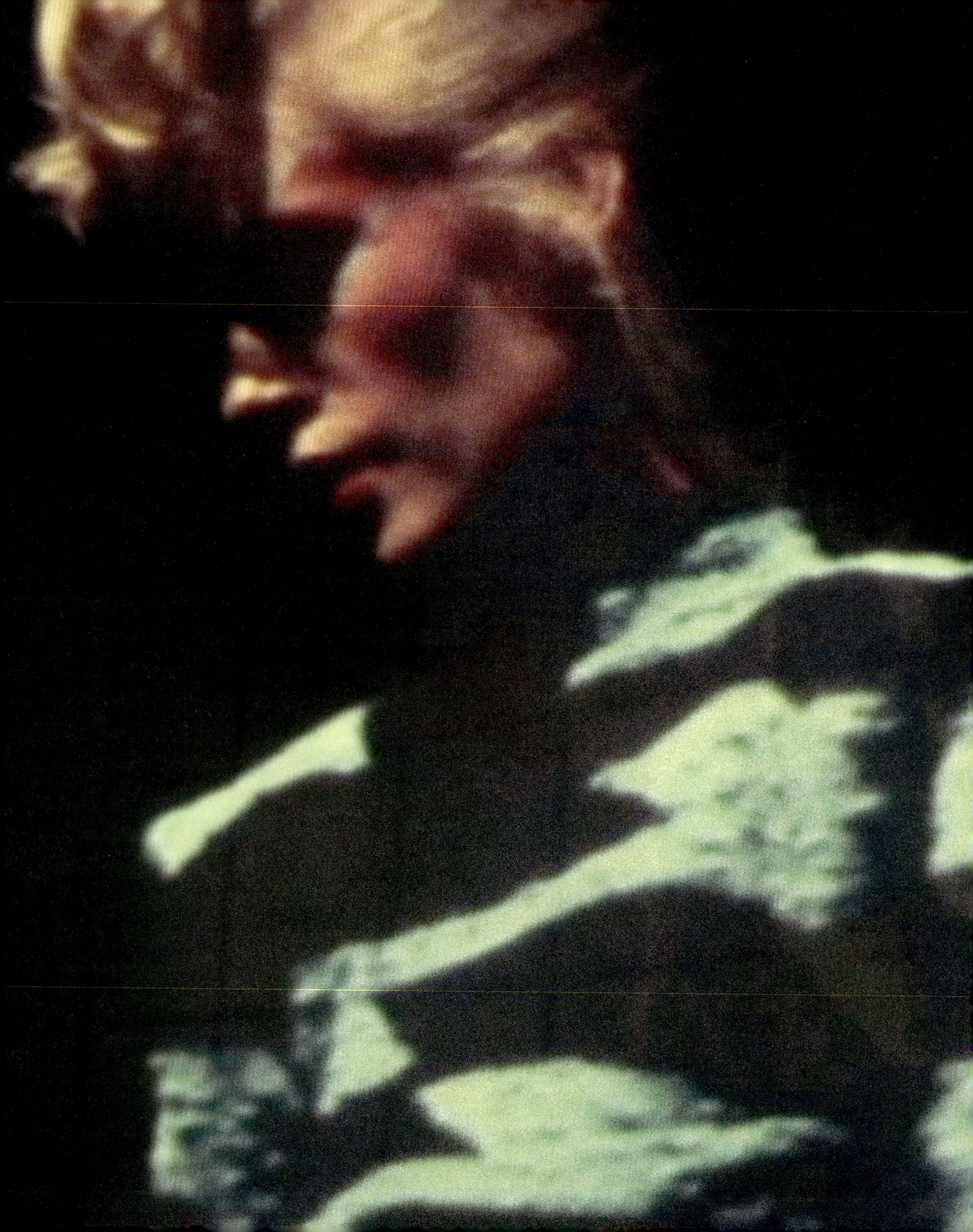

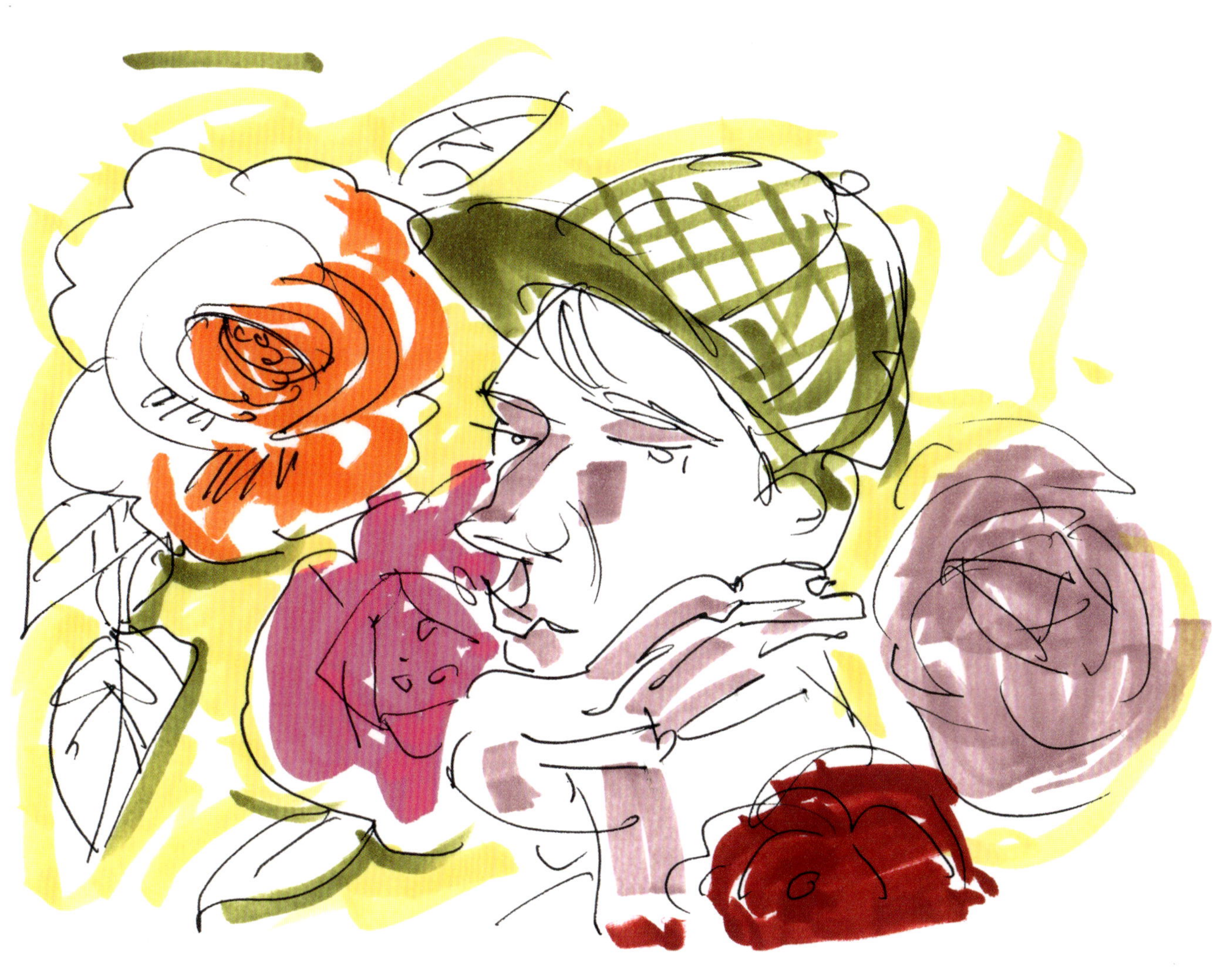

Wolfgang Joop
(Not) ALL ABOUT Claudia S.

Eine persönliche Hommage an CLAUDIA SKODA
Geschrieben und gezeichnet von WOLFGANG JOOP

Dieser Einleger wird publiziert anlässlich der Ausstellung und der Publikation:
This insert is published on the occasion of the exhibition and the publication:

Claudia Skoda. Dressed to Thrill

18. Dezember 2020 – 11. April 2021
18 December 2020 – 11 April 2021

Eine Sonderausstellung der Kunstbibliothek in Kooperation mit dem Kunstgewerbemuseum – Staatliche Museen zu Berlin, gefördert vom Hauptstadtkulturfonds

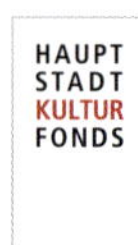

A special exhibition of the Kunstbibliothek in cooperation with the Kunstgewerbemuseum – Staatliche Museen zu Berlin, supported by Hauptstadtkulturfonds

ISBN 978-3-86206-829-6

1)

WOLFGANG JOOP

(„Not-) All ABOUT Claudia S.

… und über die Unmöglichkeit nur ein paar Worte der Anerkennung über Claudia Skoda zu schreiben.

BERLIN-Kreuzberg! Bis zum Tag des Mauerfalls ein bizarrer – ja abenteuerlicher „INSEL-ORT". Abgeschnitten von der tristen Schwester „OST-BERLIN" – aber auch nicht wirklich „West-Berlin" – war er fast unerreichbar für die meisten der „Ossis", aber auch für viele „Wessis".

Paradoxerweise konnte er aber blitzschnell erreicht werden von den Trends, die im „Underground" von London oder New geboren wurden.

„Berlin Calling!" und Abenteuer-Suchende und Flüchtlinge des alltäglichen Rahmen – angezogen von dem endlosen Nacht- und kurzem Tagleben der Insel-Stadt.

Künstler und – man würde heute sagen – queere Einzelgänger: wild at heart and beeing not afraid!

Berlin-Kreuzberg
ZOSSENER-STRASSE
(~~[durchgestrichen]~~)
ein fantastischer Platz, ein Club, eine W.G., der das (Pardon) Abgefahrene will – kommen ließ. Es wurde umarmt und inhaliert wie der Rauch aus Joints und 1001 Zigarette.

Jede Bewegung konnte das „Neue", das Ultra-

La Fleur du mal!

3/

ANDY

WOLFGANG JOOP

= Neue ankündigen! Alles, was die Fabrik-Etage „Neu" erreichte konnte als Inspiration dienen für das eigene Neue!

Die Welt aussenherum probte den „Youthquake", der alles verändern sollte, was spiessig war und aussah, – da war eine junge Frau, die später einen skurrilen Namen heiratete, der an eine flotte Automarke denken lässt, entschlossen, sich das noch spiessige modische Angebot der Berliner Nachkriegszeit nicht mehr gefallen zu lassen.

Sie hatte nach dem Preis für einen Pullover im Schaukasten einer Boutique am Ku-Damm

WOLFGANG JOOP

gefragt und die Verkäuferin
antwortete nach einem
abschätzigen Blick: „Den
können Sie sich sowieso
nicht leisten!"
Ab sofort konnte Claudia
sich jeden Pullover leisten!
Autodidaktisch selbst
entworfen und -gestrickt.
Das Garn fand sie als
Restposten (der Vorkriegszeit)
in einem Keller! ???
In einem Anflug sexueller
Ambivalenz strickte sie
Schlag-Hosen für Männer!
Da ihr Strickwerk zur
Transparenz neigt, kann
man sich die "Flaneuse"
auf diesem "Ku-Damm" gut
und plastisch vorstellen.
Kurz darauf gelangen ihr

← Flaneur = Frau, die Spaziergänge

5) weitere ↓

WOLFGANG JOOP

Entwürfe und damit erste Kollektionen. Mit ihren bildhübschen Assistentinnen: Vera, Jenny, Rosy posierten und verkauften sie die Einzelstücke. Entweder auf Modemessen oder „aus dem Koffer" auf IBIZA!! z. B. The place to be – auch für den Maler + Kunst + Propagandisten Martin Kippenberger, der vielleicht im Traum aus Sonne und Alc einen VAMP. 4fach sah! (statt doppelt)

TRAUM

!! !!

Bevor ich Claudia Skoda kennenlernte, war ihr Name für mich schon Legende!

(wirklich wahr!)

6)

WOLFGANG JOOP

Ich wusste, dass sie das „Herzstück" einer Berliner Klicke war. Alles Avantguardisten – So wie sie es war und ist.

Zum „Runterkommen" waren David Bowie und Iggy Pop nach Berlin von L.A. gekommen. Ziemlich gleich zogen sie bei Claudia ein. Iggy Pop war auf „Turky", durchstöberte Claudias Apothekenschrank und ass all ihre „Antibaby-Pillen" anstatt von ...? David Bowie erkannte, dass Claudias Kreationen ein weitaus grösseres Publikum verdienen und schickte sie nach New York, dem „meeting point" für Art and Fashion. Es dauerte eine Weile, bis Claudia erkannte

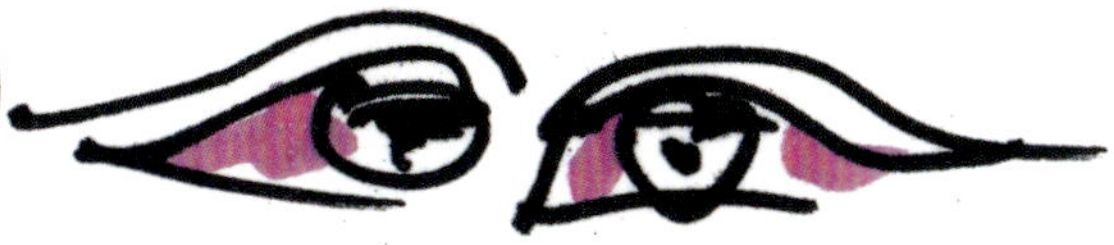

7)

WOLFGANG JOOP

dass für Amerikaner Fashion vor allem „Trade" bedeutet. „If we want to see European-Design we go to Europe!" wurden wir alle belehrt, die auf Beifall vom Big-Apple gehofft hatten!

Immerhin traf sie auf ihrer Reise die Gruppe „Kraftwerk". Die schenkten Claudia ein paar der frühen Electro-Zeilen und Claudia produzierte Klingendes Selbstgestricktes und nannte es „Die Dominas"!!

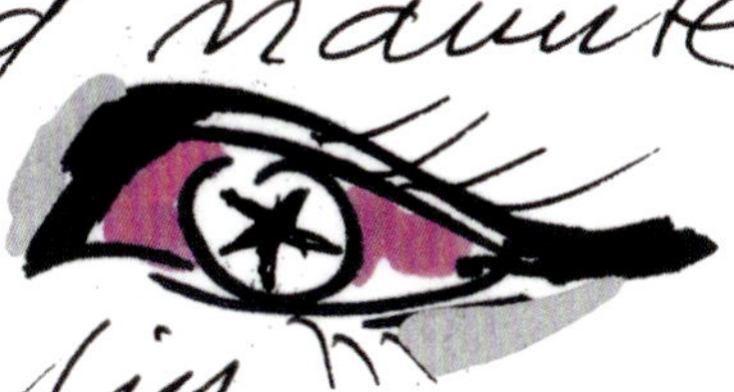

Zurück in Berlin wartete eine neue Welle auf sie und die Malergruppe „Die neuen Wilden". Unter anderen waren Salomé und Luciano Castelli, und eben Martin Kippenberger, ein sogenanntes männliches „Gesamtkunstwerk!"

Zur Abwechslung vom Malen traten Luciano Castelli und Salome als „Dalmatiner-Mensch-Hund" in Claudias Show „Big-Birds" auf. Die Models, die in einem Riesen-Käfig am Trapez oder in den Gitterstäben hingen, ahmten Vogelstimmen nach. Sie hatten das zuvor im Berliner-Zoo gelernt.

Weitere Shows folgten. Wer sie verpasste, lässt sich erzählen von „Trommelfeuer" „Dressater" und „Deep Diving for Whales!"

Danach ging man zur persönlichen Modenschau in den „Dschungel".

Früher, zur Punk-Zeit [ging die Clique] in die 'Intensiv-Station'. Man entspannte in gynäkolischen Stühlen und trank aus Reagenzgläsern.
David Bowie soll eine Affaire mit der ultra-schönen Trans-Dame Romy Haag gehabt haben. Androgyn wie er war auch der atemberaubende Look des Welt-Über-Models „Veruschka" – Vera Gräfin von Lehndorf. Zusammen mit der exzentrischen Tabea Blumenschein und Claudia (selbstverständlich) drehte die Film-Frau Ulrike Ottinger Filme. „Dorian Gray" bleibt mir in Erinnerung.
Jeder Einzelne steht für immer für etwas Ein=

101

WOLFGANG JOOP

= Einmaliges. Für ein Lebens=gefühl von Freiheit. Einer Freiheit, die schon deshalb so wild, so ungestüm, sexy und glamourös war, weil dieses „kleine Berlin“ gefangen war in täglicher Todesangst.

Claudia, Gastgeberin all jener Protagonisten, war Punk-Queen, New Wave-Domina, „FUTRONICS“-Komponistin des Plattenlabels “Fabriknen!”. Aber auch „Mutter Courage“ für nach=folgende Jung-Designer und in „Grunge“-gekleidete Fashionistas.

Ihr – UNS! – wurden hedonistisch durchlebte Dekaden geschenkt, von

11)

WOLFGANG JOOP

denen keine wie die andere war. Um DU-SELBST zu bleiben, musstest DU Dich wandeln!

~~Es gab ein Kleid von Dir – Claudia!~~ !!

Ich sah es in den frühen 70igern. Lange bevor ich Dich kennenlernte. Es drängt sich in meiner Erinnerung wieder ganz nach vorn. So, als hätte ich es gestern zum ersten Mal gesehen: Ein Spinnengewebe aus silbernen und multicoloren Fäden. Fast völlig durchsichtig flog es mit dieser Frau vor mir her. Wie ein Wesen aus einem psychedelischen Traum. Entrückt, verrückt schien es mir – war es Masha Rabben der Star von Fassbinder und

12) Die Idee haute mich um!

WOLFGANG JOOP

Werner Schroeter gewesen? ~~[illegible]~~ – und das am hellichten Tag!! Solche provokante Sinnlichkeit hatte ich jedenfalls im Hamburg der 70iger Jahre noch nicht gesehen.

Hamburg! – Das sich noch nicht entschieden hatte, ob es statt kühl auch cool werden wollte, wurde dann doch mein „Take-off-place!" in Deine Welt.

Für meine erste Show, inspiriert vom „Rokoko", betratest Du meinen Laufsteg als MANN verkleidet.

In Stiefeln, schwarzem Mantel und Dreispitz bist Du langsam, düster und dominant

(13)

über den Laufsteg marschiert. Wie ein General aus der Garde Friedrich des Grossen.

Unglaublich heutzutage: Die SHOW dauerte eineinhalb Stunden! Du hattest Pullover mitgebracht. Als „Contribution" würde man sagen.

Auf jedem war 3 mal eingestrickt in grossen Buchstaben: JOOP! So plakativ, dass ich noch heute glaube, dass Du damals das „BRANDING" erfunden hast.

Ich staune heute über unsere Tollkühnheit. Keiner konnte uns zeigen wie man wird, was wir wurden.

Auf der Suche nach dem Schlüssel zu unserer Freiheit, kreativ zu scheitern entweder

14) oder zu überstehen, bleiben wir für immer unterwegs. —
1000 Fotos von und aus dem Leben der Familie SKODA und der Fabrik-Etage „Neu“ lagen auf Deinem Fussboden Deiner „Loft“. Fotos, Zeitdokumente fotografiert und tritt-sicher transparent laminiert von Martin Kippenberger machten Deinen Fussboden zum Kunstwerk und zur Legende. —
Aber auch zum „Runway“ für alle, denen Du erlaubtest darüber zu gehen …
Wer nicht geladen gewesen ist, könnte heute sehr neidisch sein! Gottseidank feierten wir des öfteren lange Nächte hindurch. Und auch damals irgendwann auf ein brandneues Neues Jahr.

Dein Wolfgang

WIR